Buch

Nicht zuletzt seit Filmen wie «Little Buddha» oder «Living Buddha» wird ein breites Publikum im Westen mit den Lehren des Buddhismus konfrontiert. Auf viele Menschen übt der Buddhismus zunehmend Faszination aus, denn seine Weltsicht ist mit modernem wissenschaftlichem Denken vereinbar. Seine hochentwickelte Psychologie wie auch seine meditativen Schulungswege vermögen den Weg zu innerer Freiheit und Seelenfrieden zu öffnen.

Dieses Einführungsbuch zum Leben des Buddha, zu Geschichte und Grundbegriffen seiner Lehre enthält Zitate aus den wichtigsten heiligen Schriften des Buddhismus und Texte seiner Meister der verschiedenen Schulen.

Die Herausgeber

Samuel Bercholz und Sherab Chödzin Kohn sind seit mehr als zwanzig Jahren praktizierende Buddhisten. Als langjährige Schüler des bekannten tibetischen Meisters Chögyam Trungpa Rinpoche lehren sie – von diesem autorisiert – inzwischen selbst buddhistische Meditation. Samuel Bercholz ist zudem Begründer und Präsident des renommiertesten buddhistischen Verlages in den USA.

SAMUEL BERCHOLZ · SHERAB CHÖDZIN
HERAUSGEBER

EIN MANN NAMENS
BUDDHA
SEIN WEG UND SEINE LEHRE

Aus dem Englischen
von Jochen Eggert u. a.
(siehe Quellenverzeichnis)

GOLDMANN VERLAG

Umwelthinweis
Alle bedruckten Materialien dieses Taschenbuches
sind chlorfrei und umweltschonend.

Der Goldmann Verlag
ist ein Unternehmen der Verlagsgruppe Bertelsmann

Vollständige Taschenbuchausgabe März 1996
Wilhelm Goldmann Verlag, München
© 1994 der deutschsprachigen Rechte
Wilhelm Goldmann Verlag, München
© 1994 der Hardcover-Ausgabe:
Scherz Verlag, Bern, München, Wien
© 1993 der Originalausgabe:
Samuel Bercholz/Sherab Chödzin Kohn
Originalverlag: Shambala Publications
in association with Sahara Films, Ltd.
Originaltitel: «Entering the Stream.
An Introduction to the Buddha and His Teachings»
Umschlaggestaltung: Design Team München
Druck: Presse-Druck Augsburg
Verlagsnummer: 12549
kf · Herstellung: Sebastian Strohmaier
Made in Germany
ISBN 3-442-12549-9

1 3 5 7 9 10 8 6 4 2

Inhalt

Vorwort 9
Bernardo Bertolucci

Einführung 11

Erster Teil
Das Leben des Buddha und die Ausbreitung des Buddhismus

1. Ein Mann namens Buddha 19
Sherab Chödzin

2. Eine kurze Geschichte des Buddhismus 66
Sherab Chödzin

Zweiter Teil
Die grundlegenden Lehren

Einleitung 83

3. Die Lehre des Buddha 86
Bhikkhu Bodhi

4. Worte des Buddha 91
aus dem Dhammapada

5. Die Entwicklung des Ich 99
Chögyam Trungpa

6. Die Dinge sehen, wie sie sind 110
Nyanaponika Thera

7. Unser wahres Heim 113
Ajahn Chah

8. Moralische Lebensführung, Sammlung und Weisheit 123
S. N. Goenka

9. Karma und seine Frucht 151
Nyanaponika Thera

10. Die Praxis der Achtsamkeit 160
Bhikkhu Mangalo

11. Grenzenlose Freundlichkeit 171
Das Mettā-Sutta

Dritter Teil
Die Lehren des Großen Fahrzeugs

Einleitung 177

12. Vom Glauben an den Geist 180
Seng-ts'an

13. Das *Herz-Sūtra* 190

14. Geben und Nehmen 195
Gyalwa Gendün Gyatso, der zweite Dalai Lama

15. Liebende Güte 203
Pema Chödrön

16. Der Bodhisattva-Pfad 205
Chögyam Trungpa

17. Ein Dialog mit der Laienanhängerin Gangottarā 214
Das Sūtra Makellose Reinheit

18. Vom Umgang mit den Lebewesen 219
Aus dem Vimalakīrti-Nirdesha-Sūtra

19. Autobiographie eines Zen-Meisters 229
Hui-neng

20. Das Ich vergessen 244
Eihei Dōgen

21. Die zehn Stierbilder 251
Kuo-an Shih-yüan

22. Bewegungslose Weisheit 262
Takuan Sōhō

23. Zen-Geist – Anfänger-Geist........................... 267
Shunryū Suzuki

24. Dharma-Worte................................... 281
Bassui Tokushō

25. Engagierter Buddhismus 287
Thich Nhat Hanh

Vierter Teil
Die tantrischen Lehren

Einleitung 293

26. Der Tantra-Schüler 295
Chögyam Trungpa

27. Die Versucherin und der Mönch 302
Reginald A. Ray

28. Die Vereinigung von Freude und Glück................ 309
Tilopa

29. Die Gesänge eines Yogi 316
Milarepa

30. Ati – die Innerste Essenz 327
Jigme Lingpa

31. Jage sie fort!.................................... 334
Patrul Rinpoche

32. Die Quintessenz der mündlichen Unterweisungen......... 341
Padmasambhava

33. Wiedergeburt in der buddhistischen Tradition 348
Reginald A. Ray

Dank... 360

Glossar 361

Quellenverzeichnis 384

Weiterführende Literatur............................... 387

Adressen buddhistischer Zentren........................ 391

Vorwort

Bernardo Bertolucci

Ich bin kein Buddhist, doch meine Beziehung zum Buddhismus besteht schon eine gute Weile. Als ich einundzwanzig war, gab mir die große italienische Schriftstellerin Elsa Morante ein Buch über das Leben des tibetischen Yogi Milarepa zu lesen, und ich war tief beeindruckt, denn jenseits des religiösen Tenors dieser Geschichte ahnte und spürte ich die Präsenz eines großen Dichters. Eigentlich fühlte ich mich sogar dem Dichter mehr verbunden als dem Mystiker. Und Begegnungen mit dem Buddhismus hat es seither, wenn auch eher sporadisch, immer wieder mal gegeben.

1982 dann wurde ich in Hollywood von einem Freund zu einer Zeremonie eingeladen, die von tibetischen Buddhisten in seinem Haus abgehalten werden sollte, und so saß ich also plötzlich da auf dem Boden mitten unter lauter tibetischen Lamas und Los Angelenos. Sie rezitierten Abschnitte aus dem «Totenbuch der Tibeter». Ich erhielt eine Padmasambhava-Einweihung, benannt nach jenem Heiligen, dem die erste Ausbreitung des Buddhismus in Tibet zu verdanken ist. Die Tibeter lächelten, und etwas davon ging auf mich über: Auch ich lächelte, und nicht nur diesen Nachmittag, sondern die ganzen nächsten Tage.

Wie man sich vorstellen kann, haben solche Erfahrungen mich nicht auf den vermessenen Gedanken gebracht, das Leben des Buddha verfilmen zu wollen. Was mich aber faszinierte, war die Herausforderung, unsere gegenwärtige Zeit mit dem Denken eines Mannes zu konfrontieren, der vor zweitausendfünfhundert Jahren gelebt hat. Deshalb spielt die Geschichte von *Little Buddha* heute und greift aus dem Leben des Buddha nur ein paar Episoden heraus, die der tibetische Lama, auf der Suche nach der Reinkarnation seines Lehrers, einem amerikanischen Jungen erzählt, wie ein Großvater seinem Enkel ein Märchen erzählen würde.

Anfangs geriet der Film etwas lehrhaft und versuchte vieles *über* den

Vajrayāna-Buddhismus mitzuteilen, doch nach Monaten des Aussiebens im Schneideraum, so hoffe ich, zeigt der Film jetzt viel direkter, was ich eigentlich mitteilen möchte: die Gefühle, die mich förmlich überschwemmten, als ich den Buddhismus wirklich entdeckte. Zum Beispiel bei der Begegnung mit einem alten tibetischen Lama in Katmandu, dem ich ohne den Rückhalt einer gemeinsamen Sprache gegenübersaß. Das war ein Moment unglaublicher Übereinstimmung, ein unmittelbar empfundenes Verstehen und Austauschen, in dem nichts mehr von Dualität war. Ihm ins Gesicht zu sehen war wie der Blick in einen Spiegel, wo sein Gesicht und meines wie durch Computeranimation in eins zusammenschmolzen – da war kein Lehrer mehr und kein Schüler, nur noch *ein* Wesen.

Gegen Ende des Films rezitiert «Lama Norbu» den Anfang des *Herz-Sūtra*: «Form ist Leere, Leere ist Form.» Was bedeutet das? Wenn ich es irgendwann einmal verstehe, vielleicht muß ich es dann nicht mehr verstehen. Was zählt, ist das Fühlen. Das rationale Verstehen ist nicht jedermanns Begabung, aber fast jedem ist es gegeben, mit seinem Fühlen zu verstehen. Deshalb ist dieses Vorwort als Ausdruck meiner tiefen Achtung und Dankbarkeit gemeint – Achtung vor den alten Lehren und Dankbarkeit für die Freude und das Befreiende, das jeder einzelne der Tibeter, die an diesem Film mitgewirkt haben, in mir hinterläßt.

Einführung

«Buddhismus» ist ein relativ junger, abendländischer Begriff. Die spirituelle Lehre selbst jedoch, auf die er verweist, ist in ihrer Heimat, den Ländern Asiens, als Buddha-Dharma* bekannt, wofür wir vielleicht am besten «Weg des Buddha» schreiben. Diese Lehre geht auf einen jungen Mann zurück, der vor über zweieinhalb Jahrtausenden aus dem Melodrama des Lebens «erwachte» und von da an der Buddha genannt wurde, «der Erwachte».

Wie sich dann zeigte, war diese Erleuchtung des Buddha tiefgreifend und sonnenklar, treffend und durchschlagend, aber auch voller Wärme und Erbarmen. Sie war wie die Sonne hinter den Wolken. Wer schon mal an einem trüben, grauen Tag zu einem Flug gestartet ist, der weiß, daß über der Wolkendecke immer die Sonne scheint. Sogar in der Nacht scheint die Sonne, nur sehen wir sie dann nicht, weil die Erde im Weg ist. Der Buddha erklärte, daß hinter der Wolkendecke des Denkens – sogar hinter den Wolkengebirgen der in eingefleischten Gewohnheitsmustern verankerten emotionalen Gedanken – unaufhörlich die Sonne einer warmen, hellen, gütigen Intelligenz scheint. Und wenn die Intelligenz auch im Brodeln der Gedanken, Emotionen und Gewohnheitsmuster trüb und wirr werden kann, ist es doch eben diese Intelligenz, die all die Gedanken, Emotionen und Gewohnheiten so fesselnd, so trickreich, so unerschöpflich wandlungsfähig macht. Diese Wolkenwelt der in Gewohnheiten verankerten Gedanken und Emotionen produziert unaufhörlich das, was wir hier Melodrama des Lebens nennen und was für den Buddha einfach Schlaf war. Der Buddha-Dharma sagt nun, daß jeder aus diesem Schlaf erwachen kann. Jeder von uns besitzt das Vermögen, ein Buddha zu werden.

Wenn wir ins Kino gehen, wollen wir nicht unbedingt nur nette, gefällige Filme sehen. Genauso gern, wenn nicht noch lieber, sehen wir

---

* Buddhistische Termini sind – sofern sie nicht im laufenden Text erklärt werden – im Glossar (S. 361–383) erläutert. (Anm. d. Hrsg.)

traurige, tragische, quälende oder aggressive Filme, ja sogar Horrorfilme. Das Negative zieht uns ebenso in seinen Bann wie das Positive. Und auf die gleiche Weise, so erkannte der Buddha, sorgen wir dafür, daß unser persönliches Melodrama (das letztlich aus Gedanken besteht) spannend und unterhaltsam bleibt – mit den gleichen sehr wirksamen, manchmal positiven, häufig aber negativen Mitteln. Für den Buddha-Dharma besteht das persönliche Melodrama, das wir in dieser oder jener Form über die Jahre in Gang halten, aus unserem Ich-Gefühl oder Ich-Bewußtsein, dem Ego.

Letztlich wissen wir natürlich, daß sogar das Ich aus dieser vom Buddha so vollkommen aufgedeckten warmen grundlegenden Intelligenz gemacht sein muß. Was sonst könnte gewieft genug sein, ein Ich hervorzubringen und es aufrechtzuerhalten? Dennoch, irgendwie ist hier Konfusion entstanden, wie ein Sturm aus heiterem Himmel. Das ist ein ziemlich allgegenwärtiger und hartnäckig anhaltender Sturm. In ihm sind alle unsere Hoffnungen und Befürchtungen, die wir dem Ablauf von Geburt, Aufwachsen und Blütezeit, dann Alter, Krankheit und Tod entgegenbringen – viel Lust und viel Schmerz. Da der Buddha aber selbst aus all dem Hoffen und Fürchten erwacht war, wußte er, daß dieses Erwachen möglich ist. Er lehrte die Menschen, wie man vorgeht, um zu diesem Erwachen zu kommen. Manchen Menschen zeigte er einfach nur ganz direkt sein tiefes, strahlend klares Wachsein, und augenblicklich erwachten auch sie, als schüttelten sie einen Traum ab.

Darum also geht es im Buddha-Dharma: unsere psychische Prägung erkennen und uns damit befassen, damit wir von dem erwachen können, was daran verwirrt und verblendet ist. Buddhisten folgen dem vom Buddha gelehrten Weg des Erwachens aus der Verwirrung des Ego. Natürlich gibt es unter ihnen immer wieder mal einen, der aufwacht, bevor er alle vom Buddha empfohlenen Schritte vollzogen hat. Es sind eigentlich immer ein paar Halunken dieser Art um die Wege. Doch die meisten Buddhisten gehen einfach geduldig immer weiter den Pfad des Buddha.

Die wichtigste der vom Buddha gelehrten Methoden des Aufwachens aus der Verblendung ist die Meditation. Buddhistische Meditation hat wenig mit Beten im herkömmlichen Sinne zu tun. Sie ist nicht das Bemühen, an etwas zu glauben oder innerlich etwas zu formulieren, was mit unseren Überzeugungen, Sehnsüchten oder Absichten zu tun hat. Sie ist eher ein Loslassen – die Dinge sein lassen, wie sie sind, ohne etwas in Gang setzen zu wollen. Wir verbringen soviel Zeit damit, etwas in Gang setzen zu wollen. Den Buddhisten geht es beim Meditieren vielmehr darum, von all dem Ringen abzulassen und bei dem zu bleiben, was die Dinge wahrhaft sind – und das ist das, was sie jeweils gerade sind. Der Buddha lehrte mancherlei Verfahren, die Aufmerksamkeit zu bändigen, da sie sich gerade bei Menschen, die eben mit der Meditation beginnen, gern besonders ungebärdig und sprunghaft zeigt. Diese Techniken fördern das Entstehen einer natürlichen Gelassenheit und Ruhe von Geist und Körper, und das wiederum hilft dem Ich, von seinem ewigen Ringen und Kämpfen ein wenig abzulassen. Wenn wir davon allmählich abzulassen lernen, wird die brodelnde und ach so fesselnde Ego-Welt der Gedanken und Emotionen durchsichtig, und unsere grundlegende Intelligenz, klar, tief und liebevoll, scheint immer deutlicher durch. Sie denken nun vielleicht, das Ablassen von Ihrer Ego-Welt werde Sie passiv und wehrlos wie eine Crashtest-Versuchspuppe machen, oder Sie würden sich damit praktisch den anderen zum Fraß vorwerfen. Vielleicht fürchten Sie auch, daß Sie dann nur noch ziellos durch die Straßen irren und nichts Konkretes mehr zu tun haben. Wäre das so, dann müßte man, wie ein buddhistischer Meister unserer Zeit gesagt hat, in den Krankenhäusern «Erleuchtungsstationen» einrichten, um angeschlagenen oder nicht-gesellschaftsfähigen Buddhas auf die Sprünge zu helfen. So ist es aber nicht. In aller Regel werden Erleuchtete keineswegs zu Pflegefällen, sondern sind eher die, die für andere Menschen «Krankenhäuser» erbauen. Ihre Intelligenz und Barmherzigkeit entfalten sich mehr oder weniger frei, je nach dem Grad ihrer Erleuchtung, und sie werden meist sehr aktive – und zwar auf wirklich nützliche Weise aktive – Mitbürger.

Der Buddha-Dharma beruht auf unmittelbarer Erfahrung und mahnt jeden, der ihn praktisch üben will, sich mit schierer Aufmerksamkeit der bloßen Erfahrung zuzuwenden. Es gibt an der Lehre jedoch auch Züge, die dem Bemühen des Übenden eine Art Hintergrund geben sollen und so wirken, als wären sie eher spekulative Gedanken und schon mindestens eine Stufe unter die unmittelbare Erfahrung abgesunken. Nehmen wir zum Beispiel die Begriffe «Karma» und «Wiedergeburt». Sind das nicht religiöse Doktrinen der üblichen Art, die einfach nur geglaubt sein wollen? Lassen Sie uns diese beiden Lehren jedoch kurz näher betrachten.

Das Sanskritwort *Karma* bedeutet «Handeln». Die Karma-Lehre besagt, daß unser jetziges Handeln später Folgen haben wird. Dahinter steckt vielfach nicht mehr als das gewöhnliche Ursache-Wirkung-Denken, das den meisten Menschen so selbstverständlich ist. Du trittst gegen den Ball, und er fliegt. Du verlierst dein Flugticket und hast prompt

Scherereien. Das ist Karma, das Handeln und sein Nachwirken, seine Wirkung. Nach den Worten des Buddha jedoch nimmt das Nachwirken des Handelns mitunter subtilere Bahnen. Manchmal sind die Bedingungen, unter denen sich die Wirkungen des Handelns einstellen, nicht gleich gegeben. Nehmen wir an, Sie hätten tief im Wald jemanden umgebracht. Kein Zeuge, keine Spuren. Keinerlei Verdacht fällt auf Sie. Dennoch *gab* es aber diesen grauenhaften Augenblick roher Gewalt, der sich Ihnen lebhaft eingeprägt hat. Verschwindet das so einfach? Nein, die Erinnerung bleibt. Aber was ist eigentlich Erinnerung?

Das Nachwirken des Handelns, sagt uns der Buddha, verläuft niemals einfach im Sande. Die Wirkung wird sich irgendwann einstellen, nämlich dann, wenn die entsprechenden Bedingungen gegeben sind. Dies grauenhafte Zuschlagen wird irgendwann einen Rückschlag nach sich ziehen – aber wem geschieht der?

Diese Frage verknüpft den Karma-Gedanken mit dem der Wiedergeburt oder Reinkarnation. Zu Lebzeiten des Buddha, vor zweitausendfünfhundert Jahren, war der Gedanke der Wiedergeburt in Indien eine so gut wie unwidersprochene Selbstverständlichkeit (und das gilt auch weitgehend noch im heutigen Indien). Nach der landläufigen indischen Reinkarnationsvorstellung werden wir immer wieder in anderen Gestalten wiedergeboren – mal als Mensch, mal als Tier, mal als Gott, mal als Höllenbewohner –, also unter allen möglichen besseren und schlechteren Umständen. Was einer jetzt tut, wirkt sich auf seine künftige Wiedergeburt aus. Wenn Sie habgierig und niederträchtig sind, werden Sie vielleicht als Mistkäfer wiedergeboren. Wenn Sie ein völlig untadeliges Menschenleben führen, werden Sie vielleicht als ein Gott wiedergeboren oder als König oder Königin. Einem Mörder wird irgendwann in der Abfolge seiner Wiedergeburten etwas ganz Furchtbares widerfahren. Vielleicht wird vorher noch anderes Karma zu Konsequenzen ausreifen, doch eines Tages wird sein Akt der Aggression auf ihn selbst zurückfallen, und dieser Rückschlag wird von entsprechender Art und Heftigkeit sein, denn er ist das Nachwirken seines früheren Handelns.

Die Karma-Lehre des Buddha stimmt in mancher Hinsicht mit diesem Bild überein, unterscheidet sich jedoch zugleich in wesentlichen Grundzügen von ihm. Eine der grundlegenden Lehren des Buddha ist die des Nicht-Ich, der essentiellen Unwirklichkeit des Ich. Wenn es aber kein Ich gibt, das wiedergeboren wird, was wird dann wiedergeboren? Und kann man einfach sterben und für seinen Mord ungeschoren bleiben?

In einem buddhistischen Text, dem *Kālachakra-Tantra*, heißt es, das Karma der Lebewesen sei von solcher Kraft, daß es Welten entstehen lassen könne, um sich selbst zu erfüllen. Zwischen den Existenzen von Welten, und zwar genau in dem Augenblick, da die notwendigen Bedingungen sich angesammelt haben, setzt Karma – das noch unabgeschlossene Nachwirken des früheren Handelns eines Lebewesens – die «Elementarteilchen des Raums» in Bewegung. Mit ihrer Bewegung erzeugen sie einen gewaltigen karmischen Wind; dieser aktiviert die übrigen kosmischen Elemente – Feuer, Wasser und Erde –, und eine Welt entsteht. Von einzelnen Lebewesen kann man wie von Welten sagen, daß sie im Augenblick des Zusammentreffens der karmischen Kräfte mit den übrigen notwendigen Bedingungen ins Sein treten. Der Zusammenhalt kausal miteinander verknüpfter karmischer Elemente bleibt während der «Transmigrationsgeschichte» eines Lebewesens erhalten. In diesem Sinne können wir wohl auch das Gedächtnis als Ausdruck der karmischen Kontinuität auffassen. In den meisten Fällen gibt es jedoch keine bewußten zusammenhängenden Erinnerungen an das, was den Zusammenhalt der karmischen Elemente ausmacht, die das Gewebe unseres täglichen Lebens bilden.

Aber nach den Worten des Buddha hat der Herrschaftsbereich des Karma doch Grenzen. Der karmische Wind weht nur in den Tiefdrucksystemen jenes Denkens, das sich an Leidenschaft, Aggression und Nichtsehenwollen entzündet. Im grenzenlosen Strahlen des wolkenlosen Sonnenhimmels ist nichts, was wehen könnte. Im offenen, von allen Hindernissen freien Raum der grundlegenden Intelligenz aller Lebewesen findet Karma keinen Ansatzpunkt und wird wirkungslos. Der Erwachte obsiegt über das Karma.

Klarstellungen wie diese mögen uns abstrakt erscheinen, aber sie sind Bestandteil des Buddha-Dharma, weil sie mit enthalten waren in der allumfassenden unmittelbaren Erfahrung des Buddha und anderer erleuchteter Meister. Sie wurden weitergegeben über vom Buddha selbst ausgehende lückenlose Überlieferungslinien erleuchteter Lehrer und sind Bestandteile eines ganzen Systems «geschickter Mittel», die den Menschen zum Aufwachen verhelfen sollen. Sie sind jedoch keine Dogmen oder Glaubensinhalte. Der Buddha warnte die Menschen vielmehr davor, seine Lehren blind zu glauben. Er forderte jeden, der ihm nachfolgen wollte, auf, seine Lehren selbst zu überprüfen und solange eine gesunde Skepsis zu wahren, bis er durch eigene Verwirklichung alle Zweifel ausgeräumt habe. Alle buddhistischen Lehren stellen sich also dem forschenden Blick des Praktizierenden und der konkreten experimentellen Überprüfung zur Verfügung. Machen wir uns ruhig immer wieder klar, daß der Buddha selbst kein Buddhist war.

Die Herausgeber dieses Buches haben aus dem in Jahrhunderten gewachsenen Fundus an Dharma-Schriften geschöpft, um dem Leser die grundlegenden Lehren des Buddha zugänglich zu machen. Der hier getroffenen Auswahl gehen eine Lebensbeschreibung des Buddha und eine kurzgefaßte Entwicklungsgeschichte des Buddhismus voraus. Die dann folgenden Texte haben das Denken und die Praxis der drei Hauptschulen des Buddha-Dharma zum Inhalt. Viele große buddhistische Meister der Vergangenheit und Gegenwart kommen hier zu Wort. Eine Einführung in die Meditationspraxis findet man hier ebenso wie Kapitel, die auf häufige Fragen, wie etwa zu Karma und Wiedergeburt, Antwort geben. Wer einen wirklich umfassenden Eindruck vom Buddha-Dharma gewinnen möchte, von der Breite seines Spektrums und von seiner Tiefe, wird hier finden, was er dazu benötigt.

Nicht alle Beiträge – wie sollte es anders sein? – sind leichte Kost. Manches liest sich schon deshalb etwas schwierig, weil es nicht unseren Denkgewohnheiten entspricht. Und mitunter erschließt sich der Sinn nur schwer, weil der abgehandelte Gegenstand von subtiler und profunder Natur ist. Außerdem hat sich im Laufe der Jahrhunderte eine spezielle Terminologie entwickelt, und bei vielen Begriffen sind die Übersetzungen uneinheitlich. (Zur Vereinheitlichung und um dem Leser den Überblick über die fremdsprachlichen Ausdrücke zu erleichtern, haben wir für die im frühen buddhistischen Schrifttum verwendeten Pāli-Termini meist die Sanskrit-Entsprechungen eingesetzt. Außerdem bietet das Buch ein Glossar, das wir dem Leser zur Benutzung empfehlen.)* Dennoch wird der Leser hier mit ein wenig Ausdauer und Geduld Einsichten gewinnen können, die auch für seinen Alltag hilfreiche neue Ausblicke eröffnen. Auch ein Versuch mit der Meditation könnte sich als nützlich erweisen; sie ist der Weg *par excellence*, wenn es darum geht, die großen Wahrheiten in der eigenen Erfahrung wiederzufinden.

Traditionell sagt man von jemandem, der eine Ahnung von der heillosen Konfusion des Ich bekommen hat und nun das Verlangen aufzuwachen in sich wachsen fühlt, er sei «in den Strom des Dharma eingetreten». Wenn Sie ein ganz neues, nie gekanntes Vertrauen zu sich selbst in sich wachsen fühlen, kann man sagen, daß Sie wirklich dabei sind, sich nasse Füße zu holen. Immer mehr Menschen des Westens scheinen heute dazu bereit zu sein.

---

* Weitere terminologische Hilfe bieten *Das Lexikon des Buddhismus* und *Das Lexikon des Zen*, beide Goldmann Verlag, München 1996.

ERSTER TEIL

Das Leben des Buddha und die Ausbreitung des Buddhismus

1. Ein Mann namens Buddha

Sherab Chödzin

Anfang und Ursprung des Buddha-Dharma ist die Erleuchtung des Buddha Shākyamuni und die daran schließenden fünfundvierzig Jahre, in denen er lehrte. Sein ganzes Leben ist ein inspirierendes Vorbild für jeden praktizierenden Buddhisten. Der entscheidende Punkt ist hier das durch nichts zu beschwichtigende Verlangen des Buddha nach der Wahrheit, das zu seiner großen Weltentsagung führte: Er ließ ein fürstliches Leben in Reichtum, Macht und allen nur erdenklichen Annehmlichkeiten hinter sich. Es ist für uns zwar nicht notwendig, unsere Stellung in der Welt wirklich äußerlich zu verlassen, aber auf eine gewisse Weise muß jeder ernsthaft Praktizierende diese Entsagung nachvollziehen. Die gleiche Art von Verlangen nach der Wahrheit wird ihn Mittel und Wege finden lassen, sich wenigstens soweit von seinem Haften an Gewinn und Verlust, Ruhm und Schande, Lob und Tadel, Lust und Schmerz zu lösen, daß sein Geist frei genug wird, die Wahrheit zu erkennen. Und wie der Buddha muß er eifrig das Mittel für die persönliche Realisierung der Wahrheit anwenden: Meditation. Buddhisten haben dem Buddha eines voraus, nämlich die Wegbeschreibungen und Reiseanleitungen, die der alte Wanderer selbst gegeben hat. Ihnen folgend, mögen sie dann schließlich wie der Buddha Erleuchtung finden und andere unterweisen. Der Buddha übermittelte den Zustand des erwachten Geistes zusammen mit der Methode, nach der man ihn erlangt, und so haben unzählige Menschen im Lauf der Jahrhunderte ebenfalls Erleuchtung erlangt und die Erfahrung wieder anderen zugänglich gemacht, frisch und neu in jeder Generation.

Geburt, Jugend und Entsagung

Shākyamuni-Buddha, der Erwachte, erzählte Ānanda, einem seiner engsten Vertrauten und bedeutendsten Schüler, die Geschichte seines Werdegangs:

Zahllose Inkarnationen lang war er ein Bodhisattva, einer, der den Weg des Erwachens geht, der sich um anderer Wesen willen müht und für sie aufopfert. In einem früheren Weltzeitalter hatte er sich als der Wald-Asket Sumedha dem Buddha jenes Zeitalters, Dīpamkara, zu Füßen geworfen und den Entschluß gefaßt, selbst ein Buddha zu werden. Dīpamkara blickte auf den vor ihm im Schlamm liegenden Bodhisattva herab, der seinen Körper als Planke darbot, über die der Buddha schreiten sollte, um sich die Füße nicht zu beschmutzen. Der Buddha verhielt seinen Schritt und weissagte der großen Schar der ihn Begleitenden, daß dieser junge Asket nach vielen Zeitaltern tatsächlich ein Buddha sein würde. Leben für Leben übte sich der Bodhisattva in den zehn transzendenten Tugenden, die den Weg zur Buddhaschaft, zur vollkommenen Erleuchtung, ebnen. Als er schließlich der Vollkommenheit in Barmherzigkeit und Einsicht nahe war, erlangte er die Geburt als ein Gott im vierten Himmel des Reichs der Begierde, dem Tushita-Himmel der «Still-Zufriedenen». Als Shvetaketu, der Träger des Weißen Banners, wirkte er hier als der Lehrer und König von hunderttausend Göttern, denen aufgrund ihres guten Karma ein besonders langes Leben beschieden war.

Nach vielen tausend Jahren des Lebens in diesem Himmel der Still-Zufriedenen vernahm der Bodhisattva ein gewaltiges Tosen, das im gesamten Universum widerhallte und nichts anderes war als die Stimmen sämtlicher Götter der dreitausend Weltsysteme, die untereinander davon sprachen, daß nun für den Bodhisattva endlich die Zeit seiner Buddhaschaft gekommen sei. Drei Anlässe gibt es, zu denen dieses gewaltige Tosen unzähliger Stimmen zu hören ist: wenn ein Weltzeitalter seinem Ende im Weltuntergang entgegengeht, wenn die Geburt eines universalen Monarchen bevorsteht oder wenn die Geburt eines Buddha bevorsteht. Alle Götter versammelten sich nun im Himmel der Still-Zufriedenen und baten den Träger des Weißen Banners flehentlich, den Augenblick nicht verstreichen zu lassen, sondern sich zum Segen aller Lebewesen auf der Erde gebären zu lassen und ein Buddha zu werden.

Auch der Bodhisattva kam zu dem Schluß, daß die Zeit reif sei, geboren zu werden, und so begab er sich zum Nadana-Hain in der

Hauptstadt des Tushita-Himmels, um dort bei vollem Gewahrsein und mit hellwacher Aufmerksamkeit zu sterben. Und im Augenblick seines Todes ging er in eben diesem wachen Gewahrsein in den Schoß seiner irdischen Mutter ein.

Um die Mitte des sechsten Jahrhunderts vor unserer Zeitrechnung geschah es, daß der Bodhisattva zum letztenmal geboren wurde; er kam auf Jambudvīpa, dem Kontinent des Rosenapfelbaums, zur Welt, im Land der Shākyas, das in den Vorbergen des Himālaya lag (im heutigen Nepal). Sein Vater, Shuddhodana, war der König der Shākyas. Wie es einem König wohl anstand, gehörte er der Kshatriya- oder Kriegerkaste an, und die Linie seiner Familie, der Gautamas, war uralt und rein. Die Mutter des Bodhisattva war Mahāmāyā, Tochter des Suprabuddha, eines mächtigen Shākya-Herrn. Da der Bodhisattva als Shākya-Prinz geboren wurde, nannte man ihn nach seiner Erleuchtung Shākyamuni, der Weise aus dem Geschlecht der Shākyas. Sein Familienname war Gautama, und so nannte man ihn später auch Gautama-Buddha.

Eines Nachts, zur Zeit der Sonnenwendfeier in Kapilavastu, der Hauptstadt des Shākya-Reichs, träumte Königin Mahāmāyā, sie ersteige eine Anhöhe, und ein großer und schöner weißer Elefant gehe durch ihre rechte Seite in ihren Schoß ein. Dann verneigte sich eine große Menschenmenge vor ihr. Sie erwachte in großem Wohlbefinden und in dem Wissen, daß sie schwanger sei.

Als sie dem König davon erzählte, rief er seine weisen Brahmanen zusammen, die sich auf Astrologie und Traumdeutung verstanden. Die Brahmanen prophezeiten dem König, ihm werde ein Sohn geboren werden, der die zweiunddreißig Hauptzeichen und die achtzig Nebenzeichen der Vollkommenheit trage. Sollte dieser im Palast bleiben und sich dem weltlichen Leben zuwenden, so werde ein Chakravartin, ein Weltenherrscher, aus ihm werden. Sollte er jedoch Verzicht leisten auf Haus, Reichtum und Stand und als heiliger Mann fortziehen, so würde er ein voll erleuchteter Buddha werden und den Menschen das Elixier der Unsterblichkeit bringen. Der König zeigte sich von dieser Weissagung hoch erfreut. Er bedachte die Brahmanen mit reichen Gaben und verteilte auch Nahrung und Geschenke unters Volk.

Mahāmāyās Schwangerschaft dauerte zehn Monate. Im Frühjahr begann sie das Nahen ihrer Niederkunft zu fühlen. Sie bat, nach Lumbinī gebracht zu werden, zu einem der Familie gehörenden Lusthain, den sie schon als Mädchen geliebt hatte. Shuddhodana erteilte die notwendigen Anordnungen, und bald verließ die Königin mit einem stattlichen Troß von Edelleuten, Höflingen und Dienern die Stadt. Am Zielort wurden bunte Zelte errichtet, die mit allen Bequemlichkeiten ausgestattet waren, und man traf alle Vorbereitungen für die Geburt.

In der Monatsmitte, zu Vollmond, wandelte die Königin im Hain, als sie sich plötzlich sehr schwer fühlte und einen Arm hob, um sich an einem Ast festzuhalten. Und wie sie so dastand, die Hand um den Ast geklammert, kam der Bodhisattva zur Welt, ohne Wehen und Mühen, in einem Augenblick. Ein Licht durchstrahlte die Welten, und die Erde erzitterte. Dann tat der Bodhisattva, der schon die Gestalt eines kleinen Kindes besaß, sieben sichere Schritte, blickte in alle vier Himmelsrichtungen und sprach: «Ich bin der, der die Welt führen wird. Dies ist meine letzte Geburt.» Zwei kleine Kaskaden, eine warm, eine kühl, ergossen sich aus der Luft auf das Haupt des Bodhisattva mit ihren reinen und linden Wassern. So vom Himmel gewaschen, wurde er nun auf Seidenbrokatdecken gelegt, und über seinem Kopf spannte man einen weißen Sonnenschirm auf.

Am fünften Tag nach der Geburt des Bodhisattva ließ Shuddhodana die traditionelle Zeremonie der Namensgebung ausrichten. Edelleute, Höflinge und Brahmanen in großer Zahl wurden geladen. Speise und Trank waren reichlich vorhanden, und ein jeder erhielt großzügige Geschenke. Das Kind erhielt den Namen Siddhārtha; er bedeutet: «Der das Ziel erreicht».

Zwei Tage darauf, am siebten Tag nach der Geburt des Buddha, starb Königin Mahāmāyā, und das Kind wurde in die Obhut ihrer Schwester Mahāprajāpatī, der zweiten Frau König Shuddhodanas, gegeben. Mahāprajāpatī war von tiefer Zuneigung zum Kind ihrer Schwester erfüllt und zog es auf wie ihr eigenes Lieblingskind.

Den König hatten all die wundersamen Dinge, von denen die Geburt seines Sohnes umgeben gewesen war, sehr froh gestimmt; doch es war auch etwas Unheimliches an ihnen, und sie warfen dräuende Schatten der Ungewißheit. Der Tod der Königin rührte wieder an diese dunklere Seite. Dieser herbe Verlust lenkte seinen Geist auf die Voraussage der Brahmanen, sein Sohn werde entweder ein Weltenherrscher oder ein Buddha werden. Gewiß, Größe und Herrlichkeit lag in beiden Möglichkeiten, doch im Herzen des Königs gewann die erste die Oberhand. Wenn nur sein Sohn ihm nachfolgte und ein großer Herrscher würde, das wäre die Erfüllung aller seiner Wünsche. Wendete aber der Prinz sich ab von Palast und Stand, so bliebe er, Shuddhodana, ohne Erben, und sein Haus stünde leer. Die Aussicht auf diese Wendung peinigte ihn, und er beschloß, sie müsse verhindert werden. Er unternahm alles in seiner Macht Stehende, um den Lauf der Dinge in seinem Sinne zu steuern.

Umsichtig schirmte er den Prinzen von der Welt ab und bot alles auf, was an Annehmlichkeiten und Lustbarkeiten nur denkbar war. Solange es dem Prinzen an nichts fehlte, dachte der König, werde er gar nicht auf den Gedanken kommen, den Palast zu verlassen.

So wuchs Siddhārtha heran, und als er ein Jüngling war, umgab der König ihn mit schönen Frauen, die sich auf Gesang, Tanz und Saitenspiel verstanden. Wo auch immer er sich aufhielt, war er in Begleitung immer neuer Schönheiten, die alles taten, was ihm angenehm war, und nichts unterließen, was ihn ablenken und unterhalten konnte. Alle Tage standen ihm üppig ausgestattete Räume und herrliche, mit Seidenbaldachinen überspannte Dachgärten zur Verfügung. Es gab Zeiten, in denen er kaum auch nur die unteren Geschosse des Palastes aufsuchte.

Als er sechzehn Jahre alt war, begann man sich nach einer geeigneten Ehefrau für ihn umzusehen. Die Wahl fiel auf Yashodharā, eine würdige und wunderschöne junge Frau, Tochter einer Familie des Shākya-Stammes. Nach der Vermählung teilte sie nun Siddhārthas Leben im Königspalast.

In den folgenden zwölf Jahren ereignete sich nichts Umwälzendes in Siddhārthas Leben. Das sorglose Wohlleben hielt ihn umfangen, Familienbande und Stellung taten ein übriges. Dennoch verlor der Palast im Laufe der Zeit von seinem Reiz. Als die Kümmernisse und Mühsale des gewöhnlichen Lebens außerhalb der Palastmauern ihn schließlich doch erreichten, trafen sie ihn zunächst fast wie eine Beleidigung, eine dreiste Belästigung. Und sie machten auf ihn einen Eindruck von ungeheurer Tiefe.

Die Überlieferung erzählt von drei Begebenheiten, die das Genügen des Bodhisattva an seinem Wohlleben endgültig erschütterten.

Der Prinz hatte einen Kutscher namens Chandaka, von dem er sich gelegentlich ausfahren ließ. König Shuddhodana ließ Siddhārthas Bedienstete stets peinlich genau dafür sorgen, daß der Weg der Kutsche freigehalten und hübsch geschmückt wurde; keinesfalls durfte irgendwo etwas Häßliches oder Unangenehmes zu sehen sein, das den Prinzen hätte verstören können.

In seinem neunundzwanzigsten Jahr ließ der Prinz sich eines Tages von Chandaka zu einem bestimmten Garten fahren, wo er den Nachmittag verbringen wollte. Unterwegs erblickte er am Straßenrand einen vom Alter gebeugten Mann mit grauem, schütterem Haar, runzligem Gesicht und geröteten, halbblinden Augen. Seine Hände zitterten, und auf einen Stock gestützt schlurfte er unsicheren Schrittes einher.

Der Prinz fragte Chandaka: «Wer ist dieser Mann? Sein Haar ist nicht so wie das Haar anderer Menschen. Seine Augen sind befremdlich, und er geht so seltsam.»

Chandaka erwiderte: «Herr, das ist ein alter Mann. Er ist so durch die Zeit, die an ihm wirkt wie an allem Geborenen. Dieser Mann hat nichts weiter als die Gebrechen des Alters, die uns allen bevorstehen. Die Haut wird trocken und runzlig, das Haar verliert seine Farbe und fällt aus, die Adern verhärten sich, das Fleisch verliert seine pralle Fülle und hängt schlaff herab. Schmerzen plagen uns, die Augen verhornen und sind blutunterlaufen. Auch die übrigen Sinne werden schwach. Ja, mit fortschreitenden Jahren verlassen den Körper die Kräfte, bis sie schließlich kaum noch zur Fortbewegung ausreichen, wie Ihr an dem Alten hier seht.»

Diese Worte erschreckten und verstörten den Prinzen. Nach dem Lustgarten war ihm jetzt nicht mehr zumute, und so wies er Chandaka an, zu wenden und zum Palast zurückzufahren.

Bei einer weiteren Ausfahrt sah Siddhārtha am Straßenrand einen Kranken, bleich und ausgezehrt. An manchen Körperstellen waren Schwellungen zu erkennen, andere waren über und über mit Wunden bedeckt. Er mußte sich auf einen anderen Mann stützen, und manchmal entrangen sich ihm klägliche Schmerzensschreie. Als Chandaka dem Prinzen erklärte, was es mit dem Kranksein auf sich hat, ließ dieser ihn abermals zum Palast zurückfahren und war tief bekümmert.

Und wieder einmal bei einer Ausfahrt begegnete der prinzlichen Kutsche ein Leichenzug. Siddhārtha sah den Leichnam auf der Bahre und die klagenden Anverwandten, die sich die Kleider zerrissen und Asche über sich streuten. Er bat Chandaka um Aufklärung über dieses schaurige Geschehen.

«Wißt Ihr es etwa nicht, mein Prinz? Dieser Mann dort auf der Bahre ist tot. Sein Leben ist zu Ende. Seine Sinne samt den Empfindungen und seinem Bewußtsein haben ihn für immer verlassen. Einem Holzscheit oder Heubüschel gleich ist er jetzt. Die Seinen, denen er ein Leben lang lieb und wert war, werden ihn niemals wiedersehen. Alles Geborene, ohne Ausnahme, muß sterben.»

In großer Betrübnis ließ der Prinz sich zum Palast zurückfahren.

Bei einer vierten Ausfahrt schließlich erblickte der Prinz einen Wandermönch von aufrechter Haltung und heiterem, strahlendem Gesichtsausdruck. Beeindruckt von diesem Anblick, befragte er Chandaka über diesen Mann. Der erwiderte: «Das ist ein Heiliger, der dem weltlichen Leben entsagt und ein Dasein in der Hauslosigkeit auf sich genommen hat. Solche hauslosen Wandermönche widmen sich dem spirituellen

Streben, etwa durch Meditation oder Kasteiung. Sie haben keinerlei Besitz, sondern wandern von Ort zu Ort und erbetteln sich ihre tägliche Nahrung.»

Tief in Gedanken, ließ der Prinz sich zum Palast zurückfahren.

Der König gedachte die grüblerischen Gedanken seines Sohnes zu zerstreuen und schickte ihn in ein nahegelegenes Bauerndorf; er hoffte, Siddhārtha werde sich dort für die Arbeitsweise der Bauern interessieren. Doch dem so empfindsamen jungen Mann fielen vor allem die schwer arbeitenden Menschen auf, die sich dort schmutzig, halbnackt und schweißüberströmt in der sengenden Sonne abmühen mußten. Die Ochsen keuchten unter schwerem Joch, von dem ihnen die Haut aufgeschunden war. Der Pflug, den sie zogen, riß die Erde auf und tötete Würmer und anderes Getier. Damit sie ihre letzte Kraft gaben, mußten die Bauern die Ochsen mit Stachelstöcken antreiben, daß das Blut nur so über ihre Flanken lief. Schaum stand ihnen vor den triefenden Mäulern, während sie den schweren Pflug über die schier endlose Länge des Feldes zogen, stets eingehüllt in ganze Wolken von Mücken und Bremsen, die ihnen unaufhörlich zusetzten.

Ein unsagbarer Abscheu ergriff den Prinzen, und als er erfuhr, daß alle diese Menschen die Sklaven seines Vaters waren, gab er ihnen auf der Stelle die Freiheit und sagte: «Von heute an seid ihr keine Sklaven mehr. Geht, wohin es euch beliebt, und seid glücklich.» Auch die Ochsen ließ er frei und sagte zu ihnen: «Geht nur. Von jetzt an seid ihr frei. Süßes Gras sollt ihr fressen und vom reinsten Wasser trinken, und der Wind soll euch von allen Seiten Kühlung fächeln.»

In diesem neunundzwanzigsten Jahr wurde Yashodharā, seine Frau, schwanger. Er jedoch trug sich ernstlich mit dem Gedanken, in die Hauslosigkeit zu ziehen. Alter, Krankheit, Tod und die Allgegenwärtigkeit des Leidens schlugen das Dasein in Ketten, und er mochte diese Unfreiheit nicht als endgültig hinnehmen. Er mußte den Sieg erringen über diese Feinde des Glücks. Doch wie sollte er das, solange er hier im Palast ein müßiges Leben führte? Ihm war, als zeigte die Begegnung mit dem Bettelmönch ihm den Weg, dem er folgen mußte, um seiner tiefen Beunruhigung Herr zu werden.

Eines Nachts, nach einem höchst unterhaltsamen Abend in den Frauengemächern, erwachte er und sah im flackernden Licht der Lampe um sich her die schönen Frauen, hingegossen daliegend, wie sie mitten in all dem hemmungslosen Treiben eingeschlafen waren. Eine junge Frau, die Laute noch in der Hand, schnarchte laut, und der Speichel troff ihr aus dem Mund. Andere lagen an die Wand oder an Möbelstücke gelehnt da. Bei manchen waren Weinflecken auf der Kleidung zu erkennen, oder sie lagen mit geöffneten Gewändern in ungelenker Pose da. In ihrer Schlafschwere wirkten sie wie hingestreckte Leichname. Nichts mehr von all dem verführerischen Reiz, dem der Prinz so lange erlegen gewesen war.

In derselben Nacht träumte Yashodharā, Siddhārtha habe sie verlassen. Sie erzählte ihm von diesem Traum und sagte: «Herr, wohin du auch gehst, bitte, nimm mich mit.» Und in dem Wissen, daß er an einen Ort jenseits von Leid und Tod gehen würde, willigte er ein und antwortete: «Wohin ich gehe, dahin kannst auch du gelangen.»

Nicht lange nach der Geburt seines Sohnes, der Rāhula genannt wurde, entschied sich der Bodhisattva für den Pfad der Hauslosigkeit und verließ den Palast. Vor dem Aufbruch wollte er jedoch seinen Sohn noch einmal sehen. Er fand ihn neben Yashodharā schlafend, die eine Hand schützend über seinen Kopf hielt. Siddhārtha wußte, daß er seine Frau wecken würde, wenn er das Kind hochnähme, und das würde sein Weggehen erschweren. So wandte er sich ab, doch nicht ohne zu geloben, daß er seinen Sohn wiedersehen würde, wenn er Erleuchtung erlangt hatte. Alle Frauen des Palasts und sogar die Wachen und ihre Hauptleute schienen fest zu schlafen, denn niemand erschien, um ihn aufzuhalten. Er weckte den Wagenlenker Chandaka und befahl ihm, sein Lieblingspferd Kanthaka zu satteln und ihn zu Fuß zu begleiten.

Es war die Vollmondnacht des Sommermonats Ashadha in seinem neunundzwanzigsten Jahr, als der Bodhisattva auf seinem Pferd und mit Chandaka im Gefolge die Stadt Kapilavastu verließ und sich durch den Wald nach Süden wandte.

Wanderung, Lehrer und Askese

Auf einem Hügel vor der Stadt kam dem Bodhisattva der Gedanke, sich umzuwenden und einen letzten Blick auf die im Mondlicht daliegende Stadt zu werfen, in der er bis dahin sein Leben verbracht hatte. Als er jedoch eben den Entschluß faßte, keinen Blick mehr zurückzuwerfen, sondern seinen Weg fortzusetzen, erschien vor ihm in der Luft Māra, der Versucher, Verkörperung der Selbsttäuschung.

Er rief: «Geh nicht fort, denn in sieben Tagen wird das Rad der Weltherrschaft erscheinen, und du wirst Herr der ganzen Welt mit ihren vier Kontinenten und den Myriaden Inseln sein!»

«Māra, ich kenne dich», erwiderte der Bodhisattva. «Und ich weiß sehr wohl, daß du die Wahrheit sprichst. Doch nicht auf Herrschaft über die Welt bin ich aus; ich möchte ein Buddha werden, um sie vom Leid zu befreien.»

Da Māra sich erkannt sah, verschwand er, doch von diesem Augenblick an heftete er sich wie ein Schatten an den Bodhisattva und wartete auf den Augenblick, da dieser eine Schwäche zeigte.

Der Bodhisattva setzte seinen nächtlichen Ritt fort und hatte die Hauptstadt bald weit hinter sich gelassen. Am Morgen überquerte er ein Flüßchen und stieg am anderen Ufer ab. «Chandaka», sagte er, «ich trete jetzt in das Leben der Hauslosigkeit ein und werde um aller Wesen willen die Wahrheit suchen. Für dich ist es Zeit, mein Pferd zu nehmen und nach Kapilavastu und zu meinem Vater zurückzukehren.» Er legte seinen Gold- und Juwelenschmuck ab, auch das königliche Diadem von seinem Haupt, und übergab alles an Chandaka, damit er es zurückbringe.

Chandaka bat den Prinzen inständig, seinen Plan aufzugeben und in den Palast zurückzukehren, doch Siddhārtha blieb fest in seinem Entschluß. Er nahm Chandakas Schwert und schnitt sich das lange, zu einem Kopfschmuck gesteckte Haar, das Zeichen seiner Prinzenwürde, ab. Dann fiel sein Blick auf das Gewand aus zierlich bestickter Seide, und er dachte, wie unpassend es doch sei für einen wandernden Bettelmönch. Noch bei dem Gedanken, was hier zu tun sei, sah er einen Hirschjäger aus dem Wald kommen, der einen schlichten safranfarbenen Umhang trug, ganz ähnlich dem der Wandermönche. Er grüßte den Jäger und bot ihm einen Kleidertausch an. Dieser willigte nur zu gern ein und setzte bald im Gewand des Prinzen seinen Weg fort; der Bodhisattva, ebenso zufrieden, blieb in dem schlichten Gewand zurück. Nichts außer seiner königlichen Haltung und der Schönheit seiner Züge und Gliedmaßen unterschied ihn jetzt noch von einem gewöhnlichen Bettelmönch. Nur ein Seher oder ein außergewöhnlicher Brahmane würde noch die zweiunddreißig Hauptmerkmale und die achtzig Nebenmerkmale eines zum Buddha Geborenen an ihm erkennen.

«Jetzt geh zum König zurück und berichte ihm, was du gesehen hast», sagte er zu Chandaka.

So war aus dem Prinzen in einem Augenblick ein Bettler geworden. Er hatte das Leben errungen, dem sehnsuchtsvoll seine Gedanken gegolten hatten. Die Freiheit war sein, alle weltlichen Bande durchtrennt. Er faßte den Entschluß, solange nicht zurückzukehren, bis er seinen Sieg errungen hätte, und so begann seine Wanderschaft.

Nach und nach lernte er es, um Nahrung zu betteln. Da er nur die allerfeinsten Speisen gewohnt war, brachte er es anfangs kaum über sich, die in seiner Almosenschale gesammelten Überreste grober Kost zu sich zu nehmen. Doch allmählich gewöhnte er sich an diese Nahrung und an die Nachtlager auf bloßer Erde und nur von Bäumen oder Felsen beschirmt.

Immer weiter südwärts wandernd, überquerte er schließlich den Ganges und gelangte in das Land Magadha. Unterwegs kam ihm der Gedanke, daß er irgendwann einen Lehrer würde suchen müssen. Als er daher nach einiger Zeit von einem weithin berühmten Meister reden hörte, wandte er sich wieder nach Norden und überquerte erneut den Ganges, um die unweit der Stadt Vaishālī gelegene Einsiedelei des weisen Ārāda aus der Sippe der Kālāma aufzusuchen. Dort angelangt sah er, daß sich um Ārāda sehr viele Anhänger geschart hatten, die ganz in seiner Nähe im Wald lebten. Sogleich bat er, den Lehrer sehen zu dürfen und wurde von einem der Schüler zu Meister Ārāda geführt.

«Herr», sagte Gautama, «ich begehre unter deiner Führung ein heiliges Leben zu führen. Bitte, laß mich bleiben und unterweise mich in deiner Lehre und Übung.»

Ārāda war beeindruckt von dem Bodhisattva und willigte ein, ihm seine metaphysischen Ansichten über ein jenseits der Welt der Sinne liegendes ewiges Prinzip zu vermitteln. Gautama erlernte Ārādas Lehre sehr schnell in allen Einzelheiten. Als er sie fehlerlos wiedergeben und alle Fragen über sie richtig beantworten konnte, gab Ārāda ihm die Anweisungen, deren er bedurfte, um immer tiefere Stufen der meditativen Versunkenheit zu erreichen. Und so schnell verwirklichte Gautama die vier Stufen der von Ārāda gelehrten Meditation, daß jener zu ihm sagte: «Ich schätze mich sehr glücklich, einen so begabten Schüler wie dich gefunden zu haben. In kurzer Zeit hast du alles gelernt und verwirklicht, was ich selbst weiß. Ich kann dich nichts weiter lehren. Bleib doch, damit wir gemeinsam diese Gemeinschaft führen können.»

Doch Gautama fühlte sich noch fern jener vollkommenen Befreiung, die er suchte. Das Ziel der Erleuchtung lag noch vor ihm. Also dankte er Ārāda Kālāma für alles, was er ihn gelehrt hatte, und verabschiedete sich höflich.

Danach suchte er Unterweisung bei einem anderen im Wald lebenden Meister namens Rudraka Rāmaputra, der mit seiner Schülerschar gar nicht weit entfernt lebte. Rudrakas Lehre war in mancher Hinsicht besser ausgearbeitet als die Āradās, aber insgesamt doch ähnlich. Auch die meditative Schulung war so angelegt, wie Gautama es schon kannte, nur hatte Rudraka über Ārādas letzte Stufe, die Versenkung in die Leere, hinaus noch eine weitere verwirklicht. Die Versunkenheit in der Leere enthielt immer noch eine Unausgewogenheit, weil man in ihr vom Bewußtsein losläßt. In der nächsten Stufe der Versunkenheit wird ein neuer Gegenstand weder wahrgenommen, noch wendet man die Aufmerksamkeit von ihm ab.

Binnen kurzem hatte Gautama auch diese Stufe erreicht, erkannte jedoch, daß die vollkommene Befreiung ihm immer noch nicht zuteil geworden war. Deshalb lehnte er wiederum höflich ab, als Rudraka, der den Grad seiner Verwirklichung erkannte, ihn zu bleiben bat und ihm die alleinige Führung der Gemeinschaft antrug.

Wieder nahm er sein Wanderleben auf, doch jetzt in dem Gefühl, daß er von Lehrern nichts mehr lernen könne. Er gelobte sich, keine Mühe zu scheuen, um sein letztes Ziel, die Erleuchtung, zu erreichen.

Gautama wandte sich südostwärts und überquerte erneut den Ganges. In kurzen Tagesreisen durchquerte er das Land Magadha. Schließlich kam er in die Gegend von Uruvilvā am Nairanjanā-Fluß, unweit des Städtchens Gayā, und hier beschloß er zu bleiben und sich mit aller Ernsthaftigkeit seiner Aufgabe zu widmen.

Seit er in die Hauslosigkeit aufgebrochen war, hatte er allenthalben heilige Männer gesehen, die asketische Praktiken vollzogen – sie hielten den Atem an oder fasteten oder meditierten in einem Feuerkreis unter der stechenden Mittagssonne. Sie setzten sich unsagbaren Beschwerden und Schmerzen aus, offenbar in dem Bestreben, all die Begierden und Verhaftungen zu überwinden, durch die wir uns immer wieder in die vergängliche Welt von Geburt, Alter, Krankheit und Tod verstricken. Mit seinen bisherigen Bemühungen hatte er es noch nicht zur Erleuchtung gebracht, und so gewann er jetzt den Eindruck, er müsse es mit der Askese versuchen.

Allmählich verbreitete sich auch die Kunde von seinen Errungenschaften im ganzen Land unter den Bettelmönchen. Sie erzählten einander, wie Gautama so schnell den Verwirklichungsgrad von Ārāda und Rudraka erreicht und dann die angebotene Führerrolle nicht angenommen hatte. Vor allem sprachen sie darüber, daß er sich jetzt einer Askese von kaum vorstellbarer Strenge unterzog und sicherlich bald Erleuchtung finden oder sterben würde. Kaundinya, einer der Brahmanen, die bei seiner Geburt geweissagt hatten, er werde ein Buddha werden, war inzwischen selbst in die Hauslosigkeit gezogen, und als er von diesen Dingen hörte, suchte er Gautama auf. Er brachte vier Weggefährten namens Ashvajit, Vāshpa, Mahānāma und Bhadrika mit. Diese fünf schlossen sich Gautama an und dienten ihm. Sie brachten ihm seine äußerst spärliche Nahrung. Wenn er zum Trinken zu schwach war, halfen sie ihm. Wenn seine Kraft nicht ausreichte, sich zu waschen, halfen sie ihm. Wenn er aus Kraftlosigkeit nicht mehr stehen konnte, stützten sie ihn. Und so warteten sie auf den Tag, da er Erleuchtung finden und dann auch sie zum Ziel führen würde.

Erleuchtung

Nach sechs Jahren dieses unerbittlichen Ringens war Gautama dem Tode nahe. Doch trotz all der Kasteiungen hatte er sich noch nicht über das gewöhnliche Menschsein erheben können. Die höchste Erkenntnis und Schau hatte sich ihm nicht erschlossen. War der Weg zur Erleuchtung vielleicht doch ein anderer?

Im Laufe der nächsten Tage ging er dazu über, doch wieder eine bescheidene Mahlzeit am Tag zu sich zu nehmen. Seine Anhänger dachten, er habe aufgegeben und fange an, sich gehenzulassen. Empört verließen sie ihn. Da er aber noch zu schwach war, selber Almosen zu sammeln, erbarmte sich eine junge Frau aus dem Dorf seiner und brachte ihm jeden Tag ehrfurchtsvoll ein wenig Nahrung. Da kehrten seine Kräfte zurück, und sein Gesicht gewann wieder die leuchtende Farbe von ehedem.

Am Morgen des Vollmondtages im Frühlingsmonat Vaishekha, auf den Tag genau fünfunddreißig Jahre nach seiner Geburt, ging der Bodhisattva zum nahen Nairanjanā-Fluß und badete. Wieder am Ufer, suchte er eine kleine Baumgruppe auf und setzte sich nieder. Er war immer noch ein wenig schwach, doch voller Zuversicht. Während er dort

Liang K'ai: Shākyamuni steigt aus dem Gebirge herab. China, 13. Jahrhundert, Tusche und Farbe auf Seide. Nationalmuseum, Tōkyō.
Siddhārtha, der zukünftige Buddha, kehrt aus der Wildnis zurück, wo er als Asket gelebt hatte. Dies ist ein großer Wendepunkt, denn er hat nicht nur das Leben des Haushabers, sondern auch das des Asketen hinter sich gelassen und geht nun allein seinen Weg. Liang K'ai wählt hier eine Winterlandschaft, um dies völlige Aufsichselbstgestelltsein Siddhārthas zu vermitteln.

saß, erschien eine schöne junge Frau in einem Kleid aus dunkelblauem Tuch. Es war Sujata, die Tochter des Oberhirten aus dem Dorf. Sie verneigte sich und bat ihn schüchtern, er möge ihr besonderes Speiseopfer von in Rahm gekochtem und mit Wildhonig gesüßtem Reis annehmen. Gautama lächelte und aß den Reis, die köstlichste Speise seit seinem Auszug aus dem Palast. Er fühlte, wie ihm Kraft und Wohlbefinden zuwuchsen. Dann ruhte er unter den Bäumen, bis die Tageshitze vorbei war.

Gegen Abend ergriff ihn eine große Zielstrebigkeit. Er fühlte, daß die Zeit gekommen war, sein Vorhaben zu verwirklichen. Er erhob sich und überquerte den Fluß. Am anderen Ufer begegnete ihm ein Mann, der Gras geschnitten hatte, und dieser schenkte ihm ein Büschel weichen Kusha-Grases. Dann ging er weiter und fand bald eine Stelle, die ihm geeignet erschien. An der Ostseite eines Pipal-Baumes machte er sich aus dem Kusha-Gras einen Sitz. Dann gelobte er feierlich, sich nicht von diesem Sitz zu erheben, bis er Erleuchtung erlangt hatte – mochte es ihn auch das Leben kosten.

Als er nun die aufrechte Meditationshaltung mit überkreuzten Beinen einnahm, war auch Māra klar, daß der entscheidende Augenblick gekommen war, und ihm wurde angst und bange, denn er wußte: Hatte der Bodhisattva erst Erleuchtung gefunden, würde er für immer seinem Einfluß entzogen sein. Irgendwie mußte er die Entschlossenheit des Bodhisattva brechen.

Zuerst versuchte er es mit Einschüchterung. «Steh auf, Siddhārtha, Kriegerprinz, der den Tod fürchtet!» schrie er. «Wie kannst du es wagen, dich auf meinen Platz zu setzen? Du hast dich zu weit vorgewagt, du gehörst nicht hierher! Du maßt dir mehr an, als du je sein kannst, Menschlein. Geh den dir bestimmten Weg und laß ab vom Pfad der Befreiung. Geh, kümmere dich um Familie und Reich, so schmählich verlassen!»

Der Bodhisattva blieb gelassen sitzen und schenkte Māra keine Beachtung. Daraufhin nahte dieser sich ihm nun in der Gestalt des Liebesgottes. Er hob seinen Blütenbogen mit der Sehne aus summenden Bienen und schoß einen Pfeil der Begierde auf den Bodhisattva ab, doch der Pfeil verharrte in der Luft und fiel dann zu Boden.

Da bestieg Māra seinen Kampfelefanten und ließ seine Heerscharen aufmarschieren, Ungeheuer und Kobolde jeder nur denkbaren Art. Sie kreischten und heulten, als wollten sie gegen den Himmel zu Felde ziehen. Doch der Bodhisattva zeigte keinerlei innere oder äußere Regung.

Höchst aufgebracht verlangte Māra erneut zu wissen, mit welchem Recht der Bodhisattva den Platz einnehme, der eigentlich ihm zustehe. Er ließ einen Wirbelwind auf Gautama los, doch nicht einmal der Saum von dessen Gewand regte sich. Māra schickte gewaltige Regengüsse, dann gleißende Blitze, doch der Bodhisattva blieb ungerührt in seiner tiefen Sammlung. Dann antwortete er und erklärte, er habe sich das Anrecht auf diesen heiligen Sitz durch zahllose Leben erworben, in denen er Gebefreudigkeit und die übrigen neun transzendenten Tugenden geübt hatte. «Wenn du Anspruch auf diesen Platz erhebst», forderte er nun Māra heraus, «wer bezeugt dann für dich, daß du die zehn Tugenden geübt hast?»

Māra brüllte vor Lachen, und alle seine mißgestalten Kreaturen zeugten lauthals für ihn. Siegesgewiß, denn der Bodhisattva war ja vollkommen allein, fragte er ihn: «Und welche Zeugen kannst du vorweisen?»

Der Bodhisattva streckte die Hand aus und berührte die Erde mit den Fingerspitzen. «Die Erde ist mein Zeuge», sagte er. Und aus der Tiefe drang ein gewaltiges Dröhnen und Poltern, mit dem das Erd-Element selbst in seiner Essenz sich bekundete. Die Erde erbebte, und ihr Donnern verschluckte die Entsetzensschreie von Māras Schergen. Im Nu hatte der ganze Haufen die Flucht ergriffen, und dann schlich auch Māra geschlagen von dannen.

Die Luft wurde klar und still. Am Himmel ging der volle Mond auf und sandte sein mildes Licht. Der Bodhisattva saß regungslos und erlangte die erste Stufe der Versunkenheit. Vollkommen lautlos war die Nacht, und selbst die Insekten blieben still. Je höher der Mond stieg, desto tiefer wurde die Sammlung des Bodhisattva, und so durchmaß er die Stadien der Meditation, bis er das vierte erreichte. Klar und makellos war seine Sammlung, voll und in sich ruhend. Dann, voller Zuversicht und Vertrauen, schickte er den Beobachter zur Ruhe, und sein Geist gelangte in einen Zustand müheloser, grundloser Offenheit, von keinem Inhalt mehr bewegt. Er verfiel diesem Zustand jedoch nicht. Vielmehr machte er sich in äußerster Klarheit und Behutsamkeit daran, den Knoten von Geburt, Alter, Krankheit und Tod aufzuknüpfen.

Er sah, daß die Voraussetzung für Alter, Krankheit und Tod die Geburt ist. Wo Geburt sich ereignet, da geschieht alles weitere zwangsläufig. Er sah: Geburt ist bedingt durch einen bereits in Gang gesetzten Prozeß des Werdens; das Werden ist bedingt durch Ansichreißen oder Begehren; dies ist bedingt durch Begierde; Begierde ist bedingt durch lustvolle, schmerzvolle oder neutrale Empfindungen; diese sind bedingt durch Sinneseindrücke; die Sinneseindrücke sind bedingt durch die Sinnesbereiche; die Sinnesbereiche sind bedingt durch das Erscheinen von Geist-Körper; Geist-Körper ist bedingt durch das Bewußtsein. Er sah, daß Geist-Körper und Bewußtsein sich gegenseitig bedingen und einen ersten Ansatz von Ich-Gefühl erzeugen. Er sah, daß das Bewußtsein durch Willensregungen bedingt ist und die Willensregungen schließlich durch Nichtwissen bedingt sind.

Und so sah er, daß die ganze Kette von Bedingungen, die in Alter und Tod mündet, damit beginnt, daß die grundlegende Intelligenz in das Nichtwissen um ihre eigene Natur abgleitet. So gelangt die alldurchdringende Intelligenz auf den Abweg des Ich-Gefühls.

Danach vertiefte sich die Klarheit und Offenheit seines Geistes noch weiter. Im ersten Abschnitt der Nacht wurde seine innere Schau frei von allen Hindernissen. Man spricht hier vom Öffnen des göttlichen Auges. Er wandte seine Aufmerksamkeit der Vergangenheit zu und sah unzählige frühere Leben seiner selbst und anderer, über Epochen und ganze Weltzeitalter hinweg.

Im zweiten Abschnitt der Nacht, von Erbarmen bewegt, öffnete er sein Weisheitsauge noch weiter und sah das gesamte Universum mit allem, was in ihm vorgeht, wie in einem makellosen Spiegel. Er sah die Wesen in Übereinstimmung mit dem Karma, dem Gesetz von Ursache und Wirkung, entstehen und vergehen. So wurde er der zyklischen Pfade aller Wesen gewahr. Er sah sie im Glück und im Unglück, sah die Erhöhten und die Erniedrigten ihre Wege gehen. Er sah, wie sie in Nichtwissen und Leiden hilflos im Gewoge von Geburt, Alter, Krankheit und Tod dahintrieben.

Im dritten und letzten Abschnitt dieser Nacht machte der Bodhisattva sich daran, dieses Leiden ein für allemal auszurotten. Vollständig hatte er den Kreislauf des bedingten Entstehens durchschaut, in dem jedes Glied aus einer vorausgehenden Ursache hervorgeht, beginnend mit dem Nichtwissen. Und er sah die Lebewesen mit diesem Rad sich drehen, getrieben von der unwiderstehlichen Bewegungskraft des Karma. Nun suchte sein göttliches Auge das Mittel der Befreiung. Er sah: Mit dem Aufhören der Geburt würde es auch Alter und Tod nicht mehr geben; durch das Aufhören des Werdens würde es keine Geburt mehr geben; durch das Aufhören des Ergreifens und Anhaftens würde es kein Werden mehr geben – und so fort durch die gesamte Verursachungskette bis hin zum Nichtwissen. Er sah das Leiden, die Ursache des Leidens, die Beendigung des Leidens und schließlich auch den Weg zur Beendigung des Leidens.

Am Ende dieser Nacht, beim Anblick des Morgensterns im ersten Morgengrauen, durchdrang das Weisheitsauge des Bodhisattva die letzten Spuren von Nichtwissen, die er in sich selbst hatte. So erlangte er die vollkommene universale Erleuchtung und wurde der Buddha. Seine ersten Worte waren:

> Den Erbauer des Hauses suchend und nicht findend,
> durchwanderte ich das Rund unzähliger Geburten –
> oh, peinvoll ist Geburt immer und immer wieder.
> Hausbauer, nun bist du erkannt
> und sollst das Haus nicht noch einmal bauen.
> Niedergerissen wurden deine Sparren,
> zerstört auch dein Firstbalken.
> Mein Geist hat das ungeformte Nirvāna erlangt
> und das Ende allen Begehrens erreicht.

Dann dachte er: «Ich habe das Ungeborene erlangt. Meine Befreiung kann durch nichts mehr bedroht werden. Dies ist meine letzte Geburt. Es wird keine Erneuerung des Werdens mehr geben.»

Der Erleuchtete beginnt zu lehren

Der Buddha setzte seine Meditation unter dem Bodhi-Baum, dem Baum der Erleuchtung, fort und meditierte dann auch an anderen Orten in der Umgebung. Nach einiger Zeit kam ihm die Frage, ob er den Dharma auch andere lehren sollte. «Er ist zu tief, zu schwierig, als daß er gelehrt werden könnte», dachte er. «Zu grundsätzlich ist er verschieden von der allgegenwärtigen, tief eingefleischten Verblendung. Eine so völlig dem Anhaften verfallene, so sehr an Begierde und Haß gewöhnte Welt hat zuviel Staub auf den Augen, als daß sie je die Wahrheit erkennen könnte, vor der sie sich verkriecht.» So kam der Erhabene zu dem Beschluß, nicht zu lehren. Er würde in Schweigen verharren.

Da wurde jedoch der Gott Sahampati der Entscheidung des Buddha gewahr. Er erschien vor dem Erhabenen und bat ihn um aller Lebewesen willen flehentlich, er möge «das Rad des Dharma drehen». Viele, sagte er, seien derer, die aufrichtig die Wahrheit suchten und nur wenig Staub auf den Augen hätten. Denen werde es möglich sein, den Dharma in all seiner Unwägbarkeit und Tiefe zu erfassen. «Wenn du lehrst», sagte er, «wirst du zahllose Wesen aus dem Kreislauf des Leidens befreien.»

Auf diese dringende Bitte hin erwachte das Erbarmen des Buddha. Schweigend bekundete er Sahampati seine Einwilligung, und als jener seine Bitte erhört sah, verneigte er sich und verschwand.

Nachdem der Erhabene sich so lange, wie er es für richtig befand, beim Bodhi-Baum nahe Gayā in der Gegend von Uruvilvā aufgehalten hatte, machte er sich auf den Weg nach Vārānasī. Er überquerte den Ganges und erreichte nach wenigen Tagen den Hirschpark unweit der Stadt. Dort saßen seine früheren fünf Schüler und sahen ihn kommen. Da sie ihn für einen vom wahren Pfad Abgewichenen ansahen, zeigten sie ihm zunächst keinerlei Ehrerbietung, und als er sich bereit zeigte, sie zu lehren, was ihm offenbar geworden war, wollten sie nichts hören. Sie sprachen ihn mit «Freund» oder «Gautama» an und zeigten ihm damit, daß sie ihn nicht als Lehrer anerkannten. Dennoch war etwas an ihm, das sie aufhorchen machte, und so ließen sie ihn schließlich reden.

Er sprach: «Ihr Bhikshus (Bettler, Mönche), sprecht einen Tathāgata (einen «so Gekommenen», d. h. einen Vollendeten) nicht mit dem Namen oder als ‹Freund› an: Solch einer hat das Werk vollbracht und ist vollkommen erleuchtet. Hört, ihr Bhikshus, das Ungeborene und nicht dem Tod Unterworfene ist erlangt. Ich werde euch lehren, ich werde euch im wahren Dharma unterweisen. Wenn ihr euch nach meinen Anweisungen übt, werdet auch ihr ihn durch eigenes unmittelbares Wissen verwirklichen können. Ihr werdet das Ziel des heiligen Lebens erreichen, um dessentwillen die durch Familie Gebundenen zu Recht das Leben des Haushabers hinter sich lassen, um in die Hauslosigkeit zu ziehen.»

Doch die Fünf sahen ihn immer noch als einen, der aufgegeben hatte, und ließen sich nicht herbei, seine Rede ernst zu nehmen. Dreimal noch wiederholte der Erhabene sein Anerbieten, und angesichts seines nicht zu erschütternden Beharrens schmolz der Widerstand der anderen schließlich dahin, und sie willigten ein, ihm wenigstens zuzuhören.

Zuerst erklärte er den fünf von Kaundinya angeführten Bettelmönchen, daß es zwei Extreme gibt, die man nicht suchen, sondern meiden soll. «Welche zwei? Da ist zum einen das Leben in der Suche nach Sinnesfreuden, ein niedriges, grobes, gewöhnliches, unwürdiges und schädliches Leben; zum anderen ein Leben in der Selbstkasteiung, ein peinvolles, unwürdiges und schädliches Leben. Der vom Tathāgata gefundene Mittlere Weg jedoch meidet diese beiden Extreme; er gewährt euch die rechte Schau und die rechte Erkenntnis, er führt zum Frieden, zum direkten Wissen, zu Erleuchtung, zum Nirvāna. Und was ist der Mittlere Weg? Es ist der Edle Achtfache Pfad, nämlich: rechte

Anschauung, rechter Entschluß, rechte Rede, rechtes Handeln, rechter Lebenserwerb, rechtes Bemühen, rechte Achtsamkeit und rechte Versenkung.»

In dieser ersten seiner Darlegungen des Dharma lehrte der Buddha nicht nur den Achtfachen Pfad, sondern auch die Vier Edlen Wahrheiten. Er sagte: «Da ist diese Edle Wahrheit des Leidens: Geburt ist Leiden, Altern ist Leiden, Krankheit ist Leiden, Tod ist Leiden, Kummer und Jammer, Schmerz, Trauer und Verzweiflung sind Leiden; gebunden sein an das, was man haßt, ist Leiden; getrennt sein von dem, was man liebt, ist Leiden; nicht bekommen, was man möchte, ist Leiden...

Da ist diese Edle Wahrheit vom Ursprung des Leidens: Er liegt im Verlangen, das zu erneutem Werden führt, das vom Frönen und von Lüsternheit begleitet ist, vom Schwelgen in diesem und jenem; Verlangen also nach Sinnesfreuden, nach Sein oder nach Nichtsein.

Da ist diese Edle Wahrheit von der Beendigung des Leidens: Sie liegt im restlosen Vergehen und Aufhören eben dieses Verlangens, im Aufgeben und der Zurückweisung dieses Verlangens, im Ablassen und der Lossagung von diesem Verlangen.

Da ist diese Edle Wahrheit von dem Weg, der zur Beendigung des Leidens führt: Es ist der Edle Achtfache Pfad...»

Er erläuterte, die Wahrheit des Leidens müsse von innen her ganz erfaßt werden, um das Leiden wirklich zu verstehen. Was die Wahrheit vom Ursprung des Leidens angehe, so müsse man von diesem Ursprung ablassen. Die Wahrheit von der Beendigung des Leidens bedeutet zunächst die Einsicht, daß die Beendigung des Leidens wirklich möglich ist; um sie herbeizuführen, muß man den Achtfachen Pfad üben. Er selbst, so sagte er, habe die Erleuchtung dadurch erlangt, daß er diese Vier Edlen Wahrheiten zutiefst erfaßte.

Als der Erhabene diese Dinge erklärte, schwanden Kaundinyas Zweifel, und an ihre Stelle trat, durch eigene unmittelbare Einsicht geweckt, vollkommenes Vertrauen. Er besaß nun jenes ganz aus eigenem gewonnene Wissen, das keiner Bestätigung durch andere und keiner weiteren Prüfung mehr bedarf.

Da bat Kaundinya den Buddha, ihn in aller Form als seinen Schüler anzunehmen. Der Buddha gewährte ihm die Ordination zum Bhikshu, zu einem Mönch jenes Ordens der Bettelmönche, dem er vorstehen würde. Dies geschah mit den schlichten Worten: «Komm, Bhikshu. Der Dharma ist in gehöriger Weise dargelegt worden. Tritt ein in das heilige Leben zur vollständigen Beendigung des Leidens.»

Dann unterwies der Erhabene die vier anderen noch weiter, und nach kurzer Zeit leuchtete auch in ihnen die reine Schau des Dharma auf. Auch sie baten, in den Orden des Buddha aufgenommen zu werden, und jener ordinierte sie auf die gleiche Weise wie Kaundinya.

Am Morgen nach dem Tag, an dem er zum erstenmal das Rad des Dharma gedreht hatte, setzte der Buddha seine Unterweisungen im Hirschpark fort. Seine ersten fünf Schüler lauschten ihm tagein, tagaus, und so erlangten sie die vier Stufen der Verwirklichung und wurden Arhats oder «Feind-Vernichter» – das sind solche, die in sich alle Hindernisse für die Erleuchtung vernichtet haben.

Viele andere waren da noch im Hirschpark, die zu ergründen versuchten, wie man das heilige Leben führt, und manch einer von ihnen begann ebenfalls, dem Buddha zu lauschen.

In dieser Zeit legte der Erhabene seine Lehre vom Nicht-Ich dar. Eine der wichtigsten Lehren des Hinduismus spricht von einem unvergänglichen Ich, einer ewigen Seele, die mit dem ewigen göttlichen Prinzip des Universums verknüpft sei und daher von Wiedergeburt zu Wiedergeburt wandere. Der Buddha lehrte, daß es solch ein Ich nicht wirklich gibt, nur die Illusion eines Ich. Gäbe es tatsächlich solch ein Ich, sagte er, so wäre es nur eine Ursache des Leidens, und wäre es gar ewig, so wäre es Ursache eines Leidens, das nie bezwungen werden könne. Dieses Ich würde sich immer wieder im Netz der Erfahrung verfangen und in den Kreislauf der Wiedergeburt eintreten. Dann gäbe es keine Dritte Edle Wahrheit von der Beendigung des Leidens und damit auch keine Erleuchtung. In Wahrheit, so lehrte er, gibt es nur den Wahn eines Ich, und selbst der gereiche zum größten Hindernis für die Befreiung, die Beendigung des Leidens.

Doch das Hindernis des bloß eingebildeten Ich, lehrte der Tathāgata, fällt weg, sobald es als das gesehen wird, was es ist. Es ist keine feste, ewige Wirklichkeit, sondern nur eine zeitweilige Fügung aus Form, Empfindung, Wahrnehmung, begrifflichen Formkräften und Bewußtsein – aus dem also, was man als die fünf Skandhas oder Anhäufungen bezeichnet. Es gibt kein fest umgrenztes Ich, an dem man haften kann und das dann selbst wiederum an anderen Dingen haftet, sondern nur ein ständig sich wandelndes Gefüge aus diesen fünf Anhäufungen. Ist dies einmal durchschaut, so wird man zunehmend gelassen und kühl gegenüber allem, woran man einst leidenschaftlich gehangen hat. Das Begehren schwindet, und das Herz wird frei. Nichts bleibt mehr, was dem Kreislauf von Leiden und Geburt unterworfen wäre.

Ein Mann namens Buddha | 39

Der Buddha in Meditation. Sri Lanka, Anuradhapura, drittes oder viertes Jahrhundert, Stein. Foto von Ananda K. Coomaraswamy.
Nach seiner Rückkehr aus der Wildnis wanderte Siddhārtha nach Gayā. Er setzte sich unter einen Baum und faßte den Entschluß, hier zu meditieren und nicht von der Stelle zu weichen, bis ihm die wahre Natur der Dinge offenbar geworden sei. Diese große Steinstatue zeigt den Buddha bei der Meditation, die Beine überkreuzt und die Hände im Schoß zusammengelegt. Das Heroische und zutiefst Menschliche, das uns hier entgegentritt, ist kennzeichnend für die Kunst Sri Lankas.

Nicht lange, nachdem der Buddha im Hirschpark zum erstenmal das Rad des Dharma in Drehung versetzt hatte, trug es sich zu, daß Yasha, der Sohn eines reichen Kaufmanns, das Haus seines Vaters floh, weil auch er seines üppigen Wohllebens überdrüssig geworden war. Zur Nachtzeit irrte er durch den Hirschpark, und im ersten Dämmerlicht des Morgens gewahrte er die auf und ab wandelnde Gestalt des Buddha. Der Buddha sah Yasha kommen und hörte ihn, als er schon recht nahe war, sagen: «Wie entsetzlich, oh, wie scheußlich!»

Der Buddha sprach ihn an: «Hier ist nichts Entsetzliches oder Scheußliches, Yasha. Komm, setz dich her, ich werde dich den Dharma lehren.»

Sogleich empfand Yasha Trost und schöpfte Hoffnung. Er streifte seine goldenen Schuhe ab, warf sich vor dem Tathāgata nieder und setzte sich, um der Belehrung zu lauschen. Alsbald erstand in ihm die klare und vollkommene Schau des Dharma. Später kamen noch etliche seiner Freunde, die auch vom Buddha gehört hatten, und alle fanden sie Befreiung von ihren Unreinheiten und wurden Arhats. Da waren es schon einundsechzig, die unter dem Buddha in die Hauslosigkeit gezogen waren.

Der Buddha versammelte die Arhats um sich und sprach: «Ihr Bhikshus, ich bin frei von allen Fesseln, von menschlichen wie von göttlichen. Ihr seid frei von allen Fesseln, von menschlichen wie von göttlichen. Geht nun und zieht umher zum Wohl und Glück der vielen, aus Erbarmen für die Welt, zum Nutzen und Segen und Glück der Götter und Menschen. Lehrt den Dharma, der am Anfang gut ist, in der Mitte gut ist und am Ende gut ist, lehrt ihn den Worten und dem Sinn nach. Legt das heilige Leben dar, das ganz und gar vollkommen und rein ist. Es gibt Wesen, die nur wenig Staub auf den Augen haben und verloren sind, wenn sie nicht den Dharma hören. Manche werden verstehen.»

Die Bhikshus, die auf Geheiß des Buddha in alle Richtungen ausgezogen waren, brachten bald weitere Männer, die in die Hauslosigkeit ziehen wollten und die Mönchsordination begehrten, um dem Sangha, der Mönchsgemeinschaft, anzugehören. Bald war es kaum noch möglich, sie alle dem Buddha selbst vorzuführen. Da berief er eine Versammlung der Bhikshus ein und befugte sie, sowohl den Eintritt in die Hauslosigkeit zu gewähren als auch die Ordination zu vollziehen. Er schrieb sehr genau vor, wie dies zu geschehen habe:

Zuerst mußten dem neu Eintretenden Haupthaar und Bart geschoren werden. Dann wurde das safranfarbene Leibtuch angelegt und darüber das Obergewand so, daß es über die Schulter fiel. Danach hatte sich der Neuling zu Füßen des Bhikshu niederzuwerfen. Kniend dann und mit zusammengelegten Händen sprach er dreimal die Worte: «Ich nehme Zuflucht zum Buddha, ich nehme Zuflucht zum Dharma, ich nehme Zuflucht zum Sangha.»

Außerdem erteilte der Buddha dem versammelten Sangha weitere Unterweisungen, in denen er Lehre und Methode genauer als zuvor formulierte und auch einige Anweisungen zur Organisation des Sangha gab.

In dieser Zeit, da der Buddha seinen Dharma und den Sangha auf eine feste Grundlage stellte, erschien auch Māra immer wieder mal, um sein Selbstvertrauen zu erschüttern, doch gelang es ihm nie.

Die erste Regenzeit nach seiner Erleuchtung verbrachte der Buddha im Hirschpark bei Vārānasī. Als er dort so lange geblieben war, wie er es für richtig befand, machte er sich südwärts nach Uruvilvā auf. Zu der Zeit lebten in dieser Gegend drei weithin bekannte heilige Männer von der Art, die ihr Haar niemals schneiden oder waschen oder kämmen und es als einen verfilzten Knäuel auf dem Kopf gesammelt tragen. Ihre Namen waren Kāshyapa aus Uruvilvā, Kāshyapa vom Fluß und Kāshyapa aus Gayā. Jeder von ihnen besaß eine Anhängerschaft von Hunderten filzhaariger Asketen, und zusammen waren sie die beherrschende spirituelle Macht im gesamten Königreich Maghada. Doch die Kraft der Lehren, die der Buddha darlegte, und die Wundertaten, die er vollbrachte, bewirkten, daß diese drei Lehrer und ihre Anhänger sich das Haar schoren, ihrer Besitztümer entsagten und sich der Gemeinschaft der Bhikshus anschlossen.

Nachdem der Tathāgata sich so lange in Uruvilvā aufgehalten hatte, wie er es für richtig befand, begab er sich nach Gāyashīrsha, begleitet von den tausend Bhikshus, die vor kurzem noch Filzhaar-Asketen gewesen waren. In Gāyashīrsha gibt es einen Hügel, an dessen Flanke ein großer, wie ein Elefantenschädel geformter Felsen steht. Diesen erklomm der Buddha, begleitet von zwei oder drei seiner engsten Vertrauten, und gab die folgende Darlegung:

«Ihr Bhikshus, alles steht in Flammen. Das Auge brennt, die Nase brennt, die Zunge brennt, der Körper brennt, der Geist brennt. Das Bewußtsein all dieser Dinge brennt. Alle sichtbaren, hörbaren, riechbaren, schmeckbaren, berührbaren Dinge brennen, und die Gegenstände des Geistes brennen. Sinneseindrücke und geistige Eindrücke brennen, und das Empfinden, das aus solchen Eindrücken erwächst, sei es angenehm, unangenehm oder keins von beidem, es brennt. All das brennt vom Feuer des leidenschaftlichen Begehrens, der leidenschaftlichen

Zurückweisung und der Verblendung. Es brennt von Geburt, Alter und Tod. Es brennt von Kummer, Aufschrei, Traurigkeit, Weh und Verzweiflung.

Dies sehend, ihr Bhikshus, wird der edle Mönch leidenschaftslos gegenüber allem Brennenden, gegenüber den Sinnen und dem Geist, gegenüber deren Bewußtsein, deren Gegenständen, deren Eindrücken und den Empfindungen, die daraus erwachsen. Durch diese Haltung schwindet die Leidenschaft. So wird sein Herz befreit, und damit kommt auch das Wissen um diese Befreiung. Er sieht klar, daß das Geborenwerden erschöpft ist und das heilige Leben zu seiner Vollendung gelangt ist. Was zu geschehen hatte, ist geschehen. Da ist nichts mehr, was noch kommen könnte.»

Als der Erhabene dies dargelegt hatte, wurden all die früheren Filzhaar-Asketen durch das Schwinden des Anhaftens von ihren Verunreinigungen befreit. So waren sie nun alle Arhats.

Danach setzte der Buddha in Begleitung seiner tausend Arhat-Schüler seine Wanderung fort, bis er die Stadt Rājagriha erreichte. Hier suchten sie auf Einladung des Königs Bimbisāra, der ein Gönner des Buddha und ihm treu ergeben war, dessen Palast auf. Der König trug ihnen dort eigenhändig ein Mahl auf. Als der Erhabene sein Mahl beendete und seine Schale absetzte, kündigte der König die Schenkung des außerhalb der Stadt gelegenen Bambushains Venuvana an. Er empfand ihn als geeignet für die mönchische Zurückgezogenheit – ein schöner Ort, weit genug entfernt von der lärmenden Geschäftigkeit der Stadt und doch auch nah genug, um dort den Almosengang zu machen. Der König erhob sich zur feierlichen Darbringung der Gabe; er sprach Worte zur Bekräftigung der Schenkung und goß aus einem goldenen Krug Wasser über die Hände des Buddha.

Der Buddha nahm die Gabe an. Dann sprach er Worte des Dharma, denen der König hingerissen lauschte, und schließlich erhob er sich und verließ den Palast.

Zu dieser Zeit lebten in der Nähe von Rājagriha zwei junge Brahmanen namens Shāriputra und Maudgalyāyana in einer Gemeinschaft wandernder Asketen. Beide waren seit früher Jugend sehr bewandert in den brahmanischen Texten und hatten schließlich ihre Heimat verlassen, um das zu finden, was keinen Tod kennt. Eines Morgens beobachtete Shāriputra einen jungen Bhikshu namens Ashvajit, der in Rājagriha Almosen sammelte. Dieser junge Mann hatte bereits die Beherrschung seiner Sinne erlangt, denn seine Bewegungen waren anmutig und zeugten von tiefer Sammlung. Sein Blick war leicht gesenkt, seine Gesten zeugten von Klarheit und Ruhe, seine Aufmerksamkeit schweifte nicht. Shāriputra war so betroffen von diesem Bildnis spiritueller Verwirklichung, daß er einen Augenblick abwartete, wo er den jungen Bhikshu nicht allzusehr stören würde, um ihn dann zu fragen, wer sein Lehrer sei. Ashvajit berichtete ihm von Shākyamuni, dem Erwachten, und kleidete die Essenz seiner Lehre in diese Worte: «Von der Ursache und dem Ende aller aufgrund einer Ursache gewordenen Dinge spricht der Tathāgata. Das ist die Lehre des großen Mönchs.»

Das bloße Hören dieser Worte genügte, um in Shāriputra die reine Schau des Dharma zu wecken. Er sah, daß alles, was entsteht, auch vergehen muß. Bis zu diesem Punkt hatte er an der Vorstellung eines dauerhaften, nichtverursachten Ich gehaftet, denn das war die Grundannahme der brahmanischen Lehre. Als er nun Ashvajits Worte hörte, ging ihm urplötzlich auf, daß das Ich-Gefühl, einer Ursache entsprungen, ebenfalls dem Vergehen unterliegt. Und das hieß, daß der Befreiung kein Hindernis gesetzt war.

Da er augenblicklich diese klare Schau erlangt hatte, ging er zu seinem Freund, um ihm zu berichten. Kaum hatte Maudgalyāyana aus Shāriputras Mund die Worte des Bhikshu gehört, da kam auch er zu einer tiefen Einsicht. Nicht lange danach nahmen die beiden Freunde ihre wenigen Habseligkeiten an sich und machten sich auf die Suche nach dem Erhabenen.

Als der Buddha Shāriputra und Maudgalyāyana von weitem kommen sah, sagte er zu den um ihn gescharten Bhikshus: «Dieses Gutes verheißende Paar hat die Wahrheit bereits erkannt. Diese beiden Freunde werden meine Hauptschüler sein.» Die beiden jungen Männer bekundeten ihren Glauben an seinen Dharma, und der Erhabene erlaubte ihnen, in die Hauslosigkeit zu gehen und sich dem Sangha anzuschließen. In den folgenden Jahren erwies Shāriputra sich als derjenige unter den Schülern des Buddha, der alle anderen an Einsicht übertraf, während Maudgalyāyana wie kein anderer übernatürliche Kräfte besaß.

In der Zeit, als der Buddha sich bei einer Höhle nahe des Berges Geiergipfel in der Gegend von Rājagriha aufhielt, war einmal auch ein Brahmane aus der Kāshyapa-Sippe, ein junger Mann von vornehmer Erscheinung und edler Haltung namens Pippali, unter den vielen Suchern, die jeden Tag kamen, um den Buddha lehren zu hören. Er bat den Erhabenen, sein Schüler sein zu dürfen. Der Buddha ließ ihn willkommen, denn er erkannte an dem jungen Mann ein großes Verlangen nach höchstem Wissen; er sah, daß sein Geist rein war und er sich schon großer Mühen unterzogen hatte, um die Wahrheit zu finden.

Nun plötzlich aller Beschwernis und Ungewißheit ledig, blieb Pippali vor dem Buddha stehen und richtete in gebannter Aufmerksamkeit unverwandt seinen Blick auf ihn. Der Buddha begann vom Dharma zu sprechen, doch anstatt ihn wie sonst Schritt für Schritt darzulegen, kam er schon nach drei oder vier Sätzen zur Essenz der Lehre. Dann, Pippalis Blick begegnend, hielt er eine Blume hoch, die hinter ihm gelegen hatte, drehte sie ein wenig zwischen den Fingern und lächelte. Mit dieser Geste geschah ein Austausch des höchsten Wissens zwischen dem Buddha und Pippali. Äußerlich spielte nur ein kaum merkliches Lächeln um die Lippen des jungen Mannes und zeigte an, daß er verstanden hatte. Später wurde er, weil er die Arhatschaft so urplötzlich und vollständig verwirklicht hatte, Mahākāshyapa genannt, der Große Kāshyapa. Auch sollte er später, beim Tod des Buddha, zu dessen Nachfolger als Leiter des Sangha werden.

In Kapilavastu hatte König Shuddhodana unterdessen eifrig Sorge getragen, daß er stets von allem unterrichtet würde, was sein Sohn tat. Er wußte daher, daß sein Sohn als ein Erwachter, als ein Buddha lehrte und bereits Tausende von Schülern um sich versammelt hatte, von denen viele Arhats geworden waren. Shuddhodana war alt geworden und hätte seinen Sohn gern noch einmal gesehen, bevor er starb. So schickte er einen seiner Minister, Kalodayin, einen Kindheitsgefährten Siddhārthas, um den Erhabenen bitten zu lassen, er möge einmal nach Kapilavastu kommen. So kam es, daß der Erhabene sich in die Stadt aufmachte, die er vor beinahe sieben Jahren in der Nacht verlassen hatte. Als sich dort die Kunde von seiner Ankunft verbreitete, kamen der König und die Edelleute vor die Stadt, um ihn zu begrüßen, und schickten die Kinder und jungen Leute mit Blumen voraus. Sie geleiteten den Erhabenen zum Park, wo er sich auf einem für ihn vorbereiteten Sitz niederließ. Die jüngeren Leute warfen sich vor dem Buddha nieder, doch die älteren fühlten sich dazu nicht bemüßigt, denn sie erachteten ihn als einen jüngeren Bruder.

Der Tathāgata wußte, daß es angesichts dieser Mauer von Shākya-Stolz nicht an der Zeit war, den Dharma darzulegen. Wenn es den Menschen an Verehrung für den Lehrer gebrach, würden ihre Herzen nicht bereit sein, den Dharma zu empfangen. Um sie in dieser Lage doch noch erreichen zu können, vollführte er einige Wundertaten und zeigte sogar das Doppelwunder, aus seinem Körper zugleich Feuer und Wasser entspringen zu lassen. Der Erfolg blieb nicht aus – der König und alle Shākya-Edelleute erhoben sich und warfen sich vor dem Erhabenen nieder. Danach herrschten Friede und gelöstes Wohlwollen in der Versammlung.

Am nächsten Morgen, als es Zeit zum täglichen Almosengang war, betrat der Erhabene die Stadt. Niemand nahm dort seine Schale an oder lud ihn ins Haus. Da dachte er, ob wohl die Buddhas der Vergangenheit, wenn sie sich in der Ortschaft ihrer Herkunft aufhielten, einfach bettelnd von Haus zu Haus gegangen oder direkt das Haus ihrer Verwandten aufgesucht haben mochten. Und da er gewahrte, daß sie von Haus zu Haus gegangen waren, fuhr er damit fort.

Als man dem König hintertrug, daß sein Sohn bettelnd von Tür zu Tür zog, schämte er sich seinetwegen und stellte ihn zur Rede. Der Erhabene klärte seinen Vater auf über die Buddhas und das heilige Leben. Er sagte auch, das heilige Leben solle man lieber heute als morgen aufnehmen, denn wer solch ein Leben führe, werde in diesem und im nächsten Leben Glückseligkeit finden. Da der Vater ihm aufmerksam zuhörte, öffnete sich sein Geist, und ein ahnendes Erfassen des wahren Dharma regte sich in ihm. Da nahm er die Bettelschale des Erhabenen und führte ihn samt seinem Gefolge zum Palast. Dort reichte er ihnen eigenhändig die vorzüglichsten Speisen. Als der Buddha gesättigt war und seine Schale absetzte, traten alle Frauen des Hauses vor ihn hin und huldigten ihm.

Prinzessin Yashodharā jedoch schickte zwar ihre Zofen und Dienstmädchen, blieb aber selbst in ihren Gemächern und dachte: «Wenn ich dem Erhabenen etwas bedeute, wird er mich wohl aufsuchen.» Nach Beendigung des Mahls gab der Tathāgata daher seine Schale dem Vater zu tragen, und sie suchten gemeinsam Yashodharās Gemächer auf. Der Buddha trat ein und nahm Platz auf dem Sitz, der ihm bereitet worden war. Sofort erschien Yashodharā, um ihn zu begrüßen. Sie warf sich vor ihm nieder, ergriff seine Fesseln und setzte sich seine Füße aufs Haupt. König Shuddhodana berichtete dem Buddha von der Treue seiner Gemahlin. «Als sie hörte, daß du das safranfarbene Gewand trägst, legte auch sie es an», erzählte er. «Als sie erfuhr, daß du nur eine Mahlzeit täglich zu dir nimmst, machte auch sie es sich zur Gewohnheit. Als es hieß, daß du nicht mehr in einem Bett, sondern auf der Erde schläfst, schlief sie von da an auf einer Matte, die sie auf den Boden legte. Sie trug auch keine Blumen mehr am Körper und verwendete keine Duftessenzen mehr, als sie hörte, daß du es nicht mehr tatest. Und als ihre Verwandten sie durch einen Boten nach Hause zu kommen baten, da sie dort gern für sie sorgen wollten, nahm sie einfach nicht Notiz davon. So treu und gut ist meine Tochter gewesen.»

Rāhula, der Sohn des Buddha, war jetzt sieben Jahre alt. Bald nach der Ankunft des Erhabenen in Kapilavastu suchte er seinen Vater auf und bat ihn, dem Rat seiner Mutter folgend, er möge ihm sein Erbe aushändigen. Auch ihm, wie all den anderen Verwandten, gewährte der Buddha keine Umarmung. Rāhula aber sagte: «Es ist schon ein Segen für mich, wenn ich nur in deinem Schatten stehen kann.» Und als der Buddha den Palast verließ, um zum Nigrodha-Park zurückzukehren, ging der kleine Junge direkt hinter ihm her und bat immer wieder um sein Erbe. Da ließ der Buddha ihn schließlich durch Shāriputra in die Hauslosigkeit eintreten und so zum Mönchsnovizen machen.

Zu der Zeit, als der Buddha aus dem Land der Shākya zurück nach Rājagriha zog, waren viele junge Männer des Stammes in den Sangha eingetreten, unter ihnen Mahānāma, Aniruddha und Bhadrika. Außerdem beschlossen zwei Vettern des Buddha, Ānanda und Devadatta, sich dem Sangha anzuschließen, und brachten ihre Freunde Brighu und Kimbila mit. Diese jungen Leute ließen sich von Upāli, ihrem Barbier, begleiten, damit er ihnen das Haar scheren konnte, wenn die Zeit dazu kam. Upāli sollte später einer der Hauptschüler des Buddha werden, zuständig für alle Fragen der Disziplin im Sangha.

Während der folgenden Regenzeit im Venuvana-Hain bei Rājagriha erlangte Bhadrika die Arhatschaft, Aniruddha die zweite Stufe der Verwirklichung und Ānanda die erste. Devadatta erlangte durch die Kraft seiner meditativen Sammlung übernatürliche Kräfte, doch die Wahrheit erschloß sich ihm nicht.

Die Einpflanzung des Dharma

Die beiden folgenden Regenzeiten, die zweite und dritte nach seiner Erleuchtung, verbrachte der Buddha im Venuvana-Hain. Am Ende dieser dritten Regenzeit, kurz bevor der Erhabene seine alljährliche Wanderschaft begann, stattete ein reicher Kaufmann aus Rājagriha der Gemeinschaft einen Besuch ab. Er empfand große Achtung gegenüber den Mönchen, und er sah sie gar nicht gern unter so beschwerlichen Umständen leben. Da fragte er einige von ihnen, ob sie nicht gern in festen Unterkünften leben würden, wenn er sie bauen ließe. Die Mönche trugen dem Buddha diese Frage vor, und er gab ihnen die Erlaubnis, in

Unterkünften zu wohnen. Sogleich ließ der Kaufmann zahlreiche Hütten und Unterkünfte errichten. Dann lud er den Buddha und die Mönchsgemeinschaft für den nächsten Tag zum Essen in seinem Hause. Am Ende der Mahlzeit machte er die Hütten in aller Form dem Sangha zum Geschenk.

Sein Schwager war ebenfalls ein wohlhabender Kaufmann. Er hieß Sudatta, doch seiner großen Wohltätigkeit wegen nannte man ihn gemeinhin Anāthapindada, «Der den Wehrlosen gibt». Mit der Einwilligung des Buddha ließ er in der Nähe von Shrāvastī einen Vihāra («Aufenthaltsort» oder Kloster) für die Gemeinschaft errichten. Er wurde Jetavana (Jetas Hain) genannt. Anāthapindada ließ Terrassen und Wege anlegen, Zimmer und Hallen bauen, Küchen, Speisekammern und Bäder einrichten, Vertiefungen für Teiche graben und Pavillons auf dem Klostergelände errichten. Für alle Bedürfnisse einer großen Mönchsgemeinschaft war hier gesorgt, und das Jetavana-Kloster wurde der bevorzugte Aufenthaltsort des Buddha.

Ein weiteres großes Kloster wurde der Gemeinschaft des Buddha von König Prasenajit errichtet, der in Shrāvastī über das Reich Koshala herrschte. Anfangs brachte er dem Buddha eher Mißtrauen entgegen. Insbesondere fragte er sich, wie der große Lehrer wagen konnte, sich einen Buddha zu nennen, wo doch keiner der hervorragenden spirituellen Meister jener Zeit auch nur an so etwas dachte. Doch seine Frau, Königin Mallikā, eine sehr begabte und kluge Frau, sprach sehr häufig in Worten der Bewunderung über den Buddha und konnte den König schließlich dazu bewegen, den Erhabenen selbst einmal aufzusuchen. Kaum hatte Prasenajit den Buddha zum erstenmal seine Lehre darlegen hören, da bat er ihn auch schon, als sein Schüler angenommen zu werden, und im Laufe der Zeit wurde die Ergebenheit, die er dem Tathāgata bezeigte, immer tiefer. Und schließlich ließ er in der Gegend von Shrāvastī einen großen Vihāra errichten, der Rājakārāma genannt wurde. Der Buddha gab etliche seiner berühmtesten Darlegungen in Anwesenheit des Königs.

Inzwischen zählte die Mönchsgemeinschaft des Buddha nach Tausenden, und dann und wann kamen ihm Beschwerden zu Ohren über die Flur- und Wildschäden, die sie auf ihren alljährlichen Wanderungen durch das Land verursachten. Die Bhikshus unterlagen bereits den Regeln strenger Einfachheit, damit sie die Welt um sich her so wenig wie möglich in Anspruch nehmen mußten. Nun machte es der Erhabene jedem Bhikshu zur Auflage, während der Regenzeit in einem Vihāra oder an einem Ort der Meditation zu bleiben. So konnten sie sich für einen beträchtlichen Teil des Jahres auf die meditative Schulung konzentrieren und waren der übrigen Bevölkerung nicht im Wege.

Die Regenzeit, die der Buddha auf Einladung Anāthapindadas im Jetavana verbrachte, war die vierte seit seiner Erleuchtung. Die fünfte Regenzeit verbrachte er in der Kūtagara-Halle im Mahāvana nahe Vaishālī. Bald darauf wurde sein Vater ernsthaft krank, und der Tathāgata begab sich noch einmal nach Kapilavastu. Als er die Stadt erreichte, lag König Shuddhodana schon auf dem Sterbelager. Während der letzten Tage des Königs befand sich der Erhabene häufig an seiner Seite, linderte seine Schmerzen und sprach ihm viel über den Dharma. Es herrschte ein so inniges und unmittelbares Verstehen zwischen ihnen, daß der König vor seinem Tod noch die Verwirklichung eines Arhat erlangte.

Auch in Königin Mahāprajāpatī war unterdessen der Wunsch nach dem heiligen Leben erwacht. Ihr Mann war tot, und sowohl ihr Sohn Nada als auch Rāhula, der ihr wie ein Enkel war, hatten sich unter dem Buddha in die Hauslosigkeit begeben. Nun wollte auch sie gern dem Sangha des Erhabenen angehören. Doch eine Bhikshunī, eine Nonne – so etwas gab es im Sangha des Buddha nicht. Während er noch in Kapilavastu weilte, ging sie zu ihm, und mit ihr kamen fünfhundert Frauen, die früheren Ehefrauen von Männern, die in den Sangha eingetreten waren. Sie warf sich nieder, stellte sich dann seitlich vor den Buddha hin und sprach: «Herr, es wäre gut, wenn auch Frauen unter dem Tathāgata in die Hauslosigkeit ziehen und den Geboten des heiligen Lebens folgen könnten.»

«Genug, Gautamī», erwiderte der Buddha. «Stelle diese Bitte nicht.»

Die Königin sprach ihre Bitte ein zweites und drittes Mal aus und erhielt dieselbe Antwort. Da wußte sie nichts mehr zu sagen, warf sich nieder und ging traurig und enttäuscht fort. Als der Erhabene sich so lange in Kapilavastu aufgehalten hatte, wie er es für richtig befand, brach er nach Vaishālī auf. Nach einigen Tagen erreichte er wieder die Kūtagara-Halle und gedachte dort zu bleiben.

Mahāprajāpatī jedoch versammelte die Frauen um sich, damit sie dem Buddha gemeinsam nach Vaishālī folgten, denn sie dachte, der Erhabene werde sie wohl nicht mehr zurückweisen können, wenn sie Mut und Entschlossenheit zeigten. Die Frauen schnitten sich das Haar ab, legten safranfarbene Gewänder an, nahmen auch Almosenschalen mit und machten sich zu Fuß auf den Weg. Viele von ihnen waren verwöhnte vornehme Frauen mit zarten Händen und Füßen. Als sie das Mahāvana erreichten, ging Mahāprajāpatī zur Kūtagara-Halle und blieb wartend draußen stehen in der Hoffnung auf eine Gelegenheit, mit dem Buddha zu sprechen. Ihre Füße waren wund und angeschwollen; staubbedeckt und vor Erschöpfung den Tränen nahe stand sie da.

Ānanda erblickte sie schließlich, und ihr Anblick erbarmte ihn, so daß er sie fragte, weshalb sie dort stehe. Sie erklärte es ihm, und er bat sie zu warten und ging ins Haus, um mit dem Buddha zu sprechen.

Er berichtete ihm von Mahāprajāpatī, die draußen stand, und sagte: «Es wäre gut, wenn Frauen das Haushaberleben verlassen und als Angehörige des Sangha in die Hauslosigkeit ziehen könnten.»

Der Buddha erwiderte: «Genug, Ānanda. Laß ab von der Bitte, Frauen zum Sangha zuzulassen.»

Noch zweimal wiederholte Ānanda sein Anliegen, doch die Antwort blieb die gleiche. Das konnte nur als endgültige Ablehnung aufgefaßt werden, und eigentlich hätte Ānanda sich jetzt zurückziehen müssen. Doch da kam ihm der Gedanke, den Buddha noch auf andere Weise zu fragen. Er hob an: «Wenn Frauen dem Haushaberleben entsagten und in die Hauslosigkeit zögen, würde es ihnen dann wohl möglich sein, die vier Stufen der Verwirklichung zu erlangen?»

«Das würde es», antwortete der Buddha.

«Da dem so ist», fuhr Ānanda fort, «und da Mahāprajāpatī den Tathāgata nach dem Tode seiner Mutter wie ein eigenes Kind aufzog und ihm vielerlei Wohltaten erwies und nun von so weit her gekommen ist und mit geschwollenen, blutenden Füßen draußen steht – könnte der Erhabene da nicht doch erwägen, Frauen in den Sangha aufzunehmen und in die Hauslosigkeit gehen zu lassen?»

Angesichts solcher Fürsprache gab der Buddha nach. Er sagte, er werde Mahāprajāpatī in den Sangha aufnehmen, wenn sie sich acht besonderen Bedingungen unterwerfe. Diese betrafen Dinge, in denen sich die Bhikshunīs den Bhikshus zu unterwerfen hatten. Als Ānanda hinausging und Mahāprajāpatī die acht Bedingungen nannte, willigte sie mit Freuden ein. So wurde sie die erste Bhikshunī.

Mahāprajāpatī nutzte jede Gelegenheit, die Unterweisung des Tathāgata zu erhalten. Zurückgezogen übte sie sich mit großem Einsatz in der Meditation und erlangte nach nicht allzu langer Zeit die Arhatschaft. Viele der anderen Frauen, die mit ihr ordiniert worden waren, erlangten auch bald die verschiedenen Stufen der Verwirklichung.

Auch Yashodharā, die frühere Gemahlin des Tathāgata, trat schließlich in den Sangha ein und gelangte ebenfalls zur Arhatschaft. Ihre besondere Begabung waren die übernatürlichen Kräfte, und in dieser

Der Mahābodhi-Tempel, Bodh-Gayā, Indien. Foto von John C. Huntington.
Während Siddhārtha meditierte, sah er mit vollkommener Klarheit, daß alle Wesen ohne ein dauerhaftes Ich sind, auf welche Weise sie für die endlose Erneuerung des Leidens sorgen und wie man das Leiden beenden könnte. Der Ort in Bodh-Gayā, an dem er die Erleuchtung erlangte, ist für Buddhisten die heiligste aller heiligen Stätten. Der Steinturm des Mahābodhi-Tempels ragt neben einem ehrwürdigen alten Baum auf, der von jenem anderen Baum, unter dem der Buddha saß, abstammen soll. Heute kommen buddhistische Pilger aus aller Welt nach Bodh-Gayā.

Manifestation des erwachten Geistes übertraf sie die anderen Bhikshunīs.

Die neunte Regenzeit verbrachte der Buddha auf Einladung reicher Kaufleute in der Nähe von Kaushambī am Yamunā-Fluß im Land der Vatsan. Nach dieser Periode der Einkehr während der Regenzeit kam es zwischen zwei Bhikshus eines der Vihāras bei Kaushambī zu Streitigkeiten, die sich immer weiter auswuchsen und schließlich die Einheit des Sangha gefährdeten. Einer der beiden hatte sich besonders auf dem Gebiet des Vinaya, der Regeln des Zusammenlebens im Sangha, kundig gemacht. Er war bemüht, sich die Regeln des rechten Verhaltens, die der Buddha für alle Umstände des mönchischen Lebens aufgestellt hatte, einzuprägen und sie auszulegen, und er gab sein Wissen an seine Schüler weiter. Der andere Bhikshu war besonders bewandert in den Lehrreden des Buddha, den Sūtras. Seine Arbeit bestand darin, sich die Sūtras einzuprägen und ein geordnetes Wissen von ihrem Inhalt zu gewinnen, und auch er gab sein Wissen an seine Schüler weiter.

Eines Tages hielt der Vinaya-Kundige dem Sūtra-Kundigen einen Verstoß gegen die Regeln vor. Der Sūtra-Kundige bestritt, irgend etwas Falsches getan zu haben. Er sammelte viele Bhikshus um sich, die auf seiner Seite standen, und das tat auch der Vinaya-Kundige. Beide Seiten stritten weiter miteinander, und so wuchsen Spannung und Zwietracht.

Als die Sache dem Buddha zugetragen wurde, forderte er die gegnerischen Parteien auf, der Uneinigkeit ein Ende zu bereiten. Zur Antwort erhielt er jedoch, der Erhabene möge in dieser Sache nicht eingreifen, denn die ganze Häßlichkeit des Geschehens werde ohnehin niemals auf ihn zurückfallen. Der Buddha wiederholte seine Aufforderung noch zweimal und erhielt jedesmal wieder diese Antwort. Da stand er auf und ging fort.

Am nächsten Morgen ging der Erhabene zum Almosengang in die Stadt. Als er zurückkam, richtete er seinen Schlafplatz ordentlich her und nahm seine Schale und das Übergewand an sich. Und wie er dort so stand, begann er zu sprechen. Er sprach von der lachhaften Blindheit derer, die sich in Streitereien verstricken und Fehler und Schuld grundsätzlich anderswo sehen. Sogar Diebe und Mörder werden sich untereinander einig, sagte er, nicht aber diese einander bekämpfenden Bhikshus. Nachdem er so gesprochen hatte, ging er davon.

Einige Tage ging er so und gelangte schließlich in den Wald Parileyyaka. Hier suchte er eine Stelle auf, wo der Urwald besonders dicht war, und blieb dort eine Weile ganz für sich allein und zurückgezogen. Einmal dachte er: «Vor gar nicht so langer Zeit war ich noch in größter Sorge, gepeinigt vom endlosen Gezänk dieser Mönche, die Zwietracht in der Gemeinschaft säten. Und hier nun, ganz für mich allein, ist mir so wohl und leicht.»

Zur gleichen Zeit war im Wald ein Elefantenbulle, der lange unter dem schlechten Benehmen der Kühe und Kälber seiner Herde zu leiden gehabt hatte. Er mußte zertrampelte Nahrung fressen, von den anderen verschmutztes Wasser trinken und wurde beim Baden auch noch von den Kühen herumgestoßen. Auch er dachte bei sich: «Weshalb sollte ich nicht einfach alleinbleiben und mir all diese Unannehmlichkeiten ersparen?» Auch er ging in den Parileyyaka-Wald und suchte das tiefste Dickicht auf – und dort fand er den Erhabenen am Fuß eines Shāla-Baums in Meditation versunken. Er nahm sich des Buddha an, brachte ihm Nahrung und Wasser, schuf vor seinem Meditationsplatz eine kleine Lichtung, so daß er auf und ab gehen konnte. «Was habe ich mich von der Herde quälen lassen müssen», dachte der Elefant, «und jetzt, allein, geht es mir so gut.»

Der Erhabene wußte, was in ihm vorging, und sprach diese Worte:

> Der Stoßzahnbulle da und dieser hier sind eines Sinnes;
> der Elefant mit Stoßzähnen lang wie Karrendeichseln
> fühlt sich allein im Wald so wohl:
> Ihre Herzen sind im Einklang miteinander.

In Kaushambī merkten die Mönche bald, daß der Erhabene seinen Platz ordentlich hergerichtet hatte und verschwunden war. Sie waren furchtbar erschrocken, daß der Buddha so ganz allein fortgegangen war und niemandem etwas gesagt hatte. Bald faßten sie den Plan, einige Mönche auszusenden, die ihn aufspüren sollten. Ānanda jedoch sagte: «Wenn der Erhabene seinen Platz ordnet und allein fortgeht, ohne jemandem etwas zu sagen, so gibt er damit zu verstehen, daß er alleinbleiben möchte. Niemand sollte ihm folgen.»

So verging einige Zeit, bis schließlich etliche Mönche zu Ānanda kamen und davon sprachen, wie gern sie wieder einmal eine Dharma-Darlegung des Erhabenen hören würden. Da machte Ānanda sich mit diesen Bhikshus auf den Weg, und sie fanden den Erhabenen schließlich, wie er unter dem Shāla-Baum saß und meditierte. Sie warfen sich vor ihm nieder und setzten sich dann seitlich vor ihm hin. Der Erhabene gab ihnen Unterweisung im Dharma.

Nach langem Hin und Her gab der Sūtra-Kundige schließlich zu, einen Verstoß begangen zu haben. Dadurch wurde es dem Vinaya-Kundigen und seinen Anhängern möglich, seine Ausstoßung aus dem Sangha rückgängig zu machen. So nahm der Streit doch noch ein Ende, und zugleich war ein Verfahren gefunden worden, wie derartige Zwistigkeiten beigelegt werden konnten.

Der Buddha verbrachte die dreizehnte Regenzeit an einem Ort namens

Chālika. Im Jahr darauf wurde Rāhula zwanzig Jahre alt und konnte nun die volle Ordination erhalten. Anläßlich dieser Zeremonie unterwies der Tathāgata seinen Sohn ausführlich und in allen Einzelheiten über Vergänglichkeit, Nicht-Ich und das Aufgeben von Verhaftungen. Während dieser Darlegung konnte Rāhulas Geist sich von allen Verhaftungen lösen und wurde dadurch gänzlich frei von Verunreinigungen. So gelangte er an ein und demselben Tag zum vollen Mönchtum und zur Arhatschaft.

Vollendung des Erbarmens

Im zwanzigsten Jahr nach seiner Erleuchtung, in seinem fünfundfünfzigsten Jahr, beschloß der Buddha, alle Einkehrperioden während der Regenzeit künftig in Shrāvastī zu verbringen. Der Ort der Einkehr war meist der Jetavana, den Anāthapindada dem Buddha zum Geschenk gemacht hatte, manchmal aber auch der Purvārāma (Ostpark), das Geschenk einer Frau namens Vishākhā an den Buddha und den Sangha. In diesem Jahr bestimmte der Tathāgata, daß Ānanda künftig und auf Dauer sein persönlicher Aufwärter sein solle. So diente Ānanda seinem Herrn fünfundzwanzig Jahre lang ohne größere Unterbrechungen bis zu dessen Tod, dem Parinirvāna.

Ebenfalls in diesem Jahr bekehrte der Erhabene den Raubmörder Angulimāla, der in der Gegend von Shrāvastī sein Unwesen trieb. Jedem seiner Opfer schnitt er einen Finger ab und reihte ihn auf eine Schnur, die er um den Hals trug. Daher sein Name, der «Finger-Halskette» bedeutet.

Eines Tages nahm der Buddha seine Almosenschale, legte sein Übergewand an und ging zum Almosengang nach Shrāvastī. Als er zurückgekehrt war und gegessen hatte, richtete er seinen Schlafplatz her und machte sich auf in die Gegend, in der Angulimāla sich aufhielt. Es gab zwar eine Straße, die durch diese Gegend führte, doch aus Angst vor dem gefährlichen Verbrecher wagte niemand mehr, sie zu benutzen. Schon weit vor der gefährlichen Gegend wurde der Buddha von den Leuten eindringlich gewarnt; alle, die sich hier weiter vorgewagt hätten, sogar Gruppen von bis zu vierzig Männern, seien von Angulimāla getötet worden. Doch der Buddha antwortete nicht und ging einfach weiter.

Angulimāla überblickte den Weg von einem bewaldeten Bergrücken aus und sah den Buddha kommen. «Wahrhaftig», dachte er, «das ist erstaunlich! Bewaffnete Männer sind hier in Scharen gekommen, und ich habe sie alle erledigt. Jetzt kommt dieser Mönch ganz allein daher. Ich werde ihn ebenfalls töten.» Er sprang zum Weg hinunter und setzte dem Buddha nach, doch zu seiner Verwunderung konnte er den Erhabenen nicht einholen, obgleich er selbst aus Leibeskräften lief und jener in gemächlichem Schritt ging.

Erbittert blieb er schließlich stehen und rief hinter dem Tathāgata drein: «Halt, Mönch! Halt an!»

«Ich habe angehalten», sagte der Erhabene. «Du solltest es auch tun.»

«Wie kannst du sagen, du habest angehalten, wenn du doch weitergehst? Und wie kannst du mir sagen, ich solle anhalten, wenn ich doch schon stehe?»

«Ich habe für immer aufgehört, den Lebewesen Gewalt anzutun», erwiderte der Buddha. «Du aber tust fast jeder Kreatur Gewalt an, die dir begegnet. Warum hörst du nicht auch auf?»

Als Angulimāla diese Worte hörte und den gelassenen Blick des Tathāgata auf sich ruhen fühlte, da sah er seine Lage plötzlich wie mit den Augen des Buddha. Und augenblicklich gelobte er in seinem Herzen, vom Bösen abzulassen. Er fiel vor dem Erhabenen nieder und bat darum, in die Hauslosigkeit aufgenommen zu werden. Der Erhabene sagte: «Komm, Bhikshu. Der Dharma ist in rechter Weise verkündet worden. Lebe das heilige Leben, das zur vollkommenen Beendigung des Leidens führt.»

Der Erhabene sah jetzt die Zeit gekommen, in aller Form Verhaltensregeln für den Sangha niederzulegen. Dies, so sagte er, werden den Übelgesinnten Zügel anlegen, die Tugendhaften bestärken, Verunreinigungen in diesem Leben mindern und in weiteren Leben ganz verhindern und viel dazu tun, daß der Buddha-Dharma fest in der Welt verwurzelt würde. So verkündete er also den Prātimoksha, die Regeln für das Zusammenleben im Sangha. Außerdem ordnete er an, daß das Regelwerk periodisch vor der Versammlung aller Bhikshus und Bhikshunīs zu rezitieren sei; dabei sollten Pausen gemacht werden, um jedem einzelnen Gelegenheit zu geben, seine Verstöße öffentlich zu bekennen. Er sagte dazu: «Der Regen läßt faulen, was eingepackt bleibt, aber nicht das, was offen daliegt.»

Der Tathāgata folgte schon seit langem einem Tagesablauf, der alles in allem gleich blieb, wenn auch je nach den Umständen Abwandlungen möglich waren. Er schlief auf der rechten Seite mit der rechten Hand unter dem Kopf und einem Fuß leicht über den anderen gelegt. Diese Schlafhaltung des Buddha erhielt den Namen Löwen-Haltung. Vor dem Morgengrauen, so wird gesagt, erwachte der Buddha und ließ sein Weisheitsauge über das Ganze des Daseins schweifen; so wurde er der Nöte bestimmter Wesen gewahr. Dann meditierte er, entweder in der Sitzhaltung mit überkreuzten Beinen oder indem er vor seinem Ruheplatz auf und ab ging. War er nirgendwo zum Essen eingeladen, so nahm er, wenn es hell geworden war, seine Schale und das Übergewand und suchte zum Almosengang die nächstgelegene Ansiedlung auf. Für gewöhnlich begleiteten ihn dabei viele Mönche, manchmal wohl etliche hundert. Beim Almosensammeln ging er nicht zu bestimmten Häusern, wo man gute Speisen erwarten konnte, sondern fing am Ende einer Straße an und ging dann von Haus zu Haus. So war die Möglichkeit, durch Gebefreudigkeit Verdienst anzusammeln, nicht nur den Wohlhabenden vorbehalten, sondern allen in gleicher Weise gegeben. An der Tür äußerte er keine Bitte, sondern machte sich nur auf unaufdringliche Weise bemerkbar und blieb dann still so stehen, daß man die Schale sehen konnte. Wurden Almosen gegeben, so nahm er alles in guter Absicht Gegebene schweigend an und ging weiter. Wenn nach einigen Augenblicken des Wartens nichts gegeben wurde, ging er still weiter. War seine Schale voll, so kehrte er zu seinem Ruheplatz zurück, wusch sich die Füße und verzehrte sein Mahl; es war die einzige Mahlzeit jedes Tages, und er beendete sie stets vor der Mittagsstunde.

Anschließend ließ er sich draußen vor seinem Ruheplatz nieder und gab allen, die sich dort einfanden, kurze Dharma-Belehrungen. Danach waren dann Menschen in die Hauslosigkeit aufzunehmen oder zu ordinieren. Anschließend zog er sich in einen für die Laienwelt nicht zugänglichen Bereich zurück und gab dort eine Darlegung des Dharma ausschließlich für den Sangha.

Kam von irgendeinem in der Welt Tätigen eine Einladung zum Essen, so fiel an diesem Tag der Almosengang aus. Der Buddha und seine Begleiter stellten sich so rechtzeitig im Haus des Gastgebers ein, daß die Mahlzeit vor der Mittagsstunde beendet werden konnte. Nach dem Essen gab der Buddha dem Gastgeber, seiner Familie und den Gästen Belehrungen. In solchen Fällen gab er, wenn er zum Vihāra oder ins Mönchslager zurückkehrte, am früheren Nachmittag keine Unterweisungen mehr.

In der heißesten Tageszeit zog er sich in sein privates Quartier zurück, um zu ruhen. Manchmal legte er sich dabei auch zu einer Art Halbschlaf nieder, bei dem der Faden des Gewahrseins nicht verlorengeht. Gegen

Abend strömten die Laien in ganzen Scharen herbei, um den Tathāgata lehren zu hören. Ihnen legte er eine Stunde lang oder länger den Dharma dar und beantwortete ihre Fragen. Danach badete er gern oder ruhte sich kurz aus. Dann folgten Einzel- oder Gruppengespräche mit Bhikshus oder Bhikshunīs, oft bis tief in die Nacht hinein.

Es heißt, der Tathāgata habe sehr wenig geschlafen, vielleicht nur eine Stunde, und dann ohne eine Unterbrechung der Aufmerksamkeit. Wenn er sich abends zur Nachtruhe zurückzog, verbrachte er die Zeit bis zum Morgengrauen mit Schlaf auf der rechten Seite, mit Meditation im Sitzen und dem meditativen Auf-und-ab-Gehen vor seinem Schlafplatz.

Zu der Zeit des Jahres, in welcher der Erhabene von Ort zu Ort zog, wanderte er nach dem Almosengang natürlich den größten Teil des Tages und ruhte nur in der heißesten Zeit.

Der Sangha folgte dem Vorbild des Meisters und hielt sich an diesen Ablauf, so gut es möglich war. Die nicht selbst lehrten, hörten dem Tathāgata zu, wenn er lehrte, oder meditierten in dieser Zeit. Die Lehrer im Sangha unterwiesen in der Zeit, in welcher der Tathāgata Laien oder seine eigenen Bhikshus und Bhikshunīs belehrte, ebenfalls Laien oder ihre eigenen Schüler. Und wie der Tathāgata selbst konnte jeder Angehörige des Sangha sich für eine gewisse Zeit zurückziehen, um sich ausschließlich seiner meditativen Übung zu widmen.

Jahr für Jahr verbrachte der Buddha die Regenzeit in Shrāvastī, um dann wieder die mittlere Gangesebene zu durchwandern, wobei er fast täglich Lehrreden hielt, Laien bekehrte und sie die dreifache Zuflucht nehmen ließ und immer wieder neue Menschen in den Sangha aufnahm. Immer wieder verfeinerte er die Darstellungsweise des Dharma an bestimmten Punkten, und ein ums andere Mal erweiterte er den Prātimoksha um neue Regeln, wenn es durch besondere Umstände und Vorkommnisse nötig wurde – bis es schließlich zweihundertsiebenundzwanzig Regeln für Bhikshus und dreihundertachtunddreißig für Bhikshunīs gab. Der Sangha erfreute sich der Gunst großer Könige wie König Bimbisāra und König Prasenajit sowie zahlreicher wohlhabender Haushaber, so daß er schließlich über gut ausgestattete Vihāras im ganzen Land verfügte, vor allem in der Umgebung der Städte Vaishālī, Shrāvastī und Rājagriha, wo der Erhabene sich besonders häufig aufhielt.

Devadatta

Im siebenunddreißigsten Jahr nach der Erleuchtung des Buddha, als der große Weise aus dem Geschlecht der Shākyas zweiundsiebzig Jahre alt war, kam es zu einer großen Bedrohung für sein Leben und die Einheit des Sangha. Die Bedrohung ging von Devadatta, dem Vetter und Schwager des Erhabenen, aus, welcher mit jenen anderen Shākya-Prinzen in den Sangha eingetreten war, die Upāli, ihren Barbier, mitgebracht hatten. Im Unterschied zu den anderen hatte er keine der Stufen der Verwirklichung erlangt. Dennoch waren viele im Sangha ihm zugetan, denn er war von gewinnendem Wesen. Seine besondere Stärke waren die übernatürlichen Kräfte.

Einst, als er zurückgezogen meditierte, keimte in seinem Kopf der Gedanke an Ruhm und Macht auf. Anstatt aber diesen Gedanken sich selbst zu überlassen, hegte und pflegte er ihn und begann schließlich zu überlegen, wie er sein Ziel erreichen könne. Er verfiel auf den Gedanken, sich durch eine Darbietung seiner Kräfte die Ergebenheit des Prinzen Ajātashatru, der König Bimbisāras Sohn und Erbe war, zu sichern. Der Plan gelang, und als der Prinz sein Schüler geworden war, stand er bei den Leuten von Rājagriha bald in hohem Ansehen. Er sonnte sich in seiner neuen Macht, und bald ergriff der Wunsch nach mehr von ihm Besitz. Schließlich dachte er sogar daran, selbst den Platz des Buddha einzunehmen und den Sangha zu leiten.

Doch indem solche Gedanken in Devadattas Geist Gestalt annahmen und sich zu einer Absicht verfestigten, verschwanden seine übernatürlichen Kräfte, als hätte es sie nie gegeben.

Es war die Zeit, in welcher der Buddha bei seiner alljährlichen Wanderschaft nach Rājagriha kam. An einem dieser Tage legte er nahe der Stadt einer großen Menschenmenge den Dharma dar. Viele der wichtigsten Persönlichkeiten der Stadt waren zugegen, unter ihnen auch König Bimbisāra, und das war für Devadatta der Augenblick, vor den Buddha hinzutreten. Er warf sich vor ihm nieder und sprach dann mit lauter Stimme, so daß alle ihn hören konnten: «Der Erhabene ist alt geworden, und hochbetagt hat er den letzten Abschnitt seines Lebens erreicht, wo er dem Ende entgegensieht. Der Erhabene sollte sich jetzt zur Ruhe setzen. Der Erhabene sollte sich jetzt von all seinen Mühen erholen und seine Tage in der durch nichts mehr getrübten Schau des Dharma beschließen dürfen. Möge der Erhabene deshalb die Leitung des Sangha mir übertragen. Ich werde den Sangha gut führen.»

«Laß ab von diesem Gedanken, Devadatta», erwiderte der Buddha. «Trachte nicht, den Sangha zu führen.»

Doch Devadatta hörte nicht auf ihn, sondern wiederholte laut seine Worte. Der Buddha gab ihm wieder dieselbe Antwort. Ein drittes Mal wiederholte Devadatta seine schamlosen Worte, und diesmal antwortete der Buddha: «Ich würde mit der Leitung des Sangha nicht einmal die großen Bhikshus Shāriputra und Maudgalyāyana betrauen. Weshalb also gerade dich, der du doch wie Übelschmeckendes im Munde bist, das ausgespien werden muß?»

Das war für Devadatta eine bittere Demütigung, doch einstweilen wahrte er noch den Anschein der Hochachtung vor dem Tathāgata. Dieser jedoch kam zu dem Schluß, daß der Sangha sich öffentlich von Devadatta distanzieren müsse, und die Aufgabe, in der Stadt zu den Leuten zu sprechen, fiel Shāriputra zu. Daraufhin begann Devadatta die Ermordung des Buddha in die Wege zu leiten, doch alle seine Pläne und Versuche schlugen fehl, so daß er sich schließlich entschloß, den Buddha mit eigener Hand zu töten.

Der rachedürstende Bhikshu stellte dem Buddha nach und entdeckte ihn schließlich, wie er im Schatten des großen Felsens hoch oben auf dem Geiergipfel hin und her ging. Devadatta erklomm den Felsen von der Rückseite her und brach oben einen großen Felsbrocken los, der polternd herabstürzte auf die Stelle, wo der Erhabene auf und ab ging – doch unmittelbar über ihm blieb er zwischen zwei Vorsprüngen stecken, und so blieb der Erhabene unverletzt bis auf eine Wunde durch einen Gesteinssplitter, der ihm tief in den Fuß drang.

Diese Wunde verursachte dem Tathāgata große Schmerzen, und nicht nur am Fuß, sondern am ganzen Körper. Er trug den Schmerz mit großer Fassung und Sammlung, mußte sich jedoch für einige Tage in seinem Quartier zur Ruhe begeben. Während dieser Zeit lag er in ununterbrochenem Gewahrsein auf der rechten Seite. Und als er da lag, kam Māra zu ihm und hielt ihm vor, er lasse sich gehen. Der Erhabene jedoch erkannte ihn augenblicklich, und Māra, der sich durchschaut sah, verschwand wieder.

Devadatta heckte unterdessen einen neuen Plan aus. In Rājagriha gab es einen tobsüchtigen Elefanten namens Nālāgiri, den der König sich als Kriegselefanten hielt. Damit er möglichst wild blieb, wurden seinem Trinkwasser große Mengen Alkohol beigemischt. Einmal wurde Devadatta davon unterrichtet, daß der Buddha bei seinem Almosengang durch die Straße kommen würde, in welcher der Elefant gehalten wurde. Er bestach die Elefantenwärter, damit sie dem Bullen doppelt soviel

Alkohol wie sonst gaben und ihn dann im rechten Augenblick auf die Straße hinausließen. Als Nālāgiri losgelassen wurde, sah er am anderen Ende der Straße den Erhabenen, der eben seinen Almosengang antrat. Er hob den Rüssel, trompetete und raste in blinder Zerstörungswut die Straße hinunter auf die winzige gelbgewandete Gestalt zu.

Ungerührt von den entsetzten Warnrufen seiner Begleiter ging der Buddha ruhig weiter. Ānanda wollte sich vor den Erhabenen stellen, um die größte Wucht des Anpralls abzufangen, doch der Buddha ergriff ihn am Arm und zog ihn mit fester Hand beiseite. Dann umfing er die rasende Bestie mit einer unendlichen Woge von liebevoller Güte, und das gewaltige Tier senkte den Rüssel, wurde langsamer und kam endlich gänzlich verwirrt zum Stehen, ratlos das gewaltige Haupt schwenkend. Dann kam er Schritt für Schritt vorsichtig näher und blieb vor dem Tathāgata stehen. Der Buddha hob die rechte Hand und streichelte Nālāgiri zwischen den Augen. Dann sprach er begütigend und wie leise singend mit ihm: «O großer Stoßzahnbulle, töte keinen anderen Stoßzahnbullen, einen Tathāgata. Du würdest damit endloses Unglück auf dich ziehen. Laß ab von deinem Wahn, von deiner Tollheit, großer Elefant. Schlag den Weg ein, auf dem künftiges Glück dir winkt.» Nachdem der Buddha eine Weile so mit ihm gesprochen hatte, las Nālāgiri rings um die Füße des Buddha mit dem Rüssel Staub von der Straße auf und legte ihn sich aufs Haupt. Dann entfernte er sich, rückwärts schreitend. Erst ein gutes Stück die Straße hinunter machte er kehrt, trottete zurück in seinen Stall und blieb dort friedlich stehen.

Nach diesem Vorfall überwog allenthalben die Verurteilung der üblen Angriffe Devadattas auf den großen Mönch, dessen Stärke und Weisheit so klar zu sehen waren. In der Stadt fielen die meisten Anhänger des in Verruf geratenen Ränkeschmiedes von ihm ab, doch im Sangha hatte er immer noch eine stattliche Zahl von Bhikshus, die zu ihm hielten. Er sah nun ein, daß direkte Angriffe auf die Person des Buddha keinen Erfolg versprachen und überlegte deshalb mit seinen verbliebenen Gefährten, wie man eine Spaltung des Sangha herbeiführen könne.

In dem Wissen, daß viele Menschen die Selbstverleugnung als ein hohes spirituelles Ideal ansahen, ging er zum Buddha und sagte, es sei notwendig, noch fünf weitere strenge Verhaltensregeln für Angehörige des Sangha einzuführen: Sie müssen immer in den Wäldern bleiben und dürfen nie an besiedelten Orten leben; sie dürfen nur Erbetteltes essen und niemals Einladungen zum Essen annehmen; ihre Gewänder dürfen nur aus weggeworfenen Lumpen und niemals aus geschenktem Tuch gemacht sein; sie dürfen nur im Freien, niemals in Unterkünften leben;

sie dürfen niemals Fisch oder Fleisch essen. Jede Verletzung einer dieser Regeln, so schloß er, müsse mit dem Ausschluß aus dem Sangha geahndet werden.

Der Buddha verwarf diese Regeln als zu extrem. Seine Entscheidung lautete: Angehörige des Sangha dürfen selbst entscheiden, ob sie im Wald oder in Dörfern leben wollen, ob sie nur Almosen essen oder auch Einladungen annehmen, ob sie nur Gewänder aus Lumpen tragen oder sich auch Tuch schenken lassen. Acht Monate des Jahres dürfen sie nach Belieben im Freien oder in Unterkünften wohnen, doch während der Regenzeit müssen sie Unterkünfte aufsuchen. Fisch und Fleisch sind erlaubt, sofern man nicht sieht oder hört, wie sie geschlachtet werden, oder der Verdacht besteht, daß die Tiere für den Eingeladenen geschlachtet wurden.

Das war die Entscheidung, auf die Devadatta nur gewartet hatte. Sofort gingen er und seine Anhänger daran, einen Disput im Sangha zu entfachen, bei dem zwei einander gegenüberstehende Parteien entstehen mußten. Sie stellten ihre eigene, von Devadatta geführte Partei als die der Dharma-Treuen dar und ließen durchblicken, die Anhänger des Buddha seien nachlässig und liebten das Wohlleben. «Kommt zu uns», sagten sie. «Wir werden Devadatta und den fünf guten Regeln folgen.» Viele schlossen sich Devadatta an, weil sie meinten, mehr Selbstverleugnung sei ein höherer und edlerer Weg.

Als der Erhabene davon erfuhr, führte er ein Gespräch von Angesicht zu Angesicht mit Devadatta und versuchte ihn zur Vernunft zu bringen. Er machte ihm klar, daß er bereits furchtbare karmische Folgen zu gewärtigen habe, weil durch einen Splitter des Steins, den er gewälzt hatte, das Blut des Tathāgata vergossen worden war. «Eine Spaltung des Sangha herbeizuführen ist eine sehr ernste Sache», sagte er, «aber die Einigkeit wiederherzustellen ist sehr verdienstvoll.»

Doch mit solchen Worten war Devadatta nicht umzustimmen. Kurz nach dieser Begegnung ließ er verbreiten, er habe vor, künftig seinen eigenen Sangha zu leiten. Mit seinen strengeren Regeln vermochte er fünfhundert neu in den Sangha eingetretene Bhikshus aus der Gegend von Vaishālī an sich zu binden. Und so gelang es ihm tatsächlich, den Sangha zu spalten.

Der Buddha sandte seine beiden Hauptschüler Shāriputra und Maudgalyāyana, um die fünfhundert abgefallenen Mönche zu retten, und tatsächlich gelang es den beiden, Devadattas neuen Sangha zu überzeugen und geschlossen zum Buddha zurückzuführen. Devadatta geriet daraufhin derart außer sich, daß er schließlich auf den Tod erkrankte.

Sein Widerstand war gebrochen, doch als er sich am Ende aufmachen wollte, um den Buddha um Vergebung zu bitten, da reichten seine Kräfte nicht mehr, und er starb, ohne sich mit dem Buddha aussöhnen zu können.

Die letzten Jahre

Durch all die Jahre änderte sich am Leben und am Tagesablauf des Buddha wenig, doch als er auf sein achtzigstes Jahr zuging, war es um seine Gesundheit nicht mehr zum besten bestellt. Sein Rücken krümmte sich, und die Haut wurde runzlig und verlor von ihrer früheren Leuchtkraft, die Sinne büßten ihre Schärfe ein. Am späteren Nachmittag, nach seiner Ruhezeit, saß er gern in der Sonne und wärmte sich den Rücken. Ānanda massierte ihn häufig, um die schmerzenden Muskeln zu lösen. Auch in seinem letzten Jahr, obwohl die körperlichen Kräfte ihn verließen, war er auf der Wanderschaft und lehrte wie immer. Als die Regenzeit bevorstand, befand er sich mit einer sehr großen Schar seiner Bhikshus bei der Ortschaft Venugramaka. Er sagte seinen Mönchen, sie sollten für die Zeit der Zurückgezogenheit nach Vaishālī zurückkehren, während er selbst in Venugramaka bleiben wolle.

In dieser Zeit wurde er sehr krank und litt große Schmerzen. Er trug die Schmerzen gelassen, doch die Krankheit schien ihn zugrunderichten zu wollen. Doch dann überwog der Gedanke, daß er sich von vielen seiner engsten Vertrauten und vom Sangha in seiner Gesamtheit nicht verabschiedet hatte, und so nahm er alle seine Kräfte zusammen und rang die Krankheit nieder.

Als sie vorüber war, sagte Ānanda zu ihm: «Ich bin es so gewohnt, den Erhabenen wohlauf zu sehen, daß sein Kranksein mich sehr verwirrte und ängstigte. Ich vermochte mich nur mit dem Gedanken zu trösten, daß der Erhabene uns gewiß nicht verlassen werde, ohne Anordnungen für die künftige Leitung des Sangha zu geben.»

Der Buddha erwiderte: «Aber Ānanda, fünfundvierzig Jahre lang habe ich Anweisungen für die Führung des Sangha gegeben. Ich bin nicht einer von denen, die ihre wichtigsten Lehren eifersüchtig in der geschlossenen Faust halten. Der Dharma ist vollkommen offengelegt worden. Was sonst könntest du nun noch von mir erwarten? Soll ich die Richtung vorgeben, die der Sangha einzuschlagen hat? Wer so handelte, der müßte wohl denken: ‹Der Sangha ist abhängig von mir.› Aber ein Tathāgata denkt nicht so. Wie könnte der Sangha von mir abhängig sein? Ich bin alt

Das Leben des Buddha

Das Parinirvāna des Buddha. Sri Lanka, zwölftes Jahrhundert, an Ort und Stelle aus dem Gestein gehauen. Gal Vihāra, Polonnaruwa. Foto von John C. Huntington.

In Kushinagara, dem heutigen Kasia, ging der Buddha ins Parinirvāna ein. An vielen Orten der buddhistischen Welt findet man dieses Ereignis in Skulpturen von gewaltigen Ausmaßen nachgebildet. Dieses beeindruckende Werk, aus dem Gestein eines Felsvorsprungs gehauen, ist an die fünfzehn Meter lang. Wie auch in den schriftlichen Zeugnissen wird der Buddha hier auf der rechten Seite liegend dargestellt, die rechte Hand unter dem Kopf.

und hinfällig, einem wackligen alten Karren gleich, der mit Riemen zusammengehalten werden muß. Ich finde Wohlbefinden in meinem Körper nur noch dadurch, daß ich meine Aufmerksamkeit von allen äußeren Sinnesempfindungen abziehe und im Herzen ruhen lasse. Der Sangha kann also nicht von mir abhängig sein.

Macht euch nicht von anderen abhängig, sucht nicht bei anderen Zuflucht – ein jeder von euch sei eine Insel, und eure Zuflucht sei der Dharma. Und wie macht man den Dharma zu seiner Zuflucht? Indem man die vier Grundlagen der Achtsamkeit übt, das ist der Weg. Wenn ich gegangen bin, wird der, der sich selbst eine Insel ist oder den Dharma zu seiner Insel macht, der Erste im Sangha.»

Ein Mann namens Buddha | 63

Der Erhabene wußte, daß die Zeit nicht mehr fern war, da er ins endgültige Nirvāna, ins Parinirvāna, eingehen würde. In der Zeit, die ihm noch blieb, wanderte er in kleinen Wegabschnitten nordwärts und verweilte mitunter für Wochen an ein und derselben Stelle, um sich auszuruhen und die große Schar der Bhikshus, die ihn begleitete, eingehend zu unterweisen. Der Weg führte am Jiranyavati-Fluß entlang, ungefähr in die Richtung von Kapilavastu.

Nachdem er sich eine gute Weile in Bhoganagara aufgehalten hatte, zog er weiter in die Gegend von Pāvā und machte im Mangohain eines Goldschmiedes namens Chunda halt. Als jener hörte, daß ihm vergönnt war, in seinem Mangohain den Buddha höchstselbst zu beherbergen, eilte er sich, ihn und den Sangha für den nächsten Tag zum Essen zu laden.

Chunda ließ große Mengen von Speisen zubereiten, darunter auch ein Gericht aus Schweinefleisch. Als der Buddha mit seinen Begleitern kam und seinen Platz eingenommen hatte, sagte er zu Chunda: «Gib von dem Schweinefleisch nur mir, und trage den anderen die übrigen Speisen auf.» Chunda fügte sich seinem Wunsch. Nach Beendigung der Mahlzeit unterwies der Buddha alle Anwesenden im Dharma und brach dann auf.

Schon wenig später stellten sich bei ihm heftige Leibschmerzen mit starken inneren Blutungen ein. Er trug den Schmerz mit Gleichmut und stets gesammelter Achtsamkeit. Nach einiger Zeit sagte er zu Ānanda: «Komm, laß uns nach Kushinagara gehen.» Als sie zum Fluß kamen, badete und trank er. Dann überquerten sie den Fluß, und am anderen Ufer legte er sich in einem Mangohain zum Ausruhen auf seine rechte Seite nieder.

Während er dort lag, sagte er zu Ānanda: «Es könnte sein, daß Chunda, der Goldschmied, sich mit Schuldgefühlen plagt, wenn er hört, wie es dem Erhabenen erging, nachdem er bei ihm gegessen hatte. Sage du ihm, daß die letzte Mahlzeit, die man einem Tathāgata vor seiner Erleuchtung gibt, und die letzte, die man ihm vor seinem endgültigen Nirvāna gibt, für den Geber ein besonderes Verdienst bedeutet. Er hat sich großes Verdienst erworben, und großes Glück wird ihm dafür künftig beschieden sein. Sag ihm, daß dies meine eigenen Worte sind – das wird seine Schuldgefühle beschwichtigen.»

Ānanda, der erkannte, daß der Erhabene bald dahingehen würde, begann allerlei Fragen zu stellen: «Wie sollen wir mit den sterblichen Überresten des Tathāgata umgehen?»

«Macht nicht allzuviel Wesens um die Verehrung dieser Überreste.

Strebt nach eurer eigenen Verwirklichung. Bemüht euch um euch selbst, eifrig, doch nicht maßlos. Überlaßt es den Brahmanen und Haushabern, sich mit den Überresten des Erhabenen abzugeben.»

Ānanda stellte weitere Fragen, und der Erhabene sprach über die rechte Art und Weise, Stūpas und Denkmale zu errichten, um die Reliquien des Tathāgata darin zu verwahren und die Menschen an ihn zu erinnern.

Bei diesen Worten über Gedenkstätten für den Tathāgata war es um Ānandas Fassung geschehen. Unter einem Vorwand entfernte er sich und verschwand in einem Schuppen, der in der Nähe stand, wo er sich von innen an die Tür lehnte und weinte. «Mein Lehrer, der sich mir so gütig und barmherzig gezeigt hat, wird ins endgültige Nirvāna eingehen, und ich bin immer noch nicht Herr meiner Leidenschaften und habe noch nicht zur Verwirklichung gefunden.» So dachte er, während ihm die Tränen aus den Augen stürzten.

Um den Erhabenen kümmerten sich inzwischen andere Bhikshus. «Wo ist Ānanda?» fragte er diese.

«Er ist dort im Schuppen und weint», sagten sie.

«Geh zu Ānanda und sage ihm: ‹Dein Meister ruft dich›», wies er einen der Bhikshus an. Der Mönch tat es. Da kam Ānanda zum Erhabenen zurück, verneigte sich vor ihm mit zusammengelegten Händen und blieb dann seitlich stehen.

«Ānanda», sprach der Buddha, «unumgänglich ist die Trennung von allem, was uns lieb ist – habe ich es dir nicht oft gesagt? Wie könnte es sein, daß etwas Geborenes nicht stirbt? Was aber dich angeht, du hast mir viele Jahre gut und mit großer Freundlichkeit gedient, du hast mir mit deinem Körper, mit deiner Rede und mit deinem Geist gedient. Du hast viel Verdienst angesammelt, Ānanda. Mühe dich eifrig noch eine kleine Weile, und du wirst das Ziel erreichen.»

Dann trug der Buddha ihm auf, nach Kushinagara zu gehen und den Menschen zu sagen, der Erhabene werde während des letzten Abschnitts der kommenden Nacht ins Parinirvāna eingehen. Bald strömten die trauernden Menschen mit ihren Kindern und den Alten in Scharen herbei, um Abschied zu nehmen vom Erhabenen. Unter all den Leuten war auch ein junger Wanderasket namens Subhadra, dem gewährt wurde, dem Buddha in seiner letzten Stunde gegenüberzutreten. Er war der letzte, den der Buddha selbst in den Sangha aufnahm.

Als er sich danach wieder zurückgezogen hatte, sprach der Erhabene zu Ānanda: «Wenn der Erhabene dahingegangen ist, wirst du vielleicht denken, der Lehrer sei gegangen und du habest jetzt keinen

Lehrer mehr. Das ist nicht so. Der Dharma, die Disziplin und die Übung, die ich dich lehrte, werden dein Lehrer sein, wenn ich gegangen bin.»

Dann sprach er die versammelten Bhikshus an und sagte: «Es sind vielleicht unter euch einige, die noch Zweifel oder Fragen haben bezüglich des Buddha, des Dharma oder des Sangha. Wenn es an dem ist, so fragt jetzt.»

Die Mönche schwiegen. Nach einer Weile ergriff Ānanda das Wort und sagte: «Herr, es ist staunenswert, es ist wunderbar. Ich fühle die Gewißheit, daß hier nicht ein einziger Mönch ist, der irgendeinen Zweifel hegt, was den Lehrer, den Dharma, den Sangha, den Pfad oder die Art und Weise des Voranschreitens auf dem Pfad angeht.»

«Du, Ānanda», antwortete der Buddha, «sprichst deine Worte aus empfundener Gewißheit, der Tathāgata aber weiß in unmittelbarem Wissen, daß unter diesen fünfhundert Bhikshus nicht einer ist, der einen Zweifel hegt über den Buddha, den Dharma, den Sangha, den Pfad oder die Art und Weise des Voranschreitens auf dem Pfad. Wahrlich, ihr Mönche, ich sage euch dies: Es liegt in der Natur alles Entstandenen, daß es vergeht. Erlangt Vollkommenheit durch Eifer.»

Der Buddha sprach nicht weiter. Er trat in die erste, die zweite, die dritte und dann die vierte Stufe der Versunkenheit ein. Dann ging er in den Bereich der Nicht-Form ein und schritt weiter durch die Meditationsstufen des grenzenlosen Raums und des grenzenlosen Bewußtseins bis zu dem Zustand, der «weder Wahrnehmung noch Nichtwahrnehmung» genannt wird. Danach gelangte er zum Aufhören von Wahrnehmung und Empfindung.

Ānanda sagte zu Aniruddha, der neben ihm stand: «Der Erhabene hat das Parinirvāna erlangt.»

«Nein, Ānanda, noch nicht», erwiderte jener. «Nur das Aufhören von Wahrnehmung und Empfindung.»

Der Erhabene kehrte noch einmal durch alle Stufen bis zur ersten Stufe der Meditation zurück. Dann stieg er wieder auf, von der ersten zur zweiten, zur dritten und schließlich zur vierten Stufe. Danach erlangte er das vollständige Erlöschen des endgültigen Nirvāna, das Parinirvāna.

Ganz in der Tiefe erdröhnte die Erde, und die Weite des Himmels erfüllte ein Donnern.

2. Eine kurze Geschichte des Buddhismus

Sherab Chödzin

Die folgende Darstellung versteht sich als kurzgefaßter Überblick über den weiteren Weg, den der Buddha-Dharma in der Welt nahm, dem Bewegungsimpuls folgend, den der Erhabene selbst ihm mitgegeben hatte. Aufgrund dieser Informationen wird der Leser das, was in den anschließenden Kapiteln zu zahlreichen Einzelthemen abgehandelt wird, leichter einordnen können. Den wechselnden kulturellen und historischen Bedingungen entsprechend haben sich zahlreiche mehr oder weniger verschiedene Schulen und Erscheinungsformen des Buddha-Dharma entwickelt, doch in allen wird man den Geist und die Essenz der einen grundlegenden Lehre des Buddha wiederfinden: die Botschaft des Erwachens aus der Verblendung durch eigenes Bemühen.

Indien

Die Geschichte des Buddha-Dharma beginnt mit der Erleuchtung des Buddha, der im Alter von fünfunddreißig Jahren (wahrscheinlich um das Jahr 526 v. Chr.) aus dem Schlaf der Verblendung erwachte, der alle Wesen im endlosen Teufelskreis der Unwissenheit und des unnötigen Leidens *(samsāra)* festhält. Einige Zeit danach beschloß er, «gegen den Strom zu schwimmen» und den leidenden Lebewesen sein befreiendes Erwachtsein zu vermitteln, das heißt, den Dharma zu lehren. Fünfundvierzig Jahre lang durchwanderte er kreuz und quer das «Mittelland», die mittlere Gangesebene, und teilte seine tiefe, strahlende Erwachtheit sowohl auf direkte Weise als auch durch Lehrreden mit, die sich im Laufe der Zeit zu einem umfassenden Korpus spiritueller, psychologischer und praktischer Lehren fügten. Seine Erleuchtung und die aus ihr hervorgegangene Lehre vom Weg zur Erleuchtung sind durch zahlreiche lückenlose Traditionslinien weitergegeben worden und haben in vielen Ländern Verbreitung gefunden. Viele dieser Linien sind heute noch lebendig.

Als der Buddha um das Jahr 483 v. Chr. starb, hatte der Dharma in Zentralindien bereits Fuß gefaßt. Es gab viele Laienanhänger, doch das Herz der Dharma-Gemeinschaft waren die Mönche und Nonnen und unter ihnen vor allem die zahlreichen Arhats. In der Umgebung größerer Städte wie Rājagriha, Shrāvastī und Vaishālī waren bereits etliche Klöster erbaut worden.

Der unmittelbare Nachfolger des Buddha war der Überlieferung zufolge Mahākāshyapa, dem es auch oblag, einen gültigen Kanon der Lehren des Buddha zu erstellen. Deshalb berief Mahākāshyapa in der ersten Regenzeit nach dem Parinirvāna des Buddha eine Versammlung von fünfhundert Arhats ein. Bei dieser Versammlung soll Ānanda, der persönliche Aufwärter und Vertraute des Buddha, sämtliche Lehrreden (*sūtras*, wörtl. «Leitfäden») des Meisters vorgetragen und auch den Ort und die Umstände der Darlegung geschildert haben. Ein anderer Bhikshu, Upāli der Barbier, rezitierte alle Regeln und Prozeduren, die der Buddha für das Leben im Sangha eingeführt hatte. Mahākāshyapa selbst trug die Mātrikas vor, «Inhaltsverzeichnisse» oder Listen von Hauptbegriffen, die einen schnellen Überblick über die in einem Sūtra abgehandelten Lehren erlauben. Diese erschöpfenden Rezitationen, von der gesamten Versammlung durchgesprochen und abgesegnet, wurden zur Grundlage des Tripitaka oder «Dreikorbs», bestehend aus dem Sūtra-Pitaka (Korb der Lehrreden), dem Vinaya-Pitaka (Korb der Disziplin) und dem Abhidharma-Pitaka (Korb der besonderen Lehren). Das Tripitaka bildet den Kernbestand der buddhistischen Schriften. Die Versammlung, die in Rājagriha unter der Schirmherrschaft des Königs Bimbisāra von Maghada abgehalten wurde, wird auch als das Erste Konzil bezeichnet.

In den ersten Jahrhunderten nach dem Tod des Buddha breitete sich der Buddha-Dharma im indischen Subkontinent aus und wurde eine der wichtigsten Kräfte im Leben der dort ansässigen Völker. Seine Stärke waren die verwirklichten Lehrer, die Arhats, und die großen Klöster mit ihren spirituell und intellektuell hochentwickelten Lebensgemeinschaften. Zwischen diesen Klöstern herrschte ein reger Austausch, der sie zu einem großen und sehr effektiven Netzwerk verflocht.

Während seiner Ausbreitung in die verschiedenen Regionen Indiens nahm der Dharma verschiedene Ausprägungen an, was zunächst vor allem das Vinaya, die Sammlung der Regeln, betraf. Diese Differenzen machten etwa hundert Jahre nach dem Ersten Konzil das Zweite Konzil in Vaishālī notwendig, zu dem sich siebenhundert Arhats versammelten, um zehn Punkte einer zu laschen Lebensführung zu verurteilen, insbesondere das Annehmen von Gold- und Silbergeschenken. Trotz dieses Konzils und anderer Bemühungen um die Wahrung der Einheit verzweigte der Sangha sich – vielleicht überwiegend schon allein aufgrund seiner gewaltigen Größe – in voneinander abweichende Schulrichtungen.

Unter den Hauptschulen waren die Sthaviravādins (Pāli: Theravādins), die «Anhänger der Ältesten», die konservativste Gruppierung. Sie hielten unbeirrbar am alten monastischen Ideal mit der Zentralgestalt des Arhat fest und erkannten nur das im Tripitaka Niedergelegte als die echte Lehre des Buddha an. Eine andere Schule, die der Mahāsānghikas, bestand darauf, daß ein Arhat noch fehlbar sei. Sie bemühte sich, die Autorität der monastischen Eliten zu schwächen und die Dharma-Tore auch den Laien zu öffnen. Hierin, aber auch in manchen metaphysischen Doktrinen erweisen sich die Mahāsānghikas als Vorläufer des Mahāyāna. Eine weitere bedeutende Schule war die der Sarvāstivādins, der Anhänger der «Alles-ist»-Lehre; sie vertraten die abweichende Anschauung, Vergangenes, Gegenwärtiges und Künftiges bestünden gleichzeitig. Alles in allem waren es achtzehn Schulen mit mehr oder weniger stark differierenden Auffassungen über Lehre und Disziplin, die sich gegen Ende des dritten vorchristlichen Jahrhunderts herausbildeten. Alle jedoch betrachteten sich als der spirituellen Familie des Buddha zugehörig, und im allgemeinen blieb dies auch der Minimalkonsens, den sie untereinander gelten ließen. Es war nicht unüblich, daß Mönche verschiedener Schulen zusammen lebten und wanderten.

Nach der Überlieferung der Sthaviravādins oder Theravādins, die heute noch in Südostasien besteht, fand ein Drittes Konzil zur Zeit des Königs Ashoka statt, der von 272 bis 236 v. Chr. regierte und um das Jahr 231 starb. Bei diesem Konzil erklärte der König das Sthaviravāda zur wahren Lehre, von der alle anderen Lehren abwichen. Das Sarvāstivāda verlagerte sich – vielleicht als Reaktion auf diesen Beschluß – allmählich weiter nach Westen. Sein wichtigster Stützpunkt wurde die Stadt Mathurā, von wo aus sein Einfluß sich immer weiter ausbreitete. Jahrhundertelang beherrschte es den Nordwesten, einschließlich Kashmirs und großer Teile Zentralasiens. Noch heute lebt eine Vinaya-Linie der Sarvāstivādins in den Schulen des tibetischen Buddhismus fort.

Ashoka war der dritte König des Maurya-Reiches, das sich über den gesamten indischen Subkontinent mit Ausnahme der Südspitze erstreckte. Daß er sich persönlich zum Dharma bekannte und die Prinzipien des Dharma auf die Lenkung seines gewaltigen Reiches übertrug, förderte die Ausbreitung der Lehre in bisher nicht gekannter Weise. Die Regierung selbst propagierte die Lehre, sie unterstützte die Klöster und ließ in den hellenisierten Ländern des Nordwestens und in Südostasien missionieren. Unter Ashoka wurden Barmherzigkeit und Friedfertigkeit im ganzen Land auf vielerlei Weise gefördert – man bemühte sich um gute Beziehungen zu den Nachbarländern, richtete Hospitäler für Menschen und Tiere ein, ließ von eigens dafür abgestellten Beamten ein Auge auf das Wohlergehen der Menschen haben, stellte den Reisenden schattige Rastplätze an bewachten Brunnen zur Verfügung und so weiter. So ist er bis heute das Urbild des buddhistischen Herrschers geblieben, und die Zeit seiner Herrschaft gilt den Buddhisten nach wie vor als das Goldene Zeitalter.

Das Reich der Maurya zerfiel bald wieder, doch der Buddha-Dharma blieb in den Jahrhunderten nach der Zeitwende die beherrschende Kraft in ganz Indien. Wie einst Ashoka, so nutzten auch die Könige der Sātavāhana-Dynastie in Mittelindien die zivilisierende und einigende Kraft des Dharma, um die verschiedenen Völker miteinander in Einklang zu bringen. Um die Wende des ersten zum zweiten nachchristlichen Jahrhundert regierte König Kanishka, dessen gewaltiges Kushāna-Reich sich über Nordindien und große Teile Zentralasiens erstreckte. Ursprünglich Anhänger einer nichtbuddhistischen Richtung, bekannte er sich später mit aller Entschiedenheit zum Dharma und wurde als ein zweiter Ashoka gefeiert. Unter seiner Schutzherrschaft wurde ein Viertes Konzil abgehalten, bei dem, überwiegend unter Federführung der Sarvāstivādins, wichtige neue Kommentare zum Tripitaka abgefaßt wurden. Unter Kanishka konnte der Dharma bei den zentralasiatischen Völkern entlang der Seidenstraße Fuß fassen, und von hier aus war der Weg offen nach China. Das Kushāna-Reich erlebte auch eine künstlerische Blütezeit, in der, von hellenistischem Einfluß geprägt, Buddha-Bildnisse von außerordentlicher Schönheit und Ausstrahlung entstanden.

Dieses Vierte Konzil war der Überlieferung zufolge eine Versammlung von Arhats, geleitet von dem Arhat Pārshva, aber auch von dem Bodhisattva Vasumitra. Das ist bezeichnend, denn zu dieser Zeit, am Anfang des zweiten Jahrhunderts, kristallisiert sich der Weg des Bodhisattva heraus, das Mahāyāna oder «Große Fahrzeug». In dieser Gestalt eroberte sich der Buddha-Dharma den Norden, das heißt China, Japan, Korea, Tibet und die Mongolei.

Sichtbarster Ausdruck dieser Entstehungszeit des Mahāyāna waren neue Sūtras, die jetzt in Umlauf kamen, Schriften also, die sich als authentisches Buddha-Wort verstanden – und zwar als einen Teil des Buddha-Dharma, der bis jetzt in anderen Daseinsbereichen verborgen geblieben war. Das Mahāyāna setzte das Bodhisattva-Ideal an die Stelle des früheren Arhat-Ideals: Ein Arhat trachtet die eigene Verblendung zu beseitigen, um dem Samsāra endgültig zu entkommen; ein Bodhisattva strebt zwar ebenfalls nach der Überwindung der eigenen Verblendung, doch er gelobt, im Samsāra zu bleiben, bis auch alle anderen Lebewesen Befreiung gefunden haben. Damit weitete sich die spirituelle Perspektive, und statt der Enge des Klosters und der Studierstube war jetzt plötzlich das Leben selbst das Feld der spirituellen Suche. Entsprechend war jetzt die Bezeichnung «Buddha» nicht mehr einer Reihe von historischen Gestalten vorbehalten, deren letzte Shākyamuni war, sondern bezog sich auch auf ein grundlegendes, aus sich selbst existierendes Prinzip der Erwachtheit oder Erleuchtung. Auch die Mahāyānins erkannten das alte Tripitaka noch an, doch betrachteten sie es als einen ersten, noch unvollständigen Ausdruck des Buddha-Dharma und bezeichneten jene, die an seiner ausschließlichen Gültigkeit festhielten, etwas geringschätzig als Anhänger des Hīnayāna, des «Kleinen Fahrzeugs».

Große Meister waren es, die dem Mahāyāna von Anfang an sein Gesicht gaben, allen voran Nāgārjuna (der im zweiten oder dritten Jahrhundert lebte). Sein Name verbindet ihn mit den Nāgas, den «Schlangengottheiten», aus deren Reich in der Tiefe er die *Prajñāpāramitā-Sūtras*, grundlegende Schriften des Mahāyāna, geborgen haben soll. Nāgārjuna stammte aus Südindien und wurde der führende Kopf von Nālandā, jenem großen Zentrum der Gelehrsamkeit, auch «buddhistische Universität» genannt, das einige Meilen nördlich von Rājagriha lag und tausend Jahre lang ein wichtiger Stützpfeiler des Dharma bleiben sollte. Nāgārjuna legt in seinen Kommentaren und Abhandlungen die Lehren des Madhyamaka dar, des «Mittleren Weges». Seine Anhänger, die Mādhyamikas, stellen eine der beiden Hauptschulen des Mahāyāna dar. Ein anderer großer Lehrer war Asanga, der im vierten Jahrhundert lebte und die zweite der beiden Hauptschulen gründete, das Yogāchāra, in dem die Erfahrung das höchste Prinzip ist.

Den größten Teil der Gupta-Zeit (ca. 300 bis ca. 600) konnte sich der Buddha-Dharma ungehindert entfalten, doch im siebten Jahrhundert wurden in Indien Hunderte von buddhistischen Klöstern durch einfallende Hunnen zerstört. Das war ein schwerer Schlag, doch der Dharma erholte sich und erlebte eine weitere Blüte, vor allem im Nordosten unter den Pāla-Königen (elftes und zwölftes Jahrhundert). Diese buddhistischen Könige nahmen die Klöster unter ihren Schutz und richteten neue Zentren der Gelehrsamkeit ein, zum Beispiel Odantapuri, nahe des Ganges und einige Meilen westlich von Nālandā. Das Hīnayāna war in Indien schon im siebten Jahrhundert weitgehend ausgestorben, aber das Mahāyāna lebte auch in dieser letzten Periode des indischen Buddhismus noch weiter, und der Buddha-Dharma erlebte sogar noch eine dritte große Entwicklungsphase, die Mantrayāna oder Vajrayāna oder Tantra genannt wird.

Wie wir es schon beim Mahāyāna gesehen haben, kamen auch mit dem Vajrayāna, dem «Diamantfahrzeug», neue Schriften in Umlauf, die Tantras, die ebenfalls als authentisches Buddha-Wort angesehen wurden, nur eben zu einem späteren Zeitpunkt offenbart. Für die Anhänger des Vajrayāna waren Hīnayāna und Mahāyāna Entwicklungsschritte auf dem Weg zur tantrischen Stufe. Das Vajrayāna ging im Einbeziehen der Welt noch einen guten Schritt weiter als das Mahāyāna und sagte, alle Erfahrung, auch die sinnliche, sei die heilige Manifestation des erwachten Geistes, des Buddha-Prinzips. Sehr viel Wert wird hier auf rituelle Meditationsmethoden oder Sādhanas gelegt, bei denen der Übende sich mit Gottheiten identifiziert, die für verschiedene Aspekte des erwachten Geistes stehen. Der Sitz oder «Palast» der Gottheit, identisch mit der phänomenalen Welt in ihrer Gesamtheit, wird Mandala genannt. Den Platz des Arhat und des Bodhisattva nimmt im Vajrayāna der Siddha ein, der verwirklichte tantrische Meister.

Im dreizehnten Jahrhundert war der Buddha-Dharma – vor allem aufgrund der gewaltsamen Unterdrückung durch islamische Eroberer – in seinem Geburtsland praktisch erloschen. Inzwischen hatten jedoch Formen des Hīnayāna in ganz Südostasien Zuflucht gefunden, und Mahāyāna und Vajrayāna fanden sich in verschiedenen Ausprägungen fast überall in Asien.

China

Das Mahāyāna gelangte zu Beginn der christlichen Zeitrechnung über die zentralasiatischen Länder nach China. Anfangs kam es zu Verwechslungen mit dem im Lande heimischen Taoismus, dessen Sprache der Buddhismus sich bedienen mußte. Der aus Kucha stammende Mönch Kumārajīva (344–413), der als Kriegsgefangener nach China kam, schuf im chinesischen Buddhismus ein bis dahin unbekanntes Maß an Klarheit und Genauigkeit. Seine Arbeit als Übersetzer und Lehrer führte zur

Bildung der chinesischen Madhyamaka-Schule (San-lun, Schule der «drei Abhandlungen»). Ein anderer großer Übersetzer und Lehrer war Paramārtha (499–569). Seine Arbeit war die Voraussetzung für die Entstehung der chinesischen Yogāchāra-Schule, die den Namen Fa-hsiang erhielt, «Schule der Merkmale des Daseins».

Das Goldene Zeitalter des Buddha-Dharma in China war die T'ang-Zeit (618–907). Es gab viele einflußreiche Klöster, und sie standen unter dem Schutz der Kaiser. Dies war die Zeit, in der die anderen Schulen des chinesischen Buddhismus ihren Aufschwung nahmen – Hua-yen, T'ien-t'ai, Ch'an, Reines Land und die tantrische Mi-tsung. Im Jahre 845 jedoch kam es zu einer großen Buddhistenverfolgung, und viele der Klöster mußten aufgegeben werden. Danach hat der Buddha-Dharma in China nie wieder seinen einstigen Glanz entfaltet.

Die Sung-Zeit (960–1279) war eine Zeit der Amalgamierung taoistischer, buddhistischer und konfuzianistischer Ideen und Methoden. Zur Zeit der Ming-Dynastie (1368–1622) entstanden durch die Verschmelzung von Ch'an- und Reines-Land-Buddhismus die Voraussetzungen für eine breite Laienbewegung. In der Ch'ing-Zeit (1663–1908) konnte auch das tibetische Vajrayāna, vor allem auf dem Weg über die Kaiserhöfe, seinen Einfluß im chinesischen Buddhismus geltend machen. Die kommunistische Herrschaft des zwanzigsten Jahrhunderts ließ die Dharma-Gemeinschaft auf bloße Überreste zusammenschmelzen, doch in Taiwan blühte der Dharma weiter, insbesondere die Reines-Land-Lehre und andere, eher volkstümliche Formen des Buddhismus.

Korea

Der Buddha-Dharma kam im vierten Jahrhundert n. Chr. von China nach Korea. Seine Blütezeit erlebte er nach der Entstehung des ersten koreanischen Einheitsstaats im siebten Jahrhundert. Schon im zehnten Jahrhundert gab es koreanische Formen der meisten chinesischen Schulen. Von vorrangiger Bedeutung waren Ch'an, Hua-yen und eine an die chinesische Mi-tsung angelehnte Form des Vajrayāna. Die Hochblüte des koreanischen Dharma fiel in die Koryo-Zeit (932–1392), während der das koreanische Tripitaka veröffentlicht wurde. Unter der Yi-Dynastie (1392–1910) wurde der Konfuzianismus zur Staatsreligion erhoben und der Buddha-Dharma in den Hintergrund gedrängt. Eine Wiederbelebung erfuhr er 1945 nach dem Ende der japanischen Herrschaft, als die Won-Bewegung, ein stark vom Ch'an beeinflußter populärer Buddhismus, um sich griff. Der heute in Korea verbreitete Buddhismus stellt eine Mischform dar.

Japan

Nach Japan gelangte der Buddha-Dharma im Jahre 522 von Korea aus. Seine stärksten Entwicklungsimpulse erhielt er hier durch den Prinzen Shōtoku (574–622), in dem man eine Art japanischen Ashoka sehen kann. Er schuf eine auf die konfuzianische und buddhistische Ethik und Philosophie gegründete «Verfassung», machte den Buddhismus zur Staatsreligion Japans, gründete Klöster und schrieb selbst bedeutende Kommentare zu den Sūtras. In der ersten Zeit breitete sich vor allem die Sanron-Schule aus, die japanische Form der San-lun- oder Madhyamaka-Schule. Schon im neunten Jahrhundert waren sechs (aus China eingeführte) japanische Schulen anerkannt – Kosha, Hossō, Sanron, Jōjitsu, Ritsu und Kegon –, wobei das Kaiserhaus besonders dem Kegon-Dharma zuneigte. In der späteren Heian-Zeit (794–1184) traten Tendai und Shingon (eine Form des tantrischen Buddhismus) mehr in den Vordergrund. Verschiedene Schulen des Reines-Land-Buddhismus erlebten vom zehnten bis zum vierzehnten Jahrhundert eine Blütezeit. Ch'an, in Japan Zen genannt, erreichte das Land gegen Ende des zwölften Jahrhunderts von China aus und ist bis heute eine der vitalen Kräfte japanischer Kultur geblieben. Sōtō und Rinzai sind die beiden Hauptschulen des japanischen Zen. Seit dem Aufkommen der Nichiren-Schule im dreizehnten Jahrhundert haben sich bis in unsere Zeit keine neuen buddhistischen Bewegungen mehr gebildet. Alle japanischen Schulen haben Elemente der Götter- und Ahnenverehrung aus der Urreligion Japans, dem Shintoismus, übernommen. Seit den dreißiger Jahren und verstärkt nach dem Zweiten Weltkrieg sind in Japan Volksbewegungen wie die Sōka Gakkai und die Risshō Koseikai entstanden. Japan sieht sich heute als das Land mit einer nirgendwo sonst auf der Welt anzutreffenden Vielfalt an buddhistischen Schulen.

Tibet

Der Buddhismus Tibets (und anderer Himālaya-Länder wie Sikkim, Bhutan und Ladakh) bewahrte und entwickelte die Vajrayana-Tradition des späten indischen Buddhismus und verknüpfte ihn mit den monastischen Regeln der Sarvāstivādins. Die erste Ausbreitungswelle des Buddha-Dharma in Tibet geht auf die Initiative des Königs Trisong Detsen (755–797) zurück, der den für seine brillante Synthese von Madhyamaka und Yogāchāra berühmten indischen Pandit Shāntirakshita und den großen indischen Siddha Padmasambhava nach Tibet einlud. Die Tradition der Nyingma-Schule leitet sich aus dieser Zeit her. Nach einer Zeit der Verfolgungen kam es im elften Jahrhundert zu einer zweiten Ausbreitung des Buddhismus, die zur Bildung der Kagyü- und der Sakya-Schule führte. Große Teile der buddhistischen Literatur Indiens wurden übersetzt und in den tibetischen Kanon aufgenommen, darunter auch tantrische Schriften und Kommentare. So blieben viele Texte erhalten, deren Originale später verlorengingen. Im vierzehnten Jahrhundert führte eine Reformbewegung zur Bildung der Gelug-Schule, der vierten Hauptschule des tibetischen Buddhismus. Heute ist der Buddhismus in Tibet nach den Jahren der Unterdrückung durch die Chinesen fast eine Art Randerscheinung geworden, doch der tibetische Buddhismus lebt weiter und hat seine Zentren jetzt vor allem in Sikkim und Bhutan. Von hier aus haben sich weitere Zentren in Nordindien und Nepal und schließlich auch in Europa, Australien und Nordamerika gebildet.

Mongolei

Im sechzehnten Jahrhundert wurde der tibetische Buddhismus endgültig zur Religion der Mongolen. Die Texte wurden ins Mongolische übertragen, und alle vier Hauptschulen waren bis zur kommunistischen Machtergreifung im zwanzigsten Jahrhundert sehr aktiv.

Vietnam

Vietnam unterlag schon immer dem Einfluß Chinas, und gegen Ende des ersten Jahrtausends hatten sich die beiden Mahāyāna-Schulen des Ch'an (Thien) und des Reinen Landes (Tindo) hier bereits fest etabliert. Das Theravāda wurde durch die Khmer eingeführt, blieb jedoch überwiegend auf Gebiete an der kambodschanischen Grenze beschränkt. 1932 ging von Saigon eine auf gesellschaftliches Handeln hin orientierte Bewegung aus, in der die beiden Mahāyāna-Schulen miteinander verschmolzen. 1963 schlossen sich auch die Theravādins dieser Bewegung

Eine kurze Geschichte des Buddhismus | 75

Applikations-Thangka von Guru Padmasambhava, aufgehängt zu Festlichkeiten im Kloster Tashichödzong in Bhutan. Foto von Ernst Haas. Mit freundlicher Genehmigung des Ernst Haas Studio, New York.

Eine für den Himālaya kennzeichnende Tradition ist das Anfertigen riesiger Thangkas aus Stoffapplikationen, die bei zeremoniellen Anlässen entrollt werden. Das hier abgebildete Thangka wurde 1947 anläßlich der Krönung des Königs von Bhutan gezeigt. Es stellt Guru Padmasambhava dar, den indischen Yogi, der im achten Jahrhundert in einer Höhle an der Stelle des heutigen Klosters Taktsang meditierte. Er wird verehrt als der Meister, der den Vajrayāna-Buddhismus nach Tibet und in die angrenzenden Länder brachte.

an, und für kurze Zeit entstand eine Vereinigte Buddhistische Kongregation Vietnams. Auch für die Buddhisten des heutigen Vietnam ist das politische und gesellschaftliche Engagement charakteristisch.

Burma

Gesandte des Königs Ashoka brachten im dritten vorchristlichen Jahrhundert als erste den Dharma nach Burma. Bis zum fünften nachchristlichen Jahrhundert konnte das Theravāda sich etablieren, und im siebten Jahrhundert tauchte in den Regionen nahe der chinesischen Grenze das Mahāyāna auf. Im achten Jahrhundert kam noch das Vajrayāna hinzu, und alle drei Formen bestanden nebeneinander, bis König Anoratha im elften Jahrhundert für die landesweite Verbreitung des Theravāda sorgte. Pagan, die königliche Hauptstadt im Norden, schmückte sich mit Abertausenden buddhistischer Stūpas und Tempel und war in der damaligen Welt *die* Bastion des Buddha-Dharma, bis das Pagan-Reich 1287 von den Mongolen zerschlagen wurde. In den folgenden Jahrhunderten blieb das Theravāda stark und pflegte zuzeiten regen Austausch mit den Dharma-Zentren Ceylons. Das burmesische Theravāda gewann durch die Assimilation mancher Elemente des volkstümlichen Geisterglaubens ein ganz eigenes Gepräge. Heute ist der Buddhismus die offizielle Religion des Landes, der fünfundachtzig Prozent der Bevölkerung angehören.

Kambodscha (Kampuchea)

Der Buddhismus der Sarvāstivādins gelangte im dritten vorchristlichen Jahrhundert nach Kambodscha und erstarkte hier im fünften und sechsten Jahrhundert n. Chr. Gegen Ende des achten Jahrhunderts werden auch Mahāyāna-Elemente erkennbar. Die folgenden Jahrhunderte brachten eine Verschmelzung des Buddha-Dharma mit dem hinduistischen Shaivismus. Im vierzehnten Jahrhundert jedoch sorgte das Herrscherhaus für die Durchsetzung des Theravāda im ganzen Land, und es ist seither die beherrschende Kraft geblieben. 1955 suchte Prinz Norodom Sihanouk, das Land unter dem Banner von König, Dharma und Sozialismus zu einigen. Der Buddhismus besitzt hier nach wie vor eine enge Verbindung zur politischen Linken.

Ceylon (Sri Lanka)

Im dritten Jahrhundert v. Chr. wurde König Devānāmpriya von Ashokas Sohn Mahinda zum Theravāda bekehrt. Der Singhalesenkönig ließ das Kloster Mahāvihāra errichten und baute dort einen Schrein für einen Ast des Bodhi-Baums, der aus Indien dorthin gelangt war. Mehr als zwei Jahrtausende lang blieb das Mahāvihāra eine der tragenden Kräfte für den Buddhismus Ceylons und anderer Länder Südostasiens, vor allem Burma und Thailand. Das Theravāda Ceylons ist die älteste ununterbrochene Dharma-Tradition der Welt, doch auch hier zeigten sich Einflüsse anderer Theravāda-Traditionen, ja sogar des Mahāyāna und des Tantra. Außerhalb der Klöster schließlich stellte der Hinduismus der Tamilen stets eine Gegenkraft dar. Mit dem Mahāvihāra ist der Name des großen Lehrers und Gelehrten Buddhaghosha (4./5. Jahrhundert) verbunden, dessen *Visuddhi-Magga* oder «Weg der Reinheit» als definitive Darstellung des Theravāda gelten kann. Im zwölften Jahrhundert setzte König Parakkambahu das Theravāda des Mahāvihāra im ganzen Land durch.

Im sechzehnten und siebzehnten Jahrhundert bemühten sich die Portugiesen und Niederländer, das Land zu christianisieren; dadurch schwächten sie den Dharma zwar, machten ihn aber zugleich natürlich zum Sammelpunkt des singhalesischen Nationalismus. Nach dieser Zeit wandten sich die singhalesischen Könige häufig an Burma und Thailand, um ihre eigenen monastischen Linien aufzufrischen. Im neunzehnten und zwanzigsten Jahrhundert kamen viele Europäer dem singhalesischen Buddhismus zu Hilfe. Als das Land 1948 unabhängig wurde, war das Theravāda bereits wiedererstarkt und machte seinen Einfluß auch außerhalb Ceylons geltend. In jüngster Zeit entwickeln sich immer deutlichere Beziehungen zur politischen Linken.

Thailand

Wohl im sechsten Jahrhundert gelangte eine Form des Hīnayāna-Buddhismus nach Thailand, doch vom achten bis zum dreizehnten Jahrhundert scheint das Mahāyāna vorherrschend gewesen zu sein. Vom elften Jahrhundert an spielten hinduistische Khmer in vielen Gegenden des Landes eine große Rolle, doch im dreizehnten Jahrhundert machte das Herrscherhaus den Theravāda-Buddhismus zur Nationalreligion. Irgendwann wurden auch die Khmer zum Theravāda bekehrt und bildeten fortan eine seiner wichtigsten Stützen. Im neunzehnten Jahr-

Wat Phumin, Nan, Thailand. Sechzehntes Jahrhundert. Foto von John Ringis.
Jeder buddhistische Tempel besitzt mindestens eine Halle, wo die Bildnisse verwahrt sind und Raum ist für Unterweisung, Praxis und Ritual. Wat Phumin ist im charakteristischen Stil Nordthailands erbaut. Das Dach besteht aus einander überlappenden Sektionen mit charakteristischen Giebelabschlüssen. Geschwungene Balustraden stellen die Körper von Nāgas (Schlangengottheiten) dar, deren ‹Schwänze› aus dem Gebäude herausragen und die Balustraden am Hintereingang bilden.

hundert entstand auf Betreiben des Königs die reformatorische Dhammayut-Schule, deren Kennzeichen das strikte Festhalten an den Regeln des Vinaya war. Auch heute noch ist sie das beherrschende Element im Thai-Buddhismus und hat auch andere Länder Südostasiens beeinflußt. Fünfundneunzig Prozent der Thai sind Buddhisten.

Der Westen

Viele westliche Intellektuelle haben sich in den letzten zweihundert Jahren zum Buddhismus hingezogen gefühlt und von ihm beeinflussen lassen. Philosophen wie Arthur Schopenhauer und Henri Bergson waren von der Tiefe des buddhistischen Denkens beeindruckt. Im zwanzigsten

Jahrhundert haben sich auch akademische Kreise dem Buddha-Dharma zugewandt, und seit den dreißiger Jahren verfügen wir über immer mehr brauchbare Übersetzungen buddhistischer Texte. In den fünfziger Jahren begann eine ganz neue Phase der Rezeption, als immer mehr authentische asiatische Meditationsmeister in den Westen kamen und sich der wachsenden Schar ernsthafter westlicher Schüler annahmen. Das Theravāda spielt hier seit den dreißiger Jahren eine beträchtliche Rolle; in den fünfziger Jahren kam das Zen hinzu und in den siebziger Jahren schließlich der tantrische Buddhismus Tibets. Seit einiger Zeit gibt es nun auch Abendländer als Lehrer in den uralten Überlieferungslinien Asiens. Natürlich sind auch viele asiatische Buddhisten einfach als Einwanderer in den Westen gelangt, doch von ihnen sind bisher noch keine bedeutenden Impulse für den Buddha-Dharma im Westen ausgegangen.

Zweiter Teil

Die grundlegenden Lehren

Einleitung

Die Vier Edlen Wahrheiten sind der bündigste Ausdruck für die Lehre des Buddha, ihrem Umfang und ihrer Stoßrichtung nach. Seinen ersten Schülern legte der Buddha diese Vier Wahrheiten in seiner ersten Lehrrede dar, um ihnen einen Gesamteindruck von seiner Botschaft zu geben – und einer von ihnen soll beim bloßen Hören dieser Vier Wahrheiten bereits Erleuchtung gefunden haben.

Die Erste Wahrheit besagt, daß alles Dasein von Duhkha behaftet ist, von «Leiden», wie die gebräuchliche Übersetzung lautet. Gemeint ist, daß sich in allem, was wir erfahren, mehr oder weniger deutliche Spuren von Vereitelung und Ratlosigkeit finden und immer ein nagendes Gefühl von Ungenügen bleibt. Und so ist in allem, was den Menschen angeht, immer zumindest ein Grundton von Klage und Sorge, und oft genug sind die Schreie der Entrüstung, des Hasses und des Jammers nur allzu hörbar. Wo das Ganze solch eine Grundfärbung hat, da wundert es einen nicht, daß es immer wieder auch zu sehr ernsten Problemen kommt. Die Nachrichten bestehen meist hauptsächlich aus Hiobsbotschaften mit unheildräuenden Zukunftsaussichten, und damit wir davon nicht erdrückt werden, bemüht man sich meist, noch etwas «menschlich Anrührendes» hinterherzuschieben. Dieser allgemeine Hintergrund von Duhkha gibt den Augenblicken des Glücks und der Zufriedenheit ihre ganz besondere Kostbarkeit und Köstlichkeit. Und dieser allgemeine Duhkha-Zustand ist auch das, was den spirituellen Pfad lohnend und interessant erscheinen läßt – als Ausweg nämlich.

Die Zweite Wahrheit benennt die Ursache des Leidens, nämlich Trishnā – Gier, Begehren, Verlangen, Verhaftung, wörtlich «Durst». Das Problem scheint nämlich darin zu bestehen, daß wir uns immer etwas wünschen: Irgend etwas fehlt immer, oder etwas Vorhandenes ist zuviel und soll verschwinden (auch Aversion ist eine Form des Anhaftens). Was also dem Leiden zugrunde liegt, ist eine Art generalisiertes Mangelbewußtsein.

Die Dritte Wahrheit ist die vom Aufhören des Leidens. Duhkha kann aufhören, weil man seine Ursache bereinigen kann. Es gibt einen Ausweg, und das ist die Vierte Wahrheit – die Wahrheit vom Weg zur Beendigung des Leidens durch Aufhebung seiner Ursache. Dieser Weg ist der Achtfache Pfad, und ein zentrales Element dieses Pfades ist die Meditation. Durch den Achtfachen Pfad können wir aus dem Mangelbewußtsein des «Durstes» erwachen und das Erzeugen neuen Leidens beenden.

Ein weiteres der in den folgenden Kapiteln angesprochenen Grundthemen der Lehre finden wir in den sogenannten drei Merkmalen allen Daseins – Unbeständigkeit, Leiden und das Nichtvorhandensein eines Ich; hier wird erklärt, inwiefern es in der Natur der Dinge liegt, daß alles Begehren und Besitzen nicht zum Glück führt. Eine dritte Grundlehre ist die des Pratītya-Samutpāda, die Lehre vom «bedingten Entstehen» oder «Entstehen in Abhängigkeit». Hier bekommen wir ein sehr genaues und umfassendes Bild von der subtilen Verflochtenheit aller von Duhkha gezeichneten Erfahrung zu einem Gefüge wechselseitiger Bedingtheit (= *samsāra*), das in seiner Gesamtheit ausgehebelt werden kann (= *nirvāna*), wenn man diesen Konditionalnexus an der entscheidenden Stelle aufbricht. Und natürlich ist auch von der Karma-Lehre die Rede.

Diese und einige andere Grundlehren sind das, was den Buddha-Dharma zum Buddha-Dharma macht. Aus historischer Sicht kann man sie als die alten Lehren betrachten. Alle Schulen des Buddha-Dharma, die zeitlich gesehen später auftraten – also die verschiedenen Formen des Mahāyāna und Vajrayāna –, haben diese Lehren assimiliert und sich zunutze gemacht, wenn auch hier und da in abgewandelter Form.

In der Zeit, als das Mahāyāna (das «Große Fahrzeug») entstand, etwa fünf- oder sechshundert Jahre nach dem Parinirvāna des Buddha, gab es achtzehn bereits bestehende Schulen, die die neuen Lehren ablehnten und an den alten festhielten; diese Schulen wurden von den Anhängern des Mahāyāna etwas geringschätzig als Hīnayāna oder «Kleines Fahrzeug» bezeichnet. Heute ist nur noch eine der achtzehn alten Schulen aktiv, und sie trägt den treffenden Namen Theravāda – «Lehre der Ältesten». Ihre Kernbereiche sind heute Sri Lanka und große Teile Südostasiens. Obwohl die Theravādins nach wie vor die Bezeichnung «Hīnayāna» ablehnen, wird sie heute – aber ohne jede Geringschätzung – von den meisten Autoren auf diesem Gebiet benutzt, um zwischen den achtzehn ursprünglichen Schulen und ihren Lehren einerseits und dem Mahāyāna oder Vajrayāna andererseits unterscheiden zu können.

Die Theravādins bewahren die älteste und vollständigste Sammlung von Hīnayāna-Texten; diese Texte sind in Pāli, einer dem Sanskrit verwandten Sprache, abgefaßt und werden deshalb kollektiv als Pāli-Kanon bezeichnet. Für die Theravādins sind hier die tatsächlichen Worte des Buddha niedergelegt, und sie enthalten seine Lehre in unverfälschter, reiner und vollständiger Form. Wie zur Zeit des Buddha legt der Theravāda auch heute noch den größten Wert auf das mönchische Leben, den Weg des Arhat und die plötzliche Erleuchtung. In diesem letzten Aspekt besteht eine Übereinstimmung mit dem Zen, einer der bekanntesten Mahāyāna-Schulen.

3. Die Lehre des Buddha

Bhikkhu Bodhi

Der Theravāda-Mönch Bhikkhu Bodhi gibt in diesem Kapitel eine überraschend knappe und genaue Zusammenfassung der Kernlehren des Theravāda, die wir in der Einführung zu Teil Zwei schon angesprochen haben. Sie werden feststellen, daß er den Achtfachen Pfad in Shīla, Samādhi und Prajñā unterteilt und sie mit «Moral», «Sammlung» und «Weisheit» übersetzt (sie werden davon abweichend auch mit «Disziplin», «Meditation» und «Wissen» übersetzt). In den letzten Monaten seines Lebens, als die Zeit gekommen war, die Kernpunkte seiner Lehren im Geist seiner Jünger zu festigen, gab der Buddha immer wieder, manchmal mehrmals am Tag, eine kurze Darlegung und erläuterte, wie sich diese drei Grundbegriffe der Schulung auf dem geistigen Weg unterstützen und daß sie nicht voneinander zu trennen sind. Er bestätigte seiner Zuhörerschaft immer wieder, daß eine ausgewogene Anwendung dieser drei Prinzipien die Erleuchtung in greifbare Nähe rückt.

Die Lehre des Buddha, der Dharma, ist die Lehre von der Befreiung, die er durch seine Erleuchtung entdeckte und die er auf der Grundlage seines eigenen klaren Verständnisses der Wirklichkeit lehrte. Die knappste Aussage über den Dharma und sein einheitlicher Rahmen ist die Lehre von den Vier Edlen Wahrheiten: das Leiden, seine Ursache, seine Aufhebung und der Weg, der zu seiner Aufhebung führt. Das war die große Verwirklichung, die im Geist des Buddha plötzlich aufschien, als er nach sechs Jahren harter Anstrengung in Meditation versunken unter dem Bodhi-Baum saß.

Was uns die Möglichkeit der Befreiung eröffnet, ist nicht nur der formulierte Inhalt seiner Erleuchtung, sondern die heute noch andauernde Bedeutung seiner Botschaft für die Welt, in der er die entscheidenden untrüglichen Wahrheiten darlegte.

Die beiden «Haushöhlen» am Geiergipfel bei der einstigen Stadt Rājagriha (die vollständig verschwunden ist) im heutigen Bihar. Foto von John C. Huntington.

Der Buddha wanderte und predigte etwa fünfzig Jahre lang in Nordindien. Am Geiergipfel-Berg sieht man heute noch die von vorspringenden Felsen gebildeten Höhlen, wo der Buddha und seine Schüler sich aufgehalten haben sollen. Viele Sūtras sind Aufzeichnungen von Lehrreden, die der Buddha der Überlieferung zufolge hier gehalten hat.

Alle Vier Wahrheiten kreisen um das Erkennen von Leiden *(duhkha)* als dem Hauptproblem des menschlichen Daseins, und in der Ersten Wahrheit nennt der Buddha seine verschiedenen Formen:

> Was aber ist die Edle Wahrheit vom Leiden? Geburt ist Leiden; Verfall ist Leiden; Tod ist Leiden; Kummer, Jammer, Schmerz, Trübsal und Verzweiflung sind Leiden; nicht zu bekommen, was man begehrt, ist Leiden; kurz gesagt, die fünf mit Anhaften verbundenen Gruppen sind Leiden.

Der letzte Satz – der sich auf eine Einteilung aller Daseinsfaktoren in fünf «Gruppen» oder «Anhäufungen» *(skhanda)* bezieht – beinhaltet eine tiefere Dimension von Leiden als das, was wir uns für gewöhnlich unter

Schmerz, Kummer und Niedergeschlagenheit vorstellen. Er weist auf die grundlegende Bedeutung der Ersten Edlen Wahrheit hin, darauf, daß alles Bedingte unbefriedigend und grundsätzlich unzulänglich ist; denn alles Bedingte ist unbeständig und letztlich dem Verfall unterworfen. Dieser Aspekt des Leidens zeigt sich am klarsten in Samsāra, dem anfanglosen Kreislauf der Wiedergeburten, in dem sich alle Lebewesen befinden; darin drücken sich Unbeständigkeit und Gefahr am umfassendsten aus.

Um die Erste Edle Wahrheit in ihrer ganzen Tiefe und ihrem ganzen Ausmaß zu verstehen, genügt es nicht, lediglich die Leiden eines einzelnen Lebens zu betrachten. Wir müssen den ganzen Kreislauf des Werdens mit seinen sich ständig wiederholenden Phasen von Geburt, Alter, Krankheit und Tod in Betracht ziehen.

In der Zweiten Edlen Wahrheit führt der Buddha das Leiden auf seinen Ursprung oder seine Ursache zurück, die er als Begehren erkennt:

> Was aber nun ist die Edle Wahrheit von der Ursache des Leidens? Es ist das stets zu neuem Dasein führende, von Vergnügen und Lust begleitete Begehren, das ständig hier und da nach neuen Freuden sucht, nämlich das Sinnliche Begehren, das Daseinsbegehren und das Begehren nach Nichtexistenz.

Entstanden durch Unwissenheit – das Nichtgewahrsein der wahren Natur der Dinge – kommt Begehren immer dann auf, wenn Vergnügen und Freuden winken; es zieht eine Schar geistiger Befleckungen nach sich, die verantwortlich sind für sehr viel menschliches Leid: Gier und Ruhmsucht, Haß und Wut, Selbstsucht und Neid, Einbildung, Eitelkeit und Stolz.

Begehren schafft Leiden, und zwar nicht nur dadurch, daß es einen unmittelbaren Schmerz, das Gefühl von Mangel, nach sich zieht, sondern im Kontext der Vier Wahrheiten spezifischer dadurch, daß es zur Wiedergeburt führt und dadurch weiterhin an Samsāra bindet. Der Vorgang der Wiedergeburt setzt nach Ansicht des Buddhismus nicht die Wanderung eines Ich oder einer Seele voraus, denn die These, daß sich alles im Fluß befindet, schließt eine beständige Wesenheit, die von Leben zu Leben wandert, aus.

Die Kontinuität durch eine Reihe von Wiedergeburten wird nicht durch ein mit sich selbst identisches Ich gewährleistet, das den Wandel überdauert, sondern durch die Weitergabe von Eindrücken und Neigungen im geistigen Kontinuum oder Bewußtseinsstrom des einzelnen, in dessen Geist sie entstanden. Die Richtung, die das Kontinuum im nächsten Leben einschlägt, wird von einer Kraft bestimmt, die man Karma nennt, was so viel wie «willentliches Handeln» bedeutet. Nach den Karma-Lehren bestimmen unsere willentlichen körperlichen, verbalen und geistigen Handlungen die Daseinsform, die wir bei unseren aufeinanderfolgenden Aufenthalten in Samsāra annehmen. Das Gesetz, das die beiden verbindet, ist im Kern ein moralisches Gesetz: Gute Handlungen führen zu Glück und zu höheren Formen der Wiedergeburt, schlechte Handlungen führen zu Leid und zu niedrigeren Formen der Wiedergeburt. Ob unser Schicksalsweg nun aber nach oben oder unten führt, solange in den tiefen Schichten unseres Geistes Begehren und Unwissenheit vorhanden sind, dreht sich das Rad von Geburt und Tod, der große Kreislauf des Leidens, weiter.

Dieses Rad muß sich nun aber nicht ewig drehen. In der Dritten Edlen Wahrheit gibt uns Buddha den Schlüssel, es anzuhalten.

Was aber nun ist die Edle Wahrheit von der Aufhebung des Leidens? Es ist das restlose Erlöschen und die Aufhebung des Begehrens, das Aufgeben und Loslassen, die Befreiung und die Loslösung davon.

Da Leiden durch Begehren entsteht, muß es auch mit der Vernichtung des Begehrens aufhören: Ihre Beziehung ist so eng und unausweichlich wie die Gesetze der Logik. Der Zustand, der dann eintritt, ist das Ziel aller Mühen für den Theravāda-Buddhismus; es ist Nirvāna, das Unbedingte, das Todlose, der unzerstörbare Friede jenseits des Rades von Geburt und Tod.

Man erreicht Nirvāna in zwei Stufen. Die erste ist das «Nirvāna mit Rest», die Befreiung des Geistes, die man erreicht, wenn alle Befleckungen ausgelöscht sind, die mit der Geburt entstandene Geist-Körper-Verbindung aber noch bis zum Ende des Lebens weiterlebt. Die zweite Stufe ist das «Nirvāna ohne Rest»; es ist die Befreiung vom Dasein selbst, das Ende des Werdens, das mit dem Tod dessen, der Befreiung erlangt, erreicht wird.

In der Vierten Edlen Wahrheit lehrt Buddha den Weg zum Nirvāna, den «Weg, der zur Aufhebung des Leidens führt». Das ist der Edle Achtfache Pfad, dessen acht Glieder in drei Gruppen angeordnet werden:

1. Rechtes Verstehen   III. Weisheit *(prajñā)*
2. Rechtes Denken

3. Rechte Rede   I. Moral *(shīla)*
4. Rechtes Handeln
5. Rechter Lebenserwerb

6. Rechte Anstrengung   II. Sammlung *(samādhi)*
7. Rechte Achtsamkeit
8. Rechte Sammlung

Der Weg beginnt mit einem Mindestmaß an rechtem Verstehen und rechtem Denken, das wir brauchen, wenn wir uns der Schulung unterziehen wollen; er entfaltet sich dann durch die drei Gruppen als eine systematische Strategie, die darauf abzielt, die Befleckungen, die Leiden schaffen, mit der Wurzel zu beseitigen. Moral zügelt die Befleckungen in ihrer gröbsten Form und ihre Umsetzung in unheilsames Handeln; Sammlung beseitigt ihre feineren Äußerungsformen wie zerstreute und unruhige Gedanken; Weisheit schließlich löst die subtilen latenten Neigungen dadurch auf, daß sie durch unmittelbare Einsicht die drei grundlegenden Daseinsfaktoren erkennt, die der Buddha zusammenfassend die Drei Merkmale Unbeständigkeit, Leiden und Ichlosigkeit genannt hat.

Jeder der Vier Wahrheiten weist der Buddha eine spezielle Rolle zu; es sind Aufgaben, die der Schüler oder die Schülerin bei der Schulung zu meistern hat. Er oder sie muß die Wahrheit vom Leiden völlig verstehen und das Begehren und die Befleckungen, die es verursachen, aufgeben. Er muß Nirvāna, die Befreiung vom Leiden, verwirklichen und den Edlen Achtfachen Pfad, der zur Befreiung führt, gehen. Der einzelne, der diese vier Aufgaben erfüllt hat, ist das Ideal des Theravāda-Buddhismus. Er ist ein Arhat, ein Befreiter, der alle Fesseln, die ihn an das Rad des Werdens binden, gesprengt hat und in der Erfahrung der Freiheit des Nirvāna lebt.

4. Worte des Buddha

aus dem Dhammapada

Für dieses Kapitel wurden drei Kapitel aus dem Dhammapada ausgewählt, einer Sammlung von 426 dem Buddha selbst zugeschriebenen Versen der schlichten moralischen Unterweisung. Das Dhammapada ist das wohl volkstümlichste und auch im Westen meistgelesene Werk des gesamten Pāli-Kanon der Theravādins (Anhänger des Theravāda). Seine Botschaft, die auch in der folgenden Auswahl zum Ausdruck kommt, ist, kurz gesagt, folgende: Bleibe stets achtsam und bewußt, und dein Herz wird nicht auf Abwege geraten, die ins Unglück führen.

Im ersten Abschnitt, der uns mahnt, die richtige Wahl zu treffen, geht es um zwei grundsätzlich verschiedene Wege, die uns offenstehen. Wenn dann von «hier» und «drüben» die Rede ist, dürfen wir hier nicht, etwa im christlichen Sinne, an ein «Diesseits» denken, in dem man sich zu bewähren hat, und ein «Jenseits», in dem die Sünder bestraft und die Tugendhaften belohnt werden. Im Grunde ist hier von dieser gegenwärtigen Inkarnation und der nächsten die Rede. Unser Bewußtsein und unsere Gedanken formen das Leben, das wir von Augenblick zu Augenblick, von Tag zu Tag, von Existenz zu Existenz führen. Das Karma, das sich so ansammelt, kann von ungeheurer Wirksamkeit sein: Wir können uns selbst ein finsteres Loch der Armseligkeit und Verkommenheit schaffen oder eine offene Welt der Fülle und des echten Austauschs; dunkle Welten, lichtvolle Welten oder Zwischenformen – so viele Welten können entstehen aufgrund des Karma, das wir mit unseren Gedanken und Projektionen ständig erzeugen.

Die hier zitierten drei Kapitel aus dem Dhammapada sind der deutschen Übersetzung von Nyanatiloka entnommen.

Paare

Vom Geist geführt die Dinge sind,
vom Geist beherrscht, vom Geist gezeugt.
Wenn man verderbten Geistes spricht,
verderbten Geistes Werke wirkt,
dann folget einem Leiden nach
gleichwie das Rad des Zugtiers Fuß.

Vom Geist geführt die Dinge sind,
vom Geist beherrscht, vom Geist gezeugt.
Wenn man da lautern Geistes spricht
und lautern Geistes Werke wirkt,
dann folget einem Freude nach
gleichwie der Schatten, der nie weicht.

«Geschlagen hat er mich, beschimpft,
hat mich besiegt, hat mich beraubt!»:
Wer solchem Denken sich gibt hin,
in dem kommt nie der Haß zur Ruh'.

«Geschlagen hat er mich, beschimpft,
hat mich besiegt, hat mich beraubt»:
Wer solches Denken nicht mehr hegt,
in dem kommt bald der Haß zur Ruh'.

Durch Haß fürwahr kann nimmermehr
zur Ruhe bringen man den Haß;
durch Nichthaß kommt der Haß zur Ruh':
Das ist ein ewiges Gesetz.

Die andern aber seh'n nicht ein,
daß man sich hierin zügeln muß.
Doch, wer da rechte Einsicht hat,
in dem kommt aller Streit zur Ruh'.

Wer da auf Schönheit sinnend lebt,
in seinen Sinnen unbewacht,
kein rechtes Maß beim Mahle kennt,
den Träger ohne Willenskraft,

den wahrlich reißt der Mahr* mit sich
gleichwie der Sturm den schwachen Baum.

Wer da den Ekel schauend weilt**,
in seinen Sinnen wohl bewacht,
das rechte Maß beim Mahle kennt,
voll Zuversicht und Willenskraft,
den zwingt nimmermehr der Mahr,
wie Sturm den Felsberg nie bezwingt.

Wer da noch voller Trübungen
das gelbgetrübte Kleid*** anlegt,
von Wahrheit und Bezähmung fern,
verdienet nicht das gelbe Kleid.

Doch wer die Trübung ausgespien,
erstarkt ist in der Sittlichkeit,
mit Wahrheit, Zügelung verseh'n,
verdient fürwahr das gelbe Kleid.

Wer's Unechte für's Echte hält,
für unecht ansieht, was ist echt,
dem falschen Denken zugetan,
dem wird das Echte nie zuteil.

Wer da, was echt, als echt erkennt,
als unecht das, was unecht ist,
dem rechten Denken zugetan,
dem wird das Echte bald zuteil.

Wie in ein schlecht gedecktes Haus
der Regen mächtig dringet ein,
genau so dringet ein die Gier
in den noch ungepflegten Geist.

---

* Der «Mahr» = Māra verkörpert die den Menschen überwältigenden Leidenschaften, die der Befreiung entgegenwirken. (Anm. d. Hrsg.)
** Dies bezieht sich auf eine Meditationsmethode des Hīnayāna, die dem Haften am Körper entgegenwirken soll, indem man den Körper als ein «ekelhaftes» Gebilde aus Blut, Schleim, Unrat usw. ansieht. (Anm. d. Hrsg.)
*** Die gelbe Mönchsrobe. (Anm. d. Hrsg.)

Wie in ein gut gedecktes Haus
der Regen nimmer dringet ein,
genau so dringet nie die Gier
in einen wohlgepflegten Geist.

Es klaget hier und klaget drüben auch,
es klagt der Übeltäter beiderorts.
Er klaget, und er fühlet sich bedrückt,
wenn er die eigne schmutz'ge Tat erkennt.

Es freut sich hier und freut sich drüben auch,
es freut, wer Gutes tut, sich beiderorts.
Er freuet sich und fühlt sich hochbeglückt,
wenn er die eigne laut're Tat bedenkt.

Er leidet hier und leidet drüben auch,
der Übeltäter leidet beiderorts.
«Gar Übles tat ich!»: Also leidet er,
doch mehr noch, wenn zur Leidenswelt gelangt.

Es freut sich hier und freut sich drüben auch,
wer Gutes tut, erfreut sich beiderorts.
«Gar Gutes tat ich»: Also freut er sich,
doch mehr noch, wenn zur sel'gen Welt gelangt.

Wenn noch so viele heil'ge Texte vorträgt
der träge Mann und handelt nicht danach,
gleicht er dem Hirten, der des andern Kühe zählt
und hat am Mönchstum nicht den kleinsten Anteil.

Wenn einer noch so wenig Texte vorträgt,
doch lebt im Einklang mit der reinen Lehre,
hat Gier, Haß und Verblendung überwunden,
voll rechter Einsicht, wohlerlöst im Herzen,
nicht haftend mehr am Diesseits noch am Jenseits,
der wahrlich hat am wahren Mönchstum Anteil.

Wachheit

Wachheit der Pfad zum Todlosen,
Schlaffheit der Pfad zum Tode ist.
Die Wachen sterben nimmermehr,
die Schlaffen sind den Toten gleich.

Die solches aber klar erkannt,
die Weisen voller Wachsamkeit,
erfreu'n sich an der Wachsamkeit,
erfreu'n sich an der Edlen Reich.

Die selbstvertieft sind, unentwegt,
allzeit mit starker Macht begabt,
solch Weise dringen vor zum Nirwahn*,
zur allerhöchsten Sicherheit.

Wer strebsam ist, voll Achtsamkeit,
im Handeln rein und wohlbedacht,
gezügelt, dem Gesetze treu,
solch Wachender im Anseh'n steigt.

Durch Streben und durch Wachsamkeit,
Zurückhaltung und Zügelung
mach' weise man ein Eiland sich,
das keine Flut mehr mit sich reißt.

Es gibt der Lässigkeit sich hin
das einsichtslose Torenvolk,
der Weise aber seine Wachheit
behütet als den höchsten Hort.

Ergebt euch nicht der Lässigkeit,
Vertrauet nicht der Sinneslust.
Wer wachsam ist und selbstvertieft,
erlangt ein hohes, heil'ges Glück.

---

* Nirvāna.

Wenn Lässigkeit durch Wachsamkeit
der Weise überwunden hat,
erklommen hat der Weisheit Turm,
schaut, weise, auf die Toren er,
leidlos, auf diese Leidenswelt,
gleichwie vom Bergesgipfel man
die Menschen in dem Tal erblickt.

Wer wachsam unter Lässigen
und unter Schläfrigen ist wach,
solch Weiser siegreich eilt voraus
wie flinkes Roß dem schlappen Gaul.

Durch Wachsamkeit hat Maghavā
den höchsten Götterrang erreicht.
Die Wachsamkeit lobt jedermann,
die Lässigkeit wird stets verdammt.

Der Mönch, der sich der Wachheit freut,
in Lässigkeit Gefahr erblickt,
tilgt jede Fessel, grob wie fein,
wie's Feuer alles niederbrennt.

Der Mönch, der sich der Wachheit freut,
in Lässigkeit Gefahr erblickt,
ist keinem Rückfall ausgesetzt,
ist in des Nirwahns nächster Näh'.

Die Gesellschaft der Weisen

Triffst einen du, der dir die Fehler aufweist,
als ob verborgnen Schatz er dir enthüllte,
der weise ist und mahnend dich zurechtweist,
mit solchem Weisen mögst du Umgang pflegen;
denn einem, der mit solchem Menschen umgeht,
gereichet es zum Guten, nicht zum Schlechten.

Ermahne, unterweise du,
von bösen Dingen halt' zurück;
so bist bei Guten du beliebt,
bei Bösen aber unbeliebt.

Geh' nicht mit bösen Freunden um,
mit Menschen, die gar niedrig sind;
mit edlen Menschen pfleg' Verkehr,
mit Menschen, die die höchsten sind.

Wer das Gesetz gekostet hat,
lebt glücklich und geklärt im Geist.
Stets freut den Weisen das Gesetz,
das von den Edlen ward enthüllt.

Die Wasserleiter leiten Wasser,
die Bogner schlichten ihren Pfeil,
die Zimmerleute schlichten Holz,
die Weisen bändigen ihr Selbst.

Gleichwie ein Fels aus einem Stück
vom Winde nicht erschüttert wird,
so bringen weder Lob noch Tadel
den Weisen je aus seiner Ruh'.

Gerade wie ein tiefer See
kristallklar ist und ungetrübt,
so werden auch die Weisen klar,
wenn sie vernehmen das Gesetz.

Die Edlen überall Entsagung üben,
nicht schmusen wunschbegierig die Vollkommenen;
die Weisen, ob sie Glück trifft oder Unglück,
nicht hoch- noch tiefgemut sich jemals zeigen.

Nicht für sich selber und auch nicht für andre
begehre man nach Kind, Reichtum und Herrschaft;
nicht unrechtlich wünsch' eigenen Erfolg man,
sei sittenrein, rechtschaffen und voll Einsicht.

Nur wenige der Menschen sind
zum andern Ufer hingelangt,
doch alles dieses andre Volk
läuft bloß am Ufer auf und ab.

Doch wer da nach der Lehre lebt,
die recht verkündet worden ist,
gelangt zum andern Ufer hin.
Ja, schwer kreuzt sich das Todesreich.

Das Finstre geb' der Weise auf,
das Lichte bring' zum Wachsen er.
Vom Haus ins Hauslose gelangt,
er sich an Loslösung erfreu',

woran sich zu erfreuen schwer.
Die Wünsche lassend, ohne Hang,
mög' läutern er sein eigen Selbst
von allen Trübungen des Geists.

Wer recht den Geist entfaltet hat
in den Erleuchtungsgliedern sieben
und alles Haften fahren ließ,
froh ist, von allem Hang befreit,
der Triebversiegte, Strahlende,
der ist erloschen in der Welt.

5. Die Entwicklung des Ich

Chögyam Trungpa

Der tibetische Meister Chögyam Trungpa (1940–1987) war einer der ersten seiner Tradition, denen es gelang, sich wirklich in die westliche Mentalität einzufühlen. Dadurch vermochte er die überlieferten buddhistischen Lehren auf eine Weise neu zu formulieren, die Menschen im Westen direkt anspricht. Hier haben wir nun eine Lektion in grundlegender buddhistischer Psychologie. Sie basiert auf einer der ganz zentralen Aussagen des Buddhismus, nämlich der, daß es kein Ich gibt. Das Ich, an das wir so naiv glauben und uns klammern, wird vom unvoreingenommenen Blick der Meditation als nicht mehr denn ein loses, ständig sich änderndes Gefüge aus psychisch-mentalen Elementen erkannt. Trungpa zählt als diese fünf Elemente – im Buddhismus Skandhas («Bündel» oder «Anhäufungen») genannt – Form, Empfinden, Wahrnehmung (Wahrnehmung-Impuls), Begriffsbildung (geistige Formkräfte) und Bewußtsein auf und zeigt uns sehr eindringlich und von innen her ihre Entwicklung.

Ein entscheidender Punkt ist das Aufbrechen der Dualität auf der Ebene des ersten Skandha, der Form. Dualität ist das Grundkennzeichen der wirren und wüsten Welt des Ich, Grundbaustein der Samsāra-Welt des Leidens. Sie besteht in dem allgegenwärtigen Gefühl, daß da «noch etwas anderes» ist. Dieses Gefühl von etwas anderem zieht das Bewußtsein von der ursprünglichen und einzigen Wirklichkeit ab, von der Unmittelbarkeit des Hier und Jetzt. Sobald das Bewußtsein «etwas anderes» wahrnimmt, kann es gar nicht mehr anders, als sich selbst diesem anderen gegenüberzusehen. In diesem Aufbrechen der einen Wirklichkeit zu einem Gegenüber wird, wie Trungpa aufzeigt, das Ich und zugleich die Zeit geboren, und damit beginnt das Ringen, die Auseinander-setzung mit einer als fremd erlebten Welt, die man an sich reißen oder abwehren muß.

Ich halte es für das beste, wenn wir von etwas ganz Konkretem und Realistischem ausgehen: von dem Boden, den wir bestellen wollen. Es wäre unklug, uns mit schwierigeren Themen zu beschäftigen, bevor wir mit dem Ausgangspunkt, der Natur des Ich, vertraut sind. In Tibet gibt es eine Redensart, wonach es keinen Zweck haben soll, nach der Zunge zu greifen, bevor der Kopf nicht völlig gar gekocht ist. Jede spirituelle Praxis braucht dieses Grundverständnis von dem Ausgangspunkt, dem Material, womit wir arbeiten.

Wenn wir das Material nicht kennen, das wir bearbeiten, sind unsere Studien sinnlos und alle Spekulationen über das Ziel reine Phantasie. Diese Spekulationen mögen durchaus die Form von hochentwickelten Ideen und Beschreibungen spiritueller Erfahrungen annehmen, doch sie ziehen nur die unbedeutenderen Aspekte der menschlichen Natur heran, wie unsere Erwartungen und Wünsche, etwas Schillerndes und Ungewöhnliches zu sehen oder zu hören. Wenn wir uns als erstes mit diesen Träumen von besonders «erleuchtenden» und dramatischen Erlebnissen beschäftigen, werden wir uns damit Erwartungen und vorgefaßte Meinungen bilden; später, wenn wir dann tatsächlich auf dem Weg sind und an uns arbeiten, ist unser Denken weitgehend von Vorstellungen ausgefüllt, was *sein wird*, anstatt sich mit dem zu beschäftigen, was tatsächlich *ist*. Es ist negativ und anderen gegenüber nicht fair, sich ihre Schwächen, ihre Erwartungen und Träume zunutze zu machen, anstatt sie mit ihrem realistischen Ausgangspunkt zu konfrontieren...

Der *Urgrund* dessen, was wir wirklich sind, ist nichts als offener Raum. Unser ursprünglicher Geisteszustand, vor der Entstehung des Ich, ist grundlegende Offenheit und Freiheit, eine Qualität von Weite – und diese Offenheit haben wir immer gehabt und haben wir auch jetzt. Nehmen wir als Beispiel unsere Denkgewohnheiten im alltäglichen Leben. Wir sehen einen Gegenstand, und zunächst ist da nur die unmittelbare Wahrnehmung ohne logische oder begriffsbildende Einordnung: Wir nehmen das Ding im offenen Raum einfach nur wahr. Dann geraten wir unverzüglich in Panik und versuchen eiligst, dem noch etwas hinzuzufügen, indem wir einen Namen oder ein Schubfach dafür finden, wo wir es hineinstecken und einordnen können. Von hier nehmen die Dinge nach und nach ihren Ausgang.

Diese Entwicklung führt jedoch nicht zur Ausbildung einer greifbaren Wesenheit, sondern sie ist Illusion, der irrtümliche Glaube an ein «Selbst» oder «Ich». Der verwirrte Geist neigt dazu, sich selbst als etwas von Bestand und Dauer zu betrachten, doch er ist nichts als eine Ansammlung von Neigungen und zufälligen Abläufen. In der buddhistischen Terminologie wird diese Ballung als die «Fünf Bündel» oder die «Fünf Skandhas» bezeichnet. Wir sollten uns daher jetzt vielleicht mit der Gesamtentwicklung dieser Fünf Skandhas beschäftigen.

Der Anfangspunkt ist der offene Raum, der zu keinem gehört. Mit der Weite und Offenheit dieses Raumes ist immer auch ursprüngliche Intelligenz verbunden. Das ist Vidyā, was in Sanskrit «Intelligenz» bedeutet – Genauigkeit und Schärfe im Umgang mit dem Raum, wo man Dinge hineinstellen und auswechseln kann. Es ist wie bei einem geräumigen Saal, wo man frei umhertanzen kann ohne die Gefahr, etwas umzuwerfen oder über etwas zu stolpern, weil es ein ganz und gar freier Raum ist. Wir sind dieser Raum, wir sind eins mit ihm, mit Vidyā, Intelligenz und Offenheit.

Woher aber, wenn wir dies fortwährend sind, ist dann die Verwirrung gekommen? Was ist geschehen, daß sich diese Weite verloren hat? In der Tat, es ist überhaupt nichts geschehen. Wir sind nur zu aktiv in jenem Raum geworden. Weil er so weiträumig ist, hat er uns zum Tanz inspiriert; doch unser Tanz ist allzu lebhaft geworden, und wir haben uns mehr als notwendig darin gedreht, um dieses Raumgefühl zum Ausdruck zu bringen. In diesem Augenblick sind wir *selbst*-befangen geworden, denn es wurde uns *bewußt*, daß «ich» in dem Raum umhertanze.

In einer solchen Situation ist der Raum nicht mehr nur Raum an sich. Er verfestigt sich. Wir selbst sind nicht mehr eins mit dem Raum, sondern empfinden ihn in seiner greifbaren, von uns getrennten Existenz. Damit machen wir zum erstenmal die Erfahrung von Dualität: der Raum und ich, der ich in diesem Raum tanze, seine Weite, die wirklich existiert und von mir unterschieden ist. Dualität bedeutet «Raum und Ich» anstelle des völligen Einsseins mit dem Raum. Das ist die Entstehung von «Form», der Erscheinungswelt des «Anderen».

Dann tritt so etwas wie ein Bewußtseinsriß in dem Sinne ein, daß wir vergessen, was wir vorher getan haben. Es kommt zu einem plötzlichen Stillstand, zu einer Unterbrechung, wir drehen uns um und «entdecken» auf einmal den verfestigten Raum – so als wüßten wir gar nicht, daß wir doch selbst diese dichte Welt erschaffen haben. Hier ist eine Lücke. Nachdem wir den verfestigten Raum hervorgebracht haben, werden wir davon überwältigt und kommen uns verloren darin vor. Nach dem Bewußtseinsriß gibt es ein plötzliches Erwachen.

Wenn wir aufwachen, weigern wir uns, den Raum noch als offene Weite wahrzunehmen und seine fließende und luftige Qualität zu erkennen. Wir ignorieren sie völlig, und dies wird als Avidyā bezeichnet. *A* bedeutet «Verneinung», *Vidyā* heißt «Intelligenz», so daß mit Avidyā «fehlende Intelligenz» gemeint ist. Da diese hochentwickelte Intelligenz sich in die Wahrnehmung des festgefügten Raumes verwandelt hat und mit ihrer scharfen und genauen, ihrer fließenden und leuchtenden Qualität statisch geworden ist, heißt sie jetzt Avidyā oder «Unwissenheit». Wir stellen uns absichtlich unwissend. Es genügt uns nicht mehr, einfach nur im Raum zu tanzen, sondern wir wollen einen Partner haben und wählen uns dafür den Raum. Wenn wir uns den Raum als Partner wählen, dann wollen wir natürlich auch, daß er mit uns tanzt, und damit wir ihn als Partner besitzen können, müssen wir ihn verfestigen und über seine fließende, offene Qualität hinwegsehen. Avidyā, Unwissenheit, ignoriert die Intelligenz. Die Erschaffung von Unwissenheit-Form bedeutet den Höhepunkt des ersten Skandha.

Dieser Skandha von Unwissenheit-Form hat tatsächlich drei verschiedene Aspekte oder Stufen, die wir durch die Heranziehung einer weiteren Metapher untersuchen können. Stellen wir uns vor, daß am Anfang nur eine weite Ebene ohne Berge oder Bäume da ist, ein völlig offenes Land, eine einfache Wüste ohne irgendwelche besonderen Merkmale. Das ist die Beschreibung von uns, wie wir sind und was wir sind: von einer ganz elementaren Einfachheit. Und doch scheinen Sonne und Mond über diese Wüste, Lichter und Farben tragen zu ihrer Struktur bei. Zwischen Himmel und Erde findet ein Austausch von Energie statt. Dieser Zustand setzt sich eine ganze Weile fort.

Dann aber ist seltsamerweise plötzlich jemand da, der alles dies wahrnimmt. Fast ist es so, als hätte eines der Sandkörner seinen Hals hervorgestreckt und damit begonnen, um sich zu blicken. Wir selbst sind jenes Sandkorn und zu dem Schluß gekommen, daß wir von anderen getrennt existieren. Das ist das erste Stadium bei der «Entstehung von Unwissenheit» – eine Art von chemischer Reaktion, mit der die Dualität ihren Anfang nimmt.

Die zweite Stufe von Unwissenheit-Form wird als die «im Innern entstehende Unwissenheit» bezeichnet. Nachdem man festgestellt hat, daß man als etwas Getrenntes existiert, stellt sich das Gefühl ein, daß dies schon immer so gewesen sei. Dies ist ein Unbehagen, der Instinkt, der zur Entwicklung von Ich-Bewußtsein führt. Es dient uns auch als Entschuldigung dafür, daß wir eigenständig, als ein individuelles Sandkorn, bestehenbleiben. Dies entspricht einer aggressiven Form von Unwissenheit, wenn «Aggression» hier auch noch nicht im Sinne von Zorn gemeint ist, denn sie hat sich noch nicht so weit entwickelt. Es ist eher eine Aggressivität in dem Sinne, daß man sich unbeholfen und unausgewogen vorkommt und daher versucht, sicheren

Boden unter die Füße zu bekommen und einen Unterschlupf für sich zu schaffen. Durch diese Haltung, und durch nichts anderes, wird man zu einem verwirrten und abgesonderten Individuum. Man hat die eigene Trennung von der Grundlandschaft des weiten und offenen Raumes hergestellt.

Das dritte Stadium der Unwissenheit ist die «sich selbst beobachtende Unwissenheit». Man nimmt sich dabei selbst als ein äußeres Objekt wahr. Dies führt erstmals zu der Vorstellung von einem «Anderen» und läßt eine Beziehung zu einer sogenannten «äußeren» Welt entstehen. Deshalb bilden diese drei Stufen der Unwissenheit zusammen den Skandha von Form-Unwissenheit. Man beginnt damit, die Welt der Erscheinungsformen zu schaffen.

Wenn wir von «Unwissenheit» sprechen, so meinen wir damit durchaus nicht Dummheit. In gewisser Weise ist Unwissenheit sogar sehr intelligent, doch ist sie eine recht zweischneidige Intelligenz. Das heißt, man reagiert dabei lediglich auf die eigenen Projektionen, anstatt einfach nur das zu sehen, was ist. Die Situation, loszulassen und man selbst zu sein, tritt überhaupt nicht ein, weil man sich selbst ja gar nicht kennt. Das ist die Grunddefinition von Unwissenheit.

Der nächste Schritt dient der Entwicklung eines Abwehrmechanismus zum Schutz unserer Unwissenheit. Das geschieht durch Empfinden oder Gefühl, den zweiten Skandha. Da wir den offenen Raum schon nicht mehr zur Kenntnis nehmen, möchten wir nun gern die Eigenschaften des verfestigten Raumes fühlen, damit wir unsere Neigung des Besitzergreifens voll ausbilden können. Natürlich meint «Raum» nicht nur ganz nackten Raum, denn dieser enthält auch Farbigkeit und Energie von sehr großer Schönheit und Intensität, was wir jedoch völlig übersehen haben. Statt dessen haben wir nur eine erstarrte Version von Farbe und Energie, denn wir haben den gesamten Raum verfestigt und zu einem «Anderen» gemacht. Nun beginnen wir danach zu greifen und möchten die Eigenschaften dieses «Anderen» fühlen, um uns damit selbst unserer eigenen Existenz zu versichern. «Wenn ich Jenes da draußen spüren kann, dann muß Ich selbst auch hier sein.»

Wann immer etwas geschieht, strecken wir unsere Fühler aus und wollen erfahren, ob die Situation verlockend oder bedrohlich oder neutral ist. Wann immer ein plötzliches Gefühl von Trennung eintritt, ein Gefühl, daß wir die Beziehung von «jenem» zu «diesem» nicht kennen, neigen wir automatisch dazu, nach festem Grund zu tasten. Damit errichten wir den außerordentlich wirksamen Mechanismus des Empfindens, den zweiten Skandha.

Der nächste Schritt zur festen Begründung des Ich ist Wahrnehmung-Impuls, der dritte Skandha. Allmählich sind wir von unserer eigenen Schöpfung, den statischen Farben und den statischen Energien, fasziniert. Wir möchten eine Verbindung dazu herstellen und fangen deshalb mit der schrittweisen Erforschung unseres eigenen Werkes an.

Damit wir dabei wirksamer und leistungsfähiger vorgehen können, brauchen wir eine Art Schaltzentrum, eine Kontrollinstanz für den Empfindungsmechanismus. Das Empfinden übermittelt seine Information an das zentrale Schaltbrett, und das ist der Akt der Wahrnehmung. Aufgrund dieser Information bilden wir unser Urteil und reagieren wir. Ob wir dafür oder dagegen oder gleichgültig reagieren, wird automatisch durch diese Bürokratie von Empfindung und Wahrnehmung bestimmt. Wenn wir die Situation als bedrohlich empfinden, werden wir sie von uns wegstoßen. Empfinden wir sie als verlockend, werden wir sie an uns ziehen, und wenn wir sie neutral finden, bleiben wir ihr gegenüber gleichgültig. Das sind die drei Arten von Impulsen: Haß, Verlangen und Dummheit. Somit bezieht sich Wahrnehmung auf das Empfangen von Information aus der Außenwelt und Impuls auf unsere Reaktion darauf.

Der nächste Entwicklungsschritt ist Begriffsbildung, der vierte Skandha. Wahrnehmung-Impuls ist eine automatische Reaktion auf das intuitive Empfinden. Diese Reaktion ist jedoch keinesfalls ausreichend zum Schutz unserer Unwissenheit und als Garantie für unsere eigene Sicherheit. Damit wir uns wirklich verteidigen und selbst richtiggehend hinters Licht führen können, brauchen wir den Intellekt, die Fähigkeit, Dinge zu benennen und einzuordnen. Damit etikettieren wir Dinge und Geschehnisse als «gut», «schlecht», «schön», «häßlich» und so weiter, je nachdem, welchen Impuls wir dafür passend finden.

Damit wird die Struktur des Ich nach und nach immer schwerer und dichter. Bis zu diesem Punkt ist seine Entwicklung ein reiner Prozeß von Aktion und Reaktion gewesen. Doch von nun an entwickelt sich das Ich allmählich über den Affeninstinkt hinaus und wird immer verfeinerter und gewitzter. Wir machen die Erfahrung von intellektuellen Spekulationen, mit denen wir uns eigene Bestätigungen oder Deutungen schaffen und uns damit selbst in bestimmte, logisch erklärbare Situationen hineinversetzen. Das Grundwesen des Intellekts ist durchaus logisch. Offensichtlich wird auch die Neigung bestehen, sich um positive Umstände zu bemühen, die unsere Erfahrungen bestätigen, unsere Schwächen in Stärken umdeuten, eine auf Logik beruhende Sicherheit schaffen und unsere Unwissenheit bekräftigen.

Man könnte in gewisser Hinsicht sagen, daß die ursprüngliche Intelligenz fortwährend wirksam ist, jedoch von der dualistischen Fixierung, der Unwissenheit, für sich eingesetzt wird. In den anfänglichen Entwicklungsstadien des Ich fungiert sie als die intuitive Schärfe der Empfindung. Später arbeitet sie dann in der Form des Intellekts. Tatsächlich scheint so etwas wie das Ich, ein «Ich bin», überhaupt nicht zu existieren. Es gibt nur eine Ansammlung von ganz vielen Dingen, ein «brillantes Kunstwerk», eine Hervorbringung des Intellekts, der sagt: «Laßt uns ihm doch einen Namen geben, nennen wir es doch einfach ‹Ich bin›» – und das ist ein sehr kluger Schachzug. «Ich» ist das Erzeugnis des Intellekts, das Etikett, womit sich die ganze desorganisierte und zerstückelte Entwicklung des Ich unter einen Hut bringen läßt.

Die letzte Station bei der Ausbildung des Ich ist Bewußtsein, der fünfte Skandha. Auf dieser Stufe findet eine Verschmelzung statt: Die intuitive Intelligenz des zweiten Skandha, die Energie des dritten Skandha und die intellektuelle Betrachtung des vierten Skandha verbinden sich und erzeugen gemeinsam Gedanken und Gefühle. Auf der Ebene des fünften Skandha finden wir daher sowohl die «Sechs Bereiche» als auch die unkontrollierbaren und unlogischen Gewohnheitsmuster des diskursiven Denkens.

Damit ist das vollständige Bild des Ich wiedergegeben. In diesem Zustand befinden wir uns alle, wenn wir zur Beschäftigung mit der buddhistischen Psychologie und Meditation gelangen.

In der buddhistischen Literatur gibt es eine häufig verwendete Metapher, womit der gesamte Ablauf der Schaffung und Entwicklung des Ich umschrieben wird. Sie spricht von einem Affen, der in einem leeren Haus mit fünf Fenstern eingesperrt ist. Diese Fenster stehen für die fünf Sinne. Der Affe ist sehr neugierig; er streckt seinen Kopf aus jedem Fenster heraus und springt rastlos hin und her, auf und ab. Er ist in einem leeren Haus gefangen. Dieses Haus ist festgefügt – ganz anders als der Urwald, wo der Affe umherhüpfte und sich von Ast zu Ast schwang, wo er das Rauschen des Windes in den Blättern und Zweigen hören konnte. Dies alles ist nun völlig zu Materie erstarrt, ja, der Urwald selbst ist zu seinem massiven Haus, zu seinem Gefängnis geworden. Anstatt auf einem Baum zu sitzen, ist der neugierige Affe nun von den Wänden einer materiellen Welt eingeschlossen, so als wäre ein lebensvoller und herrlicher Wasserfall plötzlich zu Eis gefroren. Dieses gefrorene Haus, das aus erstarrten Farben und Energien besteht, ist vollkommen lautlos und still. An diesem Punkt scheint die Zeit als Vergangenheit, Gegenwart und Zukunft ihren Anfang zu nehmen. Das unaufhörlich fließende Sein wird zu greifbarer Zeit, zu einer festen Vorstellung von Zeit.

Der neugierige Affe erwacht aus seiner Bewußtlosigkeit, doch er wird nicht völlig wach. Er stellt fest, daß er sich als Gefangener in einem Klaustrophobie hervorrufenden Haus mit nur fünf Fenstern befindet. Er langweilt sich, so als wäre er in einem Zoo hinter Eisengittern, und er versucht, diese Stangen dadurch zu erforschen, daß er an ihnen hinauf- und hinabklettert. Eigentlich ist es gar nicht so bedeutsam, daß er gefangen ist, doch er wird durch die Vorstellung von Gefangenschaft derart fasziniert, daß sie ihm tausendfach verstärkt erscheint. Das Gefühl von Klaustrophobie wird immer lebendiger und akuter, weil er das eigene Eingesperrtsein fasziniert zu erforschen beginnt. Das starke Interesse ist mit ein Grund, daß er eingesperrt bleibt. Er ist ein Gefangener seiner eigenen Faszination. Natürlich hat es am Anfang jenen plötzlichen Bewußtseinsriß gegeben, der seinen Glauben an eine materielle Welt bestätigt hat. Doch nun, da ihm diese Festigkeit als erwiesen gilt, ist er in seiner eigenen Verstrickung damit gefangen.

Natürlich ist unser neugieriger Affe nicht unaufhörlich mit Nachforschen beschäftigt. Langsam wird er unruhig und beginnt zu merken, daß sich alles ständig wiederholt und uninteressant wird. Das läßt ihn neurotisch werden. Begierig auf Ablenkung, macht er sich an die nähere Untersuchung der Wände und will sich vergewissern, ob ihre scheinbare Festigkeit auch wirklich stabil ist. Wenn der Affe von der Festigkeit des Raumes überzeugt ist, beginnt er danach zu greifen, stößt ihn zurück oder ignoriert ihn. Der Versuch, nach dem Raum zu greifen und ihn als seine eigene Erfahrung, seine eigene Entdeckung und Einsicht zu besitzen, ist Verlangen. Wenn ihm der Raum als ein Gefängnis erscheint, aus dem er sich durch Fußtritte und Schläge zu befreien sucht, und er immer heftiger kämpft, so ist dies Haß. Haß ist nicht nur eine Geisteshaltung der Destruktion, sondern auch eine der Selbstverteidigung, ein Gefühl, sich gegen das Klaustrophobie erzeugende Eingeschlossensein wehren zu müssen. Der Affe muß nicht unbedingt glauben, daß sich ihm ein Gegner oder Feind nähert; er will einfach aus seinem Gefängnis ausbrechen.

Schließlich wird der Affe vielleicht zu ignorieren versuchen, daß er eingesperrt ist oder daß seine Umwelt irgendeine Verführung zu bieten hat. Er stellt sich taubstumm und wird damit gleichgültig und träge gegenüber dem Geschehen, von dem er umgeben ist. Das ist Dummheit.

Wenn man etwas zurückgeht, könnte man auch sagen, daß der Affe in dem Augenblick in das Haus hineingeboren wird, da er aus seiner Bewußtlosigkeit aufwacht. Weil er nicht weiß, wie er in diesem Gefängnis gelandet ist, nimmt er an, er sei schon immer darin gewesen und vergißt, daß er selbst es war, der den Raum zu festen Wänden gemacht hat. Dann fühlt er die Struktur dieser Wände, und das ist der zweite Skandha: Empfinden. Danach stellt er eine Beziehung zu dem Haus in Form von Verlangen, Haß oder Dummheit her, was dem dritten Skandha entspricht: Wahrnehmung-Impuls. Nachdem er diese drei Verbindungsmöglichkeiten zu seinem Haus entwickelt hat, beginnt er, die Dinge mit Namen zu versehen und einzuordnen: «Das ist ein Fenster. Diese Ecke ist angenehm. Diese Wand erschreckt mich, daher ist sie schlecht.» Er bildet ein Begriffssystem aus, mit dessen Hilfe er sein Haus, seine Welt benennen, einordnen und bewerten kann, je nachdem, ob er sie begehrt, haßt oder ihr gegenüber Gleichgültigkeit empfindet. Das ist der vierte Skandha: Begriffsbildung.

Die Entwicklung des Affen bis zum vierten Skandha ist ziemlich logisch und voraussagbar verlaufen. Doch bei seinem Eintritt in den fünften Skandha, Bewußtsein, bricht dieses Verhaltensmodell langsam in sich zusammen. Die Gedankenabläufe werden unregelmäßig und nicht mehr voraussagbar, der Affe hat Halluzinationen und beginnt zu träumen.

Wenn wir von «Halluzination» oder «Traum» sprechen, so ist damit gemeint, daß wir den Dingen und Geschehnissen einen Wert beimessen, den sie nicht unbedingt haben. Wir haben eine unverrückbare Meinung darüber, wie die Dinge sind und wie sie sein sollten. Das ist Projektion: Wir projizieren unsere eigene Version von den Dingen auf das, was da ist. Damit aber tauchen wir völlig in eine selbsterschaffene Welt von widerstreitenden Wertungen und Anschauungen unter. Halluzination in diesem Sinne meint eine Mißdeutung von Dingen und Ereignissen, wobei wir den Phänomenen der Erscheinungswelt Bedeutungen andichten, die sie nicht besitzen.

Diese Erfahrung nun beginnt der Affe auf der Stufe des fünften Skandha zu machen. Nachdem sein Fluchtversuch gescheitert ist, fühlt er sich entmutigt und hilflos, und so wird er langsam völlig verrückt. Weil er derart erschöpft von seinem Kämpfen ist, erscheint es ihm sehr verlockend, sich zu entspannen, seinen Geist umherwandern zu lassen und sich in Halluzinationen zu verlieren. Damit werden die Sechs Lokas oder die Sechs Bereiche erschaffen. In der buddhistischen Überlieferung gibt es ziemlich viele Erörterungen über Höllenwesen und Himmelsbewohner, die Welt der Menschen, den Tierbereich und andere psychische

Seinszustände. Diese entsprechen den verschiedenartigen Projektionen, den Traumwelten, die wir uns selbst erschaffen.

Nachdem der Affe gekämpft und vergeblich zu fliehen versucht hat, nachdem er die Erfahrung von klaustrophobischem Eingeschlossensein und Schmerz gemacht hat, beginnt er sich nach etwas zu sehnen, was gut, schön und verführerisch ist. Der erste Bereich, der aus seinen Halluzinationen entsteht, ist daher Devaloka, der Götterbereich oder «Himmel», der mit herrlichen Dingen angefüllt ist. Der Affe träumt davon, daß er aus seinem Haus schlendert, durch üppige Felder wandert, in den Bäumen sitzt und schaukelt, ein freies und sorgloses Leben führt.

Dann entsteht aus seinen Halluzinationen auch der Asura-Bereich oder der Bereich der Eifersüchtigen Götter. Nach seinem Traum vom Himmel möchte der Affe nun seine große Freude und Glückseligkeit verteidigen und sich erhalten. Er leidet unter Paranoia und befürchtet, daß andere ihm seine Schätze wegnehmen könnten. Daher beginnt er, Neid und Eifersucht zu empfinden. Er ist stolz auf sich selbst, hat den Genuß an dem von ihm erschaffenen Götterbereich erlebt und ist dadurch zu der Eifersucht des Asura-Bereichs verleitet worden.

Dann nimmt er auch die erdgebundene Qualität seiner bisherigen Erfahrungen wahr. Er pendelt nun nicht mehr nur zwischen Stolz und Eifersucht hin und her, sondern beginnt sich in der «irdischen Welt des Menschen» behaglich und ganz zu Hause zu fühlen. Das ist die Welt, ein ganz geregeltes Leben zu führen und die Dinge auf die gewohnte irdische Weise zu tun: der menschliche Bereich.

Dann spürt der Affe aber auch eine gewisse Dumpfheit und Zähflüssigkeit. Das kommt daher, weil seine Halluzinationen im Laufe seiner Entwicklung vom Götterbereich zum Bereich der Asuras und weiter zum menschlichen Bereich immer dichter werden und das Gefühl einer dummen Schwere geben. An diesem Punkt wird der Affe in den Tierbereich hineingeboren. Er möchte lieber umherkriechen oder muhen oder bellen, als Gefallen an Stolz oder Neid zu finden. Das entspricht der einfachen Empfindungswelt der Tiere.

Dann intensiviert sich dieser Prozeß weiter, und der Affe beginnt unter einem verzweifelten Gefühl von Aushungerung zu leiden, weil er eigentlich ja gar nicht in die niederen Bereiche absteigen will. Er möchte gern zu den Vergnügungen der Götterwelt zurückkehren. Daher beginnt er, Hunger und Durst zu spüren, ein außerordentlich starkes Gefühl von nostalgischer Rückerinnerung an das, was er einmal besessen hat. Dies ist der Bereich der Hungrigen Geister oder Pretas.

Dann verliert der Affe plötzlich jeglichen Glauben. Er zieht sich selbst und seine Welt in Zweifel und reagiert heftig darauf. Alles dies erscheint ihm wie ein schrecklicher Alptraum, von dem er weiß, daß er nicht wahr sein kann. Er beginnt sich selbst dafür zu hassen, daß er selbst dieses ganze Grauen heraufbeschworen hat. Das ist der Traum des Höllenbereichs, des letzten der Sechs Bereiche.

Während der gesamten Entwicklung durch die Sechs Bereiche hat der Affe die Erfahrung von diskursiven Gedanken, von Vorstellungen und Phantasien, von zusammenhängenden Denkmustern gemacht. Bis zur Stufe des fünften Skandha ist dieser psychische Evolutionsprozeß sehr regelmäßig und voraussagbar verlaufen. Vom ersten Skandha an hat sich jede aufeinanderfolgende Stufe nach einem systematischen Modell entwickelt, vergleichbar einer Ziegelbedeckung auf dem Dach. Nun aber wird der Geisteszustand des Affen sehr entstellt und verstört, als plötzlich dieses geistige Puzzlespiel bei ihm durchbricht und seine Gedankengänge unzusammenhängend und unvorhersehbar werden. In einem solchen Geisteszustand machen wir die Bekanntschaft der Lehrer und der Meditationspraxis. Von hier aus müssen wir mit unserer Praxis beginnen.

6. Die Dinge sehen, wie sie sind

Nyanaponika Thera

Nyanaponika Thera (Siegmund Feniger) wurde 1901 als Sohn jüdischer Eltern in Hanau am Main geboren. Mit zwanzig Jahren wurde er Buddhist, und 1936 ging er nach Ceylon, wo er 1937 die Mönchsordination erhielt. Von da an hielt er sich hauptsächlich in Ceylon auf. 1958 kam es, vor allem auf sein Betreiben, zur Gründung der Buddhist Publication Society (PBS) in Kandy; die PBS entwickelte sich zu einem der entscheidenden Faktoren der Wiederbelebung des Theravāda im zwanzigsten Jahrhundert.

Der für dieses Kapitel ausgewählte Text führt uns ein in die Bedeutung der vom Buddha gelehrten drei Kennzeichen alles Existierenden – Vergänglichkeit, Leiden und Ichlosigkeit. Vor allem macht Nyanaponika Thera hier deutlich, inwiefern das Leiden, unter dem Gesichtspunkt der Erfahrung betrachtet, ein generelles Kennzeichen des Daseins ist und nicht bloß ein subjektives seelisches Befinden. Auch das Kennzeichen der Ichlosigkeit, also das Fehlen eines individuellen unabhängigen Seins, betrifft nicht nur den Menschen, sondern auch die Dinge der Welt. Und so erweist sich die Welt, wie sie dem dualistischen, zwischen dem Ich und dem anderen unterscheidenden Blick erscheint, als wechselndes Phantasiegebilde. Sie als feststehende Wirklichkeit zu betrachten, führt zwangsläufig in unlösbare Widersprüche und damit zu dem, was die Erste Edle Wahrheit beschreibt.

Wenn wir aus dem so gewaltig großen Bereich von Lebenserscheinungen auch nur einen ganz kleinen Ausschnitt betrachten, dann finden wir darin eine so enorme Mannigfaltigkeit von Lebensformen und ihren Komponenten, daß sie jeder Beschreibung trotzt. Drei Grundtatsachen jedoch sind den verschiedenen Lebewesen auf all ihren Entwicklungsstufen gemeinsam, von der Mikrobe bis zum Menschen, und im Geistigen von den einfachsten Sinneswahrnehmungen bis zu den subtilen Gedanken eines schöpferischen Genies. Diese drei Fakten sind:

- die Vergänglichkeit *(anitya)* und ausnahmslose Veränderlichkeit aller körperlichen und geistigen Vorgänge,
- ihre Leidhaftigkeit *(duhkha)* und unbefriedigende Natur,
- ihre Ich- und Substanzlosigkeit *(anātman)*.

Diese drei Grundtatsachen der Existenz wurden vor über 2500 Jahren zum ersten Mal vom Buddha entdeckt und formuliert. Er wurde daher mit Recht als «Kenner der Welt» bezeichnet. In buddhistischer Terminologie sind diese drei Fakten als die «drei Merkmale» bekannt, als die unauslöschbaren Kennzeichen von allem, was ins Leben tritt; die Siegel, mit denen alles Lebendige geprägt ist.

Das erste und das dritte Merkmal gelten sowohl für Lebewesen als auch für die nichtbelebte Natur. Denn alles Existierende ist dem Wandel und dem Vergehen unterworfen und hat keine beharrende Substanz irgendwelcher Art. Das zweite Merkmal, Leidhaftigkeit, ist natürlich nur eine Erfahrung empfindender Lebewesen. Der Buddha wandte jedoch das Merkmal der Leidhaftigkeit auf alle bedingten Phänomene an, und zwar in dem Sinne, daß alles bedingt Entstandene für Lebewesen eine mögliche Ursache von Leiderfahrung ist und daß es keine dauernde Befriedigung gibt. So sind diese drei eben wahrhaft universale Kennzeichen, die auch für das gelten, was unterhalb oder jenseits unserer Wahrnehmungsschwelle liegt.

Der Buddha lehrt, daß die Daseinserscheinungen, materielle wie geistige, nur dann richtig und wirklichkeitsgemäß verstanden werden können, wenn diese drei Merkmale verstanden sind. Dieses Verstehen aber soll nicht auf ein rein intellektuelles beschränkt bleiben, sondern muß aus der Konfrontierung mit der eigenen Erfahrung wachsen. Die Klarblicks-Weisheit *(vipashyanā-prajñā)*, die der entscheidende befreiende Faktor ist, besteht in dem auf eigene Erfahrung gegründeten Verstehen eben jener drei Daseinsmerkmale, gegründet auf die eigenen körperlichen und geistigen Prozesse, vertieft und gereift in Meditation.

Die Dinge sehen, wie sie wirklich sind, heißt, sie konsistent im Licht der drei Daseinsmerkmale zu sehen. Wenn man sie aber nicht so sieht oder sich über ihre Tatsächlichkeit oder die Reichweite ihrer Anwendung täuscht, so ist das ein bestimmendes Kennzeichen der Unwissenheit. Eben diese Unwissenheit ist die Hauptquelle des Leidens, das sich aus einer unergründlichen Vergangenheit in eine ungewisse Zukunft fortsetzt und so den Daseinskreislauf in Gang hält. Diese Unwissenheit über die drei Daseinsmerkmale knüpft das Netz, in das sich der Mensch verfängt, das Netz täuschender Hoffnungen, unerfüllbarer und unheilsamer Wünsche, trügerischer Ideologien und falscher Werte und Ziele.

Ein Ignorieren oder Verfälschen der drei Daseinsmerkmale kann nur zu Frustrierung führen, zu Enttäuschung und schließlich zu Verzweiflung. Doch wenn wir es lernen, trügerische Erscheinungsformen zu durchschauen und die drei Merkmale in allen Gestaltungen wiedererkennen, dann wird uns dies vielfachen Gewinn bringen, sowohl im täglichen Leben wie auch in unserem spirituellen Streben. Auf der weltlichen Ebene wird ein klares Gewahrsein der Vergänglichkeit einen realistischen Ausblick auf das Leben und seine Möglichkeiten geben. Er wird uns vor falschen Erwartungen bewahren, uns eine mutige Hinnahme von Leiden und Fehlschlägen geben und uns schützen gegen die Verlockung durch Wunschträume und allzu gläubige Gedanken.

Für unser Streben nach dem überweltlichen Ziel der Leidfreiheit ist ein tieferes Verständnis und Erlebnis der drei Merkmale unerläßlich. Für ein intensives meditatives Erfassen bilden sie die drei möglichen Zugangswege zum Ziel der Leidfreiheit. Die meditative Erfahrung, daß alle Daseinsvorgänge untrennbar mit den drei Merkmalen verknüpft sind, wird die Fesseln unseres Geistes, die uns an das fälschlich für beständig, glückbringend und substanzhaft vermeinte Dasein binden, zunehmend lockern und wird schließlich diese Bindung endgültig brechen.

Mit wachsender Klarheit wird man die Dinge, die inneren und die äußeren, in ihrer wahren Natur erkennen: als in ständigem Wandel befindlich, als verquickt mit Leidhaftigkeit und als kernlos, ohne eine ewige Seele, ein identisches Ich oder eine beharrende Substanz.

In solchem Augenblick wird die innere Ablösung von allem Leidhaften und Unbefriedigenden stetig zunehmen, wird größere Freiheit vom ichbezogenen Anhaften bringen und schließlich in der endgültigen Befreiung des Geistes von allen Fesseln und Befleckungen gipfeln, im Nirvāna.

7. Unser wahres Heim

Ajahn Chah

Ajahn Chah ist ein thailändischer Mönch, dessen schlichte und direkte Art zu lehren viele Menschen aus dem Westen bewogen hat, sein Kloster in Thailand aufzusuchen. Hier hören wir ihn, wie er das Wort an eine Schülerin richtet, deren hohes Alter und Krankheit den baldigen Tod erwarten lassen. In einem Ruhe und tiefe Gelassenheit ausstrahlenden Tonfall erinnert er die sterbende Frau an das Faktum der Vergänglichkeit. Er gibt ihr jedoch auch konkrete Mittel an die Hand, mit denen sie sich in ihrem Leiden selbst helfen kann – Mantra-Rezitation und Atem-Gewahrsein. Das Mantra hat hier eine Art Schutzfunktion für den Geist, indem es einfach beharrlich immer wieder an die Stelle all der quälenden Gedanken und Assoziationen gesetzt wird, die einen krank darniederliegenden Menschen verfolgen können. Je mehr die Aufmerksamkeit vom mechanischen Strom der Assoziationen abgezogen und an den heilsamen Faden der Mantra-Übung geknüpft wird, desto eher bildet sich jenes Maß an Gefaßtheit und Gelassenheit, das nötig ist, um sich auf das Einströmen und Ausströmen des Atems zu sammeln.

Das Achthaben auf den Atem ist die grundlegende buddhistische Meditationstechnik, die in allen Traditionen geübt wird. Es kommt darauf an, den Atem in keiner Weise zu manipulieren, so daß die Bewegung ganz von selbst kommt und stetiger natürlicher Ausdruck des schlichten Hier und Jetzt ist.

Zwei Sanskritbegriffe werden hier verwendet, nämlich «Dharma» und «Samskāra». Dharma ist uns am ehesten vertraut als Bestandteil des Ausdrucks «Buddha-Dharma». Hier läßt das Wort sich etwa mit «Lehre» oder «Große Ordnung» oder auch «Verhaltensnorm» übersetzen. In buddhistischen Schriften, wie auch hier, wird das Wort jedoch häufig gebraucht, um einfach Phänomene, Dinge, Sachverhalte kollektiv zu benennen: Alles, was Gegenstand der Aufmerksamkeit werden kann, ist ein Dharma. Ein Samskāra, im engeren Sinne des Wortes, ist ein geistiger

Impuls; im weiteren Sinne ist damit alles Formgewordene gemeint, das in Abhängigkeit von Bedingungen entstanden ist – mit anderen Worten fast alles, was uns je begegnen mag. Und der Buddha mahnte seine Schüler immer wieder: «Alles, was entsteht, unterliegt auch dem Vergehen.»

Nun nimm dir in deinem Geist fest vor, dem Dharma mit Respekt zu lauschen. Während ich spreche, gib so acht auf meine Worte, als ob Buddha selbst vor dir sitzen würde. Schließe deine Augen und mache es dir bequem, sammle deinen Geist und mache ihn eingerichtet. Erlaube demütig dem Dreifachen Juwel der Weisheit, der Wahrheit und der Reinheit in deinem Herzen zu verweilen, um auf diese Weise dem Vollkommen Erwachten Respekt zu zollen.

Heute habe ich dir nichts Materielles mitgebracht, das ich dir anbieten könnte, nur Dharma, die Lehre des Buddha. Hör gut zu! Du solltest verstehen, daß sogar der Buddha selbst mit seinem großen Vorrat an gesammelter Tugend den physischen Tod nicht vermeiden konnte. Als er alt geworden war, gab er seinen Körper auf und ließ dessen schwere Last los. Nun mußt auch du lernen, mit den vielen Jahren, die du bereits von deinem Körper abhängig warst, zufrieden zu sein. Du solltest das Gefühl haben, daß es genug ist.

Du kannst es mit dem Geschirr vergleichen, das du schon lange hast – deine Tassen, Unterteller, Teller und so weiter. Anfänglich waren sie sauber und glänzend, aber jetzt, nach so langem Gebrauch, zeigen sich Abnutzungserscheinungen. Einige sind bereits zerbrochen, einige sind verschwunden, und die, welche übriggeblieben sind, verlieren an Wert. Da sie keine dauerhafte Form besitzen, ist es nur natürlich, daß es so ist. Mit deinem Körper verhält es sich genauso – er hat sich kontinuierlich verändert seit dem Tag, an dem du geboren wurdest, durch deine Kindheit und deine Jugend hindurch, bis er sein jetziges Alter erreicht hat. Das mußt du akzeptieren. Der Buddha sagte, daß Bedingungen (*samskāras*), gleich ob innere, körperliche oder äußerliche Bedingungen, Nicht-Ich sind und es daher ihre Natur ist, sich zu verändern. Kontempliere diese Wahrheit, bis du sie klar erkennst.

Dieser Klumpen Fleisch, der hier liegt und verfällt, ist Saccadhamma, die Wahrheit. Die Wahrheit dieses Körpers ist Saccadhamma, und sie ist die unwandelbare Lehre des Buddha. Der Buddha lehrte uns, den Körper zu betrachten, ihn zu kontemplieren und uns mit seiner Natur abzufinden. Wir müssen imstande sein, mit dem Körper in Frieden zu leben, in welchem Zustand er sich auch befinden mag. Nun, da dein

Körper mit dem Alter verfällt und anfängt, dem Ende entgegenzugehen, wehre dich nicht dagegen, aber laß deinen Geist nicht mit verfallen, halte den Geist davon getrennt. Gib ihm Energie durch die Erkenntnis der wahren Natur der Dinge. Buddha lehrte, daß so die Natur des Körpers ist, er kann nicht anders sein. Nachdem er geboren wurde, wird er alt und krank und schließlich stirbt er. Es ist eine große Wahrheit, die du gegenwärtig erfährst. Betrachte den Körper mit Weisheit und erkenne sie.

Sogar wenn dein Haus überflutet wird oder niederbrennt, welche Gefahren es auch immer bedrohen mögen, laß sie nur das Haus bedrohen. Wenn eine Flut kommt, laß sie nicht deinen Geist überfluten. Wenn ein Feuer ausbricht, laß es nicht dein Herz verbrennen. Laß nur das Haus, das, was außerhalb von dir ist, überflutet werden und brennen. Erlaube dem Geist, seine Verhaftungen loszulassen. Die Zeit ist reif!

Du bist schon lange Zeit am Leben. Deine Augen haben eine Unzahl von Formen und Farben gesehen, deine Ohren haben viele Geräusche gehört, du hattest eine Unzahl Erfahrungen. Und das ist alles, was sie waren – bloß Erfahrungen. Du hast köstliche Speisen gegessen, und all der Wohlgeschmack war bloß Wohlgeschmack, nichts weiter. Die unangenehmen Geschmackserfahrungen waren nur unangenehme Geschmackserfahrungen, das ist alles. Wenn das Auge eine schöne Form sieht, dann ist das alles, was es ist, bloß eine schöne Form. Eine häßliche Form ist bloß eine häßliche Form. Das Ohr hört einen entzückenden, melodiösen Klang, und es ist nichts weiter als das. Ein schriller, unharmonischer Klang ist einfach so – schrill und unharmonisch.

Der Buddha sagte, ob reich oder arm, jung oder alt, menschlich oder tierisch, kein Wesen in dieser Welt kann sich lange in einem Zustand halten, alles erfährt Wandel und Entfremdung. Das ist eine Tatsache des Lebens, die wir nicht aufheben können. Aber der Buddha sagte auch, daß wir etwas tun können, nämlich Körper und Geist zu kontemplieren, um ihre Unpersönlichkeit zu erkennen, zu sehen, daß weder Körper noch Geist ich oder mein ist. Sie besitzen eine rein vorübergehende Realität. Es ist wie mit diesem Haus, es ist nominell deines, aber du könntest es nirgendwohin mitnehmen. Das gleiche gilt für deinen Reichtum, deinen Besitz und deine Familie – all das gehört dir nur dem Namen nach. Es gehört dir nicht wirklich, es gehört der Natur. Nun gilt diese Wahrheit nicht nur für dich, jeder ist in derselben Situation – sogar der Buddha und seine erleuchteten Schüler. Sie unterschieden sich von uns nur in einer Weise, und zwar in ihrem Annehmen der Seinsweise der Dinge; sie erkannten, daß es gar nicht anders sein kann.

116 | *Die grundlegenden Lehren*

Wandelgang des Großen Stūpa von Sāñchi. Massiver Steinbau ohne Innenraum, erstes Jahrhundert v. Chr. Foto von John C. Huntington.
Nach der Einäscherung des Buddha wurden seine Reliquien verteilt und in solchen Stūpas beigesetzt. In seiner ursprünglichen Form ist der Stūpa einfach eine massive Halbkugel. Seine Verehrung bezeigt man an einem Stūpa durch Umwandelung im Uhrzeigersinn. Im dritten Jahrhundert v. Chr. unterstützte Kaiser Ashoka den Buddhismus unter anderem dadurch, daß er zahlreiche Stūpas errichten ließ. Auch beim Großen Stūpa von Sāñchi nimmt man an, daß der innere Stūpa-Hügel auf Ashokas Einfluß zurückgeht und die heutige Umrandung und der Wandelgang später hinzugefügt wurden.

Der Buddha lehrte uns also, diesen Körper zu betrachten und zu untersuchen, von den Fußsohlen aufwärts zum Scheitel und dann wieder zurück zu den Füßen. Betrachte den Körper einfach einmal. Was siehst du? Gibt es da irgend etwas, das wirklich rein ist? Kannst du irgendeine bleibende Essenz finden? Dieser ganze Körper baut beständig ab, und der Buddha lehrte uns zu erkennen, daß er nicht uns gehört. Es ist natürlich für den Körper, sich so zu verhalten, denn alle bedingt entstandenen Phänomene sind dem Wandel unterworfen. Wie könnte es auch anders sein? Eigentlich ist an dem, wie der Körper ist, nichts verkehrt. Es ist nicht der Körper, der dich leiden macht, es ist dein falsches Denken. Wenn du das Richtige falsch siehst, muß es zu Verwirrung kommen.

Es ist wie mit dem Wasser eines Flusses. Es fließt natürlicherweise das Gefälle hinunter, es fließt nie dagegen an, das ist seine Natur. Wenn sich jemand ans Flußufer stellen würde und dem Wasser zusähe, wie es schnell seinem Weg folgt, und er sich dummerweise wünschte, es möge bergauf fließen, würde er leiden. Sein falsches Denken würde seinem Geist den Frieden rauben. Er würde wegen seiner falschen Anschauung, seines gegen den Strom Andenkens, unglücklich sein. Wenn er rechte Anschauung besäße, würde er erkennen, daß Wasser unvermeidlich das Gefälle hinunterfließen muß; und so lange, bis dieser Mann diese Tatsache erkannt und akzeptiert hätte, würde er aufgebracht und ärgerlich sein.

Der Fluß, der dem Gefälle folgen muß, ist wie dein Körper. Jung gewesen, ist dein Körper jetzt alt geworden und mäandert nun seinem Tod entgegen. Wünsche dir nicht, daß es anders wäre, es liegt nicht in deiner Macht, es zu ändern. Der Buddha riet uns, die Dinge so zu sehen, wie sie sind, und dann von unserem Haften daran loszulassen. Nimm dieses Gefühl des Loslassens als deine Zuflucht. Meditiere weiter, auch wenn du dich müde und erschöpft fühlst. Laß deinen Geist mit dem Atem verweilen. Nimm ein paar tiefe Atemzüge, und dann gründe den Geist auf dem Atem mit Hilfe des Mantra «Buddho». Laß diese Übung zur Gewohnheit werden. Je erschöpfter du dich fühlst, desto feiner und schärfer muß deine Konzentration werden, damit du mit den schmerzlichen Empfindungen, die aufsteigen, zurechtkommst.

Wenn du ermüdest, dann halte dein Denken an, laß den Geist sich sammeln und wende dich dann dem Wissen um den Atem zu. Behalte einfach die innere Rezitation «Bud-dho, Bud-dho» bei. Laß alle Äußerlichkeiten los. Klammere dich nicht an Gedanken über deine Kinder und Verwandten, klammere dich an überhaupt nichts. Laß los. Laß den Geist sich in einem Punkt sammeln und laß diesen gesammelten Geist mit dem Atem verweilen. Laß den Atem das einzige Objekt des Wissens im Geist sein. Konzentriere dich, bis der Geist sich zunehmend verfeinert, bis Empfindungen unbedeutend werden und eine große innere Klarheit und Wachheit auftritt.

Wenn schmerzliche Empfindungen aufsteigen, werden sie schrittweise von selbst aufhören. Schließlich wirst du den Atem betrachten, als ob er ein Verwandter wäre, der dich besuchen kommt. Wenn ein Verwandter geht, begleiten wir ihn hinaus und verabschieden ihn. Wir schauen ihm nach, bis er aus unserem Sichtfeld verschwunden ist, und dann gehen wir wieder hinein. Den Atem beobachten wir auf die gleiche Weise. Wenn der Atem grob ist, wissen wir, daß er grob ist, wenn er zart ist, wissen wir, daß er zart ist. Während er zunehmend zarter wird, folgen wir ihm weiter, während wir gleichzeitig den Geist erwecken. Schließlich verschwindet der Atem ganz, und alles, was bleibt, ist das Gefühl der Wachheit. Das wird «den Buddha treffen» genannt. Wir haben diese klare wache Achtsamkeit, die «Buddho» genannt wird, der, der weiß, der, der wach ist, der Strahlende. Es ist ein Treffen und Leben mit Buddha, mit Wissen und Klarheit.

Denn es war nur der historische Buddha aus Fleisch und Blut, der ins Parinirvāna einging. Den wahren Buddha, den Buddha, der klares strahlendes Wissen ist, können wir bis heute erleben und erreichen – und wenn es uns gelingt, ist das Herz geeint.

Laß also los! Leg alles ab, alles mit Ausnahme des Wissens. Laß dich nicht von Visionen oder Geräuschen, die in deinem Geist während der Meditation aufsteigen, verwirren. Lege sie alle ab. Halte an überhaupt nichts fest. Verweile einfach mit dieser nichtdualen Achtsamkeit. Mach dir keine Sorgen über Vergangenheit und Zukunft, sei einfach still, und du wirst den Ort erreichen, an dem es kein Fortschreiten mehr gibt, kein Zurückweichen, kein Anhalten, wo es nichts zum Festhalten oder Anklammern gibt. Warum? Weil es dort kein Ich, kein mein, kein Selbst gibt. Es ist alles verschwunden. Der Buddha lehrte uns, auf diese Weise von allem leer zu sein, nichts mit uns zu tragen. Er lehrte uns, zu wissen und wissend loszulassen.

Den Dharma erkennen, den Weg zur Freiheit vom Kreislauf von Geburt und Sterben, ist eine Arbeit, die jeder für sich selbst tun muß. Versuche also, loszulassen und die Lehren zu verstehen. Strenge dich wirklich an bei deinen Kontemplationen. Sorge dich nicht um deine Familie. Zur Zeit sind sie, wie sie sind, in der Zukunft wird es ihnen gehen wie dir. Niemand in dieser Welt kann diesem Schicksal entgehen. Der Buddha lehrte uns, alles abzulegen, was keine wirklich bleibende Substanz hat. Wenn du alles ablegst, wirst du die Wahrheit sehen, sonst nicht. So ist das, und es ist für jeden in dieser Welt gleich. Also sorge dich nicht und klammere dich an nichts.

Sogar wenn du dich beim Denken ertappst, nun, dann ist das auch in Ordnung, solange du weise denkst. Denk nicht dümmlich. Wenn du an deine Kinder denkst, denk an sie mit Weisheit, nicht mit Dummheit.

Denke weise und erkenne alles, wohin der Geist sich auch wendet, mit Weisheit, sei dir seiner Natur bewußt. Wenn du etwas mit Weisheit erkennst, dann läßt du es los, und es entsteht kein Leid. Der Geist ist hell, freudig und in Frieden, und da er sich von Ablenkungen abwendet, ist er ungeteilt.

Gerade jetzt kannst du dich um Hilfe und Unterstützung dem Atem zuwenden. Das ist deine eigene Arbeit, nicht die von jemand anderem. Laß die anderen ihre eigene Arbeit tun. Du hast deine eigene Pflicht und Verantwortung und du mußt nicht die deiner Familie auf dich nehmen. Nimm nichts anderes an und laß alles los. Dieses Loslassen wird deinen Geist beruhigen. Deine einzige Verantwortung ist nun, deinen Geist zu sammeln und ihn zu befriedigen. Laß alles andere den anderen. Formen, Geräusche, Geschmäcke – laß die anderen sich darum kümmern. Laß alles hinter dir und tue deine eigene Arbeit, erfülle deine Verantwortung. Was immer in deinem Geist aufsteigt, mag es Angst vor Schmerz, Angst vor dem Tod, Furcht um andere oder was immer sein, sag einfach dazu: «Störe mich nicht. Du bist nicht mehr meine Sache.» Fahre einfach fort, das zu dir zu sagen, wenn du die Dharmas aufsteigen siehst.

Worauf bezieht sich das Wort Dharma? Alles ist ein Dharma. Es gibt nichts, das nicht ein Dharma wäre. Und was ist die «Welt»? Die Welt ist genau der geistige Zustand, der dich im Moment aufregt. «Was wird dieser Mensch tun, was wird jener tun? Wer wird sich um sie kümmern, wenn ich tot bin? Wie werden sie zurechtkommen?» Das alles ist nur «die Welt». Auch das Aufsteigen eines Gedankens, der Furcht vor Tod oder Schmerz ist die Welt. Wirf die Welt weg! Die Welt ist, wie sie ist. Wenn du ihr erlaubst, im Geist aufzusteigen und das Bewußtsein zu dominieren, dann wird der Geist verdunkelt und kann sich nicht selbst sehen. Also, was immer im Geist erscheint, sage einfach: «Das geht mich nichts an. Es ist vergänglich, unbefriedigend – Nicht-Ich.»

Zu denken, daß du gern noch lange leben würdest, wird dich leiden machen. Aber zu denken, daß du gern sofort oder sehr schnell sterben würdest, ist auch nicht richtig. Es ist Leiden, nicht wahr? Bedingungen gehören nicht uns, sie folgen ihren eigenen natürlichen Gesetzen. Du kannst nichts an der Seinsweise des Körpers verändern. Du kannst ihn ein bißchen hübscher machen, ihn für eine Weile anziehend und sauber machen, wie die jungen Mädchen, die ihre Lippen bemalen und ihre Nägel lang wachsen lassen, aber wenn das Alter kommt, sitzen alle im gleichen Boot. So ist der Körper, und du kannst ihn nicht ändern. Was du aber verbessern und verschönern kannst, ist der Geist.

Jeder kann ein Haus aus Holz oder Ziegeln bauen, aber der Buddha lehrte uns, daß diese Art Heim nicht unser wirkliches Heim ist, daß es nur dem Namen nach unser ist. Es ist ein Heim in der Welt und es folgt dem Lauf der Welt. Unser wahres Heim ist innerer Frieden. Ein äußerliches Heim mag zwar hübsch sein, aber es ist nicht sehr friedlich. Es gibt diese Sorge und dann jene, diese Befürchtung und dann jene. Also sagen wir, es ist nicht unser wirkliches Heim, es ist außerhalb von uns, früher oder später müssen wir es aufgeben. Es ist kein Ort, an dem wir für immer leben könnten, weil es uns nicht wirklich gehört, es ist Teil der Welt. Unser Körper ist genauso, wir nehmen ihn als Selbst an, als «Ich» und «mein», aber in Wirklichkeit ist dem überhaupt nicht so, er ist bloß ein weiteres weltliches Heim. Unser Körper folgte von Geburt an seinem natürlichen Weg, bis er jetzt alt und krank ist, und das kann man ihm nicht verbieten. So ist es eben. Ihn sich anders zu wünschen, wäre genauso dumm wie sich zu wünschen, daß eine Ente ein Huhn wäre. Wenn du siehst, daß es unmöglich ist, weil eine Ente eine Ente sein muß, ein Huhn ein Huhn sein muß, und weil Körper alt werden und sterben müssen, wirst du Stärke und Energie finden. Wie sehr du auch wünschen magst, daß der Körper weiterbesteht und noch lange Zeit hält, er wird es nicht tun.

Der Buddha sagte:

> Alle Samskāras sind vergänglich.
> Wenn ihr dies mit wahrer Einsicht erkennt,
> so löst ihr euch vom Leiden;
> das ist der Pfad der Läuterung.

Das Wort Samskāra bezieht sich auf diesen Körper und Geist. Samskāras sind vergänglich und unbeständig; einmal entstanden, vergehen sie wieder, und doch möchte sie jeder dauerhaft. Das ist Dummheit. Schau dir den Atem an. Hereingekommen, geht er wieder hinaus, das ist seine Natur, das muß so sein. Die Einatmung muß sich mit der Ausatmung abwechseln, es muß Wandel geben. Samskāras existieren durch den Wandel, du kannst es nicht verhindern. Denk einmal nach: Könntest du einatmen, ohne auszuatmen? Würde sich das gut anfühlen? Oder könntest du einfach nur einatmen? Wir möchten die Dinge dauerhaft, aber das können sie nicht sein, es ist unmöglich. Wenn der Atem hereingekommen ist, muß er wieder hinaus, wenn er hinausgegangen ist, kommt er wieder herein, und das ist natürlich, oder nicht? Einmal geboren, werden wir alt und krank und dann sterben wir, das ist völlig natürlich und normal. Es geschieht, weil die Samskāras ihre Arbeit getan haben. Weil sich das Einatmen und das Ausatmen abgewechselt haben, deshalb gibt es die menschliche Rasse heute immer noch.

Sobald wir geboren sind, sind wir tot. Unsere Geburt und unser Tod sind eine Einheit. Es ist wie mit einem Baum: Wenn es eine Wurzel gibt, muß es auch Zweige geben. Wenn Zweige da sind, muß es eine Wurzel geben. Du kannst nicht das eine haben ohne das andere. Es ist ein bißchen lächerlich zu sehen, wie die Menschen bei einem Todesfall so bekümmert und durcheinander, verheult und traurig sind und wie sie anläßlich einer Geburt glücklich und erfreut sind. Es ist Verblendung, nur hat sich niemand das jemals klar vor Augen geführt. Ich denke, wenn du schon weinen willst, dann eher, wenn jemand geboren wird. Denn eigentlich ist Geburt Tod, Tod ist Geburt, die Wurzel ist der Zweig, der Zweig die Wurzel. Wenn du weinen mußt, weine bei der Wurzel, weine bei der Geburt. Schau genau: Wenn es keine Geburt gäbe, gäbe es keinen Tod. Kannst du das verstehen? Denk nicht zuviel. Denke einfach: «So sind die Dinge eben.»

Es ist *deine* Arbeit, es ist *deine* Pflicht. Gerade jetzt kann niemand dir helfen, es gibt nichts, was deine Familie und deine Besitztümer für dich tun könnten. Alles, was dir nun helfen kann, ist das rechte Gewahrsein.

Also zaudere nicht. Laß los! Wirf alles ab!

Denn auch wenn du nicht losläßt, fängt trotzdem alles an, dich zu verlassen. Kannst du nicht sehen, wie all die verschiedenen Teile deines Körpers versuchen, wegzuschlüpfen? Nimm dein Haar: Als du jung warst, war es dick und schwarz, und nun fällt es aus. Es geht. Deine Augen waren gut und stark, und nun sind sie schwach und dein Augenlicht ist getrübt. Wenn die Organe genug haben, gehen sie, dies ist nicht ihr Heim. Als du ein Kind warst, waren deine Zähne gesund und fest, nun wackeln sie und vielleicht hast du falsche. Deine Augen, Ohren, Nase, Zunge – alles versucht zu gehen, weil dies nicht ihr Heim ist. Du kannst kein dauerhaftes Heim in einem Samskāra einrichten, du kannst für eine Weile bleiben, und dann mußt du gehen. Du bist wie ein Mieter, der über sein winzig kleines Haus wacht, während seine Augen immer schlechter werden. Seine Zähne sind nicht so gut, seine Ohren sind nicht so gut, sein Körper ist nicht so gesund, alles läßt nach, verläßt ihn.

Du brauchst dir über nichts Sorgen zu machen, denn das ist nicht dein wirkliches Heim, es ist nur eine vorübergehende Herberge. Nachdem du in diese Welt gekommen bist, solltest du ihre Natur kontemplieren. Alles, was existiert, bereitet sich darauf vor zu verschwinden. Schau dir deinen Körper an. Gibt es da irgend etwas, was noch im Originalzustand wäre? Ist deine Haut, wie sie einmal war? Ist es dein Haar? Es ist nicht mehr das gleiche, oder? Wohin ist alles verschwunden? Das ist die Natur, die Seinsweise der Dinge. Wenn ihre Zeit vorüber ist, gehen Bedingungen ihren Weg. Diese Welt ist nichts, worauf man sich verlassen könnte – es ist ein endloser Kreislauf von Störungen und Schwierigkeiten, Freuden und Schmerzen. Niemals finden wir Frieden.

Wenn wir kein wahres Heim haben, sind wir wie ein zielloser Reisender, der auf diesem Weg eine Weile geht und dann auf jenem, der eine Weile anhält, um dann wieder weiterzuwandern. Bis wir in unser wahres Heim zurückkehren, fühlen wir uns unwohl, was immer wir auch tun. Wir sind wie jemand, der sein Dorf verlassen hat, um auf eine Reise zu gehen. Erst wenn er wieder nach Hause kommt, kann er sich wirklich entspannen und wohlfühlen.

In der Welt kann nirgendwo echter Friede gefunden werden. Die Armen haben keinen Frieden, noch haben ihn die Reichen. Erwachsene haben keinen Frieden, Kinder haben keinen Frieden, die Ungebildeten haben keinen Frieden, und auch die Hochschulerzogenen haben ihn nicht. Es gibt keinen Frieden, nirgendwo. Das ist die Natur der Welt.

Diejenigen, die wenig Besitz haben, leiden, und das tun auch die, die viel haben. Kinder, Erwachsene, die Alten, jeder leidet. Das Leid, alt zu sein, das Leid, jung zu sein, das Leid, reich zu sein, und das Leid, arm zu sein – es ist alles nichts als Leiden.

Wenn du die Dinge auf diese Weise kontemplierst, wirst du Aniccam *(anitya)*, Vergänglichkeit, und Dukkham *(duhkha)*, Unbefriedigendsein, sehen. Warum sind die Dinge vergänglich und unbefriedigend? Sie sind es, weil sie Anatta *(anātman)*, Nicht-Ich, sind.

Sowohl dein Körper, der hier krank und schmerzend liegt, als auch der Geist, der sich der Krankheit und der Schmerzen bewußt ist, werden Dharmas genannt. Das, was formlos ist, die Gedanken, Gefühle und Wahrnehmungen, werden Nāmadharma genannt. Das, was von Schmerz und Pein geplagt wird, wird Rūpadharma genannt. Das Materielle ist Dharma, und das Immaterielle ist Dharma. Also leben wir mit Dharmas, in Dharmas, wir sind Dharmas. In Wahrheit ist nirgendwo ein Ich zu finden, es gibt nur Dharmas, die beständig aufsteigen und wieder vergehen, wie es ihrer Natur entspricht. Jeden Moment durchlaufen wir Geburt und Tod. So ist die Seinsweise der Dinge.

8. Moralische Lebensführung, Sammlung und Weisheit

S. N. Goenka

S. N. Goenka ist ein in Burma geborener indischer Laie, der 1969 von Meister U Ba Khin die Befugnis erhielt, als Lehrer der Vipassanā-Meditation (Skrt. vipashyanā) zu wirken. Wie schon im dritten Kapitel finden wir den Achtfachen Pfad hier in Shīla, Samādhi und Prajñā unterteilt, also gemäß den drei nicht voneinander zu trennenden Elementen der Schulung, auf die schon der Buddha so großen Wert gelegt hatte. Goenka übersetzt sie als moralische oder sittliche Lebensführung (shīla), Sammlung (samādhi) und Weisheit (prajñā). Er gibt uns eine explizite und detaillierte Darstellung des Achtfachen Pfades, die dann in eine gründliche Untersuchung der beiden Grundformen buddhistischer Meditation einmündet: Shamatha-Bhāvanā, die «Entfaltung der Gemütsruhe» (oder Stille), und Vipashyanā-Bhāvanā, die «Entfaltung der Einsicht». Die erste dieser beiden Formen geht vom Achthaben auf den Atem aus, von dem bereits im dritten Kapitel die Rede war, die zweite vom Achthaben auf körperliche Empfindungen; das führt ganz natürlich zu einem direkten und konkreten Erfassen der drei Kennzeichen allen Daseins – Vergänglichkeit, Leiden und Ichlosigkeit –, mit denen wir uns in früheren Kapiteln schon auf eher begriffliche Weise beschäftigt haben. Goenkas Darstellung führt uns mit ihrer klaren moralischen Ausrichtung ohne Umschweife zu einem echten und klaren Verständnis des Achtfachen Pfades.

Die Einübung des moralischen Lebens

Unsere Aufgabe ist es, das Leiden durch die Auslöschung seiner Ursachen zu beenden: Unwissenheit, Begierde und Aversion. Der Buddha fand, ging und lehrte einen praktischen Weg zu diesem Ziel. Er nannte ihn den Edlen Achtfachen Pfad.

Als er einst gebeten wurde, diesen Pfad in einfachen Worten zu erklären, sagte er:

> Enthaltet euch aller abträglichen Taten,
> übt die guten Taten,
> läutert euren Geist –
> das ist die Lehre der Erleuchteten.

Das sind sehr klare Worte, die wohl jeder akzeptieren kann. Jeder wird zustimmen, daß wir schädliches Tun unterlassen sollten, daß unser Tun nutzbringend sein sollte. Doch wie definiert man, was nutzbringend und was schädlich, was zuträglich und was abträglich ist? Wenn wir es versuchen, müssen wir uns an unsere Anschauungen, an althergebrachte Überzeugungen, an unsere Vorlieben und Voreingenommenheiten halten, und so kommen wir zu beschränkten, einseitigen Definitionen, die dem einen akzeptabel erscheinen, dem anderen nicht. Die Definition, die der Buddha gab, ist dagegen ebenso einfach wie universal gültig: Jedes Handeln, das anderen schadet, das ihren Frieden und ihre Harmonie stört, ist abträgliches Handeln. Jedes Handeln, das anderen hilft, das ihren Frieden und ihre Harmonie fördert, ist ein zuträgliches Handeln. Außerdem wird der Geist nicht durch intellektuelle Übungen oder religiöse Zeremonien geläutert, sondern dadurch, daß man unmittelbar erfährt, wer man selbst in Wirklichkeit ist, und systematisch die Beseitigung all der Prägungen betreibt, aus denen das Leiden erwächst.

Der Edle Achtfache Pfad läßt sich in drei Schulungsphasen einteilen: Shīla, Samādhi und Prajñā. Shīla ist moralische Übung – sich aller abträglichen Akte des Körpers und der Rede enthalten. Samādhi ist die Übung der Sammlung – die Fähigkeit entwickeln, seine eigenen geistigen Prozesse zu lenken und zu beherrschen. Prajñā ist Weisheit – fähig werden zur läuternden Einsicht in das eigene wahre Wesen.

Der Wert der moralischen Übung

Jeder, der den Dharma praktizieren möchte, muß damit beginnen, sich in Shīla zu üben. Das ist der erste Schritt, ohne den man nicht weitergehen kann. Wir müssen uns alle Handlungen, Worte und Taten versagen, mit denen wir anderen schaden. Das ist leicht zu verstehen, denn die

Gesellschaft bedarf dieses Handelns, wenn ihr Zusammenhalt gewahrt bleiben soll. Wir unterlassen solches Handeln jedoch nicht nur, weil es anderen schadet – es würde auch uns selbst schaden. Man kann unmöglich schädliche Taten begehen – beleidigen, töten, stehlen, vergewaltigen –, ohne daß damit große Unruhe des Geistes einherginge, große Begierde und große Aversion. Dieser Augenblick der Begierde und der Aversion bringt jetzt schon Unglück – und künftig noch mehr.

Es gibt noch einen anderen Grund, sich in Shīla zu üben. Wir möchten uns selbst erforschen, wir möchten Einblick gewinnen in die Tiefe dessen, was wir wirklich sind. Das setzt einen sehr ruhigen, sehr stillen Geist voraus. Man kann in einem Brunnen nicht bis zum Grund schauen, wenn das Wasser in heftiger Bewegung ist. Der Blick nach innen erfordert einen ruhigen, nicht aufgewühlten Geist. Wann immer wir auf schädliche Weise handeln, gerät der Geist in heftiges Wogen. Nur wenn man sich aller unzuträglichen Akte von Körper und Rede enthält, kann der Geist still und unbewegt genug werden für den Blick nach innen.

Und noch ein Grund für die entscheidende Bedeutung von Shīla: Einer, der sich im Dharma übt, strebt das Ziel der endgültigen Befreiung von allem Leiden an. Während er sich dieser Aufgabe widmet, kann er sich schlecht eines Handelns befleißigen, das gerade die geistigen Gewohnheiten verstärkt, die er beseitigen möchte. Da jedes schädliche Handeln von Begierde, Aversion und Unwissenheit begleitet ist, bedeutet solches Handeln, daß jeder Schritt vorwärts auf dem Pfad durch zwei Rückwärtsschritte mehr als aufgewogen wird und Fortschritt unmöglich ist.

So ist Shīla also nicht nur für das Wohl der Gesellschaft, sondern auch für das Wohl jedes ihrer Mitglieder notwendig, und nicht nur für das weltliche Wohl eines Menschen, sondern auch für sein Vorankommen auf dem Pfad des Dharma.

Drei Glieder des Edlen Achtfachen Pfades gehören zur Übung in Shīla: rechte Rede, rechtes Handeln und rechter Lebenserwerb.

Rechte Rede

Die Rede soll rein und nicht schädlich sein. Reinheit wird durch die Beseitigung von Unreinheit erreicht, und so müssen wir uns zunächst einmal klarmachen, was unreine Rede ist. Einige Beispiele sind: lügen, also mehr oder weniger als die Wahrheit sagen; mit Gemunkel Zwietracht unter Freunden säen; üble Nachrede und Verleumdung; harte

Worte, die andere nur verstören und keinerlei Nutzen stiften; leerer Tratsch und sinnloses Geschwätz, mit dem man nur anderen und sich selbst die Zeit stiehlt. Wenn man sich unreiner Rede dieser Art gänzlich enthält, bleibt nichts als rechte Rede zurück.

Doch rechte Rede hat natürlich nicht nur diese gleichsam negative Seite des Unterlassens. Wer die rechte Rede übt, so sagte der Buddha,

> spricht die Wahrheit und ist standhaft in der Wahrhaftigkeit, vertrauenswürdig, verläßlich, unverhohlen im Umgang mit anderen. Er versöhnt die Streitenden und bestärkt die Einmütigen. Er hat Freude an Harmonie, sucht die Harmonie, ergötzt sich an der Harmonie und schafft mit seinen Worten Harmonie. Seine Rede ist mild, dem Ohr angenehm, gütig, herzerfrischend, höflich, maßvoll und vielen ein reines Vergnügen. Er spricht zur rechten Zeit, den Tatsachen entsprechend, den Erfordernissen entsprechend, dem Dharma und den Regeln der Lebensführung entsprechend. Seine Worte sind einprägsam, angebracht, wohlerwogen, gewählt und konstruktiv.

Rechtes Handeln

Auch das Handeln soll rein sein. Auch hier müssen wir zuerst verstehen, was unreines Handeln ist, um dann davon ablassen zu können. Gemeint ist etwa: ein Lebewesen töten; stehlen; sexuelles Fehlverhalten wie Vergewaltigung oder Ehebruch; jede Form der Berauschung, so daß man nicht mehr Herr seiner selbst ist und nicht mehr weiß, was man redet oder tut. Wenn man all diese Formen unreinen Handelns meidet, bleibt nichts als rechtes Handeln, zuträgliches Handeln, zurück.

Auch das ist nicht einfach ein negativer Begriff des Handelns. Über einen, der das rechte Handeln des Körpers übt, sagt der Buddha: «Zuchtrute und Schwert beiseite legend, ist er stets sorgsam bedacht, niemandem Schaden zuzufügen, er ist voller Güte und hat das Wohl aller Lebewesen im Sinn. Er ist ohne Arglist und lebt ein reines Leben.»

Die Gebote

Für Menschen, die ein weltliches Leben führen, besteht der Weg zur rechten Rede und zum rechten Handeln in der Einhaltung dieser fünf Gebote:

- nicht töten,
- nicht stehlen,
- kein sexuelles Fehlverhalten,
- keine unwahre Rede,
- keine berauschenden Mittel.

Diese fünf Gebote sind das unverzichtbare Minimum, dessen es für eine moralische Lebensführung bedarf. Jeder, der den Dharma praktizieren möchte, muß sie befolgen. Für Zeiten der meditativen Zurückgezogenheit, die ausschließlich der Dharma-Praxis vorbehalten sind, sowie für ordinierte Mönche und Nonnen erhöht sich die Zahl dieser Gebote, doch in jedem Fall haben wir es hier nicht etwa mit bloß durch die Tradition vorgegebenen leeren Formeln zu tun, sondern mit «Schritten, die die Schulung mit Inhalt füllen».

Rechter Lebenserwerb

Jeder Mensch muß sich auf angemessene Art selbst versorgen können. Es gibt für den rechten Lebenserwerb zwei Kriterien. Erstens sollte es keine Arbeit sein, bei der man die fünf Gebote verletzen muß, denn das würde natürlich bedeuten, daß man anderen Lebewesen schadet. Darüber hinaus sollte man aber auch nichts tun, was andere dazu verleitet, die Gebote zu brechen, denn dadurch entstünde ebenfalls Schaden. Unser Lebensunterhalt sollte also für andere weder direkt noch indirekt schädlich sein. Damit ist jeder Lebenserwerb, zu dem auch das Töten von Menschen oder Tieren gehört, zweifellos nicht der richtige. Doch auch, wenn man selbst nicht am Töten beteiligt ist, sondern nur Handel treibt mit den getöteten Tieren – ihren Häuten, ihrem Fleisch, ihren Knochen –, ist das nicht der rechte Lebenserwerb, da er vom unrechten Handeln anderer abhängig ist. Alkoholika und andere Rauschmittel zu vertreiben mag sehr einträglich sein, doch man verleitet andere dazu, sie zu benutzen und sich damit zu schaden; es genügt also nicht, wenn man selbst Abstinenz übt. Auch wer ein Spielcasino betreibt, gibt anderen den Anreiz, sich selbst zu schaden. Noch viel profitabler ist natürlich der Verkauf von Waffen, Munition, Bomben, Raketen, doch man gefährdet damit im großen Maßstab Frieden und Eintracht der Menschen. All das kann nicht der rechte Lebenserwerb sein.

Auch wenn man eine Arbeit tut, die anderen nicht direkt schadet, ist sie alles andere als rechter Lebenserwerb, wenn sie auf den Schaden anderer spekuliert: Der Arzt, der sich über eine Epidemie freut, und der Kaufmann, dem eine Nahrungsmittelknappheit gerade recht kommt, üben nicht den rechten Lebenserwerb.

Jeder Mensch ist ein Mitglied der Gesellschaft. Wir erfüllen unsere Verpflichtungen gegenüber der Gesellschaft durch unsere Arbeit, mit der wir unseren Mitmenschen auf diese oder jene Weise dienen. Sogar ein Mönch, einer, der in der Abgeschiedenheit lebt, tut ein seinem Stand angemessenes Werk, durch das er sich die Almosen erwirbt, die er bekommt – das Werk der Läuterung seines Geistes zu seinem eigenen Heil und zum Nutzen aller. Wenn er andere auszubeuten beginnt, indem er sie täuscht – etwa durch Wundertaten oder durch falsche Angaben über den Stand seiner spirituellen Verwirklichung –, so übt er nicht den rechten Lebenserwerb.

Was auch immer wir als Lohn für unsere Arbeit erhalten, soll zum Unterhalt für uns selbst und die uns anvertrauten Menschen dienen. Wo Überschüsse entstehen, sollte zumindest ein Teil davon der Gesellschaft zurückgegeben werden, damit es zum Nutzen anderer verwendet werden kann. Wo die Absicht besteht, eine nützliche Rolle in der Gesellschaft zu spielen, um sich selbst ernähren und anderen helfen zu können, da ist die Arbeit, die man tut, der rechte Lebenserwerb.

Die Sammlung schulen

Indem wir Shīla üben, streben wir die Beherrschung unseres sprachlichen und körperlichen Handelns an. Die eigentliche Ursache des Leidens liegt jedoch in unserem geistigen Handeln. Unsere Rede und unser äußeres Handeln im Zaum zu halten wird nicht viel nützen, solange in unserem Geist noch Begierde und Aversion wogen, solange also das abträgliche geistige Handeln weitergeht. So stehen wir uns eigentlich selbst als Widersacher gegenüber und können niemals glücklich sein. Früher oder später werden Begierde und Aversion wieder hervorbrechen, und wir werden die Gebote der moralischen Lebensführung verletzen und anderen wie uns selbst Schaden zufügen.

Mit dem Verstand wird man durchaus einsehen, daß jedes Handeln, mit dem man Schaden anrichtet, unrecht ist. Schließlich predigen alle Religionen seit Tausenden von Jahren die Notwendigkeit eines sittlichen Lebens. Doch wenn die Versuchung kommt, hält die Verstandeseinsicht ihr nicht stand, und man verstößt gegen die Shīla-Gebote. Ein Trinker wird recht gut wissen, daß er nicht trinken sollte, weil es ihm schadet;

doch wenn das Verlangen sich wieder meldet, greift er zur Flasche und betrinkt sich. Er vermag hier nichts gegen sich selbst, weil er keine Herrschaft über seinen Geist hat. Sobald man aber gelernt hat, sich des abträglichen *geistigen* Handelns zu enthalten, wird es ganz leicht, von abträglichen Worten und Taten zu lassen.

Das Problem hat seinen Ursprung also im Geist, und wenn wir ihm beikommen wollen, müssen wir auf der geistigen Ebene ansetzen. Und das geschieht durch die Übung der Bhāvanā, durch «geistige Entfaltung» oder, im allgemeinen Sprachgebrauch, durch Meditation. An Bhāvanā unterscheiden wir die beiden Übungsaspekte Sammlung *(samādhi)* und Weisheit *(prajñā)*. Die Sammlungs-Übung wird auch als «Entfaltung der Stille» *(shamatha-bhāvanā)* und die Weisheits-Schulung als «Entfaltung der Einsicht» *(vipashyanā-bhāvanā)* bezeichnet. Die Bhāvanā-Praxis beginnt mit der Übung der Sammlung, und das ist der zweite unserer drei Abschnitte des Edlen Achtfachen Pfades. Ziel dieses Abschnitts ist es, die geistigen Prozesse unter Kontrolle zu bringen und Herr des eigenen Geistes zu werden. Drei Glieder des Pfades fallen in diesen Abschnitt: rechtes Bemühen, rechte Achtsamkeit und rechte Sammlung.

Rechtes Bemühen

Rechtes Bemühen ist der erste Schritt in der Bhāvanā-Praxis. Der Geist ist nur allzu anfällig für Unwissenheit, Begierde und Aversion. Irgendwie müssen wir ihn stärken und immunisieren, damit er nicht immer wieder aus der Bahn geworfen wird, sondern ein nützliches Instrument ist, mit dem wir unsere eigene Natur bis in alle Feinheiten erforschen können, um schließlich unsere Prägungen bloßzulegen und zu beseitigen.

Ein Arzt wird, um die Krankheit eines Patienten diagnostizieren zu können, eine Blutprobe nehmen und unters Mikroskop legen. Doch bevor er etwas Aufschlußreiches zu sehen bekommen kann, muß er das Mikroskop erst einmal scharfstellen und diese Einstellung dann beibehalten. Nur dann kann er die Blutprobe inspizieren und die Ursache der Krankheit feststellen, um schließlich mit einer geeigneten Behandlung die Gesundheit wiederherzustellen. Genauso müssen wir lernen, den Geist «scharfzustellen», ihn auf ein einziges Objekt der Aufmerksamkeit zu fixieren und dort zu halten. So wird er uns das Instrument, mit dem wir die subtilsten Bereiche unserer eigenen Wirklichkeit inspizieren können.

Der Buddha «verordnete» verschiedene Techniken für die Sammlung des Geistes, genau abgestimmt auf die Anlagen desjenigen, der Anleitung von ihm erbat. Die für das Erkunden der inneren Wirklichkeit am besten geeignete Technik ist die, welche der Buddha selbst übte; sie wird Ānāpānasati oder «Gewahrsein des Atems» genannt.

Der Atem als Objekt der Aufmerksamkeit steht jedem unmittelbar zur Verfügung, denn wir alle atmen von der Geburt bis zum Tod. Zu einer solchen Meditationsübung setzt man sich in bequemer, aufrechter Haltung hin und schließt die Augen. Man sollte dazu in einem stillen Raum sein, wo nicht allzu viel die Aufmerksamkeit ablenkt. Wenn man sich von der Außenwelt weg nach innen wendet, wird man den Atem als das Geschehen erfahren, das hier im Vordergrund steht. Man wende also seine Aufmerksamkeit diesem Gegenstand zu – dem Atem, wie er durch die Nasenöffnungen ein- und austritt.

Das ist keine «Atemübung», es ist eine Übung in Gewahrsein. Man bemüht sich nicht, den Atem irgendwie zu beeinflussen, sondern läßt ihn in seinem natürlichen Rhythmus und bleibt einfach seiner gewahr, mag er lang oder kurz, schwer oder leicht, grob oder fein sein. Man fixiert die Aufmerksamkeit auf den Atem, solange es möglich ist, ohne Ablenkungen in den Fluß des Gewahrseins einbrechen zu lassen.

Wir werden sehr schnell merken, wie schwierig das ist. Sobald wir den Geist beim Atem zu halten versuchen, meldet sich schnell die Sorge über die wachsenden Schmerzen in den Beinen. Sobald wir alle ablenkenden Gedanken auszuschalten versuchen, tummeln sich tausend Dinge in unserem Bewußtsein – Erinnerungen, Pläne, Hoffnungen, Befürchtungen. An irgendeinem dieser Dinge bleibt unsere Aufmerksamkeit dann hängen und wird mitgezogen, und erst nach einiger Zeit fällt uns auf, daß wir den Atem ja ganz vergessen haben. So fangen wir also mit neuer Entschlossenheit wieder an, nur um nach einiger Zeit festzustellen, daß unser Geist uns abermals unbemerkt entschlüpft ist.

Wer hat hier eigentlich das Sagen? Wenn man mit dieser Übung anfängt, wird sehr schnell klar, daß der Geist uns durchaus nicht gehorcht. Wie ein allzu verwöhntes Kind, das nach einem Spielzeug greift, seiner aber rasch überdrüssig wird, ein anderes nimmt, dann wieder ein anderes und wieder ein anderes, so springt der Geist von einem Gedanken, von einem Objekt der Aufmerksamkeit zum anderen und läuft weg vor dem, was wirklich *ist*.

Das ist die eingefleischte Gewohnheit des Geistes, denn dies haben wir ein Leben lang getan. Doch wenn wir unsere wahre Natur zu erkunden beginnen, muß dieses Weglaufen aufhören. Wir müssen das geistige

Gewohnheitsmuster ändern und bei der Wirklichkeit zu bleiben lernen. Wir fangen damit an, daß wir die Aufmerksamkeit beim Atem zu halten versuchen. Wenn wir bemerken, daß sie sich doch wieder irgendwo herumtreibt, bringen wir sie geduldig und ohne Lamento wieder zurück. Wieder mißlingt es uns, aber wieder und immer wieder versuchen wir es neu. Lächelnd, ohne Verkrampfung oder Entmutigung, wiederholen wir die Übung. Woran man sich im Laufe eines Lebens gewöhnt hat, das ändert man schließlich nicht in ein paar Minuten. Die Aufgabe erfordert, daß man Ruhe bewahrt, daß man mit Geduld und Beständigkeit immer wieder übt. So entwickeln wir das Gewahrsein der Wirklichkeit. Das ist rechtes Bemühen.

Der Buddha benannte vier Arten des rechten Bemühens:
– verhindern, daß sich ungute und abträgliche Zustände einstellen;
– von ihnen loslassen, falls sie sich einstellen;
– zuträgliche Verfassungen, die noch nicht gegeben sind, allmählich herbeiführen;
– diese ohne Unterbrechung beibehalten, so daß sie sich entfalten und zur Vollendung heranwachsen können.

Beim Achthaben auf den Atem üben wir alle vier Arten des rechten Bemühens. Wir setzen uns nieder und heften unsere Aufmerksamkeit auf den Atem, ohne daß Gedanken sich einmischen. So können wir den heilsamen Zustand des Selbstgewahrseins herbeiführen und beibehalten. Wir lassen uns nicht in Ablenkungen oder Geistesabwesenheit abgleiten, und so verlieren wir die Wirklichkeit nicht aus den Augen. Kommt ein Gedanke auf, so gehen wir ihm nicht nach, sondern wenden unsere Aufmerksamkeit wieder dem Atem zu. So erziehen wir den Geist dazu, bei einem einzigen Gegenstand zu bleiben und sich nicht ablenken zu lassen. Das sind zwei Wesensmerkmale der Sammlung.

Rechte Achtsamkeit

Mit der Beobachtung des Atems üben wir auch die rechte Achtsamkeit. Unser Leiden erwächst aus Unwissenheit. Wir reagieren, ohne eigentlich zu wissen, was wir tun, ohne unsere eigene Wirklichkeit zu kennen. Der Geist ergeht sich die meiste Zeit in Phantasien und Illusionen, lebt angenehme und unangenehme Erfahrungen wieder durch und denkt voller Vorfreude oder Bangen an die Zukunft. Und während wir unseren Begierden und Aversionen nachhängen, gewahren wir gar nicht, was eben jetzt geschieht und was wir jetzt tun. Dabei ist doch dieser Augenblick, dieses Jetzt, das Allerwichtigste für uns. Wir können nicht in der Vergangenheit leben – sie ist nicht mehr da. Und wir können nicht in der Zukunft leben – sie ist für immer außerhalb unserer Reichweite. Wir können nur in der Gegenwart leben.

Wenn wir unseres gegenwärtigen Handelns nicht gewahr sind, sind wir dazu verdammt, die Fehler der Vergangenheit zu wiederholen und werden unsere Zukunftsträume nie verwirklichen können. Wenn wir aber fähig werden, des gegenwärtigen Augenblicks gewahr zu sein, können wir die Vergangenheit zum Führer für die Anlage unseres Handelns in der Zukunft machen, um so unser Ziel zu erreichen.

Der Dharma ist der Pfad des Hier-und-Jetzt. Deshalb müssen wir lernen, des gegenwärtigen Augenblicks gewahr zu sein. Wir brauchen eine Methode, unsere Aufmerksamkeit hier und jetzt auf unsere eigene Wirklichkeit zu sammeln. Das Ānāpānasati ist solch eine Methode. Wir entwickeln damit das Gewahrsein unserer selbst im Hier-und-Jetzt: jetzt einatmen, jetzt ausatmen. Indem wir das Achthaben auf den Atem üben, werden wir des gegenwärtigen Augenblicks gewahr.

Wir möchten gern die höchste Wirklichkeit erfahren, und auch das ist ein Grund, das Achthaben auf den Atem zu üben. Auf den Atem gesammelt, können wir besser erkunden, was uns an uns selbst unbekannt ist, so daß uns Dinge bewußt werden, die bisher unbewußt waren. Wir schlagen eine Brücke zwischen dem Bewußten und dem Unbewußten, weil die Atmung selbst ein teils bewußtes, teils unbewußtes Geschehen ist. Wir können zum Beispiel bewußt auf eine bestimmte Weise atmen, also Atemkontrolle üben. Wir können sogar für einige Zeit ganz aufhören zu atmen. Aber wenn wir die willentliche Beeinflussung dann wieder aufgeben, geht die Atmung ohne unser Zutun ganz von allein weiter.

Wir können beispielsweise zunächst bewußt mit etwas Nachdruck atmen, da wir dann die Aufmerksamkeit leichter ausrichten können. Sobald aber das Gewahrsein des Atems klar und stetig geworden ist, lassen wir den Atem wieder sein, wie er von sich aus ist – rauh oder sanft, tief oder flach, lang oder kurz, schnell oder langsam. Wir bemühen uns nicht, ihn zu regulieren; das Bemühen richtet sich nur darauf, seiner gewahr zu sein. In diesem Gewahrsein des natürlichen Atems beginnen wir, das autonome Körpergeschehen zu beobachten, das normalerweise unbewußt bleibt. Von der gröberen Wirklichkeit des bewußt gesteuerten Atems sind wir dazu übergegangen, die subtilere Wirklichkeit des natürlichen Atems zu beobachten. Kurzum, wir bewegen uns über die oberflächliche Wirklichkeit hinaus auf das Gewahrsein einer subtileren Wirklichkeit zu.

Das Achthaben auf den Atem macht uns auch Begierde, Aversion und Unwissenheit bewußt und kann dadurch zu ihrer Überwindung beitragen. In unserer Atmung spiegelt sich unsere Gemütsverfassung: Ist der Geist friedvoll und ruhig, wird der Atem sanft und regelmäßig sein; stellt aber irgend etwas Negatives sich ein, sei es Zorn, Haß, Furcht oder Leidenschaft, wird der Atem rauh, schwer und schnell. So macht unser Atem uns auf unseren Gemütszustand aufmerksam und schafft einen Ansatzpunkt, von dem aus wir ihn beeinflussen können.

Und noch ein weiterer Grund für die Übung des Atem-Gewahrseins: Da unser Ziel ein von allem Negativen befreiter Geist ist, müssen wir dafür sorgen, daß schon jeder Schritt auf dieses Ziel zu rein und förderlich ist. Für den Übungsweg, der uns zu echtem Samādhi führen soll, brauchen wir von Anfang an einen wirklich förderlichen Gegenstand der Aufmerksamkeit. Der Atem ist solch ein Gegenstand. Unser Atem kann schlecht ein Objekt der Begierde oder Aversion sein, und er ist eine eigenständige Wirklichkeit, bei der Nichtwissen oder Verblendung keinen Ansatzpunkt finden. Deshalb ist er als Gegenstand der Aufmerksamkeit so geeignet.

Solange der Geist voll auf die Atmung gesammelt ist, bleibt er frei von Begierde, Aversion und Unwissenheit. Und so kurz dieser Augenblick der Reinheit auch sein mag, er wirkt doch tief und rüttelt an unserer gesamten Konditioniertheit. All die angesammelten Reaktionsmuster werden mobilisiert und beginnen sich als allerlei körperliche und seelische Schwierigkeiten zu zeigen, die sich unserem Bemühen, achtsam zu sein, in den Weg stellen. So halten wir beispielsweise fieberhaft nach Fortschritten Ausschau, und das ist eine Form der Begierde; es kann sich aber auch Aversion zeigen, und zwar hier gern als Ärger und Entmutigung, weil man so gar nicht voranzukommen scheint. Manchmal kommt auch eine große Lethargie über uns, so daß wir fast nur dösen, wenn wir uns zum Meditieren hinsetzen. Manchmal sind wir so voller Spannungen, daß wir überhaupt nicht zur Ruhe kommen und uns tausend Gründe einfallen, weshalb wir jetzt nicht meditieren können. Dann wieder kann auch eine tiefe Skepsis unsere Einsatzbereitschaft schwächen – unbegründete, aber nicht abzuschüttelnde Zweifel an unserem Lehrer, an der Lehre, an unserer Fähigkeit zu meditieren. Manchmal mag angesichts solcher Schwierigkeiten der Gedanke aufkeimen, die ganze Schulung überhaupt aufzugeben.

In solchen Augenblicken müssen wir uns klarmachen, daß derartige

Hindernisse nur auftreten, weil wir tatsächlich mit einigem Erfolg das Achthaben auf den Atem geübt haben. Wenn wir nur weitermachen, werden sie allmählich verschwinden. Und dann wird die Übung einfacher, weil es selbst in dieser frühen Phase der Schulung schon gelungen ist, wenigstens einige Schichten der Konditionierung von der Oberfläche des Geistes abzuschälen. So beginnen wir also schon mit diesem Achthaben auf den Atem, den Geist zu läutern und erste Schritte in Richtung Befreiung zu tun.

Rechte Sammlung

Mit der Ausrichtung der Aufmerksamkeit auf den Atem entwickeln wir das Gewahrsein des gegenwärtigen Augenblicks. Rechte Sammlung entsteht nun dadurch, daß wir dieses Gewahrsein von Augenblick zu Augenblick möglichst lange aufrechterhalten.

Wodurch unterscheidet sich die meditative Sammlung, die rechte Sammlung, von dem, was wir üblicherweise Konzentration nennen? Ein Mensch mag sich zum Beispiel darauf konzentrieren, ein sinnliches Begehren zu befriedigen oder etwas, was er befürchtet, zu verhindern. Eine Katze sitzt in vollendeter Aufmerksamkeit vor einem Mauseloch, um augenblicklich zu springen, wenn sich etwas zeigt. Ein Taschendieb hat nichts als die Brieftasche seines Opfers im Sinn und wartet nur auf den rechten Augenblick. Ein Kind im Bett starrt angstvoll in die dunkelste Ecke des Zimmers und bildet sich ein, dort irgendwelche Ungeheuer zu sehen. All das hat nichts mit rechter Sammlung zu tun, kann niemals der Befreiung dienen. Samādhi braucht als seinen «Brennpunkt» einen Gegenstand, der frei von aller Begierde, aller Aversion und aller Einbildung ist.

Wenn wir das Gewahrsein des Atems üben, merken wir, wie schwer es ist, ununterbrochen in dieser Achtsamkeit zu bleiben. Wir mögen noch so fest entschlossen sein, mit unserer Aufmerksamkeit beim Atem zu bleiben, irgendwie entschlüpft er uns doch wieder. Wir kommen uns vor wie ein Betrunkener, der genau geradeaus zu gehen versucht, aber immer wieder aus der Richtung torkelt. Und wir sind ja wirklich benebelt von unserer Unwissenheit und all den Illusionen, die uns in Vergangenheit oder Zukunft, in Begierde oder Aversion abgleiten lassen. Wir können nicht auf dem geraden Weg der ständig gewahrten Achtsamkeit bleiben.

Als Meditierende tun wir gut daran, uns davon nicht entmutigen zu lassen, sondern hinzunehmen, daß das Ändern jahre- oder jahrzehntelanger Gewohnheiten seine Zeit braucht. Üben wir also immer wieder – beständig, geduldig und beharrlich. Unsere Aufgabe besteht ja nur darin, die Aufmerksamkeit wieder zum Atem zurückzuholen, sobald wir merken, daß sie abschweift. Wenn wir das schaffen, haben wir schon viel dazu getan, unserem Geist sein Umherschweifen abzugewöhnen. Und das beharrliche Üben ermöglicht uns schließlich, die Aufmerksamkeit immer schneller zurückzuholen. Allmählich werden die Zeiten der Unachtsamkeit kürzer, und die Zeiten durchgehaltener Achtsamkeit – Samādhi – werden länger.

Unsere Sammlung bekommt immer mehr Kraft, und im gleichen Maß fühlen wir uns entspannter, wohler, energiegeladener. Nach und nach ändert sich die Atmung, wird leicht, regelmäßig, weich und flach. Manchmal kommt es uns so vor, als atmeten wir gar nicht mehr. In gewisser Weise ist das auch so, denn je stiller der Geist wird, desto ruhiger wird auch der Körper; der Stoffwechsel verlangsamt sich, und wir brauchen weniger Sauerstoff.

Wer das Achthaben auf den Atem übt, wird jetzt vielleicht allerlei ungewöhnliche Erfahrungen machen; wenn er mit geschlossenen Augen sitzt, wird er vielleicht Lichter sehen oder Visionen haben; auch ungewohnte akustische Eindrücke können vorkommen und manches andere. Diese sogenannten außersinnlichen Wahrnehmungen sind nichts weiter als ein Hinweis darauf, daß der Geist einen hohen Grad der Sammlung erreicht hat. An sich selbst haben solche Phänomene keine Bedeutung, und wir sollten sie nicht weiter beachten. Die Atmung bleibt der Gegenstand des Gewahrseins, alles andere ist Ablenkung. Man soll auch nicht auf solche Erfahrungen aus sein – bei manchen kommen sie vor, bei anderen nicht. Sie sind vielleicht Meilensteine, an denen sich ablesen läßt, wo auf dem Weg wir stehen; aber solche Meilensteine können auch verdeckt bleiben, oder wir bemerken sie nicht, weil wir so ganz und gar auf den Weg und das Weitergehen ausgerichtet sind. Sehen wir aber in solchen Wegzeichen ein Ziel und heften uns daran, so kommen wir, wie bei einer Wanderung, überhaupt nicht weiter. Außersinnliche Erfahrungen gibt es in unerschöpflicher Fülle und Vielfalt, damit könnte man sich lange aufhalten. Nein, wer wirklich den Dharma übt, ist nicht auf solche Erfahrungen aus; er möchte Einsicht in die eigene Natur gewinnen und dadurch zur Befreiung vom Leiden kommen.

Deshalb bleiben wir einfach dabei, unsere Aufmerksamkeit nur dem Atem zuzuwenden. Je besser aber der Geist sich zu sammeln lernt, desto subtiler und daher schwieriger zu verfolgen wird der Atem, so daß wir uns nun noch entschiedener um Aufmerksamkeit bemühen müssen. So schärfen wir unsere Sammlung, machen aus unserem Geist allmählich ein Präzisionsinstrument, mit dem wir uns durch die äußerlich gegebene Wirklichkeit hindurcharbeiten, um die höchst subtile innere Wirklichkeit aufzudecken.

Es gibt viele Möglichkeiten, diese Sammlung des Geistes zu üben. Man kann sich auf ein innerlich wiederholtes Wort oder ein visuelles Bild sammeln oder bestimmte körperliche Aktionen unentwegt wiederholen. Man ist dann völlig absorbiert vom Gegenstand der Aufmerksamkeit und kommt in eine Art Verzückung oder Trance. Solche Zustände werden ohne Zweifel als sehr schön erfahren, aber sie enden, und dann steht man wieder im alltäglichen Leben, mit denselben Problemen wie zuvor. Durch solche Techniken bildet sich an der Oberfläche des Geistes eine dünne Schicht von Frieden und Freude, aber die Prägungen, die wir in der Tiefe haben, bleiben davon unberührt. Die Gegenstände der Sammlung haben hier keine Beziehung zu unserer tatsächlichen, von Augenblick zu Augenblick gegebenen Wirklichkeit. Die so erfahrene Seligkeit ist gleichsam hergestellt, eine Art Anstrich, jedenfalls erwächst sie nicht spontan aus der Tiefe eines geläuterten Geistes. Rechter Samādhi kann kein spiritueller Rausch sein; er muß frei von allem Künstlichen und allen Einbildungen sein.

Auch in der Lehre des Buddha gibt es mehrere Stadien der Trance oder besser gesagt der meditativen Versunkenheit – Dhyāna –, die man erreichen kann. Der Buddha erlernte bei seinen Lehrern acht Stadien der Versunkenheit, bevor er Erleuchtung fand, und er übte die Dhyānas weiterhin sein Leben lang. Doch sie allein konnten ihn nicht befreien. Und als er selbst diese Stadien der Versunkenheit lehrte, betonte er deshalb ihre Bedeutung als Trittsteine für die Entwicklung der Einsicht. Bei der Meditation schult man die Sammlung nicht, um Seligkeit oder Ekstase zu erfahren, sondern um den Geist zu einem Instrument zu schmieden, mit dem man die eigene Wirklichkeit erforschen und alle Leid verursachenden Prägungen beseitigen kann.

Die Schulung der Weisheit

Shīla und Samādhi machen noch nicht die Einmaligkeit der Lehre des Buddha aus. Beide waren schon vor seiner Erleuchtung wohlbekannt und wurden geübt. Tatsächlich betonen ja alle Religionen die Notwendigkeit der moralischen Lebensführung und kennen auch Mittel, mit denen solche Zustände der Glückseligkeit herbeigeführt werden können –

Gebet, Ritual, Fasten und andere äußere Kasteiungen oder verschiedene Formen der Meditation. Bei all dem geht es einfach um tiefe geistige Versunkenheit.

Solche Übungen der Sammlung sind sehr hilfreich, selbst wenn sie nicht bis zum Zustand der Trance vertieft werden. Sammlung bindet die Aufmerksamkeit und gibt dadurch dem Geist Ruhe, weil sie die Aufmerksamkeit von all den Situationen abzieht, in denen wir sonst mit Begehren oder Aversion reagieren würden. Langsam bis zehn zählen, um einen Wutausbruch zu verhindern, das ist schon eine Vorform der Samādhi-Übung. Direktere Methoden sind die Wiederholung eines Wortes oder Mantra oder die Sammlung auf ein visuelles Objekt. Das alles funktioniert tatsächlich: Wenn die Aufmerksamkeit abgezogen wird und gebunden ist, scheint der Geist still und friedvoll zu werden.

Eine so erlangte Stille ist jedoch noch nicht die echte Befreiung. Die Sammlung zu üben ist ohne Zweifel von großem Nutzen, aber sie wirkt letztlich doch nur auf der bewußten Ebene des Geistes. Fast zweieinhalb Jahrtausende vor den Entdeckungen der modernen Psychologie erkannte der Buddha die Existenz des Unbewußten, das er Anushaya nannte – «Neigung» oder «latente Leidenschaft». Der Buddha sah: Solange die Aufmerksamkeit durch Sammlung gebunden ist, wird man mit Begierde und Aversion auf der bewußten Ebene recht gut fertig, aber sie werden dadurch nicht wirklich beseitigt. Vielmehr werden sie ins Unbewußte abgedrängt und bleiben so gefährlich wie eh und je, auch wenn sie einstweilen schweigen. An der Oberfläche mag der Geist dann in Frieden und Harmonie sein, aber in der Tiefe bildet sich ein ruhender Vulkan unterdrückter Negativität, der früher oder später ausbrechen wird. Der Buddha sagte:

> Bleiben die Wurzeln unberührt und fest im Grund,
> so treiben aus dem Stumpf des gefällten Baums doch neue Schößlinge.
> Wird die eingefleischte Gewohnheit des Begehrens und Hassens nicht ausgerottet,
> entsteht das Leiden immer und immer wieder neu.

Solange die Prägungen im Unbewußten bestehen bleiben, werden sie bei der ersten sich bietenden Gelegenheit neu «austreiben» und neue Leiden herbeiführen. Deshalb fand der Buddha kein Genügen selbst an den höchsten Zuständen, die durch Sammlung zu erlangen sind – er fühlte sich immer noch nicht endgültig befreit. Er sah, daß er die Suche nach einem Ausweg aus dem Leiden, nach dem Weg zum Glück noch fortsetzen mußte.

Dazu gibt es grundsätzlich zwei Möglichkeiten. Die erste ist der Pfad des Frönens: Man läßt sich freien Lauf, die Befriedigung aller Begierden zu suchen. Das ist der weltliche Pfad, dem die meisten Menschen folgen, ob sie es so genau wissen oder nicht. Doch der Buddha sah klar, daß dieser Weg nicht zum Glück führen kann. Es gibt auf der ganzen Welt niemanden, dessen Verlangen immer gestillt wird, der immer bekommt, was er sich wünscht, und dem immer erspart bleibt, was er sich nicht wünscht. Wer diesen Weg geht, wird unweigerlich leiden, wenn er nicht bekommt, was er sich wünscht – Enttäuschung und Unzufriedenheit sind ihm sicher. Aber auch wenn er bekommt, was er will, wird er leiden; er wird fürchten müssen, daß er das Objekt seiner Begierde wieder verliert und der Augenblick der Befriedigung sich als unbeständig erweist – und mit diesen Befürchtungen hat er ja nur zu recht. Indem sie ihren Begierden nachgehen, sie mal befriedigen können und mal nicht, bleiben solche Menschen immer in einem aufgewühlten Zustand. Der Buddha hatte all das selbst ausführlich kennengelernt, bevor er das weltliche Leben verließ, um in die Hauslosigkeit zu ziehen, und so wußte er, daß dies nicht der Weg zum Frieden ist.

Der andere Weg ist der Pfad der Selbstbeherrschung, auf dem man sich die Befriedigung seiner Wünsche und Begierden versagt. Im Indien zur Zeit des Buddha war dieser Weg der Askese zu einem solchen Extrem gediehen, daß man sich alle Annehmlichkeiten versagte, sich Entbehrungen auferlegte und Schmerzen zufügte. Der Grundgedanke dieser Selbstkasteiung war der, daß man die Gewohnheit des Begehrens und Ablehnens damit bereinigen und so den Geist läutern würde. Solche strenge Selbstkasteiung als religiöse Übung finden wir überall auf der Welt. Der Buddha hatte diesen Pfad in den Jahren nach seinem Auszug in die Hauslosigkeit wahrlich ausgekostet. Er hatte es mit verschiedenen asketischen Praktiken versucht und mit solcher Zielstrebigkeit, daß sein Körper schließlich nur noch Haut und Knochen war – und trotzdem fühlte er sich immer noch nicht befreit. Durch das Mißhandeln des Körpers wird der Geist nicht geläutert.

Auch die Selbstverleugnung muß also ihr Maß haben. Man übe sie in einer gemäßigten Form, bei der man sich die Befriedigung der Wünsche versagt, die schädliches Handeln mit sich bringen würde. Diese Form der Selbstbeherrschung dürfte dem hemmungslosen Frönen vorzuziehen sein, da man hier zumindest nicht unmoralisch handelt. Doch wenn man das nur durch Unterdrückung erreichen kann, werden innere Spannungen entstehen, die schließlich ein gefährliches Ausmaß annehmen. All die unterdrückten Begierden werden sich hinter dem Damm der Selbstverleugnung aufstauen, und eines Tages wird der Damm brechen und verheerende Fluten loslassen.

Solange also die Prägung des Geistes bestehen bleibt, können wir niemals in Sicherheit oder Frieden sein. So segensreich die moralische Lebensführung ist, durch bloße Willenskraft läßt sie sich nicht aufrecht erhalten. Wenn wir dazu auch noch die Sammlung üben, haben wir zwar eine große Hilfe, doch auch das bleibt eine Teillösung, die in der Tiefe des Geistes, wo die Wurzeln des Problems, die Wurzeln der Unreinheiten liegen, nicht viel ausrichtet. Solange die Wurzeln im Unbewußtsein verborgen bleiben, kann es kein echtes, dauerhaftes Glück geben, keine Befreiung.

Doch wenn die Wurzeln selbst aus dem Geist entfernt werden können, besteht nicht mehr die Gefahr, daß man sich zu schädlichem Handeln hinreißen läßt, und es ist nicht mehr nötig, sich selbst zu unterdrücken, denn die Impulse zu abträglichem Handeln werden einfach nicht mehr da sein. Frei von den Spannungen, die das Trachten und Zurückweisen mit sich bringt, kann man in Frieden leben.

Um die Wurzeln auszureißen, bedarf es nun einer Methode, mit der wir wirklich in die Tiefe des Geistes gelangen können, um uns dort mit den Unreinheiten zu befassen, wo sie ihren Ansatz haben. Und das ist die Methode, die der Buddha fand: die Schulung der Prajñā oder «Weisheit», die ihn zur Erleuchtung führte. Man nennt sie auch Vipashyanā-Bhāvanā, die Entfaltung der Einsicht in die eigene Natur, eine Einsicht, durch die man die Ursachen des Leidens erkennen und beseitigen kann. Das war es, was der Buddha zu seiner eigenen Befreiung übte und dann den Menschen ein Leben lang zu vermitteln trachtete. Hier haben wir das, was einzigartig ist in seiner Lehre und ihm selbst das Allerwichtigste war. Mehrfach hat er gesagt: «Wenn die Sammlung von einer moralischen Lebensführung getragen ist, so ist das sehr nutzbringend, sehr segensreich. Von Sammlung getragen, ist die Weisheit sehr nutzbringend, sehr segensreich. Von Weisheit getragen, wird der Geist von allen Beschmutzungen befreit.»

Auch für sich genommen sind Shīla und Samādhi wertvoll, doch ihr eigentlicher Zweck besteht darin, zur Weisheit zu führen. Nur wenn wir Prajñā in uns heranbilden, finden wir den wahren Mittelweg zwischen den Extremen der Selbstverwöhnung und der Selbstunterdrückung. Indem wir ein moralisches Leben führen, vermeiden wir alles Handeln, das zu den gröbsten Formen geistiger Unruhe führt. Indem wir den Geist sammeln, machen wir ihn noch ruhiger und formen ihn zu einem brauchbaren Werkzeug der Selbsterforschung. Aber nur durch Schulung der Weisheit können wir die innere Wirklichkeit ganz erfassen und uns von Unwissenheit und Verhaftungen befreien.

Zwei Glieder des Edlen Achtfachen Pfades gehören zur Prajñā-Schulung: rechtes Denken (oder rechter Entschluß) und rechte Erkenntnis.

Rechtes Denken

Wenn man mit Vipashyanā-Bhāvanā beginnt, müssen bei der Meditation nicht gleich zu Anfang alle Gedanken aufhören. Es gibt also noch Gedanken, doch wenn man die Achtsamkeit von Augenblick zu Augenblick entschlossen wahrt, so ist das für den Anfang ausreichend.

Es verändert sich jetzt auch die Natur der auftretenden Gedankenmuster. Aversion und Begehren sind durch das Atem-Gewahrsein ein wenig beschwichtigt. Der Geist ist – zumindest auf der bewußten Ebene – still geworden und hat sich dem Dharma zugewendet, dem Weg, der aus dem Leiden führt. Die Anfangsschwierigkeiten bei der Ausrichtung des Gewahrseins auf den Atem sind jetzt überwunden oder doch zumindest viel geringer geworden. Man ist nun bereit für den nächsten Schritt, die rechte Erkenntnis.

Rechte Erkenntnis

Rechte Erkenntnis ist das, was eigentlich mit Weisheit gemeint ist. Über die Wahrheit nachdenken ist nicht genug. Wir müssen die Wahrheit selbst erkennen, wir müssen die Dinge sehen, wie sie wirklich sind, nicht bloß, wie sie erscheinen. Die Wahrheit, wie sie uns erscheint, ist auch eine Wirklichkeit, aber wir müssen sie ganz durchdringen, um die eigentliche Wirklichkeit unserer selbst erfahren und dadurch das Leiden beenden zu können.

Es werden drei Arten von Prajñā oder Weisheit unterschieden: empfangene Weisheit, verstandesmäßige Weisheit und erfahrene Weisheit. Empfangene Weisheit – oder, wörtlich, «gehörte Weisheit» – ist das, was wir von anderen übernehmen, indem wir etwa Bücher lesen oder Predigten und Vorträgen lauschen. Gemeint ist also die Weisheit eines anderen, die wir uns zu eigen machen. Das kann auch unwissentlich geschehen. So wachsen wir ja beispielsweise in einem Umfeld auf, das von einer bestimmten Ideologie, einem System religiöser und anderer Überzeugungen geprägt ist, und diese Ideologie übernehmen wir zunächst einmal als selbstverständlich. Oder wir übernehmen die gehörte Weisheit, weil wir uns etwas davon versprechen, also aufgrund des Begehrens. Die Führungsgestalten der Gemeinschaft könnten zum Beispiel sagen, das Annehmen der überkommenen Ideologie sei die Gewähr für eine wunderbare Zukunft; vielleicht behaupten sie auch, daß alle Gläubigen nach dem Tod in den Himmel kommen. Die Seligkeit des Himmelreichs ist natürlich verlockend, und so willigt man ein. Und die dritte Möglichkeit: Man akzeptiert das Gehörte aus Furcht. Wenn die Führungsgestalten der Gemeinschaft sehen, daß die Leute an der überkommenen Ideologie zu zweifeln beginnen, fordern sie mit Nachdruck zur Konformität auf und drohen bei Ungehorsam mit schrecklichen Folgen – bis hin zu der Behauptung, daß alle Ungläubigen nach dem Tod in die Hölle kommen. Wer möchte schon gern in die Hölle. Also schluckt man seine Zweifel hinunter und bekennt sich zu den Überzeugungen der Gemeinschaft.

Empfangene Weisheit, ob aus blinder Gläubigkeit, aus Begehren oder aus Furcht akzeptiert, ist nie unsere eigene Weisheit, niemals selbst erfahren. Sie ist geborgte Weisheit.

Die zweite Art von Weisheit ist das intellektuelle Verstehen. Man liest oder hört eine bestimmte Lehre und denkt dann darüber nach, um herauszufinden, ob sie wirklich rational, nutzbringend und praktikabel ist. Und wenn sie den Intellekt zufriedenstellt, nimmt man sie als Wahrheit an. Dennoch ist dies immer noch nicht eigene Einsicht, sondern nur intellektuelle Durchdringung der Weisheit, die man gehört hat.

Die dritte Art von Weisheit schließlich ist die, welche aus persönlicher Erfahrung erwächst, aus eigenem unmittelbaren Innewerden der Wahrheit. Das ist die Weisheit, die man nicht nur glaubt oder kennt, sondern lebt, und die das Leben verändert, weil sie den Geist von Grund auf ändert.

In praktischen Belangen ist Erfahrungswissen nicht immer notwendig und manchmal auch gar nicht dienlich. Feuer ist gefährlich, aber es genügt in diesem Fall, die Warnungen anderer einfach zu akzeptieren oder sich durch Beobachtung und Schlußfolgerung von dieser Tatsache zu überzeugen. Es wäre töricht, sich ins Feuer zu stürzen, um selbst die Erfahrung zu machen. Im Dharma zählt jedoch nur die Weisheit, die aus Erfahrung stammt, denn nur durch sie werden wir fähig, unsere Prägungen abzuschütteln.

Gehörte Weisheit und intellektuell erschlossene Weisheit sind aber dann hilfreich, wenn sie uns zum Anstoß und zur Leitlinie werden für die Suche nach der dritten Art von Prajñā, der Erfahrungs-Weisheit. Wenn wir uns aber damit begnügen, einfach nur empfangene Weisheit anzunehmen, wird sie uns zur Fessel und verhindert, daß wir zu einem Verstehen aus eigener Erfahrung kommen. So auch, wenn wir die Wahrheit nur intellektuell betrachten, untersuchen und verstehen, ohne uns um direkte Erfahrung dieser Wahrheit zu bemühen: Dieses intellektuelle Verstehen ist nur eine Fessel und hilft uns nicht, Befreiung zu finden.

Wir alle müssen die Wahrheit als unmittelbare Erfahrung *leben*, indem wir Bhāvanā üben – nur diese lebendige Erfahrung kann den Geist befreien. Wie tief ein anderer die Wahrheit auch realisiert haben mag, uns kann er damit nicht befreien. Sogar die Erleuchtung des Buddha konnte nur einen einzigen Menschen befreien, Siddhārtha Gautama. Gewiß, die Erleuchtung eines Menschen kann auf andere inspirierend wirken und ihnen Anregungen und Hinweise geben, aber letztlich muß jeder das Werk selbst vollbringen. Wie auch der Buddha sagte:

> Ein jeder von euch hat das Seinige selbst zu tun;
> die das Ziel erreicht haben, können nur den Weg zeigen.

Nur in uns selbst können wir die Wahrheit direkt erfahren und leben. Alles Äußere bleibt immer in einer gewissen Distanz. Nur innen können wir die wirkliche, unmittelbare, lebendige Erfahrung des Wirklichen haben. Auf diesen Umstand mit noch nie dagewesener Eindringlichkeit hingewiesen zu haben, ist die große Leistung des Buddha. Und die Methode, die er lehrte, um zur unmittelbaren Erfahrung der Wahrheit zu kommen, wird Vipashyanā-Bhāvanā genannt.

Vipashyanā-Bhāvanā

Vipashyanā wird häufig als aufblitzende Einsicht geschildert, ein plötzliches Innewerden der Wahrheit. Das ist so weit richtig, aber es gibt doch einen schrittweisen Zugang, eine Methode, nach welcher der Meditierende allmählich an den Punkt gelangt, wo ihm solche plötzliche Einsicht möglich wird. Diese Methode ist Vipashyanā-Bhāvanā, die «Entfaltung der Einsicht», meist einfach Vipashyanā-Meditation genannt.

Pashyanā bedeutet einfach «Sehen», das also, was wir bei geöffneten

Augen erfahren. *Vipashyanā* jedoch ist eine besondere Art des Sehens, nämlich das Gewahren der inneren Wirklichkeit. Dazu machen wir unsere eigenen Körperempfindungen zum Gegenstand der Aufmerksamkeit, und die Technik besteht nun im systematischen und nüchternen Beobachten dieser Empfindungen. Dieses Beobachten deckt die gesamte Wirklichkeit von Geist und Körper auf.

Weshalb Empfindungen? Zunächst deshalb, weil wir die Wirklichkeit durch das Empfinden direkt erfahren. Was nicht mit unseren fünf Körpersinnen oder dem Denkvermögen in «Berührung» kommt, existiert für uns nicht. Das sind die Pforten, durch die wir der Welt begegnen, Grundlage aller Erfahrung. Sooft es in einem der sechs Sinnesbereiche zu einem Kontakt kommt, entsteht eine Empfindung. Der Buddha beschrieb diesen Vorgang so:

> Wenn jemand zwei Stäbe nimmt und sie aneinander reibt, so entsteht durch die Reibung Hitze, und ein Funke bildet sich. Auf die gleiche Weise bildet sich aufgrund einer als angenehm erfahrenen Berührung eine angenehme Empfindung. Aufgrund einer als unangenehm erfahrenen Berührung entsteht eine unangenehme Empfindung. Aufgrund einer als neutral erfahrenen Berührung entsteht eine neutrale Empfindung.

Die Berührung eines Objekts mit Geist oder Körper erzeugt einen Empfindungsfunken. Deshalb ist das Empfinden das Medium, durch das wir die Welt mit all ihren körperlichen und geistigen Phänomenen erfahren. Um zur erfahrenen Weisheit zu gelangen, müssen wir zunächst gewahr werden, was wir überhaupt erfahren, wir müssen ein Gewahrsein unseres Empfindens entwickeln.

Außerdem besteht zwischen körperlichen Empfindungen und dem Geist eine enge Verbindung, und wie der Atem stellen sie ein Spiegelbild der gegenwärtigen Geistesverfassung dar. Wenn geistige Gegenstände – Gedanken, Ideen, Vorstellungen, Emotionen, Erinnerungen, Hoffnungen, Befürchtungen – mit dem Geist in Berührung kommen, bilden sich Empfindungen. Mit jedem Gedanken, jeder Emotion, jedem geistigen Geschehen geht eine entsprechende Körperempfindung einher. Wenn wir also die Empfindungen des Körpers beobachten, beobachten wir zugleich den Geist.

Ohne das Empfinden können wir die Wahrheit nicht bis in die Tiefe erforschen. Was auch immer uns in der Welt begegnet, löst im Körper eine Empfindung aus. Das Empfinden ist gleichsam der Punkt, an dem

Geist und Körper sich überschneiden. Es ist physischer Natur, aber zugleich auch einer der vier geistigen Prozesse: Es bildet sich im Körper und wird vom Geist erfahren. In einer Leiche oder in unbelebter Materie kann kein Empfinden sein, weil hier der Geist fehlt. In dem Maße, wie wir unseres Empfindens nicht gewahr sind, bleibt unsere Erforschung der wahren Wirklichkeit unvollständig und oberflächlich. Wie man beim Unkrautjäten auch auf die versteckten Wurzeln und ihre lebenserhaltende Funktion achten muß, so müssen wir auch unserer Empfindungen gewahr sein, wenn wir unsere wahre Natur verstehen und richtig mit ihr umgehen wollen.

Das Problem besteht nur darin, daß Empfindungen zwar jederzeit im Körper vorhanden sind, wir sie aber meist nicht bemerken. Jeder Kontakt, sei er geistiger oder körperlicher Art, erzeugt eine Empfindung. Jede biochemische Reaktion zieht eine Empfindung nach sich. Normalerweise ist unser Bewußtsein nicht genügend gebündelt und ausgerichtet, um mehr als die stärksten Empfindungen wahrzunehmen, doch wenn wir unseren Geist durch die Ānāpānasati-Praxis geschärft und damit unser Gewahrsein geschult haben, werden wir fähig, jede Empfindung bewußt zu erfahren.

Bei der Übung des Achthabens auf den Atem bemühen wir uns, den natürlichen Atemvorgang zu beobachten, ohne irgendwie steuernd einzugreifen. In ähnlicher Weise beobachten wir beim Vipashyanā-Bhāvanā einfach die körperlichen Empfindungen. Wir lassen die Aufmerksamkeit systematisch den Körper abtasten – vom Kopf zu den Füßen, von den Füßen zum Kopf, von einer Extremität zur anderen –, doch während wir das tun, sind wir weder auf eine bestimmte Art von Empfindungen aus, noch versuchen wir Empfindungen einer anderen Art auszuschließen. Es muß uns allein darum gehen, objektiv zu beobachten und jede Empfindung, die sich durch den Körper bekundet, wahrzunehmen – sei es Wärme, Kälte, Schwere, Leichtigkeit, Jucken, Pochen, Anspannung, Entspannung, Druck, Schmerz, Kribbeln, Pulsation, Vibration oder was auch immer. Der Meditierende sucht nicht nach Außergewöhnlichem, sondern versucht, einfach nur die gewöhnlichen Körperempfindungen zu beobachten, wie sie sich ganz von selbst einstellen.

Man geht aber diesen Empfindungen nicht eigens nach, fragt nicht nach ihren Ursachen. Eine Empfindung mag von den atmosphärischen Bedingungen ausgelöst sein, durch die Haltung, in der man sitzt, durch eine alte Krankheit oder Schwäche des Körpers oder einfach durch das, was man gegessen hat. Die Gründe sind unwichtig und gehen uns nichts an. Wichtig ist allein das schiere Gewahrsein der Empfindung, wie sie eben jetzt in dem Körperteil ist, bei dem die Aufmerksamkeit gerade verweilt.

Wenn wir mit dieser Praxis beginnen, kann es sein, daß wir in manchen Körperteilen Empfindungen wahrnehmen, in anderen nicht. Unser Gewahrsein ist noch unentwickelt, so daß wir nur die stärkeren Empfindungen wahrnehmen, nicht aber die subtilen. Dennoch wenden wir allen Teilen unseres Körpers nacheinander unsere Aufmerksamkeit zu, lassen den Brennpunkt des Gewahrseins auf eine systematische Art wandern, ohne uns von den deutlicheren Empfindungen festhalten zu lassen. Da wir die Fähigkeit der Sammlung geschult haben, sind wir in der Lage, die Aufmerksamkeit bei einem bewußt gewählten Gegenstand verweilen zu lassen. Jetzt benutzen wir diese Fähigkeit, um das Gewahrsein nach einem vorgegebenen Ablauf auf alle Teile des Körpers zu richten, ohne Stellen zu überspringen, an denen wir keine klaren Empfindungen feststellen, und ohne bei bestimmten Empfindungen zu verweilen oder andere zu meiden. Auf diese Weise kommen wir allmählich dahin, daß wir in allen Teilen des Körpers Empfindungen wahrnehmen.

Wenn man mit der Übung des Achthabens auf den Atem beginnt, wird der Atem zunächst häufig ziemlich schwerfällig und unregelmäßig sein. Dann beruhigt er sich allmählich und wird leichter, feiner, subtiler. Ähnlich wird man im Anfangsstadium des Vipashyanā-Bhāvanā häufig eher grobe, starke und unangenehme Empfindungen bemerken, die ziemlich lange anzuhalten scheinen. Zugleich können starke Emotionen oder längst vergessene Gedanken und Erinnerungen in uns hochkommen und allerlei seelisches oder körperliches Unbehagen oder auch Schmerzen mit sich bringen. Die Hindernisse des Begehrens und der Aversion, der Trägheit, der Übererregtheit und des Zweifels, die uns schon bei der Schulung des Atemgewahrseins zu schaffen machten, können jetzt mit verdoppelter Stärke erneut auftreten und die Sammlung auf das Körperempfinden völlig unmöglich machen. In dieser Lage bleibt uns nichts anderes, als zur Übung des Atemgewahrseins zurückzukehren, um den Geist wieder zu beruhigen und auszurichten.

Geduldig, ohne uns geschlagen zu geben, wenden wir uns immer wieder der Aufgabe zu, den Zustand der Sammlung zu erneuern – in dem Wissen, daß all diese Schwierigkeiten eigentlich auf den Erfolg unserer Bemühungen hindeuten. Irgendeine tief versteckte Prägung ist aufgestört worden und macht sich nun auf der Ebene des Bewußtseins unliebsam bemerkbar. Durch sanfte, unverkrampfte Beharrlichkeit gewinnt der Geist ganz allmählich seine Stille und Einspitzigkeit zurück. Starke Gefühle klingen ab, die Gedanken kommen zur Ruhe, und man kann zum Gewahrsein der Empfindungen zurückkehren. Durch ausdauerndes Üben lösen sich die intensiven Empfindungen im allgemeinen auf, werden gleichförmiger, subtiler, bis sie schließlich nur noch wie leichte Schwingungen sind, die sich schnell bilden und schnell wieder ablaufen.

Doch ob die Empfindungen angenehm oder unangenehm, intensiv oder subtil, gleichförmig oder vielgestaltig sind, ist für die Meditation unerheblich. Es geht nur darum, sie objektiv zu beobachten. Wie zuwider uns die unangenehmen und wie verlockend die angenehmen Empfindungen auch sein mögen, wir lassen uns davon nicht aufhalten, wir lassen uns von keiner Empfindung ablenken und einfangen. Uns selbst so nüchtern zu beobachten, wie ein Wissenschaftler im Labor beobachtet – das ist unsere Aufgabe.

Vergänglichkeit, Ichlosigkeit und Leiden

Indem wir beharrlich in der Meditation fortfahren, wird uns eines bald ganz deutlich: Unsere Empfindungen ändern sich unentwegt. In jedem Augenblick entsteht in jedem Teil des Körpers irgendeine Empfindung, und jede Empfindung weist auf eine Veränderung hin. In jedem Augenblick ereignen sich überall im Körper Veränderungen – elektromagnetische und biochemische Prozesse. Jeden Augenblick – und noch schneller – ergeben sich Änderungen in den mentalen Prozessen, die sich im körperlichen Geschehen niederschlagen.

Das ist die Wirklichkeit von Geist und Materie: Wandel und Unbeständigkeit – Anitya. Jeden Augenblick entstehen und vergehen die subatomaren Teilchen, aus denen der Körper besteht. Jeden Augenblick werden mentale Funktionen ein- und ausgeschaltet, eine nach der anderen. Alles Geistige und Körperliche in uns, wie auch alles in der Welt da draußen, ändert sich jeden Augenblick. Wir wußten immer schon – mit dem Verstand –, daß dem so ist. Jetzt aber erfahren wir die Wirklichkeit der Vergänglichkeit durch die Vipashyanā-Bhāvanā-Übung ganz unmittelbar in unserem Körper. Die unmittelbare Erfahrung der vorübergehenden Empfindung führt uns unsere ephemere Natur unabweisbar vor Augen.

Alle Atome des Körpers und alle Prozesse des Geistes befinden sich in stetigem Fluß. Da ist nichts, was über einen winzigen Augenblick hinaus gleich bliebe, kein beständiger Kern, an den man sich klammern könnte, nichts, was «Ich» zu nennen wäre. Dieses «Ich» ist in Wahrheit einfach ein Scheingebilde ständig sich wandelnder Prozesse.

So geht dem Meditierenden eine andere Grundwirklichkeit auf, die Wahrheit des Nicht-Ich, Anātman: Es gibt kein reales, dauerhaftes Ich. Das Ich, dem wir so ergeben sind, ist eine Illusion, gemeinsames Produkt der geistigen und körperlichen Prozesse, die sich in stetem Fluß befinden. Wer Körper und Geist bis in die Tiefe erforscht hat, findet hier keinen unwandelbaren Kern, keine Essenz, die unabhängig von den Prozessen Bestand hätte – nichts, was dem Gesetz der Vergänglichkeit nicht unterworfen wäre. Hier gibt es nur ein nichtpersönliches Phänomen, dessen Wandlungen nicht unserem Einfluß unterliegen.

Dann wird etwas anderes ganz klar: Jeder Versuch, an etwas festzuhalten, sei es «mein Ich» oder «das Meine», macht mich zwangsläufig unglücklich, weil das, woran ich festhalte, früher oder später vergehen wird. Das Haften am Vergänglichen, Vorübergehenden, Illusorischen, nicht Beherrschbaren ist Leiden, Duhkha. Und wir erkennen all das nicht deshalb, weil jemand es uns sagt, sondern weil wir es in uns selbst erfahren, indem wir die Empfindungen des Körpers beobachten.

Gleichmut

Wie stellt man es also an, sich nicht unglücklich zu machen? Wie kann man leben, ohne zu leiden? Dadurch, daß man einfach beobachtet, ohne zu reagieren. Anstatt diese Erfahrung festhalten und jene meiden, diese herbeizerren und jene wegstoßen zu wollen, untersucht man jedes Phänomen objektiv, gleichmütig, mit einem in seinem Zentrum ruhenden Geist.

Das klingt ganz einfach, aber was fangen wir an, wenn wir uns für eine Stunde zur Meditation hinsetzen und dann nach zehn Minuten schon das Knie weh tut? Sofort wird uns dieser Schmerz zum Ärgernis, und wir wünschen uns, daß er verschwindet. Aber er verschwindet nicht; er wird sogar um so stärker, je mehr wir ihn hassen. Der körperliche Schmerz wird ein Seelenschmerz, der uns maßlos peinigt.

Wenn es uns aber gelingt, einfach mal nur den körperlichen Schmerz zu beobachten und uns vorübergehend von der Illusion freizumachen, daß es *unser* Schmerz ist und *wir* ihn empfinden, wenn wir ihn objektiv betrachten können, wie ein Arzt die Schmerzen eines anderen untersucht – dann werden wir sehen, daß der Schmerz selbst sich ändert. Er bleibt nicht ewig bestehen; jeden Augenblick verändert er sich, vergeht, beginnt erneut, ändert sich wieder.

Haben wir das einmal durch eigene Erfahrung erfaßt, wird der Schmerz uns nicht mehr überwältigen oder beherrschen können. Vielleicht vergeht er schnell, vielleicht auch nicht – es spielt keine Rolle. Wir leiden nicht mehr unter dem Schmerz, weil wir ihn leidenschaftslos beobachten können.

Der Weg zur Befreiung

Wir können uns vom Leiden befreien, indem wir Gewahrsein und Gleichmut entwickeln. Das Leiden beginnt mit dem Nichtwissen um unsere eigene Wirklichkeit. In der Finsternis dieses Nichtwissens reagiert der Geist auf jede Empfindung mit Zustimmung oder Ablehnung, mit Begehren oder Aversion. Jede dieser Reaktionen erzeugt in der Gegenwart schon Leiden und setzt zudem eine Kettenreaktion in Gang, die auch in der Zukunft nichts weiter als Leiden hervorbringt.

Wie kann man diese Verkettung von Ursache und Wirkung aufbrechen? Irgendwie ist aufgrund früheren Handelns, eines Handelns in Unwissenheit, dieses gegenwärtige Dasein entstanden, der Strom von Geist und Materie in Gang gekommen. Soll man das gewaltsam beenden? Nein, eine Selbsttötung kann das Problem nicht lösen. In dem Augenblick, da man es tut, ist der Geist in einem Zustand des Elends und der Ablehnung – und was dann weiterhin folgt, wird zwangsläufig auch von dieser Art sein. Solch ein Handeln kann niemals dazu führen, daß man glücklich wird.

Dieses Leben hat seinen Anfang genommen, und nun gibt es kein Entkommen mehr. Soll man also die sechs Grundlagen der Sinneserfahrung zerstören? Man könnte sich die Augen ausstechen, die Zunge, die Nase, die Ohren abschneiden, aber um den Tastsinn und vor allem das Denkvermögen auszuschalten, müßte man wiederum den ganzen Körper töten.

Soll man dann die Gegenstände der Sinne vernichten, alles Sichtbare, Hörbare und so weiter? Das ist nicht möglich. Unzählig sind die Dinge im Universum, man könnte sie niemals alle zerstören. Wenn die sechs Sinnesgrundlagen einmal existieren, läßt sich der Kontakt mit ihren jeweiligen Gegenständen nicht mehr verhindern. Und sobald solch ein Kontakt zustande kommt, gibt es unweigerlich eine Empfindung.

Doch eben dies ist der Punkt, an dem die Kette aufgebrochen werden kann. Das entscheidende Kettenglied ist das Empfinden. Jede Empfindung zieht ein Mögen oder Nichtmögen nach sich. Diese unbewußten Augenblicksreaktionen des Mögens und Nichtmögens vervielfältigen und verstärken sich augenblicklich zu großem Begehren und großer Aversion, zu Verhaftungen also, die jetzt und in der Zukunft nichts als Unglück erzeugen. Dieser Ablauf wird eine blinde Gewohnheit, der man mechanisch folgt.

Durch Vipashyanā-Bhāvanā jedoch gewinnen wir ein Gewahrsein aller unserer Empfindungen. Und wir entwickeln Gleichmut, das heißt, wir reagieren nicht mehr. Wir betrachten das Empfinden leidenschaftslos, ohne Mögen oder Nichtmögen, ohne Begehren oder Aversion, ohne Verhaftung. Eine Empfindung zieht jetzt nicht mehr Reaktionen und in deren Folge immer weitere Empfindungen nach sich, sondern erzeugt nichts als Weisheit, Prajñā, Einsicht: «Dies ist vergänglich, wandelt sich zwangsläufig, entsteht, um zu vergehen.»

Die Kette ist aufgebrochen, das Leiden beendet. Es gibt keine weiteren Reaktionen von Begehren und Aversion mehr und daher keine Ursache für neues Leiden. Die Ursache des Leidens ist das Karma, die geistige Tat, nämlich die blinde Reaktion des Begehrens und der Aversion – Samskāra. Wenn der Geist sich des Empfindens bewußt ist, aber seinen Gleichmut wahrt, kommt es nicht zu einer Reaktion, und es entsteht keine Ursache, die Leiden erzeugt. Wir haben aufgehört, uns selbst Leiden zu bereiten. Der Buddha sagte:

> Alle Samskāras sind vergänglich.
> Wenn ihr dies mit wahrer Einsicht erkennt,
> so löst ihr euch vom Leiden;
> das ist der Pfad der Läuterung.

Der Begriff «Samskāra» ist hier sehr weit gefaßt. Eine blinde Reaktion des Geistes wird Samskāra genannt, doch das Resultat dieses Handelns, seine Frucht, wird ebenfalls als Samskāra bezeichnet – Same und Frucht. Alles, was uns im Leben begegnet, ist letztlich Resultat unseres eigenen geistigen Handelns. Deshalb kann Samskāra im weitesten Sinne für alles in dieser bedingten Welt gebraucht werden, für alles Erschaffene, Gebildete, Zusammengesetzte. Daher: «Alle erschaffenen Dinge sind vergänglich» – alles im Universum, sei es geistiger oder stofflicher Natur. Wenn man sich davon beim Vipashyanā-Bhāvanā mittels der erfahrenen Weisheit selbst überzeugt hat, endet das Leiden, weil man sich von der

Ursache des Leidens – Begehren und Aversion – abwendet. Das ist der Pfad der Befreiung.

Alles hängt also davon ab, daß man lernt, nicht zu reagieren, keine neuen Samskāras zu erzeugen. Eine Empfindung kommt auf, und das Mögen und Nichtmögen setzt ein. Dieser flüchtige Augenblick, wenn wir ihn nicht bemerken, wiederholt sich, verstärkt sich zu Begehren und Aversion und wird schließlich eine heftige Emotion, die unser Bewußtsein überschwemmt. Wir erliegen der Emotion, und all unser besseres Wissen zählt nichts mehr. Die Folge sind ungutes Reden und Handeln, mit dem wir uns selbst und anderen schaden. Durch einen Augenblick des blinden Reagierens ziehen wir Unglück auf uns, an dem wir jetzt und in der Zukunft zu leiden haben.

Wenn wir aber achtsam sind an dem Punkt, wo die Reaktion einsetzt, wenn wir also der Empfindung gewahr sind, steht es uns frei, keine Reaktion zuzulassen oder sich verstärken zu lassen. Wir betrachten die Empfindung, ohne zu reagieren, das heißt ohne Mögen und Nichtmögen. Dann kann sie sich nicht zu Begehren und Aversion ausweiten, wird keine heftige Emotion, die uns mitreißt. Sie kommt einfach und geht wieder. Der Geist bleibt im Gleichgewicht, sein Friede wird nicht gestört. Wir haben nicht reagiert, und deshalb ist unser Glück jetzt nicht getrübt und wird es auch künftig nicht sein.

Die Fähigkeit, nicht zu reagieren, ist sehr wertvoll. Wenn uns das Körperempfinden bewußt ist und wir zur gleichen Zeit den Gleichmut wahren können, ist der Geist in diesem Augenblick frei. Das mag anfangs während unserer Meditationszeiten nur für kurze Momente der Fall sein, während der Geist sich die übrige Zeit nicht freimachen kann von der alten Gewohnheit des Reagierens auf Empfindungen, von dem alten Kreislauf aus Begehren, Aversion und Unglück. Doch durch beharrliches Üben werden diese Momente zu Sekunden und dann zu Minuten, bis schließlich die alte Gewohnheit des Reagierens durchbrochen ist und der Geist beständig in Frieden bleibt.

So kann das Leiden beendet werden. So können wir aufhören, Unglück über uns selbst zu bringen.

9. Karma und seine Frucht

Nyanaponika Thera

Als Nyanaponika Thera schon jahrelang meditiert und auch als Gelehrter bereits einiges geleistet hatte, erfuhr er in den fünfziger Jahren eine beträchtliche Vertiefung seines Verständnisses, als er sich in Burma unter dem berühmten burmesischen Meditationsmeister Mahāsi Sayadaw (1904–1982) in der Einsichts-Meditation (vipashyanā-bhāvanā) schulte.

Hier vermittelt uns Nyanaponika Thera auf luzide Weise einen Eindruck von den Verwicklungen des karmischen Geschehens und zeigt auch, inwiefern die karmische Situation Freiheit beinhaltet. Vor diesem Hintergrund – der Möglichkeit, Befreiung zu finden – schildert er die Zweischneidigkeit des Karma in seiner Auswirkung auf den Handelnden und das Objekt seines Handelns. Schließlich macht er uns noch deutlich, daß Karma der Schoß ist, aus dem wir hervorgehen, der eigentliche Schöpfer, der die Welt erschafft und uns, die wir die Welt erfahren.

Die meisten Schriften über die Karmalehre betonen die strenge Gesetzmäßigkeit, welcher die karmisch bedeutsamen Handlungen unterliegen, wodurch eine enge Verbindung zwischen unseren Taten und deren Früchten bewirkt wird. Während die Betonung dieses Sachverhalts durchaus angebracht ist, gibt es noch eine andere Seite des Karmageschehens – eine seltener bemerkte Seite, die jedoch so wichtig ist, daß sie es verdient, gesondert hervorgehoben und untersucht zu werden. Es ist dies die Modifizierbarkeit des Karmas, also die Tatsache, daß die Gesetzmäßigkeit, die das Karma lenkt, nicht mit mechanischer Starrheit waltet, sondern bei der Reifung der Frucht einen beträchtlichen Spielraum für Modifikationen zuläßt.

Brächte karmisches Handeln immer unabänderliche Ergebnisse gleichen Ausmaßes hervor und wären Modifikationen oder die Aufhebung der Karmawirkungen ausgeschlossen, so wäre eine Befreiung aus dem

Phra Pathom Chedi in Nakhon Pathom, Thailand. Sechstes Jahrhundert, im neunzehnten Jahrhundert wiederaufgebaut und wesentlich vergrößert. Foto von John C. Huntington.

Der Stūpa (in Thailand Chedi genannt) wurde das charakteristische Denkmalsbauwerk des Buddhismus. Als die Praxis des Stūpa-Baus sich in Asien ausbreitete, entstanden viele regionale Abwandlungen der Form. Die in heller Kupferfarbe glasierte Kuppel des Phra Pathom Chedi, der mit seinen 127 Metern der höchste Stūpa der Welt ist, zeigt die in Südostasien beliebte Glockenform. Heute ist der Chedi von einem ringförmigen Wandelgang umgeben, in dessen Außenmauer in zahlreichen Nischen Buddha-Bildnisse zu sehen sind. Vier kleine Nebentempel, ebenfalls mit Buddha-Statuen, zeigen die Himmelsrichtungen an. Die gewaltige Kuppel und die mächtige Spira des Phra Pathom Chedi verdeutlichen eindrucksvoll die uralte Symbolik des Stūpa als der Weltberg, dessen senkrechte Achse für die kosmische Ordnung steht.

samsarischen Leidenskreislauf unmöglich, denn eine unerschöpfliche Vergangenheit würde immer wieder neue hinderliche Wirkungen unheilsamen Karmas hervorbringen. Deshalb sagte der Buddha:

«Sollte, ihr Mönche, die Behauptung zutreffen, daß der Mensch für jedwede Tat *(karma)*, die er verübt, die ihr jedesmal genau entsprechende Wirkung erfährt, so ist in diesem Falle, ihr Mönche, ein heiliger Wandel ausgeschlossen, und keinerlei Möglichkeit besteht für völlige Leidensvernichtung.

Sollte aber, ihr Mönche, die Behauptung zutreffen, daß, wenn der Mensch eine Tat verübt, er je nach der unterschiedlichen Art der zu erfahrenden Auswirkung die der Tat entsprechende Wirkung erfährt, so mag es in diesem Falle einen heiligen Wandel geben, und es besteht die Möglichkeit für völlige Leidensvernichtung.»

Anguttara Nikāya, 3:110

Wie jedes materielle Geschehen, so verläuft auch der geistige Prozeß, der eine karmische Handlung ausmacht, niemals isoliert, sondern in einem Umfeld. Deshalb hängt sein Einfluß bei der Hervorbringung von Wirkungen nicht nur vom eigenen Potential ab, sondern auch von den veränderlichen Faktoren seines Umfeldes, welche die Wirkungen in vielfältiger Weise modifizieren können. Es geschieht zum Beispiel, daß die Wirkungen eines bestimmten Karmas, sei es gut oder schlecht, manchmal durch unterstützendes Karma verstärkt, durch entgegenwirkendes Karma abgeschwächt oder durch vernichtendes Karma sogar aufgehoben werden können. Das Eintreten der Wirkungen kann auch hinausgezögert werden, wenn das Zusammentreffen der äußeren Umstände, derer es für ihre Reifung bedarf, noch nicht vollständig ist; diese Verzögerung kann erneut eine Möglichkeit für den Einfluß entgegenwirkenden oder vernichtenden Karmas bieten.

Aber nicht nur diese äußeren Einflüsse können Modifikationen bewirken. Die Reifung spiegelt auch das «innere Umfeld» oder die inneren Bedingungen des Karmas wider – das heißt die gesamte qualitative Geistesstruktur, aus der die Tat entspringt. Für jemanden, der reich an moralischen und spirituellen Wesenszügen ist, mag ein einmaliges Vergehen keine so schwerwiegenden Folgen haben wie für jemanden, dem es an solchen schützenden Tugenden mangelt. Auch wird die Strafe, analog zum menschlichen Recht, für einen Ersttäter milder ausfallen als für einen rückfälligen Kriminellen.

Von dieser Art modifizierter Reaktion spricht der Buddha im Anschluß an das oben angeführte Zitat:

«Da hat einer, ihr Mönche, nur ein kleines Vergehen verübt, und dieses bringt ihn zur Hölle. Ein anderer aber hat eben dasselbe kleine Vergehen verübt, doch es reift noch bei Lebzeiten, und nicht einmal die kleinste Wirkung tut sich kund (in einem künftigen Dasein), geschweige denn eine große.

Welcher Art aber, ihr Mönche, ist der Mensch, den ein kleines Vergehen, das er verübt hat, zur Hölle bringt? Da hat ein Mensch (den Einblick in) den Körper nicht entfaltet, hat seine Sittlichkeit nicht entfaltet, seine (meditative) Geistigkeit und seine Weisheit nicht entfaltet; er ist beschränkt, von kleinlicher Gesinnung, und selbst infolge von Kleinigkeiten hat er zu leiden. Einen solchen Menschen mag selbst ein kleines Vergehen zur Hölle bringen.

Welcher Art aber ist der Mensch, bei dem eben dasselbe kleine Vergehen noch bei Lebzeiten zur Reife gelangt und (in einem künftigen Dasein) nicht einmal eine kleine Wirkung sich kundtut, geschweige denn eine große? Da hat ein Mensch (den Einblick in) den Körper entfaltet, hat seine Sittlichkeit, seine Geistigkeit und seine Weisheit entfaltet; er ist nicht beschränkt, ein großer Charakter, der nicht begrenzt ist (durch die Leidenschaften). Bei einem solchen Menschen gelangt eben dasselbe kleine Vergehen noch bei Lebzeiten zur Reife, und (in einem künftigen Dasein) tut sich nicht einmal eine kleine Wirkung kund, geschweige denn eine große.

Was meint ihr wohl, ihr Mönche: Gesetzt, es würde ein Mann einen Klumpen Salz in eine kleine Tasse voll Wasser werfen; würde da wohl das wenige Wasser in der Tasse durch jenen Salzklumpen salzig und ungenießbar werden?»

«Gewiß, o Herr.» – «Und warum?» – «Es befindet sich ja, o Herr, nur sehr wenig Wasser in der Tasse. Das würde durch jenen Klumpen Salz salzig werden und ungenießbar.»

«Wenn aber ein Mann einen Klumpen Salz in den Gangesstrom wirft, was meint ihr da, o Mönche, würde dann das Wasser des Gangesstromes durch jenen Salzklumpen salzig und ungenießbar werden?» – «Das wohl nicht, o Herr.» – «Und warum nicht?» – «Es befindet sich ja, o Herr, eine gewaltige Menge Wasser im Gangesstrom; das würde durch jenen Klumpen Salz nicht salzig und ungenießbar werden.»

«Ebenso, ihr Mönche, ist es mit einem, der nur ein kleines Vergehen verübt hat, und dieses bringt ihn zur Hölle. Ein anderer aber hat eben dasselbe kleine Vergehen verübt, doch es reift noch bei Lebzeiten, und nicht einmal die kleinste Wirkung tut sich kund (in einem künftigen Dasein), geschweige denn eine große.»

Anguttara Nikāya, 3:110

Deshalb läßt sich sagen, daß die Wirkungen von der früheren Ansammlung guten oder schlechten Karmas eines Menschen und von dessen vorherrschenden Charakterzügen, seien sie gut oder schlecht, beeinflußt werden. Diese Faktoren sind entscheidend für das größere oder kleinere Ausmaß der Wirkungen, und sie mögen sogar ausschlaggebend dafür sein, ob überhaupt Wirkungen eintreten oder nicht eintreten.

Die Möglichkeiten, das Gewicht karmischer Reaktionen zu modifizieren, sind jedoch selbst hiermit noch nicht erschöpft. Ein Blick auf die Lebensgeschichte uns bekannter Menschen mag uns durchaus eine Person mit gutem und untadeligem Charakter zeigen, die in sicheren Verhältnissen lebt; und doch genügt ein einziger Fehler, vielleicht nur ein sehr kleiner, um ihr ganzes Leben zu zerstören – ihren Ruf, ihre Karriere und ihr Glück, und das kann auch zu schwerwiegenden Beeinträchtigungen ihres Charakters führen. Diese scheinbar unangemessene Krise könnte auf eine Kettenreaktion erschwerender Umstände zurückzuführen sein, die außerhalb der Kontrolle dieser Person liegen und wofür starkes, entgegenwirkendes Karma aus der Vergangenheit verantwortlich wäre. Die Abfolge schlechter Wirkungen kann auch durch das gegenwärtige Verhalten eines Menschen beschleunigt worden sein, und zwar maßgeblich ausgelöst durch den ursprünglichen Fehler und dann verstärkt durch nachfolgende Unachtsamkeit, Unentschlossenheit oder falsche Entscheidungen, was natürlich in sich selbst unheilsames Karma ist. Das ist dann der Fall, wenn selbst ein überwiegend guter Charakter das Reifen schlechten Karmas nicht verhindern oder die ganze Kraft der Wirkungen nicht schwächen kann. Die guten Eigenschaften und Taten dieser Menschen werden gewiß nicht unwirksam bleiben; aber ihre zukünftige Auswirkung könnte sehr wohl durch irgendwelche gegenwärtig entstandenen negativen Charakteränderungen oder Taten geschwächt werden, wodurch ein schlechtes entgegenwirkendes Karma gebildet werden könnte.

Betrachten wir die umgekehrte Situation: Ein Mensch mit einem sehr schlechten Charakter könnte, bei einer seltenen Gelegenheit, aus einem Impuls des Großmuts und der Freundlichkeit heraus handeln. Seine gute Tat mag unerwartet weitreichende und günstige Auswirkungen auf sein Leben haben; sie könnte eine entscheidende Verbesserung seiner äußeren Umstände hervorrufen, seinen Charakter besänftigen und sogar der Anstoß zu einem völligen «Herzenswandel» sein.

Wie kompliziert sind doch die Situationen im menschlichen Leben, auch wenn sie so trügerisch einfach erscheinen! Das ist deshalb so, weil sich in den Situationen und ihren Auswirkungen die noch größere Mannigfaltigkeit des Geistes, der ihre unerschöpfliche Quelle ist, widerspiegelt. Der Buddha selbst hat gesagt: «Des Geistes Mannigfaltigkeit übertrifft selbst die zahllosen Erscheinungsformen des Tierreichs» (*Sam-*

yutta Nikāya, 12:100). Der Geist jedes einzelnen Menschen ist ein Strom sich ständig ändernder geistiger Prozesse, der durch Strömungen und Gegenströmungen des in zahllosen vergangenen Existenzen angesammelten Karmas angetrieben wird. Aber diese ohnehin schon große Mannigfaltigkeit wird noch sehr stark durch den Umstand erweitert, daß jeder individuelle Lebensstrom mit vielen anderen individuellen Lebensströmen durch gegenseitige Beeinflussung ihres jeweiligen Karmas verflochten ist. Das Netz der karmischen Bedingtheit ist so kompliziert, daß der Buddha die Karmawirkungen als eine der vier «Undenkbarkeiten» bezeichnete und davor warnte, sie als Spekulationsobjekt zu benutzen. Doch wenn auch das Wirken des Karmas im einzelnen unsere Erkenntnis übersteigt, so ist doch die praktisch bedeutsame Botschaft klar: Die Tatsache, daß karmische Wirkungen modifizierbar sind, befreit uns vom Übel des Determinismus und seiner ethischen Folgeerscheinung, dem Fatalismus, und hält den Weg zur Befreiung ständig vor uns frei.

Die grundsätzliche «Offenheit» einer gegebenen Situation hat jedoch auch eine negative Seite: Sie öffnet auch die Möglichkeit zum Niedergang. Eine falsche Reaktion auf diese Situation könnte auf den abschüssigen Pfad führen. Durch unsere eigene Reaktion beseitigen wir die Vieldeutigkeit der Situation und können ihr auch die Richtung zum Schlechteren und Unheilsamen geben. Dies macht deutlich, daß Buddhas Karmalehre eine Doktrin der moralischen und spirituellen Verantwortung für sich und andere ist; sie ist eine wahrhaft «menschliche Lehre», denn sie steht im Einklang mit den weitreichenden Wahlmöglichkeiten des Menschen, die viel umfassender sind als die eines Tieres. Die moralische Wahlmöglichkeit eines Menschen kann stark eingeschränkt sein durch die unterschiedlich große Last der Gier, des Hasses, der Verblendung und deren Wirkungen, die er mit sich herumschleppt. Doch jedesmal, wenn er innehält, um eine Entscheidung oder eine Wahl zu treffen, ist er potentiell frei, um diese Last abzuwerfen, zumindest zeitweilig. In diesem ungewissen und kostbaren Augenblick der Wahl kann er sich über die bedrohlich vielfältigen Möglichkeiten und Zwänge seiner unergründlichen Vergangenheit erheben. Tatsächlich kann er in einem kurzen Augenblick Äonen karmischer Unfreiheit überwinden. Rechte Achtsamkeit ist das Mittel, durch das der Mensch diesen fließenden Augenblick fest in den Griff bekommen kann, und es ist gleichfalls die Achtsamkeit, die es ihm ermöglicht, diesen Augenblick dafür zu nutzen, weise Entscheidungen zu treffen.

Jede karmische Tat beeinflußt in ihrer Ausführung vor allem den Täter selbst. Dies gilt genauso für körperliche und sprachliche Handlungen, die auf andere gerichtet sind, wie für gedankliche Willensakte, die äußerlich keinen Ausdruck finden. Bis zu einem gewissen Grad können wir unsere eigene Reaktion auf unsere Taten beeinflussen, aber wir haben keine Gewalt darüber, wie andere auf diese Taten reagieren. Ihre Reaktion mag ganz anders sein, als wir es erwartet oder gewünscht haben. Einer guten Tat von uns könnte mit Undankbarkeit begegnet werden, ein freundliches Wort mag eine kalte oder sogar feindselige Aufnahme finden. Doch obwohl diese guten Taten und freundlichen Worte dann für den Empfänger zu seinem eigenen Nachteil verloren sind, werden sie für den Handelnden nicht verloren sein. Die guten Gedanken, die in seinen Worten Ausdruck fanden, werden seinen Geist veredeln, und das sogar noch stärker, wenn er auf die negativen Reaktionen mit Versöhnlichkeit und Selbstbeherrschung reagiert statt mit Ärger und Groll.

So mag jemand einer Tat oder einem Wort, die ihm schaden oder ihn verletzen sollten, mit selbstbeherrschter Ruhe begegnen, statt daß sie in ihm feindselige Reaktionen hervorrufen. Dann wird dieses «nicht angenommene Geschenk auf den Geber zurückfallen», wie es der Buddha einmal einem Brahmanen erklärte, der ihn beleidigt hatte. Den schlechten Taten und Worten und den sie motivierenden Gedanken mag es mißlingen, andere zu schädigen, aber sie werden unweigerlich eine schädigende Wirkung auf den Charakter des Täters haben; der Einfluß wird noch schlimmer sein, wenn er auf das unerwartete Echo mit Wut oder einem Gefühl beleidigter Enttäuschung reagiert. Deshalb sagt der Buddha, daß die Wesen die verantwortlichen Eigentümer ihres Karmas sind, welches ihr unübertragbarer Besitz ist; sie sind die einzigen legitimen Erben ihrer Taten, indem sie ihr Erbe an guten und schlechten Auswirkungen antreten.

Es ist eine heilsame Übung, sich häufig an die Tatsache zu erinnern, daß jemandes Taten, Worte und Gedanken zunächst und vor allem auf den eigenen Geist wirken und ihn verändern. Diese Überlegung wird einen kräftigen Anstoß zu wahrer Selbstachtung geben, die dadurch erhalten bleibt, daß man sich gegen alles Niedrige und Böse schützt. Diese Verhaltensweise wird auch ein neues, praktisches Verständnis für die tiefgründige Aussage Buddhas eröffnen:

«In diesem klafterhohen, mit Wahrnehmung und Bewußtsein versehenen Körper, da ist die Welt enthalten, der Welt Entstehung, der Welt Ende und der zu der Welt Ende führende Pfad.»

Anguttara Nikāya, 4:25

Die «Welt», wovon der Buddha spricht, ist in diesem Gebilde aus Körper und Geist enthalten; denn nur durch das Wirken unserer körperlichen und geistigen Sinnesvermögen kann die Welt überhaupt erfahren und erkannt werden. Die Sehobjekte, Töne, Düfte, Geschmäcke und körperlichen Eindrücke, die wir wahrnehmen, sowie die verschiedenen bewußten und unbewußten geistigen Prozesse – sie sind die Welt, in der wir leben. Und diese unsere Welt hat ihren Ursprung in eben dieser Ansammlung körperlicher und geistiger Prozesse, welche die karmische Tat des Begehrens nach den sechs körperlichen und geistigen Sinnesobjekten hervorruft.

«Wenn es, Ānanda, kein in sinnlicher Sphäre reifendes Wirken (*karma*) gäbe, würde es dann wohl sinnliches Dasein geben?»
«Das wohl nicht, o Herr.»

Anguttara Nikāya, 3:76

Deshalb ist Karma der Schoß, aus dem wir kommen (*karma-yoni*), der wahre Schöpfer der Welt und von uns, als den Erlebern der Welt. Durch unsere karmischen Handlungen in Taten, Worten und Gedanken sind wir unaufhörlich mit dem Bau und Umbau dieser Welt und der jenseitigen Welten beschäftigt. Selbst unsere guten Taten tragen, solange sie noch unter dem Einfluß des Begehrens, des Dünkels und des Unwissens stehen, zur Schaffung und Erhaltung dieser Welt des Leidens bei. Das Rad des Lebens gleicht einer Tretmühle, die durch Karma in dauernde Bewegung gesetzt wird, und zwar hauptsächlich durch die drei unheilsamen Wurzeln Gier, Haß und Verblendung. Das «Ende der Welt» kann nicht dadurch erreicht werden, daß man in der Tretmühle weiterwandert; das schafft bloß die Illusion des Vorankommens. Nur durch Aufgabe dieses nutzlosen Bemühens kann das Ende erreicht werden.

«Durch die Vernichtung der Gier, des Hasses und der Verblendung kommt es zur Aufhebung der Karmaverkettung» (*Anguttara Nikāya*, 10:174). Und dies wiederum kann nirgendwo sonst geschehen als in diesem Gebilde aus Körper und Geist, wo das Leiden und dessen Bedingungen ihren Ursprung haben. Es ist die hoffnungsvolle Botschaft der dritten Edlen Wahrheit, daß wir aus diesem Kreislauf vergeblichen Bemühens und Leidens heraustreten können. Wenn wir trotz unseres Wissens über die Möglichkeit der Befreiung dennoch in der Tretmühle des Lebens weiterwandern, so liegt die Ursache dafür in einem seit undenklichen Zeitaltern bestehenden Hang, der nur schwer aufzugeben ist. Es ist die tiefverwurzelte Gewohnheit, sich an die Vorstellung von

«Ich», «mein» und «Selbst» zu klammern. Aber auch hierfür gibt es die hoffnungsvolle Botschaft der vierten Edlen Wahrheit mit ihrem achtfachen Pfad. Es ist die Therapie, die uns von diesem Hang heilen und allmählich zum endgültigen Aufhören des Leidens führen kann. Und alles, was man für diese Therapie braucht, finden wir ebenfalls in unserem eigenen Körper und Geist.

Die geeignete Behandlung beginnt mit der richtigen Einsicht in das wahre Wesen des Karmas und dadurch in die Situation, der wir in der Welt ausgesetzt sind. Diese Einsicht wird einen starken Anstoß dafür schaffen, das Vorherrschen guten Karmas in unserem Leben sicherzustellen. Und da eben diese Einsicht sich dadurch vertieft, daß die menschliche Situation in dieser Welt noch klarer gesehen wird, kann sie zum Ansporn werden, die Ketten karmischer Unfreiheit zu zerbrechen. Sie wird den Menschen veranlassen, sich gewissenhaft auf dem Pfad zu bemühen und alles Wirken und dessen Früchte dem Ende alles Wirkens zu widmen: der endgültigen Befreiung unserer selbst und aller Lebewesen.

10. Die Praxis der Achtsamkeit
Bhikkhu Mangalo

Bhikkhu Mangalo, ein englischer Mönch, zeichnet in diesem Kapitel zuerst aus der Sicht eines Meditierenden ein eindrucksvolles Bild des inneren Theaters eines ungezähmten Geistes. Danach erklärt er, wie wir durch die Schulung der Achtsamkeit (smriti) mit dieser Situation arbeiten können. Die hier beschriebene Praxis steht in enger Beziehung zu den Übungen der Achtsamkeit auf den Atem, die wir in den vorigen Kapiteln kennengelernt haben. Bhikkhu Mangalo gibt uns hier allerdings sehr viel genauere Anweisungen zur Übung und einige kluge Hinweise auf Sackgassen, in die Menschen aus dem Westen leicht geraten können. Es ist zweifellos recht interessant und stiftet auch keinen Schaden, wenn der Leser oder die Leserin mit den hier beschriebenen Techniken etwas herumexperimentiert. Wenn Sie allerdings ernsthaftes Interesse entwickeln und gern tiefer eindringen wollen, ist es am besten, einen erfahrenen Meditierenden oder einen Lehrer zu Rate zu ziehen.

Der verrückte Affe

Wir fangen am besten damit an, unseren Ausgangspunkt zu betrachten.

Schauen wir uns doch den Geist einer normalen weltlichen Person einmal an. Wir finden einen Heuschreckengeist, einen Schmetterlingsgeist, der seinen momentanen Vorlieben und Impulsen hinterherjagt und Opfer von Reizen und seiner emotionalen Reaktion darauf ist – einer Reaktion, die praktisch völlig konditioniert und blind ist. Durch unseren Geist fließt ständig eine Kette von Assoziationen, Hoffnungen, Ängsten, Erinnerungen, Phantasien und von Bedauern, die von einem momentanen Kontakt der Sinne mit der Außenwelt ausgelöst werden. Es ist eine blinde, unaufhörliche, nie zufriedenzustellende Suche nach Befriedigung; voller Verwirrung, ohne Ziel und voller Leid. Das ist nicht

Wirklichkeit, sondern ein Wachtraum, eine Aufeinanderfolge von Begriffen und Phantasien. Die Welt ist aufgesplittert in erkennbare Formen, die wir identifiziert haben; sie tragen alle einen Namen, und auf der Grundlage dieser Namen – begriffliche Bilder der uns umgebenden Wirklichkeit – spinnt der Geist sein Gedankengewebe, in dem er sich verfängt.

Die Objekte verändern sich, ihr «Name» bleibt der gleiche, und der Geist hängt an diesen leeren Namen und Bildern, verliert den Kontakt mit der Wirklichkeit und versucht, in den Geschöpfen seiner eigenen Vorstellung die Befriedigung und Sicherheit zu finden, nach der er sich sehnt. Kein Wunder, daß man den Geist eine «Götzenfabrik» nennt, und daß Buddha einen solchen Geist als rastlosen Affen beschrieb, der sich auf der Suche nach sättigenden Früchten durch den endlosen Dschungel bedingter Ereignisse von Ast zu Ast schwingt. Die Fruchtlosigkeit, Unwirklichkeit und Enttäuschung, die zu einem solchen Leben gehört, zeigt sich von ganz allein mit bestürzender Deutlichkeit, wenn man diesen Prozeß klar wahrzunehmen beginnt.

Es ist Sinn und Zweck des Buddhismus – und ganz allgemein von Religion –, uns mit der Wirklichkeit wieder in Verbindung zu bringen, die wir aus Unwissenheit aus den Augen verloren haben; denn wir suchen das ersehnte Glück dort, wo es nicht zu finden ist – in den Schatten und Illusionen des eigenen Geistes. Daß der moderne Mensch seinem Geist gestattet, mit dieser blinden, qualvollen Ellenbogenmentalität ohne Disziplin und voller Verwirrung weiterzuleben, ist vielleicht das größte Wunder in einem Zeitalter, das sich so gern «wissenschaftlich» nennt. Der Mensch hat eine ungeheure Menge von Informationen – alles bloß Konzepte – über die Formen und Namen angehäuft, die das Universum bevölkern, und er hat die Naturgewalten auf eine Weise nutzbar gemacht und gezügelt, die seine Vorväter in Erstaunen versetzt hätte. Um Elektrizität zu gewinnen, baut er ungeheuer große, aufwendige und kostspielige Staudämme, und doch nützt ihm sein Wissen nichts. Er kennt seine eigene Natur nicht, denn – und das ist fast nicht zu glauben – er verwendet nicht einmal die kleinste Anstrengung darauf, seine eigenen Gedanken einzudämmen und zu zügeln, selbst wenn ihm halbwegs klar ist, daß sie ihn irreführen und quälen.

Über zahllose Generationen hinweg haben sich einige wenige dieser Aufgabe gestellt und sind damit gegen den Strom der menschlichen Gewohnheiten geschwommen; häufig trotz fast unglaublicher Entbehrungen und Entmutigungen, anfangs blind und oft ohne Lehrer. Einige erlebten einen triumphalen Durchbruch, einige schafften es mit Müh und

Not nach großem Leiden, doch berichten in ihren unterschiedlichen Sprachen übereinstimmend von dem gleichen Fund – von «etwas», das zu kennen bedeutet, alles zu kennen. Es ist das Ungeschaffene, die einzige dauerhafte Wirklichkeit; es ist unser eigenes wahres Wesen. Wenn wir es «entdecken», haben wir das größte Glück gefunden, neben dem alles je erfahrene Leiden plötzlich ohne Bedeutung ist. Darin stimmen sie alle überein. Und auf eine unfaßbare und doch ganz gewisse Weise finden die, die «Es» finden, das Todlose – sie überschreiten Leben und Tod. Das übersteigt unsere Sinne und unseren Verstand, und doch liegt darin die Kraft, durch die und mit der wir sehen, hören und denken. Es wird verhüllt durch den Fluß unwissender Gedanken; durch sie sehen wir nicht das, was ist, sondern das, was wir darüber denken. Es ist die alte Geschichte von dem Mann, der in der Dämmerung ein Stück Seil an einem Baum hängen sieht, es für eine Schlange hält und in Panik gerät.

Und so geht es immer weiter. Wir halten unsere eigenen Gedanken, diese bloßen Bilder der Wirklichkeit, für Wirklichkeit und gestatten unseren Emotionen, darauf zu reagieren. Diese Emotionen erzeugen durch den Wunsch, diese Störung zu beheben, noch mehr Gedanken, und damit schließt sich der tödliche Kreislauf. Ohne Unwissenheit über die Wirklichkeit würden wir nicht über sie nachdenken, ohne den Gedankenstrom gäbe es keine verzweifelten Emotionen, unser Geist wäre in Frieden, und wir *bräuchten* nicht zu denken.

Das Anhalten des begrifflichen Denkens

Der erste Schritt besteht also darin, die Assoziationskette von Begriffen und Wörtern, die den Geist überfluten, durchzuschneiden und den Geist durch Achtsamkeit bei der Gegenwart, bei dem, was *ist*, zu halten. In einem berühmten Vers sagte der Buddha:

> Jage nicht der Vergangenheit nach,
> suche nicht nach der Zukunft.
> Die Vergangenheit ist vorbei,
> die Zukunft ist noch nicht da.
> Sehe klar und auf der Stelle
> das Objekt, das *jetzt* da ist,
> finde den stillen, unbeweglichen Zustand des Geistes
> und lebe darin.

Das ist der Anfang einer geistigen Disziplin, und wenn wir uns daran *erinnern*, ist das Achtsamkeit.* Ohne diese Achtsamkeit übernimmt der Gedankenstrom wieder die Herrschaft, wühlt den Geist auf, bringt Verzweiflung und Täuschung – so wie die Wellen, die der Wind hochpeitscht, das Wasser in einem See trüben. In einem einzigen Augenblick verlieren wir unsere klare Sicht, den Frieden des Geistes und die Achtsamkeit für uns selbst. Daher nannte der Buddha die Achtsamkeit «den einzigen Weg»; er beschrieb das in einem sehr lebendigen Bild:

> Alle Ströme auf dieser Welt
> werden von Achtsamkeit angehalten.

Im Zen heißt es: «Der verrückte Geist hält nicht inne; hält er inne, ist das Erleuchtung.»

Die Praxis der Achtsamkeit wird allmählich eingeübt. Vollkommene Achtsamkeit für uns selbst ist die «Kunst der Künste und die Wissenschaft der Wissenschaften». Dazu gehört eine gründliche Lehrzeit. Wollen wir den eigenen Geist schulen, und zwar so, wie er jetzt ist, ist das schwieriger, als einen Hund oder ein Pferd zu zähmen. Denn der Geist ist nicht weniger eigensinnig als sie, doch hat er dazu noch den Einfallsreichtum und die Raffinesse des Menschen, die er ins Spiel bringt, wenn es darum geht, auszubrechen. Die Zähmung des Geistes ist jedoch weitaus lohnender; sie bringt schon am Anfang großen Frieden und große Freude und schenkt uns mit der Zeit große Schätze. Ist unser Geist unachtsam und eigensinnig, haben wir wenig Aussicht auf Glück – nicht einmal auf das einfache Glück eines friedlichen, sinnvollen und ausgeglichenen Lebens, geschweige denn auf das höchste Ziel des Lebens.

Was ist Achtsamkeit?

Worin besteht nun die «Praxis» der Achtsamkeit? Wie gehen wir dabei vor?

Achtsamkeit besteht einfach gesagt darin, daß wir daran denken, unsere Aufmerksamkeit voll und ganz auf die Gegenwart, das Hier und Jetzt, zu richten. Es ist ein «Denken ohne Bezugspunkte», ein «geistiges Fasten», «wahre Stille». Taucht durch einen der sechs Eingänge (die fünf

---

* Der Autor spielt hier mit der doppelten Bedeutung des Sanskrit-Wortes *smriti*, das sowohl «Achtsamkeit» als auch «Erinnerungsvermögen» bedeutet. (Anm. d. Übers.)

Sinne und die Vorstellung) ein Objekt im Geist auf, sehen wir es so, *wie es ist;* wir heißen es weder willkommen noch lehnen wir es ab, wir hängen nicht daran und versuchen auch nicht, es beiseite zu schieben. Wir «lassen es los wie ein Stück morsches Holz», wie der große Zen-Meister Huang-po es ausdrückte. Das ist die wahre Bedeutung des «Mittleren Weges» im Buddhismus; wir erkennen jedes auftauchende Objekt mit einem Geist, der «wach, voll bewußt und achtsam ist, an nichts haftet und nichts ablehnt». «Hasse nicht, liebe nicht, dann ist es klar und eindeutig», sagt Seng-ts'an, der dritte chinesische Patriarch des Zen, und der Buddha pflegte Achtsamkeit und volle Bewußtheit folgendermaßen zu erklären: «Wir erkennen, wie alle Wahrnehmungen, Gefühle und Gedanken aufsteigen, bleiben und wieder vergehen.» Er sagte häufig, seine Lehre sei, kurz gesagt: «Im Gesehenen sehen wir nur das Gesehene und im Gehörten nur das Gehörte.» Es geht immer um das gleiche.

Was aber finden wir, wenn wir das versuchen? Wir stellen fest, daß es fast unmöglich ist, das auch nur für einige Minuten durchzuhalten. Der Geist wird von einem Strom aufsteigender Gedanken und einer Rastlosigkeit hinweggeschwemmt, die uns an der Klarheit und Genauigkeit hindern, die wir brauchen, wenn wir nicht auf die aufsteigenden Gedanken und Objekte reagieren wollen. Anfangs gelingt uns das einfach nicht. Aus diesem Grund hat der Buddha mit Weisheit, Mitgefühl und «Geschick in den Mitteln» die Praxis der Achtsamkeit als allmähliche Schulungsmethode gelehrt. Wir können den Geist aus dem anfänglichen Chaos und der Verwirrung eines undisziplinierten wilden Büffelgeistes herausführen, es ihm abgewöhnen, «mit fremden Göttern zu huren», still zu werden und *das, was ist,* zu erkennen.

Die Grundlagen der Achtsamkeit

Zunächst ein Wort der Warnung. Rechte Sammlung *(samādhi)* oder Ruhe des Geistes ist der letzte Schritt auf dem Edlen Achtfachen Pfad des Buddha, der zur Verwirklichung führt; er ist nur möglich durch den Schritt davor, rechte Achtsamkeit. Diese Achtsamkeit hängt wiederum von den vorausgehenden Lernschritten ab; sie sind, kurz gesagt, rechte Erkenntnis, Moral und Entschlossenheit. Wenn man sich auf die Suche nach dem «Ich», dem Subjekt, begibt, braucht es zumindest ein gutes grundlegendes Verständnis, um die Sinnlosigkeit des Vergänglichen und Bedingten – und aller Objekte – im Licht des Unbedingten zu erkennen. Sonst kann sich der Geist nicht genug vom Nachdenken über die sich ständig verändernden Objekte ablösen und gelassene Achtsamkeit im Hier und Jetzt üben. Er will dann herumwandern und über seine «Götzen» nachdenken, denn wo unser Schatz ist, da ist auch unser Herz. Ohne die gute Grundlage einer moralischen Haltung dem Leben gegenüber ist Achtsamkeit ebenfalls auf Sand gebaut. Ein schlechtes Gewissen gleicht in der Tat trübem Wasser; man kann nichts klar darin sehen, «so, wie es ist». Ohne geistigen Frieden haben wir wenig Aussicht, den Fluß unserer Gedanken einzudämmen, selbst nicht mit aller Entschlossenheit der Welt. Natürlich sind wir alle nicht vollkommen – weit davon entfernt –, und es gelingt uns allen nicht, das zu leben, was wir unserem Wissen nach leben sollten. Doch wenn wir uns nicht zumindest aufrichtig und beherzt bemühen, die grundlegenden buddhistischen Regeln in die Tat umzusetzen, geben wir gleichsam ständig Gas und versuchen dabei zu bremsen. Später bringen uns größere Selbsterkenntnis und größerer Frieden auch größere Selbstkontrolle. Dazu gehören zumindest der aufrichtige *Wunsch*, gut zu sein, und das Bemühen darum, und auch aufrichtiges Bedauern über das Böse, was wir getan haben (und, falls möglich, eine Wiedergutmachung).

Vor allen Dingen muß der Geist anfangen, sich von den alten Mustern abzuwenden; das ist die wahre Bedeutung von «Reue» – Metanoia.

Damit in Zusammenhang steht die ständige Beschäftigung westlicher Menschen mit den Konzepten der Psychologie – dem Wunsch, «das Unbewußte bewußt zu machen» und dergleichen mehr. So warten sie geradezu darauf, daß «etwas aus dem Unbewußten auftaucht» – «Probleme, die nach einer Lösung verlangen» und ähnliches. Es soll hier nachdrücklich darauf verwiesen werden, daß psychologische Analyse nicht Bestandteil der Achtsamkeitspraxis ist. Ihr einziger Sinn und Zweck liegt darin, klarer zu erkennen, was in jedem Augenblick, *jetzt*, in der Gegenwart *ist, ohne darüber diskursiv nachzudenken*. Eine Analyse befaßt sich mit Begriffen. Meditation zielt auf geistige Ruhe ab und auf die leidenschaftslose Beobachtung dessen, was *ist*. Ohne Gedanken gibt es kein «Ich», ohne «Ich» keine Neurosen. Der Geist erholt sich im Schlaf, und durch Beschäftigungstherapie wird man von seinen Sorgen abgelenkt; wenn wir uns in den Finger geschnitten haben, reinigen wir ihn und lassen ihn dann in Ruhe, so heilt er ganz «natürlich». Genauso wird der Geist am besten durch Ruhe und Reinheit geheilt, dadurch, daß man ihn rein hält von emotionalen Reizen und quälenden Sorgen. Nichts fördert diesen Prozeß so wirksam wie die Praxis der Achtsamkeit. Durch ausdauernde Praxis erkennt man darüber hinaus immer mehr die Unwirklichkeit der «Ich»-Vorstellung; damit beseitigen wir die Grundlage aller geistigen Krankheiten und Sorgen. Kein Trick und keine besondere Art, Dinge zu betrachten, auch nicht die größte Bemühung, «das Unbewußte bewußt zu machen», befreit uns (beispielsweise) von «Unsicherheit», zumindest so lange nicht, wie wir Sicherheit für «uns selbst», für diesen Körper und Geist suchen. Sie *sind* unbeständig, und keinerlei Gedankenakrobatik ändert diese Tatsache oder kann uns Sicherheit schenken. Sobald die Vorstellung von einem «Ich» in diesem Körper verschwindet, verschwindet das ganze Problem. Zumindest für die Dauer der Achtsamkeitspraxis sollten wir jede Art von psychologischer Analyse am besten beiseite lassen. Der «Ich»-Gedanke ist das Problem – nicht seine Sorgen oder die Formen, die er annimmt.

Westliche Menschen haben das Bedürfnis, über ihre Meditationspraxis nachzudenken; das ist einer der Hauptgründe, warum es westlichen Menschen für gewöhnlich schwerer fällt, einen Meditationskurs erfolgreich abzuschließen, als Menschen aus dem Osten, und sie brauchen auch länger dafür. Viele Menschen aus dem Osten setzen sich einfach hin und praktizieren gewissenhaft, was ihre Lehrer ihnen geraten haben, und schließen so einen Kurs in wenigen Wochen ab. Die meisten Menschen aus dem Westen brauchen dafür die doppelte Zeit ...

Eine grundlegende Atemübung

Den besten Weg, mit der Achtsamkeitspraxis zu beginnen, hat der Buddha in seiner «Lehrrede über die Grundlagen der Achtsamkeit» *(Satipatthāna-Sutta)* beschrieben: Wir setzen uns hin und richten die Aufmerksamkeit auf die sichtbarste konstante Funktion des Körpers – den Atem. Der Atem ist eine halbautomatische Funktion, die uns im normalen Leben ständig begleitet und emotional ziemlich neutral ist. Aus diesem Grund ist er ein ideales Objekt, Achtsamkeit zu lernen und unsere Aufmerksamkeit bei dem zu halten, was *jetzt* und *hier* in uns vor sich geht. Die meisten Menschen stimmen darin überein, daß die beste Sitzhaltung bei der Praxis (theoretische Erörterungen lassen wir einmal beiseite) der Bodensitz mit gekreuzten Beinen ist, falls uns das möglich ist. Wir brauchen nicht den berühmten «vollen Lotos» einzunehmen, bei dem die Füße auf dem jeweils gegenüberliegenden Oberschenkel ruhen, und auch nicht den «halben Lotos», der vielen Menschen genauso viele Probleme bereitet wie der «einfache Nackenheber» (engl. *half-nelson*) im Ringen. Der einfache und «leichte» Schneidersitz reicht aus, notfalls plazieren wir unter ein schmerzendes Knie ein Kissen. Falls der Sitz mit gekreuzten Beinen unbequem für uns ist, müssen wir ihn jedoch nicht einnehmen. Heutzutage meditieren selbst im Osten viele Meditationslehrer auf einem Stuhl. Das einzig Wichtige, worauf wir achten sollten, ist eine wache, aufrechte Haltung mit möglichst geradem Rücken, die wir ohne quälende Schmerzen für mindestens eine Stunde einnehmen können. Wir sollten bei der Praxis ruhig (ohne umherzuzappeln), entspannt und aufmerksam sitzen. Die Hände ruhen entweder so im Schoß, wie wir es von Buddha-Statuen in Meditationshaltung kennen, oder sie liegen locker übereinander. Der Kopf ist aufrecht, die Augen sind geschlossen, und alle Muskeln sind soweit wie möglich entspannt und locker. Haben wir diese Haltung eingenommen, sollten wir für eine gewisse Zeit jede unnötige Bewegung sein lassen.

Der rechte Ort für die Ausrichtung der Aufmerksamkeit auf den Atem ist die Stelle im Gesicht, wo wir ihn am besten spüren. Das ist für jede Person etwas anders. Für manche ist die beste Stelle genau über der Oberlippe, für andere die Nasenspitze, für andere wiederum die Innenseite der Nasenflügel. Es spielt keine Rolle. Wichtig ist, daß wir ihn dort am klarsten spüren. Mit ein paar einleitenden Atemzügen können wir diese Stelle schnell finden. Die Aufmerksamkeit ruht auf der *körperlichen Empfindung* des Kontaktes mit der Luft und nicht auf der Vorstellung vom Atem. Wir sollten den Atem auch nicht beeinflussen oder bewußt regulieren. Das ist vielleicht anfangs ein wenig schwierig, und in den Anfangsstadien ist es auch nicht einfach, *reine Aufmerksamkeit* von *Kontrolle* zu unterscheiden. In diesem Fall sollten wir einfach jede unnötige und unnatürliche Kontrolle des Atems vermeiden und einfach leicht, natürlich und im normalen Rhythmus atmen, wobei der Geist auf der Empfindung ruht, die durch den Kontakt mit der Luft ausgelöst wird. Anfangs ist es vielleicht schwierig, diesen Kontakt mit der Luft klar wahrzunehmen. Machen Sie trotzdem weiter. Durch Übung und Ausdauer wird es leichter. Wir sollten uns darüber hinaus der Atemempfindung vom Beginn des Einatmens bis zu seinem Ende bewußt sein, und wieder vom Beginn des Ausatmens bis zu seinem Ende. Beim Einatmen sollten wir «Ein» wiederholen und beim Ausatmen «Aus». Damit stellen wir sicher, daß der Geist bei der Sache bleibt und nicht umherwandert.

Ablenkungen

Hat man die Übung noch nicht lange durchgeführt, so neigt der Geist von Anfängern ständig dazu, sich von der Beobachtung des Atems ablenken zu lassen. Gedanken über und Erinnerungen an die Vergangenheit, Hoffnungen und Ängste in bezug auf die Zukunft, Vorstellungen, Phantasien, theoretische Spekulationen, Zweifel und Sorgen im Hinblick auf die Meditation, Bilder und Formen vor dem geistigen Auge und ablenkende äußere Reize wie Geräusche, Schmerzen, Jucken, Bewegungsimpulse und so weiter versuchen ständig, den Geist auf «interessante Nebenpfade» zu locken. Wir brauchen uns deshalb nicht über Gebühr aufzuregen oder entmutigen zu lassen. Schließlich ist das ein Geisteszustand, an den wir über lange Zeit gewöhnt sind. Die Disziplin hat gerade erst begonnen. Rom wurde auch nicht an einem Tag erbaut. Wäre es so leicht, den Geist zu zähmen, gäbe es Erleuchtete gleich dutzendweise.

Der Buddha gab uns einen Hinweis: Wenn wir anfangen, unseren Geist von seinen schlechten Gewohnheiten abzubringen, gleicht er einem Fisch, den man aus seinem heimischen Gewässer herausgenommen hat und der jetzt zappelnd am Ufer liegt – das erleben wir jetzt praktisch. Doch alle haben oder hatten das gleiche Problem. Erleuchtung erlangen diejenigen, die nicht verzweifeln, sondern den Geist beharrlich an die Kandare nehmen, so wie wir einen aufgedrehten kleinen Hund geduldig, aber fest an Gehorsam gewöhnen. Wir sollten hier wie überall versuchen, den Mittleren Weg zu gehen, und das ist ein Weg auf Messers Schneide. Wir sollten entschlossen weitermachen – doch mit *sanfter* Entschlossenheit und nicht hektisch zwischen Verzweiflung und Fanatismus hin- und herschwanken. Das ist nur Ausdruck eines überstarken Ich («*Ich* will gut meditieren»). Wir brauchen entspannte Entschlossenheit; die klassischen buddhistischen Kommentatoren beschreiben es als vollkommenes Gleichgewicht zwischen Frieden (*samādhi*) und Kraft (*vīrya*). Beide sollten sich wie auch Unterscheidungsvermögen (*prajñā*) und Vertrauen (*shraddā*) vollkommen im Gleichgewicht befinden.

Wie gehen wir mit diesen Ablenkungen um? Wir sollten die Ablenkung sofort – oder zumindest so schnell wie möglich – bemerken und sie mit dem entsprechenden Begriff benennen, beispielsweise «Denken». Dann sollte der Geist wieder zu seiner eigentlichen Aufgabe zurückkehren – zur Atemempfindung. Wir sollten alle Neigungen umherzuwandern so schnell wie möglich bemerken, sobald sie auftreten. Sind wir erst einmal geübter, können wir sie sogar wahrnehmen, bevor sie auftauchen, denn wir spüren, wie der Geist sich abwenden möchte. Wir sollten uns aber nicht auf sie stürzen oder den Geist bei diesem Versuch in Unruhe versetzen. Wir sollten sie weder zu schnell noch zu langsam zur Kenntnis nehmen – es geht um den Mittleren Weg –, und zwar unverzüglich, bestimmt und klar, aber nicht übereilt, denn das regt den Geist nur auf und lenkt ihn ab.

Ein guter Rat lautet: «Wir brauchen uns nicht vor dem Aufkommen von Gedanken zu fürchten, nur davor, es zu spät zu bemerken.»

Bemühen wir uns unablässig darum, die Gedanken wahrzunehmen – so wie wir einen kleinen Hund jedesmal «bei Fuß» rufen, wenn er wegläuft –, dann *ist* das Meditation, und alles ist in Ordnung. Es handelt sich allerdings *nicht* um Meditation, wenn wir uns einerseits die Sache zu leicht machen und in Tagträume versinken oder uns andererseits aufregen und in Verzweiflung geraten, weil der Geist einfach nicht bei der Sache bleiben will.

Eine andere Art von Gedanken kann manchmal sehr ablenkend sein. Das sind die sogenannten ständigen Kommentare, Gedanken wie «Jetzt denke ich an nichts», «Jetzt läuft alles prima», «Das ist ja schrecklich, der Geist bleibt einfach nicht dabei» und so weiter. Häufig tauchen sie in der Form von Überlegungen auf, was wir wohl unserem Meditationslehrer sagen werden; wir stellen uns dann das ganze Gespräch genau vor. Wir sollten alle diese Gedanken einfach als «Denken» klassifizieren und sie, wie Huang-po sagt, «wie ein morsches Stück Holz fallen lassen». Es geht um «fallenlassen», nicht um *wegwerfen*. Ein Stück morsches Holz tut uns nichts zuleide, es ist einfach nutzlos, wir brauchen also nicht daran zu hängen. Wir brauchen auch die Assoziationskette unserer Gedanken nicht zurückzuverfolgen und auch nicht herauszufinden, wo sie anfing. Jeden derartigen Impuls sollten wir einfach als «Denken» erkennen und den Geist wieder zum Atem zurückführen. Wie schlecht es uns auch ergangen sein mag, wir fangen wieder am einzigen Ort an, an dem wir anfangen können – da, wo wir sind –, und machen da weiter. Psychologische Analysen sind ebenfalls «Denken».

Diese einfache Atemübung sollten wir jeweils eine Stunde lang durchführen (oder für die Zeitspanne, die der Meditationslehrer empfiehlt). Zwischen den Sitzungen sollte man folgende grundlegende Gehübungen durchführen – ebenfalls eine Stunde lang –, jeweils im Wechsel mit der Atemübung.

Eine grundlegende Gehübung

Zwischen den Übungen im Sitzen sollte sich der oder die Meditierende ein ruhiges Fleckchen suchen, wo er oder sie relativ ungestört hin- und hergehen kann. Die Strecke braucht nicht lang zu sein. Wenn das

Zimmer nicht zu klein ist, kann man dort gehen oder auch in einem Flur, auf einem Gartenweg oder in einer Halle. Es ist das beste, wenn wir bei dieser Übung bewußt langsamer als gewöhnlich gehen. Das Tempo eines langsamen Spaziergangs ist ideal, wir sollten allerdings, dem Tempo entsprechend, einfach und natürlich gehen. Beim Auf- und Abgehen sollten wir die Aufmerksamkeit auf die Bewegung der Füße und Beine richten. Beginnt sich der rechte Fuß vom Boden abzuheben, sollten wir «Heben» registrieren, bewegt er sich nach vorn, «Bewegen», und wenn er wieder auf den Boden aufsetzt, «Aufsetzen». Das gleiche gilt für den linken Fuß und so weiter.

Genau wie beim Sitzen, bei der Atemübung, sollten wir alle ablenkenden Gedanken oder Empfindungen entsprechend registrieren. Schaut man beim Gehen plötzlich etwas an, sollte man sofort «Sehen» registrieren und dann zur Bewegung der Füße zurückkehren. Umherschauen und die Einzelheiten der Objekte registrieren ist «Lust der Augen» und *nicht* Bestandteil der Übung.

11. Grenzenlose Freundlichkeit

Das Mettā-Sutta

Dieses nur auf Pāli und in späteren Übersetzungen überlieferte «Sūtra der Güte» (dem Pāliwort mettā *entspricht das Sanskritwort* maitrī, *«Güte») gilt, wie alle Sūtras (Pāli: Sutta), als Buddha-Wort.*

Es gibt wohl kaum einen Menschen, der nicht hin und wieder mal spontan einem anderen zur Hilfe käme – sei es, daß er einem hilflosen, mit seinen Einkaufstüten kämpfenden alten Menschen hilft, sei es, daß er im Gespräch einem Freund das Wort liefert, das er braucht, um seinen Gedanken ausdrücken zu können. Irgendwo ist in uns zumindest latent der Wunsch, es möge allen gutgehen.

Dieses Sūtra sagt nun in Worten von großer Schlichtheit und Schönheit, daß unsere natürliche Güte allen Wesen ohne jede Einschränkung zuströmen kann, wenn wir nur demütig werden und uns aus unseren Verhaftungen lösen. Das Sūtra weist uns auf das von der Natur selbst hervorgebrachte Muster grundloser Güte hin, wenn es uns auffordert, uns gegenüber allen Wesen so zu verhalten wie eine Mutter gegenüber ihrem Kind.

Das Mettā-Sutta *(hier in der deutschen Übersetzung von Nyanaponika Thera) wird in den Theravāda-Ländern Südostasiens von Mönchen und Laien täglich rezitiert. Es stellt gleichsam die Perspektive für eine grundlegende meditative Übung des Buddhismus, die Theravāda-Praxis des* Maitrī-Bhāvanā, *der «Entfaltung der Güte». Mit seiner Botschaft der vorbehaltlosen Güte gegenüber allen Lebewesen ist es jedoch zugleich das perfekte Bindeglied zwischen Hīnayāna und Mahāyāna (und wie wir in Kapitel 15 sehen werden, hat das Mahāyāna selbst eine besondere Meditationsform hervorgebracht, mit der die Pforten der Güte geöffnet werden sollen).*

Dies soll erwirken, wer des Heiles kundig
und wer die Friedens-Stätte zu verstehen wünscht:
Stark soll er sein und aufrecht, aufrecht voll und ganz.
Zugänglich sei er, sanft und ohne Hochmut.

Genügsam sei er und sei leicht befriedigt,
nicht viel geschäftig und bedürfnislos.
Die Sinne still, und klar sei der Verstand,
nicht dreist, nicht gierig, geht er unter Menschen.

Auch nicht im Kleinsten soll er sich vergehen,
wofür ihn andere, Verständige, tadeln möchten.
Sie mögen glücklich und voll Frieden sein,
die Wesen alle! Glück erfüll' ihr Herz!

Was es an Lebewesen hier auch gibt,
die schwachen und die starken, restlos alle;
mit langgestrecktem Wuchs und groß an Körper,
die mittelgroß und klein, die zart sind oder grob.

Die sichtbar sind und auch die unsichtbaren,
die ferne weilen und die nahe sind,
entstandene und die zum Dasein drängen –
die Wesen alle: Glück erfüll' ihr Herz!

Keiner soll den anderen hintergehen;
weshalb auch immer, keinen möge man verachten!
Aus Ärger und aus feindlicher Gesinnung
soll Übles man einander nimmer wünschen!

Wie eine Mutter ihren eignen Sohn,
ihr einzig Kind mit ihrem Leben schützt,
so möge man zu allen Lebewesen
entfalten ohne Schranken seinen Geist!

Voll Güte zu der ganzen Welt
entfalte ohne Schranken man den Geist:
nach oben hin, nach unten, quer inmitten,
von Herzens-Enge, Haß und Feindschaft frei!

Ob stehend, gehend, sitzend oder liegend,
wie immer man von Schlaffheit frei,
auf diese Achtsamkeit soll man sich gründen.
Als göttlich Weilen gilt dies schon hienieden.

In falscher Ansicht nicht befangen,
ein Tugendhafter, dem Erkenntnis eignet,
die Gier nach Lüsten hat er überwunden
und geht nicht ein mehr in den Mutterschoß.

DRITTER TEIL

Die Lehren des Großen Fahrzeugs

Einleitung

Das Mahāyāna oder «Große Fahrzeug» nahm im ersten und zweiten Jahrhundert n. Chr. mit einem Ausbruch schöpferischer Kraft seinen Anfang, in dessen Verlauf neue Sūtras entstanden, die sich in ihrer ganzen Art und in den Inhalten von den bisher bekannten stark unterschieden. Auch diese neuen Sūtras gaben sich als authentisches Buddha-Wort aus, nur seien diese Lehren des Buddha in anderen Daseinsbereichen verborgen geblieben, bis die Zeit reif war für ihr Erscheinen. Sie rückten ein Prinzip in den Vordergrund, das zwar auch in den Hīnayāna-Lehren schon enthalten war, dort aber nicht entwickelt wurde – den Begriff der «Leere» oder «Leerheit», Shūnyatā. Nach der Lehre des Buddha vom bedingten Entstehen *(pratītya-samutpāda)*, die er von Anfang an als einen wesentlichen Bestandteil seiner Erleuchtung bezeichnet hatte, sind alle entstehenden Dinge – alle physischen und psychischen Phänomene, alle Dharmas – voneinander abhängig und bedingen einander gegenseitig. Und da diese wechselseitige Abhängigkeit ihr Wesenszug ist, besitzen sie keine individuelle eigene Essenz. Sie *erscheinen* als unabhängige Wesenheiten, doch als solche sind sie leer.

Das Hīnayāna hatte die Idee der Leerheit vor allem auf das Ich angewendet. Das Mahāyāna ging nun einen Schritt weiter und erkannte alle Dinge als leer. Eine Blume, das Glück deines Freundes, dein Freund, ein Hund, deine Nase, ein mörderischer Haß, eine Briefmarke, dein «Ich», ein Liebesabenteuer, ein Auto – nichts davon ist mehr als ein wandelbarer Kausal- und Konditionalnexus. Die nackte, unmittelbare Erfahrung, die alle Begriffe durchschaut, offenbart dies. Die Welt als das, was der dualistische Verstand erfassen kann – ist leer. Unsere Erfahrung ist ein Tanz der Erscheinungen, ohne eine Wurzel von letzter Wirklichkeit.

Das heißt aber nicht, daß die Welt, die wir erfahren, nichts bedeutet und wir mit ihr umgehen können, wie wir wollen. Als Erscheinung existiert sie eben doch, und wir müssen sie behandeln, wie es ihr entspricht. Man kann sie weder wirklich noch unwirklich nennen. Sie ist, wie sie ist, weil sie nicht ist.

Die Neigung, die phänomenale Welt als unwirklich und letztlich belanglos anzusehen, wird von Buddhisten als Nihilismus abgelehnt. Die andere Neigung, sie als dauerhaft und von letzter Wirklichkeit zu erachten, als das, was tatsächlich und für immer zählt, wird als Eternalismus zurückgewiesen. Nihilismus und Eternalismus sind das, was im Buddha-Dharma «die beiden Extreme» genannt wird.

Der Umstand, daß die Leere im Mahāyāna-Denken einen so überragenden Stellenwert bekam, ließ eine ganz neue Weltsicht entstehen, eine Vision von zahllosen Welten, bevölkert von Wesen und Buddhas ohne Zahl. Für diese ins Kosmische geweitete universale Schau war das bisherige Ideal spiritueller Praxis, die individuelle Befreiung, nun plötzlich ein zu begrenztes Ziel. Die Praxis wandte sich deshalb von der ausschließlichen Innerlichkeit ab und nach außen, um dort nicht weniger als alles zu ihrem Gegenstand zu machen. An die Stelle des Arhat, der die Beendigung seines eigenen Leidens sucht, trat das spirituelle Ideal des Bodhisattva, der sein eigenes Eingehen ins Nirvāṇa aufzuschieben bereit ist, um das gesamte Universum aufzurütteln und alle seine Lebewesen von der Verblendung zu erlösen. Als Folge dieser neuen Ausrichtung trat der Begriff der Buddha-Natur (oder des Buddha-Wesens) in den Vordergrund; er besagt, daß alle Wesen im letzten Grunde immer schon erleuchtet sind. Daß die Gestalt des «historischen Buddha» Shākyamuni nun nicht mehr ganz die überragende Bedeutung besaß wie in früheren Zeiten, ist nicht weiter verwunderlich, denn wenn in allen Lebewesen Buddha-Natur ist, dann ist diese Welt in der Tat ein Kosmos unzähliger Welten mit unzähligen Buddhas, und Sein und Nichtsein sind gleichermaßen von Buddhaschaft durchtränkt.

Die Mahāyāna-Lehren breiteten sich vor allem in die nördlichen und östlichen Teile Asiens aus und wurden vorherrschend in Zentralasien, China, Tibet, der Mongolei, Japan und auch Vietnam. Eine der einflußreichsten Mahāyāna-Schulen wurde und blieb eine Richtung, die sich in China als Ch'an (die chinesische Form des Sanskritwortes Dhyāna, «Meditation») bildete, heute aber vor allem in ihrer japanischen Form, dem Zen, bekannt ist. Im Ch'an oder Zen liegt das Hauptaugenmerk auf dem «Sitzen in Versunkenheit» (jap. *zazen*) als «Buddhaschaft hier und jetzt», und die Meister dieser Schule üben sich in der Kunst, die «plötzliche Erleuchtung» herbeizuführen. Das Ch'an oder Zen ist auch ein besonders schönes Beispiel für die außerordentlich befruchtende Wirkung des Mahāyāna auf die verschiedensten Künste.

Einleitung | 179

Wandelnder Buddha. Wat Praya Pu, Nan, Thailand, 1426, Bronze. Foto mit freundlicher Genehmigung der Stratton/Scott Archives.
Im Theravāda-Buddhismus ist der historische Buddha Shākyamuni das wichtigste Sujet der plastischen Kunst. Die Thai bereicherten diese Thematik mit einer bedeutungsvollen Variante. Sie gaben die ruhende Symmetrie der üblichen Darstellungen des Buddha auf und zeigten ihn im fließenden Ebenmaß der Bewegung. Hier werden wir daran erinnert, daß die verwirklichte Buddhaschaft kein passiver Zustand ist, sondern das tätige Eingehen auf das Leben.

12. Vom Glauben an den Geist

Seng-ts'an

Das Hsin-hsin-ming *(jap.* Shinjinmei*), «Die Meißelschrift vom Glauben an den Geist», ist ein chinesisches Gedicht, das Seng-ts'an (wahrscheinlich 606 gestorben), dem dritten chinesischen Patriarchen des Ch'an oder* Zen* *(und dreißigsten Patriarchen nach dem Buddha Shākyamuni), zugeschrieben wird.* Hsin, *hier mit «Geist» übersetzt, wird auch häufig mit «Herz» oder «Herz-Geist» wiedergegeben und entspricht dem japanischen* Kokoro.

Über Seng-ts'ans Leben ist uns so gut wie nichts bekannt, und das Wenige ist von Legenden umrankt. Die alten Aufzeichnungen berichten aber von der Begegnung zwischen ihm und Hui-k'o, dem zweiten Patriarchen, bei der die für das Ch'an/Zen so charakteristische «Übertragung von Herz-Geist zu Herz-Geist» stattfand. Der Ausdruck besagt, daß Seng-ts'an bei dieser Gelegenheit Erleuchtung fand, und der Legende zufolge soll er dadurch sogar von Lepra geheilt worden sein.

In diesem Gedicht, das eine der frühesten Schriften des Zen darstellt und starke taoistische Einflüsse erkennen läßt, wird die Nichtdualität ausdrücklich thematisiert. Der «(Große) Weg», chinesisch Tao, *ist hier wie im späteren Zen ein Synonym für den von Buddha erkannten* Dharma, *die letzte Wahrheit oder Große Ordnung aller Dinge. Solange der Herz-Geist in der Nichtdualität weilt, ohne sich auf eine Unterscheidung von Subjekt und Objekt einzulassen, herrscht ein echter, aus sich selbst existierender Glaube, ein natürliches Vertrauen, das keiner Bestäti-*

---

* Ch'an *ist der chinesische,* Zen *der japanische Name dieser Schule des Mahāyāna. Genaugenommen müßte man deren chinesische Tradition als Ch'an, die spätere japanische als Zen bezeichnen. Da diese Schule aber durch Vertreter ihrer japanischen Form im Westen bekannt wurde, hat sich hier der Gebrauch der japanischen Terminologie eingebürgert (so z. B. auch bei «Kōan», «Satori» usw.). (Anm. d. Hrsg.)*

gung von außen bedarf. Die Erfahrung ist in vollkommener Übereinstimmung mit der Soheit, der Natur der Dinge, wie sie sind.

Wenn das Gedicht von «Zehntausend Erscheinungen» spricht, so ist das einfach der in China gern gebrauchte Ausdruck für «alle Phänomene».

Die «Meißelschrift vom Glauben an den Geist» wird hier in der deutschen Übersetzung von Ursula Jarand zitiert. Wie die (hier weggelassenen) Kommentare des modernen japanischen Zen-Meisters Soko Morinaga Rōshi in der deutschen Originalausgabe der Übersetzung deutlich machen, ist die Einfachheit des Ausdrucks von Seng-ts'an täuschend: Diese schlichten Worte sind Ausdruck einer Tiefe der Erfahrung von Nichtdualität, die sich erst in der beharrlichen Übung des Zen erschließt.

Der höchste Weg
ist nicht schwierig,
nur ohne Wahl.

Hasse nicht,
liebe nicht,
dann ist es* klar
und eindeutig.

Gibt es auch nur
die kleinste Unstimmigkeit,
dann entsteht ein Unterschied,
so groß wie der zwischen Himmel und Erde.

Wenn man es
vor eigenen Augen haben möchte,
darf weder Richtig
noch Falsch existieren.

Der Kampf zwischen
Verschiedenheit und Übereinstimmung
führt zur Krankheit
des Geistes.

---

* «Es» bezieht sich in Zen-Texten im allgemeinen auf die sich jeder begrifflichen Faßbarkeit entziehende «Wahre Wirklichkeit», das «Absolute», die eigene «Buddha-Natur». (Anm. d. Hrsg.)

Wer das subtile Prinzip
nicht kennt,
müht sich vergeblich,
die Gedanken zur Ruhe zu bringen.

Es ist absolut,
Große Leere,
ohne Zuwenig,
ohne Zuviel.

Wirklich,
nur Ergreifen und Verwerfen
sind der Grund
für Verschiedenheit.

Jage nicht
den Erscheinungen nach,
und verweile nicht
in der Vorstellung von Leere.

Im Einen
ist der Geist in Frieden,
und Verwirrung erschöpft sich
von selbst.

Will man die Bewegung des Geistes
zum Stillstand bringen,
dann führt gerade dies
zur völligen Bewegung.

Wenn man lediglich
diesen beiden Extremen anhaftet,
wie könnte man
das Eine verstehen?

Das Eine
nicht zu durchdringen
bedeutet,
beides zu verfehlen.

Die Erscheinungen verbannen bedeutet
das Zunichtewerden der Erscheinungen;
sich der Leere hingeben
heißt der Leere widersprechen.

Viele Worte,
viele Gedanken –
je mehr es sind,
desto weniger entsprechen sie.

Sind Worte und Gedanken abgeschnitten,
dann gibt es keinen Ort,
der nicht durchdrungen ist.

Kehrt man zum Ursprung zurück,
so erlangt man das Prinzip;
folgt man den Widerspiegelungen,
so verliert man die Essenz.

Ein Moment des Zurückkehrens
von den Widerspiegelungen
übertritt sogar
das Reich der Leere.

Der Wandel
des Reiches der Leere
erscheint abhängig
von Täuschungen.

Du brauchst nicht
nach der Wahrheit zu suchen;
laß nur unbedingt ab
von Überlegungen.

Verweile nicht
in dualistischen Anschauungen;
vermeide absolut,
ihnen zu folgen.

Existiert auch nur ein wenig
Richtig und Falsch,

dann wird der Geist
in Verwirrung verloren.

Zwei existiert
abhängig vom Einen,
aber man darf auch nicht
bei dem Einen verharren.

Wenn sich kein Geist erhebt,
sind die Zehntausend Erscheinungen
ohne Fehler.

Keine Fehler,
keine Erscheinungen –
Nicht-Erheben,
Nicht-Geist.

Das Subjekt folgt dem Objekt
und vergeht;
das Objekt folgt dem Subjekt
und versinkt.

Das Objekt ist abhängig
vom Subjekt ein Objekt;
das Subjekt ist abhängig
vom Objekt ein Subjekt.

Wer diese beiden Aspekte
verstehen möchte, muß wissen,
daß beides ursprünglich
eine Leere ist.

Die eine Leere
ist gleichzeitig beides
und enthält alle
Zehntausend Erscheinungen.

Es gibt weder
Feines noch Grobes;
warum sollte es
einseitige Anschauung geben?

Der Große Weg an sich
ist ruhig und weit –
weder leicht
noch schwer.

Kleinliches Denken
führt zu Zweifel und Zaudern;
je mehr man eilt,
desto mehr bleibt man zurück.

Anhaften bedeutet,
die Angemessenheit zu verlieren
und auf falsche Wege
abzukommen.

Loslassen ist
Natürlichkeit,
Soheit ist
ohne Gehen und Bleiben.

Sich dem eigenen Wesen anzuvertrauen,
ist Vereinigung mit dem Weg,
und die Sorgen werden zunichte,
als schlenderte man unbekümmert einher.

Wenn sich Gedanken fortsetzen,
widerspricht das der Wahrheit,
man versinkt in Dummheit
und ist unfrei.

Unfreiheit ermüdet den Geist;
wozu
über Entfernung und Nähe
nachdenken?

Will man
das Eine Fahrzeug erlangen,
darf man keinen Widerwillen gegen
die sechs Arten des Staubs* hegen.

---

* Die «sechs Arten des Staubs» sind die Objekte der Wahrnehmung, der fünf Sinne und des Denkens, das im Buddhismus ebenfalls zu den «Sinnen» gezählt wird. (Anm. d. Hrsg.)

Gegenüber den sechs Arten des Staubs
keinen Widerwillen hegen,
gerade das ist gleich
der vollkommenen Erleuchtung.

Der Weise tut nicht,
ein Dummkopf fesselt sich selbst.

Im Dharma gibt es
keine Unterschiede;
willkürlich haftet man selbst
an den Dingen.

Mit dem Geist
den Geist anzuwenden –
ist das nicht
ein großer Fehler?

Irrtum erzeugt
Ruhe und Chaos;
Erleuchtung ist ohne
Zuneigung und Abneigung.

Alle dualistischen Anschauungen
beruhen auf willkürlichen
eigenen Erwägungen.

Ein flüchtiger Traum,
ein Augenflimmern –
warum sich erschöpfen in dem Versuch,
diese zu erfassen.

Erlangen, verlieren,
richtig, falsch –
laßt all das
mit einemmal fahren.

Wenn das Auge* nicht schläft,
vergehen die verschiedenen Träume
von selbst.

---

* Das Auge der nicht-unterscheidenden Sicht der Dinge, «wie sie sind». (Anm. d. Hrsg.)

Wenn der Geist
keine Unterscheidungen trifft,
sind die Zehntausend Erscheinungen
Wie-Eins.

Wie-Eins an sich
ist unergründlich,
unverrückbar und frei
von Verwicklungen.

Betrachtest du
die Zehntausend Erscheinungen gleich,
dann kehrst du zurück
zum Natürlichen.

Sind die Ursachen vergangen,
dann gibt es
keine Vergleiche mehr.

Wird Bewegung angehalten,
so entsteht Nicht-Bewegung;
wird Ruhe bewegt,
so entsteht Unruhe.

Wenn beides schon nicht existiert,
wie könnte es dann das Eine geben?

Letztlich und endlich
gibt es keine Bestimmungen.

Übereinstimmender Geist*
ist Gleichheit,
alle künstlichen Handlungen
vergehen zusammen.

Zaudern und Zögern
vollkommen erschöpft,
ist der wahre Glaube
harmonisch und direkt.

---

* Mit der «Soheit», der wahren Wirklichkeit der Dinge übereinstimmender Geist. (Anm. d. Hrsg.)

Nichts bleibt zurück,
keine Erinnerungen.

Reine Klarheit
erstrahlt natürlich,
ohne Anwendung
der Geisteskraft.
Der Ort des Nicht-Erwägens
ist mit Wissen oder Gefühl
nicht zu ergründen.

Im Reich
der Wahrheit an sich
gibt es weder
andere noch Selbst.

Möchte man unbedingt Entsprechung,
so sage ich nur:
Nicht-Zwei!

Nicht-Zwei,
alles ist gleich –
es gibt nichts,
was nicht enthalten ist.

Die Weisen
aus den Zehn Richtungen*
treten alle
in diese Wahrheit ein.

In der Wahrheit gibt es
weder Verkürzung noch Verlängerung,
ein Gedankenmoment
ist zehntausend Jahre.

Es gibt weder
Sein noch Nichtsein,
nur die Zehn Richtungen
vor unseren Augen.

---

* Die acht Richtungen der Windrose sowie oben und unten – also «von überallher».

Das Kleinste ist
gleich dem Größten,
die Grenzen zwischen
den Welten verschwinden.

Das Größte ist
gleich dem Kleinsten,
es gibt keine
festen Grenzen.

Sein ist gleich Nichtsein,
Nichtsein ist gleich Sein.

Wenn etwas nicht Soheit ist,
braucht man es nicht zu bewahren.

Eins ist Alles,
Alles ist Eins.

Kann man es
auf diese Weise vollbringen,
warum sich dann noch
um Unvollendetes sorgen.

Glaube an den Geist
ist Nicht-Zwei,
Nicht-Zwei ist
Glaube an den Geist.

Der Weg der Worte ist zu Ende –
keine Vergangenheit,
Zukunft und Gegenwart.

13. Das *Herz-Sūtra*

Das Herz-Sūtra ist eines der bedeutendsten Mahāyāna-Sūtras, da es das zentrale Thema der Leere (shūnyatā) auf unübertrefflich prägnante und profunde Weise abhandelt. Es ist das kürzeste der vierzig Sūtras, die zusammen das Prajñāpāramitā-Sūtra bilden, dessen Titel meist mit «Sūtra der transzendenten Weisheit» übersetzt wird. Der volle Titel des Herz-Sūtra lautet «Herzstück des großen Sūtra der transzendenten Weisheit» – Mahāprajñāpāramitā-Hridaya-Sūtra.

In der hier geschilderten Szene ist der Buddha in einen tiefen Samādhi-Zustand eingetreten, während der Bodhisattva Avalokiteshvara (hier zusätzlich mit dem Ehrentitel Mahāsattva, «Großes Wesen», versehen), der die klare Schau der Leere besitzt, auf eine Frage Shāriputras hin erläutert, wie man vorgehen muß, wenn man sich «die das andere Ufer erreichende Weisheit» (so die wörtliche Übersetzung von Prajñāpāramitā) zum Ziel gesetzt hat. Als Avalokiteshvara geendet hat, stimmt der Buddha lediglich zu.

Dann preisen alle Anwesenden die Worte des Erhabenen. Das ist so zu verstehen, daß die gesamte Szene letztlich aus der Kraft seiner meditativen Versunkenheit hervorgeht.

Das Herzstück dieses der Meditation des Buddha entspringenden Herz-Sūtra ist der Satz «Form ist Leere; Leere ist Form.» «Form ist Leere» bedeutet, daß alle erscheinenden Formen – ein Baum, ein Bleistift, ein Schrei, eine Stimmung – in dem, was sie wirklich sind, in ihrer «Soheit», leer sind von all den Begriffen, mit denen wir sie zu erfassen und in unser Weltbild einzuordnen versuchen – leer von all dem, was wir auf sie projizieren. Deshalb gibt es «keine Form, kein Fühlen ... keine Nase, keine Zunge, keinen Körper» und so weiter. Die Dinge, die wir als unter diesen Namen existierend ausgeben, sind schiere Leere – leer nämlich von den Bedeutungen, die wir diesen Namen unterlegen, und leer von der Wesenhaftigkeit, die diese Bedeutungen zu suggerieren versuchen.

Die Liste der Negationen in diesem Sūtra schließt auch allerlei Dinge ein, die ansonsten positive Inhalte der buddhistischen Lehre sind. Sogar

die Vier Edlen Wahrheiten – vom Leiden, von seiner Ursache, seiner Aufhebung und dem Weg zu seiner Aufhebung – werden negiert.
Der Leere entgeht nichts. Dies ist die große Befreiung, denn was uns eigentlich gefangenhält, ist die Welt der zugeschriebenen Bedeutungen, in der wir leben. Wenn diese Bedeutungen abgezogen werden, können wir in der reinen Dimension der Leere leben, vollkommen frei, aller Beschränkungen enthoben. Daher das Gate-Mantra – «Gegangen, gegangen, hinübergegangen, ganz und gar hinübergelangt – erleuchteter Geist, Segen».
Aber es hat mit dieser Leere doch noch etwas mehr auf sich. Denn in dem, was wir bisher gesagt haben, wird «Leere» selbst wieder ein Begriff, eine Projektion, die alle begrifflichen Unterscheidungen überstrahlt, wie man in allzu grellem Licht gar nichts mehr sehen kann. Diese vordergründig begriffliche Leere ist noch nicht «die das andere Ufer erreichende Weisheit». Daher der zweite Teil des eingangs zitierten Satzes: «Leere ist Form.» Die Leere nimmt Form an, nämlich die der Formen, wie sie jenseits aller begrifflichen Zuschreibungen in sich selbst sind – leer auch von Leerheit.
Mit diesem zweiten Gesichtspunkt für das Verständnis der Leere dürfte es sich lohnen, an den Anfang des Sūtra zurückzugehen und es sich noch einmal genau zu vergegenwärtigen.
(Die deutsche Übertragung folgt der englischen Übersetzung des Nālandā Translation Committee.)

Das Herzstück des großen Sūtra der transzendenten Weisheit

So habe ich gehört. Einst weilte der Erhabene in Rājagriha am Geiergipfel-Berg zusammen mit einer großen Versammlung aus dem Sangha der Mönche und einer großen Versammlung aus dem Sangha der Bodhisattvas.

Zu der Zeit ging der Erhabene in den Samādhi ein, in welchem der Dharma namens «tiefe Erleuchtung» sich bekundet, und der edle Avalokiteshvara, der Bodhisattva-Mahāsattva, indem er die tiefe Prajñāpāramitā übte, sah dies: Er sah, daß die fünf Skandhas ihrer Natur nach leer sind.

Dann, durch die Macht des Buddha, sprach der ehrwürdige Shāriputra zum edlen Avalokiteshvara, dem Bodhisattva-Mahāsattva: «Wie sollen

ein Sohn oder eine Tochter aus edler Familie sich schulen, wenn sie die tiefe Prajñāpāramitā zu üben wünschen?»

So angesprochen, erwiderte der edle Avalokiteshvara, der Bodhisattva-Mahāsattva, dem Shāriputra: «Ein Sohn oder eine Tochter aus edler Familie, Shāriputra, die sich in der tiefen Prajñāpāramitā üben möchten, sollten so sehen, daß sie die fünf Skandhas als ihrer Natur nach leer sehen. Form ist Leere; Leere ist Form. Leere ist nichts anderes als Form; Form ist nichts anderes als Leere. Auf eben diese Weise sind auch Empfinden, Wahrnehmen, Formkräfte und Bewußtsein Leere. Daher, Shāriputra, sind alle Dharmas Leere. Hier sind keine Eigenschaften. Hier ist keine Geburt und kein Enden. Hier ist keine Unreinheit und keine Reinheit. Hier ist kein Abnehmen und kein Zunehmen. Deshalb, Shāriputra, gibt es in der Leere keine Form [Körperlichkeit], kein Empfinden, keine Wahrnehmung, keine Formkräfte, kein Bewußtsein; kein Auge, kein Ohr, keine Nase, keine Zunge, keinen Körper, kein Denken; kein Sichtbares, kein Hörbares, keinen Geruch, keinen Geschmack, keine Berührung, keine Denkinhalte; keinen Augen-Dhātu bis keinen Geist-Dhātu, keinen Dhātu der Dharmas, keinen Dhātu des Geist-Bewußtseins; keine Unwissenheit, kein Ende der Unwissenheit bis kein Alter, keinen Tod, kein Ende von Alter und Tod; kein Leiden, keinen Ursprung des Leidens, keine Beendigung des Leidens, keinen Weg; keine Weisheit, kein Erlangen und kein Nichterlangen. Und, Shāriputra, weil die Bodhisattvas kein Erlangen haben, weilen sie vermöge der Prajñāpāramitā. Es gibt keine Verdunkelung des Geistes und daher auch keine Furcht. Sie überwinden die falschen Ansichten und erlangen das vollständige Nirvāna. Alle Buddhas der drei Zeiten erwachen vermöge der Prajñāpāramitā zur unübertrefflichen, wahren, vollkommenen Erleuchtung. Deshalb soll das große Mantra der Prajñāpāramitā, das Mantra der großen Einsicht, das unübertroffene Mantra, das seinesgleichen nicht kennt, als die Wahrheit erkannt sein, denn es

◁ *Prajñāpāramitā. Indonesien, um 1300, Stein. Nationalmuseum, Jakarta. Foto von Dirk Bakker.*
Prajñāpāramitā, die transzendente Weisheit, ist die Weisheit, welche die Leere sieht. Man nennt sie auch «Mutter aller Buddhas», und in der Vajrayāna-Kunst wird sie als weiblicher Bodhisattva dargestellt. Mit der heiteren Gelassenheit ihrer Züge und der frischen, lebendigen bildnerischen Gestaltung ist diese Prajñāpāramitā von zwingender Kraft. Der mündlichen Überlieferung zufolge soll sie als Grabdenkmal für Dedes, die erste Königin der Singasari-Dynastie Ost-Javas, entstanden sein.

gibt hier keine Täuschung. So aber spricht man das Prajñāpāramitā-Mantra:

OM GATE GATE PĀRAGATE PĀRASAMGATE
BODHI SVĀHĀ.

So, Shāriputra, soll sich ein Bodhisattva-Mahāsattva in der tiefen Prajñāpāramitā schulen.»

Da trat der Erhabene aus seiner tiefen Versunkenheit hervor und pries den edlen Avalokiteshvara, den Bodhisattva-Mahāsattva, mit den Worten: «Gut, gut, Sohn aus edler Familie; so ist es, Sohn aus edler Familie, so ist es. Man soll die tiefe Prajñāpāramitā gerade so üben, wie du es lehrst, und alle Tathāgatas werden voller Freude sein.»

Als der Erhabene so gesprochen hatte, da jauchzten der ehrwürdige Shāriputra und der edle Bodhisattva-Mahāsattva Avalokiteshvara und die ganze Versammlung und die Welt mit ihren Göttern, Menschen, Asuras und Gandharvas und priesen die Worte des Erhabenen.

14. Geben und Nehmen

Gyalwa Gendün Gyatso, der zweite Dalai Lama

Gendün Gyatso, der zweite Dalai Lama (1475–1542) und der erste, der als Inkarnation in der Linie der Dalai Lamas anerkannt wurde, reiste viel in Tibet umher, um zu lehren. Daneben fand er auch noch Zeit, philosophische und praxisorientierte Kommentare zu den verschiedensten buddhistischen Themen zu verfassen. In der vorliegenden Schrift beschreibt er sehr plastisch die Praxis des «Gebens und Nehmens», die ein wesentliches Element des Lojong («Geist-Schulung») darstellt, einer Lehre, die der große indische Pandit Atisha (980/90–1055) in Tibet einführte. Er ist es, dem Gendün Gyatso am Beginn des Textes seine Ehrerbietung bezeigt. Atisha war der Gründer der Kadam-Schule (Kadampa – «Schule der mündlichen Unterweisung»), einer Schule der spirituellen Praxis, der es um die Entwicklung echter und sehr konkreter Barmherzigkeit gegenüber allen Wesen geht. Die auf Atisha zurückgehende Überlieferung wurde von den anderen Schulen des tibetischen Buddhismus absorbiert, insbesondere von der Gelug-Schule (Gelugpa). Dadurch sind die Dalai Lamas, die Oberhäupter der Gelugpa, die unmittelbaren Erben dieser Tradition, und wenn wir hier den zweiten Dalai Lama hören, ist es fast so, als spräche er mit der Stimme Atishas, jenes großen indischen Bodhisattva des Erbarmens.

Der Hintergrund für die hier im Detail beschriebene Übung des Gebens und Nehmens ist die Mahāyāna-Lehre des relativen und absoluten Bodhichitta («Geist der Erleuchtung»). Relatives Bodhichitta (hier als «landläufiger Bodhi-Geist» übersetzt) hat mit dem Verlangen nach Wahrheit zu tun, von dem in der Einleitung zum ersten Kapitel die Rede war. Es besteht in dem von Barmherzigkeit genährten Wunsch, zum Wohl anderer Erleuchtung zu finden, und natürlich im tatsächlichen Aufnehmen der Schulung, die einen dazu befähigen wird. Der absolute Geist der Erleuchtung ist das unmittelbare Innewerden der wahren Natur aller Phänomene, nämlich der Leere.

Bei der in ihrer genialen Direktheit unfehlbar wirksamen Übung des Gebens und Nehmens (die im beschriebenen Ablauf eigentlich ein Nehmen und Geben ist) geht es darum, echtes Mitgefühl oder Erbarmen wachzurufen. Das geschieht in mehreren Phasen, bei denen man so lange verweilt, wie es nötig ist, mitunter jeweils nur wenige Minuten. Zuerst meditieren Sie kurz über Ihr Begehren, Erleuchtung zu erlangen. Anschließend visualisieren Sie, dem im Mettā-Sutta (Kapitel 11) gegebenen Bild von der Haltung einer Mutter gegenüber ihrem Kind folgend, Ihre eigene Mutter auf eine im Text sehr eindringlich geschilderte Weise. Dann fassen Sie den Entschluß, die Verantwortung für das Wohlergehen Ihrer Mutter zu übernehmen, und damit beginnt die Übung des Nehmens und Gebens. Das Nehmen geschieht mit dem Einatmen, das Geben mit dem Ausatmen. Bei jedem Einatmen und Ausatmen tun Sie Ihr Bestes, um der beschriebenen Haltung und Handlungsweise zu entsprechen.

Dadurch vergegenwärtigen Sie sich, daß jedes Lebewesen im Verlauf unvorstellbar vieler Wiedergeburten schon einmal die Mutter jedes anderen Lebewesens war. Dadurch wird es Ihnen nun möglich, das Mitgefühl, das Sie Ihrer eigenen Mutter entgegenbringen, auch auf andere Menschen zu übertragen. Hier setzt sich die Übung des Nehmens und Gebens in drei Stufen fort: gegenüber einem Freund, gegenüber einem Fremden und gegenüber einem Menschen, den man nicht mag. Danach wird die Übung auf viele und schließlich auf alle Wesen ausgedehnt.

Wenn Sinngehalt und Ablauf der Übung klargeworden sind, wird der Übende von Gendün Gyatsos klaren und direkten Anweisungen geführt. Zu betonen bleibt aber, daß ein gründliches Vertrautsein mit grundlegenden Meditationstechniken wie etwa dem Atem-Gewahrsein (Kapitel 8, 9, 11) eine wesentliche Voraussetzung für echten Erfolg bei Übungen wie der des Gebens und Nehmens ist. Ohne diese grundlegende Schulung wird Ihr Geist allzu leicht abschweifen und sich lieber bei den interessanten Assoziationen aufhalten, die das Geben und Nehmen vielleicht auslösen.

Im zweiten Teil führt der Text in die Meditation über den absoluten Bodhi-Geist (bodhichitta) ein. Das ist eine konkrete und praktische Lektion zu dem, was man im Mahāyāna «zweifache Ichlosigkeit» nennt. Die erste ist das Nichtvorhandensein eines realen Ich, also Ichlosigkeit im ursprünglichen Sinne. Die zweite «Ichlosigkeit» meint das Fehlen einer individuellen Essenz in allen Dharmas, das heißt in allen Phänomenen. Von «zweifacher Ichlosigkeit» spricht man, weil die Projektion gesonder-

ter, eigenständiger Wesenheiten «da draußen» und die Projektion eines gesonderten, eigenständigen Ich «hier drinnen» untrennbar miteinander verbunden sind.

Verehrung den Lotos-Füßen Atishas, der untrennbar eins ist mit dem unvergleichlichen Tsongkhapa. Hier trage ich vor: Eine leicht zu verstehende Girlande von Worten, die bündig erklären, wie über die beiden Arten von Bodhi-Geist – den landläufigen und den höchsten – zu meditieren ist. Die Essenz aller ihrer Lehren.

Wie man über den gewöhnlichen Bodhi-Geist meditiert

Die Meditation über den Bodhi-Geist im herkömmlichen Sinne beginnt mit der Meditation über Liebe und Erbarmen – mit dem Streben nach eigenem Erlangen der Buddhaschaft als dem besten Mittel, zum Wohle aller Lebewesen zu wirken. Liebe und Mitgefühl bilden die Grundlage der Meditation, die «Geben und Nehmen» genannt wird und (in der Tradition Atishas) das wichtigste Mittel zum Wachrufen von Bodhi-Geist im herkömmlichen Sinne ist.

Setze dich in bequemer Haltung auf deinen Meditationssitz und vergegenwärtige dir bildhaft deine Mutter dieses jetzigen Lebens, wie sie vor dir sitzt. Vergegenwärtige dir, wie sie dich fast zehn Monate lang in ihrem Schoß trug und in dieser Zeit mancherlei Ungemach für dich ertrug. Dann, unter Schmerzen, die dem Zermalmtwerden nicht nachstehen, brachte sie dich zur Welt. Doch für dich erduldete sie all diese Qualen gern, wie groß sie auch sein mochten; und als du schließlich aus ihrem Schoß hervorkamst, den Anblick eines blut- und schleimbedeckten nackten Wurms bietend, nahm sie dich liebevoll in die Arme und legte dich an ihr weiches Fleisch, um dich zu wärmen, ließ dich Milch an ihren Brüsten trinken, um dich zu nähren, säuberte deine Nase von Schleim, deinen Körper vom Kot, sah mit lächelndem Antlitz auf dich herab, und in der Nacht opferte sie dir ihre eigene Bequemlichkeit und ihren Schlaf. Sie wollte lieber selbst krank sein als zuzulassen, daß du krank würdest, ja, sie hätte selbst den Tod nicht gescheut, um zu verhindern, daß dir ein Leid geschieht. Als du dann größer wurdest, gab sie dir all das, was ihr zu teuer war, um es selbst zu benutzen oder anderen zu schenken; die besten Speisen gab sie dir und dazu warme, weiche Kleidung. Alles war sie für dich zu tun bereit, auch wenn es

Schimpf und Schande für sie bedeutet hätte. Sie trug weder Sorge für ihr Glück in diesem Leben noch Vorsorge für ihr Glück in künftigen Leben und hatte nur dein Versorgtsein, dein Glück, dein Wohlergehen im Sinn. Doch ihre Güte war damit nicht zu Ende: Daß du den Lamas begegnet bist und nun die Möglichkeit hast, den heiligen Dharma zu studieren und zu üben und dadurch Frieden und Glück für dieses Leben und danach zu finden, ist einzig und allein die Folge ihrer Güte.

Meditiere darüber, bis du sie mehr zu schätzen weißt als alles andere, bis das Herz dir aufgeht in Liebe zu ihr und der bloße Gedanke an sie dein Gemüt mit Freude erfüllt. Dann vergegenwärtige dir, daß dem Körper und dem Geist deiner Mutter die Bürde des Leidens von Geburt, Alter, Krankheit und Tod auferlegt ist und sie nach ihrem Tode hilflos umherirren muß und vielleicht sogar in die niederen Daseinsbereiche gelangt. Wenn du lange genug und mit ausreichender Sammlung darüber meditierst, wirst du spontan ein Mitfühlen in dir gebären, so groß wie das einer Mutter, die ihr einziges Kind in einer Feuergrube gemartert sieht.

Dann denke: «Wenn ich es nicht auf mich nehme, für meine Mutter das Segensreiche zu schaffen und das Schädliche zu tilgen, wer wird es dann auf sich nehmen? Wenn ich nichts unternehme, wer dann?»

Doch was schadet ihr eigentlich? Leiden und ungute Eigenschaften schaden ihr. Das Leiden gereicht ihr unmittelbar zum Schaden, die unguten Eigenschaften jedoch auf indirekte Weise. Denke: «Diese also sollte ich von ihr lösen.»

So betrachte es. Und während du nun einatmest, stell dir bildlich vor, wie du all ihre gegenwärtigen Leiden und unbefriedigenden Lebensumstände, aber auch das negative Karma und die abträglichen Gemütsverfassungen, die Ursache all ihrer künftigen Leiden sind, zusammen mit deiner Atemluft einatmest. Sie lösen sich ab von ihrem Körper und Geist und gelangen, angesaugt von deinem Atem, in Gestalt einer schwarzen Wolke in dein Herz. Wecke in dir die Überzeugung, daß sie dadurch vom Leiden und seinen Ursachen befreit wird.

Und wiederum, was eigentlich nützt ihr? Glück und Gutheit nützen ihr. Glück gereicht ihr unmittelbar zum Nutzen, Gutheit dagegen auf indirekte Weise. Denke: «Diese also sollte ich ihr geben.»

So meditiere. Und während du nun ausatmest, stell dir bildlich vor, wie du zusammen mit deiner Atemluft eine weiße Wolke von Glück und Gutheit ausatmest, die ihr ins Herz dringt und sie wie mit einer wunderbaren Substanz von Glück, Tugend und Gutheit erfüllt und sie den Weg zur Buddhaschaft weitergehen läßt.

Danach und in gleicher Weise, wie du bisher deine Mutter als Gegenstand deiner Meditation genommen hast, vergegenwärtige dir, daß alle deine Freunde und Verwandten in früheren Leben ein ums andere Mal deine Mutter gewesen sind und die gleiche Güte an dir walten ließen wie deine jetzige Mutter. In jedem früheren Leben haben sie dir, wie deine Mutter, all die Güte einer Mutter entgegengebracht und verdienen wahrlich deine Liebe und Wertschätzung ebenso wie die Mutter dieses Lebens. Betrachte sie immer wieder als diese gütigen Mütter, bis der bloße Anblick eines dieser Menschen dein Herz mit Freude und Dankbarkeit erfüllt.

Dann erwäge, wie sie, in ihre Leiden verstrickt, bar allen wahren Glücks sind. So meditiere weiter, bis ein Mitfühlen erwacht, dem ihr beklagenswerter Zustand unerträglich ist. Wenn du Liebe und Erbarmen in dir geboren hast, bediene dich der Meditation des Gebens und Nehmens in der geschilderten Weise.

Ist dies verwirklicht, so vergegenwärtige dir bildlich einen ungeliebten Menschen, einen Freund und einen Fremden (das heißt jemanden, dem gegenüber du keine starken Gefühle hast). Obwohl deine Erinnerung verdunkelt sein mag von wiederholten Toden, Aufenthalten im Zwischenbereich und Wiedergeburten, ist wahrhaftig jeder von ihnen in zahllosen früheren Leben deine Mutter gewesen, hat dann die gleiche Güte an dir walten lassen wie die Mutter deines gegenwärtigen Lebens, hat unermeßlich viel Gutes an dir gewirkt und dich vor allem beschützt, was dein Wohlergehen hätte beeinträchtigen können. Wie zuvor laß Liebe und Erbarmen für sie in dir entstehen und nimm sie dann als Gegenstand deiner Meditation des Gebens und Nehmens.

Sodann meditiere darüber, wie alle Wesen der sechs Daseinsbereiche immer wieder, Leben für Leben, deine Mutter gewesen sind. Laß Liebe und Erbarmen für sie wach werden und widme dich dem Geben und Nehmen: Beim Einatmen nimm ihnen all ihre Leiden – die Hitze der Heißen Höllen, die Kälte der Kalten Höllen, den quälenden Hunger der Hungrigen Geister, die gnadenlose Feindseligkeit des Tierreichs, die Leiden von Geburt, Krankheit und Alter im Menschenreich, die Gewalttätigkeit der Gegengötter und das kaum merkliche, aber allgegenwärtige Leiden der höheren Götter; und beim Ausatmen gib ihnen alles, was ihnen Freude und Behagen schenken kann – kühlen Wind den Heißen Höllen, Wärme den Kalten, Sättigung den Geistern und so fort.

Zuletzt vergegenwärtige dir einen Feind oder Menschen, die dir Schaden zugefügt haben. Sieh ganz klar, wie sie – von Unwissenheit und zahllosen Geburten, Toden und Wiedergeburten verwirrt – nicht sehen können, daß sie viele Male deine Mutter gewesen sind und du ihre; wie sie – von karmischen Kräften und Verdunkelungen des Geistes überwältigt – einem blinden Drang folgen, dir in diesem Leben Schaden zuzufügen. Und bedenke: Wenn deine gütige Mutter dieses Lebens urplötzlich rasend würde und dich beschimpfte oder gar handgreiflich würde, auch dann, solange nicht alle Einsicht dir abhanden kommt, würdest du ihr mit nichts anderem als Erbarmen begegnen. So ist das tätige Mitgefühl auch gegenüber denen, die dich in diesem Leben mißhandeln oder beschimpfen, das einzig Mögliche.

Meditiere so, bis Liebe und Erbarmen erwachen, dann übe das Geben und Nehmen: Nimm weg die unmittelbaren und mittelbaren Ursachen, die sie so zornig, verwirrt und unglücklich machen, und gib ihnen das, was Frieden und Freude stiftet.

Kurzum, mache alle Wesen außer den Buddhas und deinen persönlichen Lehrern zum Gegenstand der Übung des Gebens und Nehmens, sogar Bodhisattvas der zehnten Stufe, Shrāvakas, Arhats und Pratyeka-Buddhas, die immer noch subtile Makel von falscher und begrenzter Wahrnehmung zu läutern haben. Müßig ist es jedoch, das Geben und Nehmen mit den Buddhas zu üben, denn sie haben alle ihre Makel bereinigt und es gibt für sie keine Mängel mehr, die zu beseitigen, keine Eigenschaften, die zu erlangen wären. Was aber deinen Meister angeht, so ist es nicht zulässig, an ihm das Geben und Nehmen zu üben, denn es geht nicht an, daß ein Schüler an seinem Meister Fehler sieht. Selbst wenn am Meister tatsächlich Schwächen zu erkennen sind, soll der Schüler sich nicht auf diese Weise vorstellen, er beseitige sie. Den Buddhas und deinem Meister kannst du nur Opfer deiner Redlichkeit und Freude darbringen.

An dieser Stelle wirst du dich wohl fragen: «Aber besitze ich denn wirklich die Fähigkeit, die Bedürfnisse aller Lebewesen vollständig zu erfüllen?»

Die Antwort lautet: Nicht nur ein gewöhnliches Wesen hat diese Fähigkeit nicht, auch ein Bodhisattva der zehnten Stufe hat sie nicht.

Frage: Wer also hat sie?

Antwort: Nur ein ganz und vollkommen erleuchtetes Wesen, ein Buddha.

Dies vergegenwärtige dir in aller Klarheit und Tiefe, bis in dir das wirklich echte Verlangen erwacht, vollkommene Buddhaschaft zu erlangen, um wahrhaft zum Wohl aller Lebewesen wirken zu können.

Wie man über den höchsten Bodhi-Geist meditiert

Manchmal stellt sich ganz plötzlich und mit Macht der Ich-Gedanke ein. Wenn wir in solch einem Augenblick genau darauf achten, wie er sich bildet, werden wir verstehen können, daß dieses manifeste Ich zwar von Anfang an dieser Zusammenballung von Geist und Körper innezuwohnen scheint, in Wahrheit jedoch überhaupt nicht in dieser Weise existiert, weil es eine bloße Zuschreibung des Geistes ist.

Das ist wie mit einem vorstehenden Felsen oder einem Baum, den man vor dem Himmel aufragen sieht: Von weitem könnte man ihn für einen Menschen halten. Doch das Vorhandensein eines Menschen in diesem Felsen oder Baum ist nichts als Einbildung. Bei näherem Hinsehen findet man in keinem Teil dessen, was da herausragt, irgend etwas Menschliches, auch nicht in der Gesamtheit seiner Teile oder in irgendeinem anderen seiner Züge. Nichts an diesem Ding berechtigt uns, ihm den Namen «Mensch» zu geben.

So ist auch dieses feste Ich, das irgendwo in Körper und Geist zu existieren scheint, nichts weiter als eine Mutmaßung und Zuschreibung. Körper und Geist sind ebensowenig mit dem Gefühl eines Ich richtig erfaßt wie der Felsen mit dem Wort «Mensch». Dieses Ich hat seinen Ort weder in irgendeinem Teil von Körper und Geist noch in der Gesamtheit von Körper und Geist, noch gibt es irgendwo außerhalb etwas, das man als stofflichen Träger jenes Etwas ansehen könnte, dem man den Namen «Ich» gibt.

Meditiere auf diese Weise, bis dir einleuchtet, daß das Ich nicht in der Weise existiert, wie es zu existieren scheint.

So sind auch alle Dharmas im Kreislauf von Geburt und Tod bloße Zuschreibungen dieses oder jenes Namens, die der Geist an ihre Träger heftet. Sie haben nur diese Daseinsweise; selbst sind sie ohne eigenes innewohnendes Sein.

Meditiere ausgiebig über diesen Gedanken der Leerheit. Und bleibe auch in der Zeit nach der Meditation in dem Gewahrsein, daß du selbst und Samsāra und Nirvāna wie ein Trugbild sind, wie ein Traum: Sie erscheinen dem Geist, doch sie sind leer von innewohnendem Sein.

Aufgrund dieser Kein-innewohnendes-Sein-Haftigkeit können schöpferisches und zerstörerisches Handeln ihre entsprechenden Ergebnisse zeitigen. Wer diese Sicht erlangt, wird ein Weiser, der im Wissen um die unteilbar eine Natur, um den einen gleichen Grund der Leere und des Entstehens in Abhängigkeit weilt.

Dies also ist eine leicht zu verstehende Erklärung des glorreichen Übens des höheren Seins, welches die Prägung der beiden Buddhakāyas in dich einpflanzt. Ich rate dir dringend, dies zu üben, die reine Essenz des Mahāyāna.

15. Liebende Güte
Pema Chödrön

Pema Chödrön ist eine amerikanische Nonne der Kagyü-Schule des tibetischen Buddhismus und Schülerin des verstorbenen tibetischen Meditationsmeisters Chögyam Trungpa Rinpoche. Ihr obliegt die Verwaltung eines buddhistischen Klosters in Nova Scotia, und sie reist viel, um zu lehren. In diesem kurzen Beitrag sagt sie einiges über das Wesen von Maitrī (vgl. Kapitel 11) und macht deutlich, wie man als Buddhist an den spirituellen Pfad herangehen sollte – oder nicht herangehen sollte.

Unter allen Menschen, die je auf der Erde geboren wurden, herrscht das weit verbreitete Mißverständnis, daß wir dann am besten leben, wenn wir versuchen, dem Schmerz aus dem Weg zu gehen und es uns bequem zu machen. Dieses Bestreben kann man sogar bei den Insekten und Tieren und Vögeln beobachten. In diesem Punkt sind wir alle gleich.

Zu einer viel interessanteren, mitfühlsameren, abenteuerlicheren und freudvolleren Lebensweise können wir jedoch gelangen, wenn wir beginnen, unsere Neugierde zu entwickeln und es uns dabei einerlei ist, ob der Gegenstand unserer Wißbegier bitter oder süß ist. Um ein Leben zu führen, das über Kleinlichkeit und Vorurteil sowie über das Bestreben, das Geschehen stets in unserem Sinne zu lenken, hinausreicht, um ein leidenschaftlicheres, volleres und beglückenderes Leben zu führen, müssen wir erkennen, daß wir viel Leid und viel Freude ertragen können, um herauszufinden, wer wir sind und was diese Welt ist, wie wir funktionieren und wie unsere Welt funktioniert, wie das Ganze einfach *ist*. Wenn wir uns der Bequemlichkeit um jeden Preis verschreiben, werden wir, sobald wir auf die geringsten Schmerzen stoßen, davonlaufen; wir werden nie wissen, was sich hinter jener Schranke oder Mauer oder angsterregenden Schmerzgrenze verbirgt.

Wenn man anfängt zu meditieren oder sich mit irgendeiner Form von spiritueller Disziplin zu befassen, hofft man oft, auf irgendeine Weise zu einem besseren Menschen zu werden, was aber im Grunde eine Art subtiler Gewalt gegen das darstellt, was man wirklich ist, gegen das eigene Wesen. Es ist in etwa so, als würde man sich immer wieder vorsagen: «Wenn ich jeden Tag einen Waldlauf mache, werde ich ein viel besserer Mensch sein» oder: «Hätte ich nur ein schöneres Haus, wäre ich ein besserer Mensch» oder eben: «Wenn ich nur meditieren und mich beruhigen könnte, dann wäre ich ein besserer Mensch». Vielleicht hat man in seiner Vorstellung auch immer etwas an den anderen auszusetzen und sagt sich etwas wie: «Wenn mein Mann nicht so schwierig wäre, dann hätte ich eine perfekte Ehe.» Oder: «Wenn mein Chef nicht so unmöglich wäre, dann hätte ich einen tollen Job.» Und dann: «Wenn mein Geist nicht so unruhig wäre, dann wäre meine Meditation ausgezeichnet.»

Doch liebende Güte uns selbst gegenüber – das, was im Buddhismus Maitrī genannt wird – bedeutet nicht, daß wir irgendwelche Eigenschaften von uns ausmerzen müssen. Maitrī bedeutet, daß wir so verrückt sein dürfen, wie wir eben nun mal sind oder schon immer waren. Wir dürfen so wütend sein, wie wir es schon immer waren. Wir können immer noch ängstlich oder eifersüchtig sein oder uns unwürdig fühlen. Der Punkt ist, daß wir nicht versuchen sollten, uns in irgendeiner Weise zu ändern. Bei der Meditationspraxis geht es nicht darum, uns selbst auf den Müll zu werfen und etwas Besseres werden zu wollen. Es geht darum, uns damit anzufreunden, wie wir jetzt sind. Das Fundament unserer Übung, das bist du, das bin ich, wer auch immer wir in diesem Augenblick sind, wie wir eben sind. Das ist die Grundlage, das ist das, was wir beobachten, was wir mit großer Neugierde und starkem Interesse kennenlernen wollen.

Manchmal wird unter Buddhisten das Wort «Ego» oder «Ich», hier mit einem anderen Inhalt als in der Freudschen Theorie, in einem abschätzigen Sinne benutzt. Als Buddhisten könnten wir zum Beispiel sagen: «Mein Ego macht mir so viele Probleme.» Daraus könnten wir den Schluß ziehen: «Gut, dann müssen wir es einfach ausmerzen, nicht wahr? Dann ist das Problem gelöst.» In Wirklichkeit handelt es sich hier aber nicht darum, das Ego auszumerzen, sondern vielmehr darum, unser Interesse an uns selbst zu erwecken, unser Ich neugierig zu erforschen.

Der Weg der Meditation und der Weg unseres Lebens haben überhaupt mit Neugierde, mit Wißbegier zu tun. Den Urboden dafür bildet unser Ich: Wir sind hier, um uns selbst zu beobachten und kennenzulernen, und zwar jetzt, nicht irgendwann später.

16. Der Bodhisattva-Pfad

Chögyam Trungpa

Wenngleich Chögyam Trungpa als tibetischer Buddhist für eine Tradition steht, der das Vajrayāna als das höchste Fahrzeug gilt, kam er selbst immer wieder darauf zurück, daß Hīnayāna, Mahāyāna und Vajrayāna Stufen des buddhistischen Pfades sind, von denen keine ausgelassen werden darf. Deshalb ging er bei seinen Unterweisungen ausführlich auf die Geistesschulung und andere Aspekte des Bodhisattva-Pfades des Mahāyāna ein.

Trungpa Rinpoche widmet sich in diesem Kapitel dem Kernelement des Bodhisattva-Pfades, den sechs Pāramitās oder «transzendenten Tugenden». Er folgt hier jedoch nicht der traditionellen Darstellungsweise, sondern beschreibt, wie diese Tugenden in der inneren Erfahrung aussehen, das heißt als Facetten des unmittelbaren In-der-Welt-Seins eines Bodhisattva.

Wenn wir als Beispiel die Pāramitā der Freigebigkeit (auch: Gebetfreudigkeit oder Großzügigkeit) nehmen, so zählt die traditionelle Darstellung auf, welche Opfer und Gaben man den Repräsentanten des Buddha-Dharma darbringen soll und in welcher inneren Haltung. Trungpa Rinpoche beschreibt die Freigebigkeit als «Kommunikation», als die Bereitschaft, sich Situationen oder anderen Menschen derart zu öffnen, daß alle Quellen der Irritation von vornherein ausgeschaltet sind.

Der Weg des Bodhisattva ist für diejenigen bestimmt, die Mut haben und von der kraftvollen Realität der Buddha-Natur in sich überzeugt sind. Das Wort «Bodhisattva» bedeutet: «Derjenige, der unerschrocken genug ist, den Bodhi-Weg zu gehen.» «Bodhi» bedeutet «erwacht», «der erwachte Zustand». Das heißt nicht, daß der Bodhisattva bereits voll erwacht sein muß, doch er ist bereit dazu, den Pfad der Erwachten zu gehen.

Dieser Pfad besteht aus sechs transzendenten Handlungsweisen, die spontan in Erscheinung treten. Diese sind: transzendente Freigebigkeit, Disziplin, Geduld, Energie, Meditation und Wissen. Diese Tugenden werden «die sechs Pāramitās» genannt, denn *pāram* bedeutet «die andere Seite» oder «das andere Ufer des Flusses», und *itā* heißt «angekommen». Pāramitā meint also, «das andere Flußufer erreichen», was darauf hinweist, daß die Handlungen des Bodhisattva die Vision und das Verständnis haben müssen, die Vorstellungen von einem «Ich» als dem Zentrum unserer Erfahrung transzendieren zu können. Der Bodhisattva versucht nicht, gut oder freundlich zu sein, sondern er ist auf eine spontane Art und Weise barmherzig.

Freigebigkeit

Beim Studium der buddhistischen Schriften wird transzendente Freigebigkeit im allgemeinen falsch verstanden und mit der Bedeutung assoziiert, sich gütig gegenüber jemandem zu zeigen, der unter einem steht. Man selbst findet sich in einer höheren Position und kann den anderen helfen, denen es schlecht geht und die leiden. Dieses Auf-jemandanders-Herabblicken ist eine sehr einfältige und primitive Sichtweise. Doch im Falle des Bodhisattva ist Freigebigkeit nicht derart gefühllos, sondern etwas sehr Kraftvolles: es ist Kommunikation.

Der Kommunikationsprozeß muß Irritation überwinden, denn sonst wird er nichts anderes als der Versuch sein, sich in einem Dornenstrauch ein bequemes Lager zu bereiten. Die durchdringenden Eigenschaften von äußerer Farbe, Energie und Licht würden sich gegen uns wenden und unsere Versuche der Kommunikation durchbohren wie Dornen, die uns in die Haut stechen. Wir werden diese heftige Irritation mildern wollen, und damit wird unsere Kommunikation gehemmt sein.

Kommunikation muß Energie ausstrahlen, sie muß ein Akt des Gebens und Empfindens, des Austauschs sein. Wenn Irritation mit hineinspielt, dann können wir die offene Qualität von dem, was auf uns zukommt und was sich uns als Kommunikation darstellt, nicht mehr klar und vollständig erkennen. Unsere Verunsicherung wird die Außenwelt unverzüglich von sich abweisen. Eine solche Haltung aber ist das genaue Gegenteil der transzendenten Freigebigkeit.

Daher muß der Bodhisattva die völlige Kommunikation in der Freigebigkeit erleben, die über Irritation und den Wunsch nach Selbstschutz hinausgeht. Wenn uns sonst Dornen zu stechen drohen, haben wir das

Bodhisattva auf Wolken. Japan, 1053, Holz. Byōdoin, Kyoto.
Die Mahāyāna-Kunst ist von reicher ikonographischer Vielfalt. Einer ihrer kennzeichnenden Züge ist das Bildnis des Bodhisattva, Verkörperung des großen Erbarmens. Bodhisattvas tragen Kronen, Tücher und Schmuck, womit verdeutlicht werden soll, daß sie Welterfahrung in den Weg einbringen. Diese kleine Holzplastik gehört zu einem Ensemble von zweiundfünfzig Bodhisattvas, die zum Gefolge des Buddha Amitābha gehören, eines der vielen transzendenten Buddhas des Mahāyāna. Die Bodhisattvas steigen auf Wolken herab, um all die willkommen zu heißen, die in Amitābhas Reinem Land Sukhāvatī geboren werden.

Gefühl, daß wir angegriffen werden und uns davor schützen müssen. Damit laufen wir vor einer phantastischen Gelegenheit zur Kommunikation davon, die uns geschenkt worden ist, und sind nicht einmal mutig genug gewesen, zum anderen Ufer des Flusses hinüberzuschauen. Wir blicken statt dessen zurück und versuchen davonzulaufen.

Freigebigkeit ist die Bereitschaft, zu geben und sich zu öffnen, ohne dafür philosophische oder fromme oder religiöse Motive heranzuziehen. Sie bedeutet, einfach das zu tun, was der Augenblick, was irgendeine beliebige Situation erfordert, ohne sich darum zu sorgen, was man dafür bekommt. Dies könnte mitten auf der Autobahn geschehen. Wir scheuen uns weder vor Smog und Staub noch schrecken wir vor den Haßausbrüchen und Leidenschaften der Menschen zurück, sondern wir öffnen uns einfach und geben uns völlig in die Sache hinein. Das bedeutet auch, daß wir nicht urteilen und bewerten. Würden wir dies versuchen und vorher entscheiden wollen, bis zu welchem Grade wir uns öffnen und wie weit wir Zurückhaltung bewahren sollten, dann wäre Offenheit damit ohne jede Bedeutung und die Idee der Pāramitā von transzendenter Freigebigkeit gescheitert. Unser Handeln wird nichts überschreiten und dem Tun eines Bodhisattva widersprechen.

Der tiefere Sinn bei dieser Idee von Transzendierung liegt darin, daß wir die Begrenzung durch unsere Begriffe und Vorstellungen, die Kampfmentalität des Gegensatzes zwischen *diesem* im Gegensatz zu *jenem* durchschauen lernen. Wenn wir einen Gegenstand betrachten, hindern wir uns im allgemeinen selbst daran, ihn richtig wahrzunehmen. Wir sehen unwillkürlich unsere eigene Version des Gegenstandes, anstatt ihn tatsächlich so zu sehen, wie er ist. Wir sind damit ganz zufrieden, weil wir uns eine subjektive Vorstellung zusammengereimt haben, die wir kommentieren, beurteilen, annehmen oder zurückweisen können. Eine echte Kommunikation findet jedoch nicht statt.

Transzendente Freigebigkeit bedeutet daher, alles zu geben, was wir gerade haben. Unser Handeln muß völlig offen sein, völlig entblößt. Es steht uns nicht zu, ein Urteil zu fällen, sondern der Empfänger muß selbst die Geste des Empfanges machen. Ist er für unsere Freigebigkeit nicht offen, wird er sie nicht entgegennehmen können. Ist er dazu bereit, wird er sie annehmen. Das entspricht dem selbstlosen Handeln des Bodhisattva. Er ist nicht selbstbefangen und unsicher, stellt keine Fragen wie: «Mache ich hier einen Fehler?» – «Bin ich auch vorsichtig genug?» – «Zu wem sollte ich offen sein?» Er ergreift auch niemals Partei. Der Bodhisattva verhält sich, bildlich gesprochen, wie ein Toter, der unbeweglich daliegt. Sollen die Leute ihn doch betrachten und genau untersuchen – er stellt sich ihnen zur Verfügung. Ein so großmütiges und vollkommenes Verhalten hat keinen Raum für Heuchelei, für irgendein philosophisches oder religiöses Werturteil. Deshalb ist es transzendent, deshalb ist es eine Pāramitā, deshalb ist es schön.

Disziplin

Wenn wir auf dem Weg weitergehen und uns näher mit der Shīla-Pāramitā beschäftigen, der Pāramitā von «Sittlichkeit» oder «Disziplin», so werden wir feststellen, daß auch für sie die gleichen Prinzipien gelten. Das heißt, Shīla oder Disziplin hat nichts damit zu tun, sich auf starre Gebote oder Verhaltensmuster festzulegen. Denn wenn ein Bodhisattva völlig selbstlos und offen ist, dann wird er auch demgemäß handeln und keine Regeln befolgen müssen, sondern ganz von selbst seine eigenen Gesetzmäßigkeiten finden. Es ist für einen Bodhisattva unmöglich, anderen Menschen Schaden oder Leid zuzufügen, weil er bereits die transzendente Freigebigkeit personifiziert. Er hat sich völlig geöffnet und unterscheidet daher nicht mehr zwischen *diesem* und *jenem*. Er handelt in Übereinstimmung mit dem, was *ist*. Vom Standpunkt eines anderen aus, der den Bodhisattva beobachtet, scheint er sich immer korrekt zu verhalten und stets das Rechte zum richtigen Zeitpunkt zu tun. Wollten wir jedoch versuchen, ihn nachzuahmen, so wäre dies unmöglich, weil es sein Denken ist, das so genau und sorgfältig arbeitet und ihn nie Fehler machen läßt. Niemals stößt er auf unerwartete Probleme oder richtet Chaos in einem zerstörerischen Sinne an. Er befindet sich in völliger Übereinstimmung mit dem Geschehen. Selbst wenn das Leben chaotisch erscheint, stellt er sich darauf ein, nimmt am Chaos teil, bis sich die Dinge irgendwie ganz von selbst klären. Der Bodhisattva kann sozusagen den Fluß durchqueren, ohne dabei von der Strömung erfaßt zu werden.

Wenn wir vorbehaltlos offen sind und uns selbst gar nicht mehr beobachten, sondern auf die Situationen so eingehen, wie sie sind, dann ist jede Handlung rein, vollkommen und überlegen. Wenn wir jedoch versuchen, ein makelloses Verhalten durch bewußte Anstrengung herbeizuführen, so wäre dies plump und ungeschickt. Bei aller Reinheit würde es doch schwerfällig und steif erscheinen. Das gesamte Handeln des Bodhisattva wirkt jedoch fließend und überhaupt nicht starr. Alles ist an seinem richtigen Platz, so als habe jemand Jahre damit verbracht, die ganze Situation genau auszutüfteln. Der Bodhisattva handelt nicht mit

Vorbedacht, er teilt sich unmittelbar mit. Sein Ausgangspunkt ist die großzügige Einstellung der Offenheit, und dann paßt er sich dem natürlichen Ablauf des Geschehens an. In einer häufig gebrauchten Metapher wird das Verhalten des Bodhisattva mit dem Gang eines Elefanten verglichen. Elefanten haben keine Eile. Sie wandern langsam und sicher durch den Urwald, setzen einen Schritt nach dem anderen. Sie schreiten unbeirrt hindurch, stürzen nie und machen keine Fehler. Jeder ihrer Schritte ist fest und entschieden.

Geduld

Die sich anschließende Handlung des Bodhisattva ist Geduld. Eigentlich lassen sich die sechs Aktivitätsformen des Bodhisattva nicht streng voneinander trennen. Die eine leitet zur nächsten über und schließt sie gleichzeitig schon ein. Das Handeln nach der Pāramitā der Geduld bezweckt daher nicht, Selbstkontrolle zu üben, hart zu arbeiten und außerordentlich viel ertragen zu können, auf körperliche oder geistige Schwächen keine Rücksicht zu nehmen und so lange weiterzuschuften, bis man tot umfällt. Zur Geduld, ebenso wie zur Disziplin und Freigebigkeit, gehören auch die geeigneten Mittel.

Transzendente Geduld stellt niemals irgendeine Erwartung. Wenn wir nichts erwarten, werden wir auch nicht ungeduldig. Gewöhnlich erhoffen wir uns jedoch eine ganze Menge in unserem Leben. Dabei werden wir sehr stark von unseren Impulsen getrieben. Finden wir etwas reizvoll und schön, strengen wir uns tüchtig dafür an, werden früher oder später jedoch zurückgestoßen. Dieser Rückschlag wird um so härter sein, je mehr es uns vorwärtsdrängt, denn der Impuls ist eine starke Antriebskraft ohne jede Weisheit. Handlungen, die aus dem Impuls kommen, lassen sich mit einem Menschen vergleichen, der blind umherläuft und sein Ziel erreichen will. Die Handlungen des Bodhisattva rufen jedoch nie eine Gegenreaktion hervor. Er kann sich jeder Situation anpassen, denn er wünscht sich nichts und erliegt keiner Faszination. Die Antriebskraft hinter transzendenter Geduld hat nichts mit voreiligem Impuls oder etwas Vergleichbarem zu tun. Sie wirkt sehr langsam, sicher und beständig – wie der Gang eines Elefanten.

Geduld erfühlt auch den Raum. Niemals fürchtet sie neue Situationen, denn nichts kann den Bodhisattva überraschen – einfach überhaupt nichts. Was auch kommen mag, ob es zerstörerisch, chaotisch, kreativ, willkommen oder verlockend ist, nie ist der Bodhisattva beunruhigt oder schockiert, weil er sich des freien Raumes zwischen der Situation und sich selbst bewußt ist. Wenn man dieses Wissen von dem Abstand zwischen sich und der Situation einmal hat, dann wird sich alles, was geschieht, inmitten dieses Raumes zutragen. Nichts findet «hier» oder «dort» statt, es gibt weder Beziehung noch Gegensatz. Deshalb bedeutet transzendente Geduld, daß wir in einer fließenden Verbindung zur Welt stehen und gegen nichts ankämpfen.

Energie

Dann können wir zur nächsten Stufe weitergehen, Vīrya-Pāramitā, die Pāramitā von Energie. Das ist diejenige Energieform, die uns unmittelbar in Situationen hineinführt, so daß wir niemals eine Chance verpassen oder eine Gelegenheit versäumen. Mit anderen Worten, es ist Freude, freudige Energie, wie Shāntideva in seinem *Bodhisattva-charyāvatāra* betont. Diese Tatkraft hat eher mit Freude zu tun als mit jener Art von Energie, mit der wir hart arbeiten, weil wir glauben, dies tun zu müssen. Es ist freudige Energie, weil wir völlig aufgeschlossen für das schöpferische Muster unseres Lebens sind. Unser ganzes Leben wird durch Freigebigkeit offener, durch Disziplin aktiviert, durch Geduld gestärkt und gelangt nun in das Stadium der Freude. Keine Situation wird jemals als uninteressant oder stagnierend betrachtet, denn die Lebensanschauung des Bodhisattva ist völlig unvoreingenommen, und er zeigt an allem ein intensives Interesse. Nie bewertet er etwas, doch das heißt nicht, daß er völlig «leer» ist und in ein «höheres Bewußtsein» versunken, etwa in die «höchste Stufe des Samādhi», so daß er Tag und Nacht oder Frühstück und Mittagessen nicht unterscheiden kann. Diese Haltung läßt ihn auch nicht verschwommen und unklar werden. Er erkennt vielmehr die in Worte und Begriffe gefaßten Werte als das, was sie sind, und damit sieht er über Begriff und Bewertung hinaus. Er nimmt die Identität all jener kleinen Unterscheidungen wahr, die wir machen. Er sieht die Situationen wie in einer Gesamtschau von oben und nimmt daher großen Anteil am Leben, so wie es wirklich ist. Der Bodhisattva sucht nicht mehr – er lebt einfach nur.

Wenn er den Bodhisattva-Weg betritt, legt er ein Gelübde ab, daß er die vollkommene Erleuchtung nicht erlangen will, bevor er nicht allen fühlenden Wesen geholfen hat, noch vor ihm den erwachten Geisteszustand oder die Buddhaschaft zu erreichen. Nach dieser edlen Handlung des Sichöffnens und Gebens, des Opfers, folgt er unausgesetzt diesem

Weg, nimmt großen Anteil an den alltäglichen Situationen und wird dieser Beschäftigung mit dem Leben niemals überdrüssig. Das ist Vīrya: voller Freude hart zu arbeiten. Die Erkenntnis, daß wir es aufgegeben haben, wie Buddha zu werden, daß wir nun Zeit dafür haben, ohne neurotische Hast wirklich zu leben, schenkt uns eine ungeheure Energie.

Obwohl der Bodhisattva das Gelübde abgelegt hat, nicht nach der vollkommenen Erleuchtung zu streben, so vergeudet er doch keine einzige Sekunde, weil er so genau und sorgfältig mit allem umgeht. Er lebt sein Leben voll und intensiv – mit dem Ergebnis, daß er, ehe er sich's versieht, Erleuchtung gefunden hat. Doch seine Abneigung dagegen bleibt seltsamerweise auch dann noch bestehen, wenn er bereits Buddhaschaft erreicht hat. Dann aber brechen Mitgefühl und Weisheit wirklich aus ihm hervor und verstärken seine Energie und Überzeugungskraft. Wenn wir nie einer Situation müde oder überdrüssig werden, besitzen wir freudige Energie. Wenn wir dem Leben völlig offen und wach gegenüberstehen, ist kein einziger Augenblick langweilig. Das ist Vīrya.

Meditation

Die nächste Pāramitā ist Dhyāna oder Meditation. Es gibt zwei Arten von Dhyāna. Die erste bezieht sich auf den Bodhisattva, wobei dieser aufgrund seiner mitfühlenden Energie ständig das weite Panorama einer umfassenden Bewußtheit erlebt. «Dhyāna» bedeutet wörtlich «Gewahrsein», sich in einem Zustand des «Wachseins» befinden. Doch damit ist nicht nur die Meditationspraxis im strengen Sinn gemeint. Der Bodhisattva sucht niemals nach einem Trancezustand, nach Glückseligkeit oder bloßer Versunkenheit. Er ist lediglich bewußt und wach für die Lebenssituationen, wie sie sind. Ganz besonders ist er sich der Kontinuität und des Zusammenhangs von Meditation und Freigebigkeit, Disziplin, Geduld und Energie bewußt. Es herrscht ein stetiges Gefühl des «Wachseins».

Die andere Form von Dhyāna bezieht sich auf die Konzentrationspraxis des Götterbereichs. Im Unterschied dazu hält sich die Meditation des Bodhisattva an nichts fest und verweilt bei nichts, obwohl er mit ganz konkreten Lebenssituationen umgeht. Doch er stellt keine zentrale Größe in den Mittelpunkt seiner Meditation und beobachtet sich nicht selbst dabei, wie er handelt oder meditiert, so daß sein Handeln immer Meditation und seine Meditation immer Handeln ist.

Weisheit

Als nächstes folgt die Pāramitā von Prajñā oder «Weisheit». Prajñā wird in der Tradition dargestellt durch ein zweischneidiges Schwert, das jegliche Verwirrung durchschneidet. Selbst wenn der Bodhisattva die übrigen Pāramitās voll ausgebildet hat, sind die anderen Handlungsweisen unvollkommen, wenn Prajñā fehlt. In den Sūtras heißt es, daß die fünf Pāramitās wie fünf Ströme sind, die in den Ozean von Prajñā einmünden. Weiter wird gesagt, daß der Chakravartin oder Weltenherrscher an der Spitze von vier verschiedenen Heeren in den Krieg zieht. Ohne den Herrscher, der sie führt, sind diese Heere richtungslos. Prajñā ist also die Intelligenz, zu der alle übrigen Tugenden führen und in der sie sich auflösen. Durch sie werden die begrifflichen Vorstellungen von einem dem Bodhisattva gemäßen Handeln durchschnitten. Der Bodhisattva könnte seine Handlungen planmäßig und richtig ausführen, doch ohne Weisheit, ohne das Schwert, das Zweifel und Zaudern durchschneidet, ist sein Handeln nicht wirklich transzendent. Daher ist Prajñā ursprünglich Intelligenz, das Alles-sehende-Auge, das im Gegensatz zu der ständigen Selbstbeobachtung des Ich steht.

Der Bodhisattva verwandelt den Beobachter oder das Ich in die unterscheidende Weisheit der Prajñā-Pāramitā. *Pra* bedeutet «über», *jñā* heißt «Wissen»: also ein Über-Wissen, ein vollkommenes und genaues Wissen, das alles sieht. Das auf «dieses» und «jenes» fixierte Bewußtsein ist durchschnitten worden, und dadurch entsteht die zweifache Weisheit: Prajñā des Erkennens und Prajñā des Sehens.

Prajñā des Erkennens befaßt sich mit den Emotionen. Dies bezieht sich auf das Durchschneiden der in uns widerstreitenden Gefühlsregungen, also der Einstellung, die man zu sich selbst hat, und dadurch wird enthüllt, was man wirklich ist. Prajñā des Sehens ist die Transzendierung der vorgefaßten Meinungen, die man von der Welt hat, und dadurch sieht man die Situationen so, wie sie wirklich sind. Diese Sichtweise läßt uns mit den Situationen so ausgewogen wie möglich umgehen. Durch Prajñā wird jede Form von Wahrnehmung völlig durchschnitten, die noch die geringste Neigung zu einer Trennung zwischen «diesem» und «jenem» hat. Deshalb ist Prajñā ein Schwert mit zweischneidiger Klinge: Es schneidet nicht nur in *dieser* einen, sondern auch in *jener* anderen Richtung. Der Bodhisattva macht nicht mehr die verwirrende Erfahrung, die aus der Unterscheidung zwischen *diesem* und *jenem* kommt. Er bewegt sich mühelos durch die Situationen, ohne sich rückversichern zu müssen. So greifen alle sechs Pāramitās ineinander.

17. Ein Dialog mit der Laienanhängerin Gangottarā

Das Sūtra «Makellose Reinheit»

In diesem kurzen Sūtra aus einer der ältesten Sammlungen von Mahāyāna-Sūtras, die unter dem Titel Ratnakūta *oder «Anhäufung von Kostbarkeiten» zusammengefaßt sind, wird die Frage nach der Bedeutung der Leere noch weiter vertieft. Wenn die Phänomene ohne innewohnendes Wesen sind, dann ist auch das dualistische Bewußtsein, das sie als real begreifen möchte (um sie zu besitzen oder sich vom Leib zu halten), mitsamt der ganzen Welt scheinbar realer Dinge, die es bezeugt, im Grunde niemals entstanden. Im Grunde ist es ungeboren, und doch erscheint es – wie das Werk eines Zauberkünstlers. Da es ungeboren ist, stirbt es auch nie. Hier wird dieses Unbegreifliche (dem Zugriff des begrifflichen Bewußtseins Entzogene) als Nirvāna bezeichnet.*

Schauplatz des Sūtra ist der Jeta-Hain vor der Stadt Shrāvastī, wo dem Buddha und seinem Sangha von Anāthapindada das erste große Kloster erbaut wurde. Die Laiin Gangottarā, die offenbar schon sehr bewandert ist in den Lehren des Buddha (wenn sie auch ein wenig deren nihilistischer Auslegung zuneigt), nimmt den Erhabenen beim Wort und schenkt ihm nichts in ihren Fragen. In der Sache couragiert und kompromißlos, spricht sie den Buddha dennoch als Tathāgata an, erkennt also trotz aller Zweifel den Vollendeten in ihm. (Die deutsche Übersetzung des Sūtra beruht auf der englischen Übertragung von Garma C. C. Chang.)

So habe ich gehört. Einst weilte der Buddha im Garten des Anāthapindada im Jeta-Hain bei Shrāvastī. Zu der Zeit kam eine in Shrāvastī lebende Laiin namens Gangottarā, um den Buddha zu sehen. Sie warf sich nieder, den Kopf zu Füßen des Buddha, zog sich dann seitwärts zurück und setzte sich.

Der Weltverehrte fragte Gangottarā: «Woher kommst du?»

Die Laiin fragte den Buddha: «Weltverehrter, wenn einer ein durch Zauberkraft erzeugtes Wesen fragte, woher es komme, wie sollte diese Frage beantwortet werden?»

Der Weltverehrte sprach zu ihr: «Ein durch Zauberkraft erzeugtes Wesen kommt weder, noch geht es, wird weder geboren, noch stirbt es; wie könnte man von einem Ort sprechen, woher es kommt?»

Die Laiin fragte: «Ist es nicht so, daß alle Wesen Blendwerk sind, wie Zauberei?»

Der Buddha sprach: «Ja, so ist es. Was du sagst, trifft zu.»

Gangottarā fragte: «Wenn alle Dinge Blendwerk und wie Zauberei sind, weshalb fragt der Weltverehrte mich dann, woher ich komme?»

Der Weltverehrte sprach zu ihr: «Ein durch Zauberkraft erzeugtes Wesen gelangt nicht in die bösen Daseinsbereiche und nicht in den Himmel, und es erlangt nicht das Nirvāna. Gangottarā, trifft das auf dich auch zu?»

Die Laiin erwiderte: «So sehe ich es: Wäre mein Körper verschieden von einem durch Zauberkraft erzeugten Körper, dann könnte ich davon sprechen, in die guten oder bösen Daseinsbereiche zu gelangen oder Nirvāna zu erlangen. Jedoch, ich sehe keinen Unterschied zwischen meinem Körper und einem durch Zauberkraft erzeugten Körper – wie könnte ich also vom Eingehen in die guten oder bösen Daseinsbereiche oder ins Nirvāna reden?

Ferner, Weltverehrter, ist Nirvāna von solcher Natur, daß es nicht in den guten oder bösen Welten wiedergeboren wird und nicht Parinirvāna erfährt. Wie mir scheint, trifft das auch auf meine eigene Natur zu.»

Der Buddha fragte: «Suchst du denn nicht den Zustand des Nirvāna?»

Gangottarā ihrerseits fragte: «Würde diese Frage einem gestellt, der nie ins Sein getreten ist, wie müßte sie beantwortet werden?»

Der Buddha antwortete: «Was nie ins Sein getreten ist, ist eben Nirvāna.»

Gangottarā fragte: «Sind nicht alle Dinge identisch mit Nirvāna?»

Der Buddha antwortete: «Das sind sie, das sind sie.»

«Weltverehrter, wenn alle Dinge identisch sind mit Nirvāna, weshalb fragtest du mich dann: ‹Suchst du denn nicht den Zustand des Nirvāna?›

Und ferner, Weltverehrter, wenn ein durch Zauberkraft erzeugtes Wesen ein anderes durch Zauberkraft erzeugtes Wesen fragte: ‹Suchst du denn nicht den Zustand des Nirvāna?›, was wäre da zu antworten?»

Der Weltverehrte sprach zu ihr: «Ein durch Zauberkraft erzeugtes Wesen kennt kein Anhaften des Geistes (und sucht daher nichts).»

Gangottarā fragte: «Rührt die Frage des Tathāgata von einem Anhaften des Geistes her?»

Der Weltverehrte sprach zu ihr: «Ich warf die Frage auf, weil es in dieser Versammlung hier gute Männer und gute Frauen gibt, die zur Reife gebracht werden können. Ich bin frei von allem Anhaften des Geistes. Wie das? Weil der Tathāgata weiß, daß schon die Namen der Dinge nicht zu begreifen sind, wieviel weniger die Dinge selbst oder jene, die Nirvāna suchen.»

Gangottarā sprach: «Wenn dem so ist, wozu dann all das Ansammeln guter Wurzeln zum Erlangen der Erleuchtung?»

Der Buddha erwiderte: «Weder die Bodhisattvas noch ihre guten Wurzeln sind zu begreifen, denn im Geist der Bodhisattvas ist kein unterscheidendes Denken hinsichtlich ihres Ansammelns oder Nichtansammelns guter Wurzeln.»

Gangottarā fragte: «Was meint der Weltverehrte mit ‹kein unterscheidendes Denken›?»

Der Weltverehrte antwortete: «Das Nichtvorhandensein unterscheidenden Denkens kann nicht vermöge des Denkens verstanden oder erfaßt werden. Weshalb nicht? Weil in dieser Verfassung sogar der Geist selbst nicht zu begreifen ist, geschweige denn sein Wirken. Diese Verfassung, in welcher der Geist nicht zu begreifen ist, nennt man unausdenklich. Er kann nicht erfaßt oder erkannt werden; er ist weder rein noch unrein. Wie das? Weil, wie der Tathāgata unentwegt lehrt, alle Dinge so leer und ohne Hindernis sind wie der Raum.»

Gangottarā fragte: «Wenn alle Dinge leer sind wie der Raum, weshalb spricht der Weltverehrte dann von Form, Empfinden, Wahrnehmung, geistigen Formkräften und Bewußtsein, von den [achtzehn] Elementen, von den [zwölf] Zugängen, von den zwölf Gliedern des Entstehens in Abhängigkeit, vom Befleckten und Unbefleckten, vom Reinen und Unreinen, von Samsāra und Nirvāna?»

Der Buddha antwortete Gangottarā: «Wenn ich beispielsweise von einem ‹Ich› spreche, so drücke ich zwar das Gemeinte mit einem Wort aus, doch eigentlich ist die Natur eines ‹Ich› nicht zu begreifen. Ich spreche von Form, doch in Wahrheit ist auch die Natur der Form nicht zu begreifen, und so ist es mit den übrigen (Dharmas) bis hin zum Nirvāna. Wie wir in Luftspiegelungen kein Wasser finden, so auch in der Form keine Natur, und so ist es mit den übrigen, bis hin zum Nirvāna.

Gangottarā, nur von einem Menschen, der die reine Lebensführung in Übereinstimmung mit dem Dharma übt und der sieht, daß nichts begriffen werden kann, darf man füglich sagen, er übe wahrhaft die reine

Lebensführung. Da die Hochmütigen sagen, sie hätten etwas begriffen, kann man von ihnen nicht sagen, daß sie fest gegründet sind in der echten reinen Lebensführung. Solche hochmütigen Menschen werden von Entsetzen und Zweifel gepackt, wenn sie diesen tiefgründigen Dharma hören. Sie werden sich nicht befreien können von Geburt, Alter, Krankheit, Tod, Sorge, Kummer, Leid und Not.

Gangottarā, nach meinem Parinirvāna werden einige Menschen da sein, die diesen tiefgründigen Dharma verbreiten können, welcher den Kreislauf des Samsāra anhalten kann. Einige Narren jedoch, von ihren bösen Anschauungen geleitet, werden diese Dharma-Meister hassen und ihnen schaden wollen. Diese Narren werden dafür den Höllen anheimfallen.»

Gangottarā fragte: «Der Weltverehrte spricht von ‹diesem tiefgründigen Dharma›, ‹welcher den Kreislauf des Samsāra anhalten kann›. Was meint er mit ‹den Kreislauf des Samsāra anhalten›?»

Der Weltverehrte erwiderte: «Den Kreislauf des Samsāra anhalten ist [das Durchdringen der] Wirklichkeit, das Reich des Unvorstellbaren. Solch ein Dharma kann nicht beschädigt oder zerstört werden. Deshalb heißt er der Dharma, der den Kreislauf des Samsāra anhalten kann.»

Danach lächelte der Weltverehrte huldvoll und sandte blaues, rotes, gelbes, weißes und kristallenes Licht von seiner Stirn aus. Die Lichter erleuchteten all die unzähligen Länder bis hinauf zum Brahmā-Himmel und gingen dann wieder in den Scheitel des Buddha ein.

Der ehrwürdige Ānanda, als er das sah, dachte bei sich: «Der Tathāgata, der Erhabene, der Vollkommen Erleuchtete, lächelt nicht ohne Grund.» Er erhob sich von seinem Sitz, entblößte die rechte Schulter, beugte das rechte Knie zu Boden, legte die Hände zusammen und fragte: «Weshalb lächelte der Buddha?»

Der Buddha antwortete: «Ich erinnerte mich, daß in der Vergangenheit tausend Tathāgatas ebenfalls diesen Dharma hier dargelegt haben und alle diese Versammlungen ebenfalls von einer Laiin namens Gangottarā geführt wurden. Nachdem sie dieser Dharma-Darlegung gelauscht hatten, verließen Gangottarā und alle hier Versammelten das Leben der Haushaber. Schließlich gingen sie ins Nirvāna ohne Erdenrest ein.»

Ānanda fragte den Buddha: «Welcher Name soll diesem Sūtra gegeben werden, unter dem wir es uns zu eigen machen und hochhalten sollen?»

Der Buddha sprach: «Dieses Sūtra trägt den Namen ‹Makellose Reinheit›, und unter diesem Namen sollt ihr es euch zu eigen machen und hochhalten.»

Während der Darlegung dieses Sūtra wurden siebenhundert Mönche und vierhundert Nonnen von ihren Verdunkelungen geläutert, und ihr Geist wurde befreit.

Zu der Zeit brachte der Gott des Reichs der Begierde durch Zauberkraft wunderbare Himmelsblüten verschiedener Art hervor und streute sie über den Buddha mit den Worten: «Vortrefflich fürwahr ist diese Laienfrau, die furchtlos und von gleich zu gleich mit dem Tathāgata sprechen kann. Sie muß zahllosen Buddhas gedient und geopfert und in ihrer Gegenwart gute Wurzeln aller Art gepflanzt haben.»

Als der Buddha dieses Sūtra gesprochen hatte, da jauchzten Gangottarā und die Götter, Menschen, Asuras, Gandharvas und all die anderen vor Freude über die Unterweisung des Buddha. Sie nahmen sie voll Vertrauen an und folgten ihr verehrungsvoll.

18. Vom Umgang mit den Lebewesen
Aus dem Vimalakīrti-Nirdesha-Sūtra

Das Vimalakīrti-Nirdesha ist ein bedeutendes Sūtra aus der Frühzeit des Mahāyāna; man nimmt an, daß es im zweiten Jahrhundert n. Chr. entstand. In diesem siebten Kapitel von «Vimalakīrtis Darlegung», wie die Übersetzung des Titels lautet, erleben wir den kranken Vimalakīrti, der den Mahāyāna-Weg des Bodhisattva geht und ein Laienschüler (upāsaka) des Buddha ist, im Gespräch mit dem großen Bodhisattva Mañjushrī. Zuvor hatte der Buddha etliche seiner Hauptschüler aufgefordert, Vimalakīrti zu besuchen und sich nach seinem Befinden zu erkundigen, doch sie hatten sich einer nach dem anderen mit allerlei Ausreden entschuldigt: Jeder von ihnen war schon einmal mit der unfehlbaren Weisheit Vimalakīrtis konfrontiert worden und hatte dabei keine besonders gute Figur gemacht. Mañjushrī findet sich schließlich bereit, den Krankenbesuch abzustatten, und jetzt sind die anderen plötzlich alle ganz begierig, ihn zu begleiten: Dieses Gespräch möchte man sich doch nicht entgehen lassen. Sogar die größten Schüler des Buddha sind also nicht mehr als bloß Lernende, wenn sie der Mahāyāna-Weisheit des großen Bodhisattva-Haushabers gegenüberstehen.

Zu Beginn dieses Kapitels legt Vimalakīrti dem großen Bodhisattva Mañjushrī anhand vieler Metaphern dar, daß die Lebewesen als illusorisch zu betrachten seien. Darauf fragt Mañjushrī, wie denn Güte (maitrī) zu üben sei gegenüber den Lebewesen. Man möchte denken, es sei doch wohl nicht nötig, zu Illusionen gütig zu sein, doch Vimalakīrti zählt viele Arten der Güte gegenüber illusorischen Wesen auf. Weitere Unterweisungen entfalten sich dann in einer Art Regression, weil Mañjushrī für jede Aussage, die Vimalakīrti macht, den Grund erfragt. Die letzte Frage dieser Sequenz zielt schließlich auf die Grundursache des «verkehrten Denkens». Vimalakīrti nennt als Antwort das «Nichtverweilen» – das Abfallen in die Dualität durch Nichtverweilen in der transzendenten Weisheit.

Dann erscheint eine Göttin und verwickelt Shāriputra, einen der größten Schüler des Buddha, in ein Gespräch, und dieser – obwohl für seine unübertreffliche Verstandesschärfe bekannt – muß sich hier belehren lassen. In dieser Passage findet die explizite Gegenüberstellung der transzendenten Sicht eines Bodhisattva und der Haltung eines Shrāvaka statt (eines «Hörers», der den Hīnayāna-Pfad des Arhat geht). Der Shrāvaka erkennt zwar das Ich als unwirklich, betrachtet jedoch den Rest dessen, was als Wirklichkeit gilt, als tatsächlich real. Dadurch, daß das Vimalakīrti-Nirdesha dem Haushaber und der Shūnyatā-Sicht einen so hohen Rang gibt, wurde es ein Meilenstein in der Entwicklung des Mahāyāna.

Obgleich es für die Mahāyāna-Sūtras kennzeichnend ist, daß sie die Wirklichkeit unter dem Gesichtspunkt der Leere betrachten, finden wir hier nirgends Verachtung für die gewöhnliche oder relative Wirklichkeit. Der Bodhisattva gelobt, alle Lebewesen zur Befreiung zu führen – und unzählige von ihnen leben ja in der Verhaftung an die gewöhnliche Wirklichkeit. Wie klar seine absolute Schau der Leere auch sein mag, der Bodhisattva muß geschickt und in angemessener Weise mit der relativen Welt umgehen können, wenn er diesen Wesen wirklich helfen will. Und tatsächlich wird ihm dies gerade durch seine reine Schau und die kompromißlose Haltung des Nichtunterscheidens ermöglicht.

Die deutsche Übersetzung folgt der englischen Übertragung von Lu K'uan Yü (Charles Luk).

Mañjushrī fragte Vimalakīrti: «Wie soll ein Bodhisattva die Lebewesen ansehen?»

Vimalakīrti antwortete: «Ein Bodhisattva soll die Lebewesen ansehen, wie ein Zauberkünstler seine nur vorgespiegelten Gestalten ansieht; und wie der Weise, der die Spiegelung des Mondes im Wasser betrachtet; wie man sein eigenes Gesicht in einem Spiegel ansieht; wie die Flamme eines brennenden Feuers; wie das Echo einer rufenden Stimme; wie ziehende Wolken am Himmel; wie Schaum in einer Flüssigkeit; wie Blasen auf dem Wasser; wie das [leere] Innere einer Bananenpflanze; wie einen Blitz; wie das [nichtexistente] fünfte Element; wie das [nichtexistente] sechste Skandha; wie den [nichtexistenten] siebten Gegenstand der Sinne; den [nichtexistenten] dreizehnten Eingang; den [nichtexistenten] neunzehnten Sinnesbereich; wie Form in der Welt der Nicht-Form; wie das Keimen eines verkohlten Reiskorns; wie einen Körper, wie ihn der in den Strom Eingetretene sieht [der die Körper-Illusion getilgt hat]; wie das Eingehen eines Niemals-Wiederkehrenden in den Schoß einer Frau; wie einen Arhat, der die drei Gifte [Gier, Zorn und Torheit] noch nicht losgeworden ist; wie einen Bodhisattva, der das stille Verweilen des Ungeborenen realisiert hat und doch noch gierig und haßvoll ist und die Gebote bricht; wie einen Buddha, der noch an den Kleshas [«Plagen»] leidet; wie einen Blinden, der sieht; wie einen Adepten, der im Zustand nirvanahafter Entrücktheit noch einatmet und ausatmet; wie die Spuren von Vögeln in der Luft; wie die Kinder einer unfruchtbaren Frau; wie das Leiden eines durch Zauberkraft erzeugten Menschen; wie einen Schlafenden, der sich im Traum wach sieht; wie einen Mann, der Nirvāna verwirklicht hat und körperliche Gestalt für seine Wiedergeburt annimmt; und wie ein rauchloses Feuer. So soll ein Bodhisattva die Lebewesen ansehen.»

Darauf fragte Mañjushrī: «Wenn ein Bodhisattva so meditiert, wie soll er dann die Güte *(maitrī)* üben?»

Vimalakīrti antwortete: «Wenn ein Bodhisattva so meditiert hat, möge er denken, daß er die Lebewesen lehren sollte, ebenso zu meditieren – das ist wahre Güte. Er soll die grundlose Güte üben, die neues Werden verhindert; die unerhitzte Güte, die den Kleshas ein Ende macht; die unvoreingenommene Güte, die sich über alle drei Zeiten erstreckt; die leidenschaftslose Güte, die allen Disput tilgt; die nichtduale Güte, die das Innen der Sinnesorgane und das Außen der Sinnesgegenstände transzendiert; die unzerstörbare Güte, die alle Neigung zum Schlechten tilgt; die stetige Güte, das Kennzeichen des aus-sich-selbst-bestehenden unsterblichen Geistes; die lautere und reine Güte, makellos wie die Dharmatā; die grenzenlose Güte, die alldurchdringend ist wie der Raum; die Güte der Arhat-Stufe, die alle Fesseln sprengt; die Bodhisattva-Güte, die allen Wesen Trost spendet; die Tathāgata-Güte, die zum Zustand der Soheit führt; die Buddha-Güte, die alle Lebewesen erleuchtet; die spontane Güte, die ursachelos ist; die Bodhi-Güte, die eines Geschmacks ist [gleichförmig und ungemischt]; die unübertreffliche Güte, die alle Begierden abschneidet; die barmherzige Güte, die zum Mahāyāna führt; die nie erlahmende Güte aufgrund von tiefer Einsicht in die Leere und die Nichtexistenz eines Ich; die Güte des freimütigen Gebens *(dāna)* des Dharma, die ohne Bedauern und Reue ist; die Sittlichkeit *(shīla)* bewahrende Güte, um jene zur Umkehr zu bewegen, die die Gebote gebrochen haben; die geduldige *(ksānti)* Güte, die einen selbst und andere beschützt; die zielstrebige *(vīrya)* Güte zur Befreiung aller Lebewesen; die still versunkene *(dhyāna)* Güte, die nicht beeinflußt wird durch die fünf Sinne; die weise *(prajñā)* Güte, die aller Dinge rechte Zeit weiß; die geschickte *(upāya)* Güte, stets gerüstet, die Lebewesen zu wandeln; die unverborgene Güte, der Lauterkeit und Reinheit des geradlinigen Geistes entspringend; die bis zum Grund dringende Güte, die frei von Unterscheidung ist; die nicht-irreführende Güte, die ohne Falsch ist; die freudige Güte, die Freude des Buddha (im Nirvāna) spendend. Dies sind die besonderen Merkmale der Bodhisattva-Güte.»

Mañjushrī fragte Vimalakīrti: «Von welcher Art soll sein Erbarmen *(karunā)* sein?»

Vimalakīrti antwortete: «Sein Erbarmen soll sein, mit allen Lebewesen das Verdienst zu teilen, das er erworben hat.»

Mañjushrī fragte: «Von welcher Art soll seine Freude sein?»

Vimalakīrti antwortete: «Er soll Mitfreude *(muditā)* und keinerlei Bedauern empfinden, wenn er sieht, wie anderen der Segen des Dharma zuteil wird.»

Mañjushrī fragte: «Von welcher Art soll sein Gleichmut *(upekshā)* sein?»

Vimalakīrti antwortete: «Für sein Erlösungswerk soll er keinerlei Vergeltung erwarten.»

Mañjushrī fragte: «Woran soll er sich halten in seiner Furcht vor Geburt und Tod?»

Vimalakīrti antwortete: «Er soll sich an die Kraft der moralischen Verdienste des Tathāgata halten.»

Mañjushrī fragte: «Was soll er tun, um eine Stütze in der Kraft der moralischen Verdienste des Tathāgata zu haben?»

Vimalakīrti antwortete: «Er soll alle Lebewesen befreien, um eine Stütze in der Kraft der moralischen Verdienste des Tathāgata zu haben.»

Mañjushrī fragte: «Was soll er beseitigen, um die Lebewesen zu befreien?»

Vimalakīrti antwortete: «Um die Lebewesen zu befreien, soll er ihre Kleshas [‹Plagen› oder ‹Geisttrübungen› und deren Ursachen] beseitigen.»

Mañjushrī fragte: «Was soll er tun, um die Kleshas zu beseitigen?»

Vimalakīrti antwortete: «Er soll die vollkommene Achtsamkeit wahren.»

Mañjushrī fragte: «Wie soll er die vollkommene Achtsamkeit wahren?»

Vimalakīrti antwortete: «Er soll sich an das Ungeborene und Unsterbliche halten.»

Mañjushrī fragte: «Was ist das Ungeborene und das Unsterbliche?»

Lohan. China, zehntes bis zwölftes Jahrhundert, glasierte Keramik. Nelson-Atkins Museum of Art, Kansas City, Missouri.

«Lohan» (Skrt. *arhat*) ist der chinesische Ausdruck für direkte Schüler des Buddha Shākyamuni. Die Chinesen verehrten die Lohans und stellten sie sich als alte Heilige vor, die in entlegenen Bergfesten lebten. In vielen chinesischen Tempeln sind in der Buddha-Halle sechzehn oder achtzehn solcher Statuen zu sehen, oder es gibt eine besondere Halle mit fünfhundert Lohan-Standbildern. Dieser lebensgroße Lohan stammt aus solch einer Gruppe. Wir empfinden mit fast unheimlicher Deutlichkeit die Präsenz eines in Meditation versunkenen Menschen. Die durchbrochene Basis vermittelt etwas von der felsigen Bergheimat des Lohan.

Vimalakīrti antwortete: «Das Ungeborene ist Böses, das nicht entsteht, und das Unsterbliche ist Gutes, das nicht vergeht.»
Mañjushrī fragte: «Was ist die Wurzel von Gut und Böse?»
Vimalakīrti antwortete: «Der Körper ist die Wurzel von Gut und Böse.»
Mañjushrī fragte: «Was ist die Wurzel des Körpers?»
Vimalakīrti antwortete: «Das Begehren ist die Wurzel des Körpers.»
Mañjushrī fragte: «Was ist die Wurzel des Begehrens?»
Vimalakīrti antwortete: «Unbegründetes Unterscheiden ist die Wurzel des Begehrens.»
Mañjushrī fragte: «Was ist die Wurzel des unbegründeten Unterscheidens?»
Vimalakīrti antwortete: «Verkehrtes Denken ist die Wurzel des Unterscheidens.»
Mañjushrī fragte: «Was ist die Wurzel des verkehrten Denkens?»
Vimalakīrti antwortete: «Das Nichtverweilen ist die Wurzel des verkehrten Denkens.»
Mañjushrī fragte: «Was ist die Wurzel des Nichtverweilens?»
Vimalakīrti antwortete: «Das Nichtverweilen ist ohne Wurzel. Mañjushrī, aus dieser Wurzel des Nichtverweilens entstehen alle Dinge.»

Eine Göttin, die mit den Göttern Vimalakīrtis Darlegung verfolgt hatte, erschien nun in körperlicher Form und ließ Blüten auf die Bodhisattvas und die Hauptschüler des Buddha regnen. Die Blüten, die auf die Bodhisattvas rieselten, fielen zu Boden, doch an den Hauptschülern blieben die Blüten haften und fielen nicht ab, so sehr sie auch schütteln mochten.
 Darauf fragte die Göttin Shāriputra, weshalb er die Blüten abzuschütteln trachte, und er erwiderte: «Ich möchte diese Blüten abschütteln, weil sie nicht im Zustand der Soheit sind.»
 Die Göttin sprach: «Sage nicht, diese Blüten seien nicht im Zustand der Soheit. Sie unterscheiden nicht, sondern du bist es, der Unterscheidung entstehen läßt. Wenn du noch unterscheidest, nachdem du dein Zuhause verlassen hast auf der Suche nach dem Dharma, so ist das nicht der Zustand der Soheit; läßt du aber keine Unterscheidung mehr entstehen, so ist das der Zustand der Soheit. Sieh die Bodhisattvas, deren Körper halten die Blüten nicht fest; das ist, weil sie dem Unterscheiden ein Ende gemacht haben. Es ist wie mit einem angstvollen Menschen, der

die Böswilligkeit der Übelgesinnten geradezu auf sich zieht. Wenn ein Schüler Geburt und Tod fürchtet, können Sichtbares, Hörbares, Riechbares, Schmeckbares und Berührbares ihm noch Verdruß bereiten; ist er aber furchtlos, so können die fünf Sinnesbereiche ihm nichts mehr anhaben. Weil die Macht dieser Gewohnheit noch da ist, können diese Blüten an deinem Körper haften; schneide die Gewohnheit ab, und die Blüten werden nicht an dir haften.»

Shāriputra fragte: «Wie lange bist du schon in diesem Zimmer?»

Die Göttin antwortete: «Mein Aufenthalt in diesem Zimmer ist wie die Befreiung des Ehrwürdigen (Shāriputra).»

Shāriputra fragte: «Willst du damit sagen, daß du dich hier schon lange aufhältst?»

Die Göttin entgegnete: «Hat deine Befreiung mit Zeit zu tun?»

Shāriputra schwieg und antwortete nicht. Da fragte die Göttin: «Warum schweigt der Weise hierzu?»

Shāriputra antwortete: «Wer Befreiung erlangt, sagt es nicht in Worten. Daher weiß ich nichts zu sagen.»

Die Göttin sprach: «Gesprochene und geschriebene Worte bekunden die Befreiung. Wie das? Weil Befreiung weder innen noch außen noch dazwischen ist und Worte auch weder innen noch außen noch dazwischen sind. Deshalb, Shāriputra, muß das Predigen der Befreiung nicht ohne Worte geschehen, denn alle Dinge weisen zur Befreiung hin.»

Shāriputra fragte: «Willst du dann sagen, daß man sich nicht von Gier, Haß und Torheit fernhalten muß, um Befreiung zu erlangen?»

Die Göttin antwortete: «In Gegenwart derer, die voller Dünkel sind, sagt der Buddha, es sei bei der Suche nach Befreiung wichtig, sich von Gier, Haß und Torheit fernzuhalten. Doch wo solche nicht anwesend sind, sagt er, die grundlegende Natur von Gier, Haß und Torheit sei nicht verschieden von der Befreiung.»

Da rief Shāriputra aus: «Vorzüglich, o Göttin, vorzüglich! Was hast du erlangt und erfahren, das dir solche Wortgewalt gibt?»

Die Göttin antwortete: «Daß ich weder etwas erlange noch etwas erfahre, das gibt mir die Wortgewalt. Denn wer erlangt und erfahren zu haben meint, gilt dem Buddha-Dharma als hochmütig.»

Shāriputra fragte: «Welches der drei Fahrzeuge [des Shrāvaka, des Pratyekabuddha und des Bodhisattva] ist dein Ziel?»

Die Göttin antwortete: «Wenn ich den Shrāvaka-Dharma predige, um die Menschen zur Umkehr zu bewegen, erscheine ich als Shrāvaka; wenn ich die (zwölf) Glieder in der Kette des Daseins darlege, erscheine ich als

Pratyekabuddha; und wenn ich das große Erbarmen lehre, um sie umkehren zu machen, erscheine ich als (Lehrerin des) Mahāyāna. Shāriputra, wie man in einem Champa*-Hain nur noch den Duft der Champas und keine anderen Gerüche mehr wahrnimmt, so riechen alle, die in diesem Zimmer sind, nur noch den Duft der Buddha-Verdienste und nicht mehr den der Errungenschaften von Shrāvakas und Pratyekabuddhas.

Shāriputra, als Indra, Brahmā, die vier Deva-Könige der vier Himmel, die Himmelsdrachen, die Geistwesen und all die anderen in dieses Zimmer kamen und den Upāsaka (Vimalakīrti) den rechten Dharma darlegen hörten, rochen sie alle voll Wonne den Duft der Buddha-Verdienste und erlangten das Mahāyāna-Bewußtsein, bevor sie in ihre Welten zurückkehrten.

Shāriputra, ich weile hier zwölf Jahre und habe in dieser Zeit niemals den Dharma der Shrāvakas und Pratyekabuddhas gehört, nur die Lehre von der großen Güte und dem großen Erbarmen der Bodhisattvas und den unausdenklichen Buddha-Dharma.

Shāriputra, in diesem Zimmer gibt es allezeit acht ungewöhnliche Erscheinungen: Erstens erstrahlt dieses Zimmer in einem goldenen Licht, das bei Tag und Nacht gleich ist und nicht von Sonne oder Mond abhängt. Zweitens ist der, der eintritt, gefeit gegen alle Übel, die aus Verunreinigungen erwachsen. Drittens wird dieser Raum von Indra, Brahmā, den vier Deva-Königen der vier Himmel und von Bodhisattvas aus anderen Bereichen besucht. Viertens wird der niemals zurückweichende Dharma der sechs Pāramitās in diesem Zimmer jederzeit dargelegt. Fünftens hört man in ihm höchst wohltönende Himmelsmusik, die unzählige Dharma-Tore (zur Erleuchtung) entstehen läßt. Sechstens enthält dieses Zimmer die vier Schriftensammlungen [Sūtras, Vinaya, Shāstras und vermischte Schriften], voller unerschöpflicher Kostbarkeiten für die, die (geistig) arm sind. Siebtens, wenn der ehrwürdige Upāsaka an Shākyamuni-Buddha, Amitābha-Buddha, Akshobhya-Buddha, den Buddha der Kostbaren Tugenden, den Buddha der Kostbaren Flamme, den Buddha des Kostbaren Mondscheins, den Buddha der Kostbaren Majestät, den Unbezwingbaren Buddha, den Buddha des Löwengebrülls, den Buddha der All-Vollkommenheit und unzählige andere Buddhas der Zehn Richtungen denkt, so kommen sie alle, um die Geheimnisse des verborgenen Buddha-Dharma darzulegen und dann in ihre Reiche zurückzukehren. Achtens erscheinen alle majestätischen

---

* Pflanze mit stark duftenden gelben Blüten. (Anm. d. Hrsg.)

Himmelspaläste und alle reinen Länder der Buddhas in diesem Zimmer.

Wer, Shāriputra, wenn er diese acht staunenswerten Dinge in diesem Zimmer erlebt hat, wird dann noch den Shrāvaka-Dharma suchen?»

Shāriputra fragte: «Warum änderst du nicht deine weibliche Körpergestalt?»

Die Göttin antwortete: «Die letzten zwölf Jahre habe ich keine weibliche Körpergestalt entdecken können; was also soll ich ändern? Es ist wie mit einem Zauberkünstler, der eine bloß vorgespiegelte Frau herbeizaubert – wird man den wohl auffordern, diese unwirkliche Frau zu ändern?»

Shāriputra sagte: «Nein, denn es ist kein wirklicher Körper; in was könnte man ihn also verwandeln?»

Die Göttin sprach: «So unwirklich ist alles Erscheinende. Was sagst du also, ich solle meinen unwirklichen weiblichen Körper ändern?»

Darauf gebrauchte sie ihre übernatürlichen Kräfte und verwandelte Shāriputra in eine Himmelsgöttin, sich selbst aber in einen Mann wie Shāriputra. Und sie fragte ihn: «Warum änderst du deine weibliche Form nicht?»

Shāriputra antwortete: «Ich weiß nicht, weshalb ich in eine Göttin verwandelt bin.»

Die Göttin sprach: «Shāriputra, wenn du deinen weiblichen Körper ändern kannst, sollten auch alle Frauen Männer werden können. Wie Shāriputra, der keine Frau ist, aber in weiblicher Körpergestalt erscheint, so auch alle Frauen: Sie erscheinen in weiblicher Form, aber sie sind im Grunde nicht Frauen. Daher die Worte des Buddha: ‹Alle Dinge sind weder männlich noch weiblich›.»

Darauf gebrauchte die Göttin abermals ihre übernatürlichen Kräfte, um Shāriputra in seine männliche Form zurückzuverwandeln, und fragte: «Wo ist dein weiblicher Körper jetzt?»

Shāriputra erwiderte: «Man kann nicht sagen, daß er existiere, noch daß er nicht existiere.»

Da sprach die Göttin: «So sind alle Dinge im Grunde weder existierend noch nichtexistierend, und das, was weder existiert noch nicht existiert, wird vom Buddha verkündet.»

Shāriputra fragte: «Wann wirst du von hier fortgehen [sterben], und wo wirst du wiedergeboren werden?»

Die Göttin antwortete: «Ich werde wie ein Buddha wiedergeboren, durch Verwandlung.»

Shāriputra wandte ein: «Der Verwandlungskörper des Buddha hat nichts von Geburt und Tod.»

Die Göttin erwiderte: «So sind auch alle Lebewesen (letztlich) nicht Geburt und Tod unterworfen.»

Shāriputra fragte: «Wann wirst du die vollkommene Erleuchtung verwirklichen?»

Die Göttin antwortete: «Ich werde die vollkommene Erleuchtung verwirklichen, wenn Shāriputra ins weltliche Leben zurückkehrt.»

Shāriputra entgegnete: «Es ist nicht möglich, daß einer wie ich ins weltliche Leben zurückkehrt.»

Die Göttin sprach: «So ist es auch nicht möglich, daß ich die Erleuchtung verwirkliche. Denn Bodhi ist nichts, was verwirklicht werden könnte.»

Shāriputra widersprach mit den Worten: «Es gibt Buddhas, zahllos wie Sandkörner am Ganges, die vollkommene Erleuchtung erlangt haben und erlangen werden – was sagst du von denen?»

Die Göttin sprach: «Von den drei Zeiten zu reden entspricht dem weltlichen Denken; das aber bedeutet nicht, daß Bodhi durch Vergangenheit, Zukunft oder Gegenwart gebunden wäre.» Und sie fragte: «Shāriputra, hast du die Arhatschaft verwirklicht?»

Shāriputra erwiderte: «Ich habe sie verwirklicht, weil ich keine Vorstellung von Gewinn hege.»

Die Göttin sprach: «So sind auch alle Buddhas und großen Bodhisattvas an ihr Ziel gelangt, weil sie frei waren von dem Gedanken, vollkommene Erleuchtung zu erringen.»

Darauf sprach Vimalakīrti zu Shāriputra: «Diese Göttin hat zweiundneunzig Lakshas* von Buddhas geopfert. Sie vermag die transzendenten Kräfte des Bodhisattva spielen zu lassen, hat alle ihre Gelübde erfüllt, hat das stille Verweilen des Unerschaffenen verwirklicht und die Bodhisattva-Stufe des Nicht-wieder-Zurückfallens erreicht. In Erfüllung eines Gelübdes erscheint sie (allenthalben), um die Lebewesen zu unterweisen und zur Umkehr zu bewegen.»

---

* Einhunderttausend, eine «riesengroße Zahl». (Anm. d. Hrsg.)

19. Autobiographie eines Zen-Meisters
Hui-neng

Diese Geschichte – die Biographie Hui-nengs, von ihm selbst im Rahmen einer Dharma-Darlegung erzählt – bildet den ersten Teil des berühmten «Plattform-Sūtra» oder «Podium-Sūtra»; der Originaltitel lautet in wörtlicher Übersetzung: «Des Sechsten Patriarchen Sūtra (gesprochen) von der Plattform des Dharma-Schatzes». Mit «Plattform» ist hier die Ordinationsplattform gemeint, auf der Mönche ihre Mönchsweihe empfingen. Der Sechste Patriarch gab diese, wegen ihrer Tiefgründigkeit später als Sūtra bezeichnete Darlegung des Buddha-Dharma anläßlich der Erteilung der Formlosen Weihen an über tausend Mönche, Nonnen und Laien. In diesem Sūtra finden sich einige der wesentlichsten Passagen der gesamten Zen-Literatur. In Kapitel 12 haben wir von Seng-ts'an, dem dritten Patriarchen des Ch'an (Zen), gehört; Hui-neng (638–713) wurde der sechste Patriarch dieser Linie, und hier erfahren wir, wie es dazu kam. Seine Erzählung läßt uns auf selten eindringliche Weise an dem für diese Schule so bezeichnenden blitzhaften Geschehen der Übertragung von Herz-Geist zu Herz-Geist teilnehmen.

Die «Weisheit», von der hier die Rede ist, ist nichts anderes als die Prajñā, die wir schon in anderen Kapiteln kennengelernt haben, jene transzendente oder «das andere Ufer erreichende» Weisheit, deren kennzeichnender Zug die Einsicht in die Leere ist. In Hui-nengs Erzählung – wie überall, wo wir ihr im Ch'an begegnen – hat sie diesen einzigartigen Geschmack der unmittelbaren Erfahrung.

Der Großmeister nahm den Hohen Sitz ein und sagte zu den Versammelten: «Verehrte Zuhörer, reinigt alle euren Geist und sammelt euch auf die Große Weisheit.»

Dann sagte der Meister lange nichts und läuterte selbst den Geist. Auf einmal sagte er: «Verehrte Zuhörer, das eigene Wesen der Erleuchtung ist ursprünglich rein. Nur durch Anwendung dieses Geistes erlangt man unmittelbar Buddhaschaft.

Verehrte Zuhörer, hört jedoch meine persönliche Geschichte und die Umstände, unter denen ich den Dharma erlangte: Mein Vater war ursprünglich ein Beamter in Fan-yang. Er wurde seines Amtes enthoben und als gemeiner Mann nach Hsin-chou in Ling-nan verbannt. Das Unglück wurde noch verschlimmert durch den frühen Tod meines Vaters, und meine betagte Mutter und ich, eine Halbwaise, zogen nach Nan-hai. Wir litten bittere Not, und ich verkaufte Feuerholz auf dem Markt. Eines Tages kam ein Kunde, kaufte Holz und ließ es mich zum Wohnheim der Beamten liefern. Der Kunde nahm dort das Holz entgegen, ich erhielt meinen Lohn, und gerade als ich im Begriff war, durch das Ausgangstor zu gehen, hörte ich einen Mann das *Diamant-Sūtra* rezitieren. Ich hörte es nur einmal, und mein Geist öffnete und klärte sich.

Schließlich fragte ich den Mann: ‹Woher kommt Ihr, daß Ihr dieses Sūtra besitzt?› Der Mann antwortete: ‹Ich komme vom Ostberg Feng-mu Shan in Huang-mei Hsien in Ch'i-chou. Dort lebt und lehrt der fünfte Patriarch (des Zen), Hung-jen. Es sind über tausend Schüler dort. Als ich zu diesem Berg ging, um ihm meine Verehrung zu erweisen, empfing ich dieses Sūtra. Der Meister ermutigt stets die Mönche und Laienanhänger, nur das *Diamant-Sūtra* zu rezitieren, dadurch das eigene Wesen zu erkennen und unmittelbar Buddhaschaft zu erlangen.› Als ich das gehört hatte, wußte ich, daß eine schicksalsmäßige Verbindung (mit dem Fünften Patriarchen und seiner Lehre) bestand.

Schließlich gab mir ein Kunde zehn Liang für Kleidung und Nahrung meiner Mutter, damit ich mich auf den Weg nach Feng-mu Shan machen und dem Fünften Patriarchen meine Ehrerbietung erweisen könnte. Nachdem ich meine Mutter versorgt (und ihr Einverständnis erhalten) hatte, verabschiedete ich mich sofort, und in nicht mehr als zwanzig oder dreißig Tagen erreichte ich Feng-mu Shan und erwies dem Fünften Patriarchen meine Verehrung.

Der Meister fragte mich: ‹Woher bist du, daß du zu diesem Berg kommst, um deine Verehrung zu erweisen? Was läßt dich zu mir kommen? Nach was suchst du?› Ich antwortete: ‹Ich bin ein Bürger von Hsin-chou in Ling-nan. Ich bin zwar von weit her, aber ich bin nur gekommen, um den Meister zu treffen. Ich suche nur ein Buddha zu werden, nach etwas anderem verlangt es mich nicht.›

Der Fünfte Patriarch sagte: ‹Du kommst von Ling-nan, bist also ein Barbar. Wie könntet *du* zum Buddha werden?› Ich erwiderte: ‹Menschen sind vom Süden oder Norden, aber im Buddha-Wesen gibt es ursprünglich weder Süd noch Nord. Der gesellschaftliche Stand des Barbaren ist nicht der gleiche wie der des Meisters, aber das Buddha-Wesen ist das gleiche, ohne Unterschiede.›

Obwohl der Meister noch länger mit mir reden wollte, schickte er mich, als er sah, daß viele seiner Schüler in der Nähe waren, gleich ihnen zur Arbeit. Ich sagte zu ihm: ‹Mein eigener Geist erzeugt stets Weisheit, ungetrennt von meinem eigenen Wesen. Genau das ist der Acker der Tugend. Was für eine Arbeit will mich der Meister also verrichten lassen?›

Der Meister sagte: ‹Was für ein vorwitziger Kerl. Du sagst besser nicht noch mal was und verschwindest in den hinteren Tempeltrakt!›

Dort hieß mich ein Laienbruder (jemand, der vor der Ordination im Kloster lebt und arbeitet) Holz spalten und das Pedal des Reismörsers treten. Dies tat ich für acht Monate. Dann plötzlich eines Tages kam der Fünfte Patriarch und sagte: ‹Ich weiß, daß deine Einsicht echt ist und fürchtete deshalb, daß einige übelgesinnte Menschen dir Schaden antun könnten. Aus diesem Grund redete ich nicht mit dir. Verstehst du das?› Ich antwortete: ‹Ich verstehe Eure Gedanken, und aus diesem Grund ging auch ich nicht vor zu Eurem Raum, damit niemand etwas bemerkt.›

Eines Tages rief der Fünfte Patriarch alle seine Schüler zu sich: ‹Kommt alle. Ich sage euch immer, daß die Frage von Leben und Tod für die Menschen in dieser Welt das Wichtigste ist, aber ihr bringt den ganzen Tag Opfer dar und sucht nur nach dem Acker des Glücks. Ihr sucht nicht danach, aus dem bitteren Meer von Geburt und Tod zu entkommen. Wie könntet ihr jedoch Glück finden, wenn ihr euch über euer eigenes Wesen im unklaren seid?

Ihr alle, geht in den hinteren Tempeltrakt (die Mönchsräume) und erkennt es selbst! Gebraucht eure Weisheit, und verfaßt, jeder für sich, mit dem Prajñā-Wesen eures ursprünglichen Geistes einen Vers. Dann kommt und zeigt ihn mir. Wenn (ich anhand des Verses sehe, daß) jemand zum allumfassenden, grundlegenden Sinn erwacht ist, werde ich ihm Robe und Dharma übergeben und ihn zum sechsten Patriarchen ernennen. Geht schnell, zaudert nicht! Abwägen und Überlegen nützen euch nichts. Menschen, die ihr Wahres Wesen erkennen, erkennen es unverzüglich. So jemand wird es, selbst wenn er von Schwertern umkreist wäre, erkennen können.›

Die Schüler empfingen die Anordnungen und sagten zueinander, als sie in die hinteren Mönchsräume zurückkehrten: ‹Es ist unnötig, daß wir Schüler unseren Geist läutern und uns den Kopf über einen Vers zerbrechen. Selbst wenn wir dem Meister einen Vers vorlegen würden, welchen Zweck hätte das denn! Der Mönch(sälteste) Shen-hsiu ist unser Lehrer. Bestimmt wird er die Robe und den Dharma erlangen. Selbst wenn wir uns verleiten ließen, einen Vers zu machen, wäre es nur ein Vergeuden der geistigen Kräfte.› Als sich dies herumgesprochen hatte, gaben sie alle auf und sagten: ‹Wir sollten uns auf Shen-hsiu verlassen. Warum sollten wir uns bemühen, einen Vers zu verfassen?›

Shen-hsiu überlegte sich: ‹Alle anderen werden keinen Vers vorlegen, weil ich ihr Lehrer bin. Ich muß auf jeden Fall einen Vers schreiben und ihn dem Meister zeigen. Wenn ich keinen Vers mache, wie sollte der Meister dann die Tiefe meines Verstehens erkennen. Wenn ich den Vers mache, um den Dharma zu erlangen, ist es gut; aber wenn ich ihn mache, um den Titel zu bekommen, ist es schlecht und ich bin nicht mehr als ein gewöhnlicher Mensch, der die Position eines Heiligen an sich reißen möchte. Wenn ich aber keinen Vers vorlege, dann werde ich den Dharma schließlich nicht erlangen. Ein heikles Problem, wirklich ein heikles Problem.›

Vor dem Raum des Meisters war ein Säulengang in drei Abteilungen. Dort sollte Lu Chen, ein kaiserlicher Hofmaler, für zukünftige Opferdarbietungen sowohl Bilder aus dem *Lankāvatāra-Sūtra* als auch die Generationsfolge von Bodhidharma bis hin zum Fünften Patriarchen aufmalen. Nachdem Shen-hsiu den Vers fertiggestellt hatte, ging er mehrmals zur Vorhalle, um ihn zu präsentieren. Aber er war verwirrt und unentschlossen, sein ganzer Leib war mit kaltem Schweiß bedeckt, und er brachte es nicht fertig, seinen Vers vorzuzeigen. So vergingen vier Tage. Er versuchte es dreizehnmal ohne Erfolg.

Schließlich überlegte er sich: ‹Es wäre wohl das beste, den Vers an die Wand des Ganges zu schreiben und es darauf ankommen zu lassen, daß der Meister ihn sieht und liest. Wenn er dann sagt, daß es gut ist, zeige ich mich, mache meine Verbeugung und sage, daß der Vers von mir ist. Wenn er sagt, daß es untauglich ist, dann war ich unzählige Jahre umsonst auf diesem Berg und habe den Respekt der anderen genossen. Welchen Weg sollte ich dann noch üben?› Nachdem er so überlegt hatte, ging er, eine Kerze in der Hand, mitten in der Nacht heimlich, so daß niemand ihn bemerken würde, zum Mittelteil des Südhanges und schrieb den Vers, der seinen Geisteszustand offenbaren sollte, an die Wand. Der Vers von Shen-hsiu lautet:

Der Leib, das ist der Bodhi-Baum*,
der Geist, er gleicht dem klaren Ständer-Spiegel.
Wisch ihn denn immer wieder rein,
laß keinen Staub sich darauf sammeln!

Nachdem Shen-hsiu den Vers niedergeschrieben hatte, ging er in seinen Raum zurück, ohne daß ihn jemand bemerkt hätte. Er überlegte sich: ‹Wenn der Fünfte Patriarch morgen den Vers sieht und erfreut ist, dann trete ich hervor, zeige mich dem Meister und sage, daß es mein Werk ist. Wenn er sagt, daß es untauglich ist, dann ist es wegen meiner Verblendung. Dann sind die Hindernisse meiner Karma-Rückstände schwerwiegend, und ich kann den Dharma nicht erlangen. Das Herz des Fünften Patriarchen ist schwer zu ergründen.› So überlegte er in seinem Zimmer hin und her und kam weder im Liegen noch im Sitzen zur Ruhe, und bald war es schon vier Uhr morgens.

Der Fünfte Patriarch wußte genau, daß Shen-hsiu noch nicht in das Tor eingetreten war (Erleuchtung erlangt hatte) und sein eigenes Wesen noch nicht erkannt hatte. Nachdem der Fünfte Patriarch sein Frühstück gegessen hatte, wurde es Tag. Als er den Maler Lu rief, um ihn die Stammfolge der fünf Patriarchengenerationen und die Bilder des *Lankāvatāra-Sūtra* für künftige Opferdarbietungen an die Wand des Südganges malen zu lassen, sah er augenblicklich den Vers und sagte zu Lu: ‹Es ist nicht mehr nötig, daß Ihr die Bilder malt. Ich gebe Euch zehntausend Sen [eine Münzeinheit] als Dank für Eure Bemühungen und die weite Reise. Im *Diamant-Sūtra* steht, daß alle Formen eitel sind. Deshalb ist es besser (als die Bilder zu malen), diesen Vers zu bewahren, damit noch nicht erleuchtete Menschen ihn rezitieren. Wenn sie sich diesem Vers entsprechend üben, werden sie der Gefahr entgehen, den Drei Schlechten Wegen (Wiedergeburt als Höllenwesen, Hungriger Geist oder Tier) zu verfallen, und großen Nutzen (für ihre Übung) daraus ziehen.›

Dann rief der Fünfte Patriarch seine Schüler und verbrannte Räucherwerk vor dem Vers, damit sie ihn sähen und bewunderten. Er sagte: ‹Ihr alle solltet diesen Vers rezitieren. Diejenigen, die diesen Vers begreifen, können ihr eigenes Wesen erkennen. Diejenigen, die sich diesem Vers entsprechend üben, werden bestimmt nicht ins Verderben fallen.›

Alle Schüler rezitierten den Vers und riefen aus: ‹Wie wunderbar!›

---

* Der Baum, unter dem der Prinz Siddhārtha *Bodhi*, das «Erwachen» erlangte und damit zu Buddha, dem «Erwachten» wurde; hier ein Synonym für die Erleuchtung. (Anm. d. Hrsg.)

Der Fünfte Patriarch rief Shen-hsiu um Mitternacht zu sich und sagte: ‹Hast du diesen Vers geschrieben? Wenn er von dir ist, dann sollte man annehmen, daß du den Kern meiner Lehre erfaßt hast.›

Shen antwortete: ‹Entschuldigt, der Vers ist tatsächlich von mir. Aber mich verlangt es nicht nach dem Patriarchat, sondern ich hoffe, daß der Meister in seiner Barmherzigkeit sieht, ob in meinem Geist auch nur ein bißchen Weisheit (Einsicht) vorhanden ist.›

Der Fünfte Patriarch sagte: ‹Dein Vers zeigt, daß du dein ursprüngliches Wesen noch nicht erkannt hast. Du bist gerade am Eingang des Tores angekommen, aber noch nicht eingetreten. Wenn gewöhnliche Menschen (noch unreif in der Übung, noch nicht erleuchtet) sich (diesem Vers) entsprechend üben, werden sie nicht ins Verderben fallen. Aber wenn du mit solch einer Auffassung (wie sie der Vers widerspiegelt) nach der allerhöchsten Erleuchtung suchst, wirst du sie nicht erlangen können. Die allerhöchste Erleuchtung bedeutet, mit einem Mal und unmittelbar den ursprünglichen Geist zu erkennen, zu erkennen, daß das eigene Wesen ursprünglich ohne Geburt und Tod ist, und es bedeutet, immer und überall mit jedem Gedanken zu erkennen, daß die Zehntausend Dinge nicht stillstehen. Es bedeutet zu wissen, daß eine Wahrheit die ganze Wahrheit ist, daß jedes Ding von Natur aus die ganze Wahrheit verkörpert, daß der Geist in seiner Soheit die Wahrheit ist. Auf diese Weise zu erkennen, ist das eigene Wesen der allerhöchsten Erleuchtung.›

Der Fünfte Patriarch fuhr fort: ‹Geh für eine Weile zurück (in deinen Raum) und versenke dich für ein oder zwei Tage darein. Dann mach nochmals einen Vers und bringe ihn mir. Wenn ich anhand deines Verses sehe, daß du in das Tor eingetreten bist und dein ursprüngliches Wesen erkennen konntest, dann übergebe ich dir Robe und Dharma. Es ist nicht, daß ich dir den Dharma nicht übermitteln möchte, aber deine Erkenntnis an sich ist noch nicht ausreichend.›

Shen-hsiu verneigte sich und ging zurück. Aber selbst, nachdem einige Tage vergangen waren, war er immer noch nicht in der Lage, einen Vers zu machen. Sein Geist war verwirrt, und er kam nicht zur Ruhe. Es war wie ein schlechter Traum, und alles, was er tat, war freudlos.

Nach weiteren zwei Tagen kam ein junger Laienbruder, der gerade den Vers rezitierte, am Dreschraum vorbei. Ich hörte es und wußte, daß der Schreiber des Verses sein ursprüngliches Wesen noch nicht erkannt hatte. Obwohl ich noch keine Unterweisung vom Fünften Patriarchen erhalten hatte, wußte ich längst um den Großen Sinn. Ich fragte den Jungen: ‹Was ist das für ein Vers, den du rezitierst?›

Er antwortete: ‹Das wirst du Barbar wohl nicht verstehen, aber der große Meister sagte, das Überschreiten von Geburt und Tod sei für die Menschen dieser Welt die wichtigste Angelegenheit. Weil er die Robe und den Dharma übermitteln möchte, ließ er seine Schüler einen Vers machen, den sie ihm dann zeigen sollten.

Er sagte, daß er demjenigen, der den Großen Sinn erkannt habe, die Robe und den Dharma übergeben und ihn zum sechsten Patriarchen machen würde. Der Mönch Shen-hsiu schrieb einen Vers seiner Erkenntnis an die Wand des Südganges, und der Fünfte Patriarch möchte, daß alle Schüler diesen Vers rezitieren. Er sagte, daß jemand, der dadurch zur Erkenntnis gelange, sein eigenes Wesen erkennen und die Buddhaschaft erreichen würde, und daß diejenigen, die sich diesem Vers gemäß üben, nicht ins Verderben fallen.›

Ich sagte: ‹Ich bin seit über acht Monaten hier und trete das Pedal des Reismühlsteins. Ich war noch nie vor der Halle des Fünften Patriarchen. Ich bitte dich, führe mich zum Südgang, damit ich vor dem Vers meine Verehrung erweisen, ihn rezitieren und damit für mein nächstes Leben eine Verbindung knüpfen kann, um gleichermaßen im Buddha-Land geboren zu werden.›

Der Junge führte mich zum Südgang und ließ mich meine Verehrung vor dem Vers erweisen. Weil ich die Schriftzeichen nicht lesen konnte, bat ich einen der Anwesenden, mir vorzulesen. Ich sagte: ‹Wenn Ihr mir vorlest und ich es vernehmen kann, hoffe ich, in der Versammlung der Buddhas wiedergeboren zu werden.›

Nun war da ein Vizepräfekt aus Chiang-chou. Sein Familienname war Chang und sein Rufname war Jih-yung; der las es hierauf mit lauter Stimme, und ich verstand die Bedeutung des Verses; deshalb sagte ich: ‹Ich habe auch einen Vers. Bitte, Vizepräfekt, schreibt ihn für mich an die Wand.›

Der Vizepräfekt sagte: ‹Was, ein Barbar wie du macht einen Vers? Das ist ja eine ganz ungewöhnliche Sache!›

Ich antwortete: ‹Wenn man zur allerhöchsten Erkenntnis gelangen möchte, sollte man Anfänger nicht geringschätzen. Ein bekanntes Sprichwort lautet: Die Geringsten besitzen (manchmal) die höchste Weisheit. Die Höchsten besitzen (manchmal) die Weisheit mit einem blinden Fleck. Wenn man Menschen geringschätzt, entstehen unendliche, unermeßliche Sünden.›

Der Vizepräsident sagte: ‹Schon gut. Sage deinen Vers. Ich werde ihn für dich an die Wand schreiben. Aber vergiß nicht, wenn du den Dharma erlangst, mußt du zuerst mich erretten.›

Mein Vers lautete:

> Im Grunde gibt es keinen Bodhi-Baum,
> noch gibt es Spiegel und Gestell.
> Da ist ursprünglich kein (einziges) Ding –
> wo heftete sich Staub denn hin?

Als ich diesen Vers vorgetragen hatte, waren alle Mönche und Laien verblüfft, und es gab niemanden auf dem Berg, der es nicht sonderbar fand, daß ein Barbar einen Vers macht.

Alle sagten zueinander: ‹Ist es nicht seltsam. Man kann Menschen wirklich nicht nach ihrer Erscheinung beurteilen. Wie konnten wir nur so lange Zeit den Bodhisattva in diesem fleischlichen Körper für uns arbeiten lassen.›

Der Fünfte Patriarch aber sah die Mißgunst in allen und fürchtete, daß sie mir Schaden antun würden und es danach niemanden geben würde, an den er den Dharma weitergeben könnte. Deshalb sagte er, um sie abzulenken, zu allen: ‹Dieser Vers drückt noch nicht die Erkenntnis des Wahren Wesens aus. Warum sollte man ihn bewundern?› Daraufhin hielten alle inne und sagten, der Vers sei noch nicht vollkommen, und sie gingen, jeder für sich, in ihre Räume zurück, ohne nochmals in Bewunderung auszubrechen.

Am nächsten Tag kam der Fünfte Patriarch heimlich zum Dreschraum und sah, wie ich, einen Stein um die Hüften gebunden, das Pedal des Reismörsers trat. Der Fünfte Patriarch murmelte: ‹Jemand, der den Weg sucht, vergißt um der Wahrheit willen den eigenen Körper – genauso wie Hui-neng es hier macht.›

Dann fragte er mich: ‹Ist der Reis fertig oder nicht?›

Ich antwortete: ‹Er ist schon seit langem fertig, aber er ist noch nicht ausgesiebt.›

Der Fünfte Patriarch sagte nichts und schlug dreimal mit seinem Stab gegen den Reismörser. Dann kehrte er zurück (in seine Räume). Ich verstand die Bedeutung (der drei Schläge), und beim nächtlichen dreimaligen Trommelschlag (Mitternacht) ging ich zum Raum des Fünften Patriarchen.

Um Mitternacht empfing mich der Fünfte Patriarch und verhängte den Raum mit seiner Robe, damit niemand uns sähe. Dann legte er für mich das *Diamant-Sūtra* aus. Genau als er zu der Stelle ‹Laß deinen Geist frei fließen, ohne bei irgend etwas zu verweilen› kam, erkannte ich unmittelbar, daß die Zehntausend Dinge alle nicht vom eigenen Wesen getrennt sind.

Ich sagte zum Meister: ‹Wer hätte vermutet, daß das eigene Wesen ursprünglich rein ist. Wer hätte vermutet, daß das eigene Wesen ursprünglich ohne Geburt und Tod ist. Wer hätte vermutet, daß das eigene Wesen ursprünglich volkommen ist. Wer hätte vermutet, daß das eigene Wesen, ohne sich zu bewegen, die Zehntausend Dinge erzeugt.›

Der Fünfte Patriarch wußte, daß ich das ursprüngliche Wesen erkannt hatte, und sagte: ‹Die Lehre zu studieren, ohne den ursprünglichen Geist zu kennen, ist nutzlos. Wer selbst den ursprünglichen Geist kennt, selbst das ursprüngliche Wesen sieht, kann ein großer Mann, ein Meister über Götter und Menschen, ein Buddha genannt werden.›.

Um Mitternacht empfing ich den Dharma, ohne daß irgend jemand es wußte. Der Meister übertrug mir den Dharma der plötzlichen Erleuchtung, die Robe und Schale*, und sagte: ‹Du bist hiermit der sechste Patriarch. Bewahre den Wahren Geist und hilf vielen verblendeten Menschen. Die Robe ist ein Symbol des Glaubens und wurde von Generation zu Generation übermittelt. Der Dharma muß von Geist zu Geist übermittelt werden. Veranlasse alle, selbst zu erkennen, selbst zu erwachen. Von jeher wurde das Wesen von Buddha zu Buddha übermittelt, wurde der ursprüngliche Geist schweigend von Meister zu Meister übertragen, so wie auch ich dich selbst erkennen ließ, dich selbst die Wahrheit erfahren ließ.›

Er fuhr fort: ‹Von jeher hing das Leben eines Menschen, der den Dharma übermittelt, an einem dünnen Faden. Wenn du hierbleibst, wird es Menschen geben, die dir Schaden antun wollen. Du solltest ohne Verzug verschwinden.›

Ich erwiderte: ‹Ich bin aus dem Süden und kenne die Wege auf diesem Berg nicht. Wie komme ich zum Chiang-chou-Fluß?›

Der Fünfte Patriarch sagte: ‹Sei ohne Sorge, ich werde dich selbst begleiten.›

Ich empfing Robe und Schale demütig und machte mich in der Nacht auf den Weg zurück in den Süden. Der Fünfte Patriarch begleitete mich, bis wir in der Nähe der Chiang-chou-Station angekommen waren. Dort gab

---

* Robe und (Bettel)Schale des Patriarchen wurden als Insignien der Patriarchswürde von einem Patriarchen an seinen Nachfolger weitergegeben. (Anm. d. Hrsg.)

es ein Boot, in das mich der Meister einsteigen ließ. Er selbst ergriff die Ruder. Ich sagte: ‹Bitte, Meister, setzt Euch. Der Schüler sollte die Ruder bewegen.› Er antwortete: ‹Selbstverständlich muß ich dich übersetzen, nicht du mich. Solch eine Regel gibt es nicht.› Ich sagte: ‹Solange der Schüler verblendet ist, muß der Meister ihn übersetzen. Aber ich bin jetzt erwacht und kann das Ruder bewegen, um den Fluß zu überqueren und uns überzusetzen. Überqueren ist nur ein Wort, aber die Anwendung ist vielfältig. Ich bin auf dem Lande geboren, und meine Sprache mag nicht korrekt sein, aber nun habe ich vom Meister die Essenz der Lehre, die Übermittlung des Dharma empfangen und bin zur Einsicht gelangt. Deshalb sollte ich selbst, durch mein eigenes Wesen, überqueren.›

Der Fünfte Patriarch sagte: ‹Genau so, genau so. Dieser Einsicht gemäß wird sich der Buddha-Dharma ab jetzt weit verbreiten. Ich werde ein Jahr, nachdem du gegangen bist, sterben. Geh jetzt, und bleibe gesund! Geh in den Süden, aber lehre nicht für die nächsten fünf Jahre, sonst wird Unheil über den Buddha-Dharma (dich) kommen. Danach unterweise und leite verblendete Menschen. Wer seinen Geist öffnen kann, ist nicht verschieden von mir.›

Damit waren seine Abschiedsworte beendet, und ich machte mich auf den Weg gen Süden.

Nachdem der Fünfte Patriarch zum Kloster zurückgekommen war, gab er für ein paar Tage keine Darlegung des Dharma. Die Mönche fragten sich alle, was wohl der Grund dafür sei, und gingen zu ihm, um ihn zu fragen: ‹Seid Ihr krank?›

Der Fünfte Patriarch antwortete: ‹Ich bin nicht krank, aber die Robe von Bodhidharma* ging bereits in den Süden.›

Alle fragten: ‹Wem habt Ihr Robe und Dharma übermittelt?›

Der Fünfte Patriarch antwortete: ‹Hui-neng erhielt es.›

Alle erfuhren hier zum ersten Mal, daß ich der sechste Patriarch geworden war.

Innerhalb von zwei Monaten erreichte ich den Berg Tayü Ling. Ohne daß ich es wußte, war ich von ein paar hundert Männern, die mir Robe und Dharma entreißen wollten, verfolgt worden. Aber nach der Hälfte des Weges waren sie alle wieder umgekehrt, bis auf einen. Sein Familien-

---

* Bodhidharma war ein indischer Mönch, der 28. Patriarch in der indischen Linie des Zen, der das Zen nach China brachte und damit zum ersten Patriarchen des Zen in China wurde. (Anm. d. Hrsg.)

name war Cheng, sein Vorname war Hui-ming. Er war ehemals ein General gewesen, und sein Charakter und Benehmen waren roh und leidenschaftlich. Auf dem Berggipfel holte er mich ein.

Ich legte die Robe auf einen Stein und sagte: ‹Diese Robe stellt den Glauben dar. Mit Kraft und Gewalt läßt sie sich nicht nehmen.›

Dann versteckte ich mich im Gebüsch. Hui-ming näherte sich der Robe und wollte sie aufnehmen, aber sie bewegte sich nicht. Hui-ming rief mit lauter Stimme: ‹Ich habe Euch verfolgt, um den Dharma zu finden, nicht, um die Robe zu entreißen.›

Ich kam aus dem Gebüsch und setzte mich auf einen Stein. Hui-ming verbeugte sich und sagte: ‹Bitte lehrt mich den Dharma!›

Ich antwortete: ‹Du kamst um des Dharma willen bereits bis hierher, deshalb schneide alle deine Verstrickungen ab und verwirf alle deine Gedanken, dann werde ich dir den Dharma darlegen.›

Dann verharrte ich einige Zeit in Stillschweigen. Danach sagte ich: ‹Nicht denkend «gut», nicht denkend «schlecht» – was ist dein ursprüngliches Antlitz in eben diesem Augenblick?›

Als Hui-ming diese Worte vernahm, wurde er augenblicklich erleuchtet. Er fragte mich: ‹Gibt es abgesehen von diesen geheimen Worten noch eine geheime, verborgene Wahrheit?›

Ich antwortete: ‹Das, was ich dir sagte, ist nichts Geheimes. Wenn du dich vom Außen abkehrst, dich nach innen wendest und deinen eigenen Geist erleuchtest, dann sind alle Geheimnisse in dir selbst.›

Hui-ming sagte: ‹Ich übte mich beim Fünften Patriarchen, jedoch ohne mein wahres Antlitz zu erblicken. Aber jetzt, durch Euren Fingerzeig, habe ich selbst klar erkannt, so wie jemand, der Wasser trinkt, selbst weiß, ob es kalt oder warm ist. Deshalb seid Ihr jetzt mein Meister.›

Ich sagte: ‹Wenn du es so klar erkannt hast, dann sind wir beide gleichermaßen Schüler des Fünften Patriarchen.›

Dann ließ ich ihn in den Norden zurückkehren, um die Menschen dort zu unterweisen.

Danach kam ich nach Ts'ao-ch'i und wurde wiederum von Schurken verfolgt. Ich nahm daher Zuflucht in Ssu-hui und lebte dort fünf Jahre lang mit den Jägern. Ich lebte mit ihnen, und bei günstiger Gelegenheit legte ich ihnen den Dharma dar.

Die Jäger ließen mich ihre Fangnetze beobachten, aber wenn Tiere darin gefangen waren, ließ ich sie frei. Zu den Mahlzeiten bereitete ich Gemüse für mich im Topf neben dem Fleisch der Jäger. Als sie mich

華叟子孫不知禪
狂雲面前誰説禪
三十年来肩上重
一人荷擔松源禪
前住大德一休叟
頂相自賛誌謹拜書

fragten, warum ich kein Fleisch äße, antwortete ich nur: ‹Ich esse das Gemüse, das neben dem Fleisch zubereitet ist.›

Eines Tages dachte ich, daß ich mich nicht für immer versteckt halten sollte und daß die Zeit gekommen sei, den Dharma zu lehren. Ich machte mich auf den Weg und kam nach Kanton zum Fa-hsing-Kloster, wo gerade Meister Yin-tsung einen Vortrag über das *Mahāparinirvāna-Sūtra* hielt. Ein Wind blies, und die (Kloster-)Fahne bewegte sich. Ein Mönch sagte: ‹Der Wind bewegt sich.›

Ein anderer Mönch sagte: ‹Die Fahne bewegt sich.›

Diese Diskussion setzte sich fort; da trat ich vor und sagte: ‹Weder der Wind noch die Fahne bewegen sich. Euer Geist ist es, der sich bewegt.›

Alle Umstehenden waren erstaunt, und als Yin-tsung es hörte, führte er mich zum obersten Sitz. Er stellte mir verschiedene grundlegende Fragen über den Buddha-Dharma. Ich antwortete einfach und direkt, ohne Gelehrsamkeit, der Wahrheit entsprechend.

Yin-tsung sagte: ‹Ihr seid bestimmt kein gewöhnlicher Mensch. Ich habe vor langer Zeit gehört, daß die Robe und der Dharma des Fünften Patriarchen in den Süden gekommen sind. Seid Ihr nicht das?›

Ich antwortete: ‹Es läßt sich nicht mehr verbergen.›

Daraufhin erwies Yin-tsung seine Verehrung und bat mich, allen die traditionelle Robe zu zeigen. Yin-tsung fragte weiter: ‹Als der Fünfte Patriarch Euch den Dharma übermittelte, was hat er Euch gelehrt? Was hat er Euch übermittelt?›

Ich antwortete: ‹Es gibt nichts, was er übermittelt hätte. Es kam nur auf die Einsicht in das eigene Wesen an. Versenkung sowie Erlösung [und sonstige ‹buddhistische› Fragen] wurden nicht erörtert.›

Yin-tsung fragte: ‹Warum wurden Versenkung und Erlösung nicht erörtert?›

Ich antwortete: ‹Weil dies eine Betrachtung von Gegensätzen wäre und nicht der Buddha-Dharma. Der Buddha-Dharma ist die Lehre der Nicht-Zweiheit.›

◁ *Bokusai: Zen-Meister Ikkyū. Japan, fünfzehntes Jahrhundert, Tusche auf Papier. Nationalmuseum, Tōkyō.*
Der japanische Zen-Meister Ikkyū Sōjun (1394–1481) hatte den Ruf, tief erleuchtet zu sein, und seine Kalligraphie und Dichtung waren ebenso berühmt wie sein exzentrisches Leben und sein unbeugsamer Zen-Geist. Dieses Porträt wird seinem Schüler Bokusai zugeschrieben. Der Ausdruckstiefe dieser Züge und Augen entspricht Ikkyūs eigene Kalligraphie über dem Bild.

Yin-tsung fragte weiter: ‹Was ist die Lehre der Nicht-Zweiheit im Buddha-Dharma?›

Ich antwortete: ‹Ihr haltet doch Vorträge über das *Mahāparinirvāna-Sūtra*, das ein Sūtra über die Offenbarung des Buddha-Wesens, die Lehre der Nicht-Zweiheit im Buddha-Dharma ist. Im *Mahāparinirvāna-Sūtra* sagt der Bodhisattva Gunarajan zu Buddha: «Ist die gute Wurzel, das Buddha-Wesen, von jemandem, der die Vier Kapitalverbrechen begeht, oder von jemandem, der die Fünf Todsünden begeht, oder von einem Glaubenslosen abgeschnitten oder nicht?» Der Buddha antwortete: «Es gibt zwei (Ansichten über) gute Wurzeln. Die eine ist Beständigkeit, die andere Unbeständigkeit. Buddha-Wesen ist aber weder Beständigkeit noch Unbeständigkeit. Darum ist (diese Wurzel) nicht abschneidbar. Deshalb wird es (die Lehre der) Nicht-Zweiheit genannt. Es gibt (in den Vorstellungen der Menschen) Gut und Schlecht. Aber das Buddha-Wesen ist weder gut noch schlecht. Deshalb wird es Nicht-Zweiheit genannt. Bei den Skandhas und den Dhātus [Skrt., wörtl. ‹Bereich›, Bezeichnung für die achtzehn Elemente, die alle geistigen Vorgänge bedingen: sechs Sinnesorgane, sechs Sinnesobjekte und die sechs Arten des Bewußtseins] sieht der gewöhnliche Mensch die Zweiheit. Der Weise jedoch durchschaut völlig, daß deren Wesen Nicht-Zweiheit ist. Das Wesen der Nicht-Zweiheit ist in seiner Soheit Buddha-Wesen.»›

Als Yin-tsung das gehört hatte, freute er sich, legte die Handflächen zusammen und sagte: ‹Mein Vortrag über das Sūtra war wie Schutt und Steine, aber Eure Worte sind wie echtes Gold.›

Dann rasierte er mir den Kopf, und nachdem er mich gebeten hatte, sein Meister zu sein, wurde er mein Schüler.

Seit ich auf dem Tung-shan vom Fünften Patriarchen das Siegel des Dharma erlangte, habe ich viel Unheil und Wirren erfahren, und mein Leben hing an einem dünnen Faden. Daß ich heute hier mit euch vereinigt bin und ihr mir zuhören könnt, kommt daher, daß ihr in den letzten tausend Leben den verschiedenen Buddhas geopfert habt. Deshalb könnt ihr heute zum ersten Mal die höchste Lehre der plötzlichen Erleuchtung des eigenen Wesens vernehmen. Verehrter Präfekt, Beamte, Mönche und Laienanhänger, zwischen uns besteht eine unendlich lange, tiefe Verbindung. Diese Lehre wurde von den Heiligen (Patriarchen) der früheren Generationen übermittelt und ist nicht nur mein individuelles Wissen. Ich hoffe, daß diejenigen, die die Lehre der Heiligen der früheren Generationen hören, ihren Geist reinigen und, nachdem sie zu

Ende gehört haben, ihre Zweifel beseitigen, damit sie sich von den Heiligen der Vergangenheit nicht unterscheiden.

Hört, ihr alle: Die Große Weisheit *(Mahāprajñāpāramitā)* ist in allen Menschen von Anfang an vorhanden. Nur infolge der Verblendung des Geistes ist es ihnen nicht möglich, dies selbst zu erkennen. Sie müssen deshalb einen wahren, erleuchteten Meister finden, um ihr eigenes Wesen zu erkennen.»

20. Das Ich vergessen

Eihei Dōgen

Dōgen Zenji («Zen-Meister Dōgen»), auch Eihei Dōgen genannt, lebte von 1200 bis 1253 und gilt vielen als der bedeutendste Zen-Meister Japans. Japaner aller buddhistischen Schulen verehren ihn als Heiligen oder Bodhisattva. Er war es, der das Sōtō-Zen (chin. Ts'ao-tung-Ch'an) von China nach Japan übertrug.

Er schulte sich zunächst unter japanischen Meistern und kam hier auch zu tiefen Einsichten, doch sie befriedigten ihn noch nicht, und so reiste er schließlich nach China. Hier stieß er nach langem Suchen endlich auf seinen Meister, Tendō Nyojō (T'ien-t'ung Ju-ching), bei dessen Worten «Ihr müßt Leib und Seele fallen lassen» er tiefe Erleuchtung fand. Als er den Meister später wieder aufsuchte, bestätigte dieser ihm, er habe tatsächlich Leib und Seele fallen lassen. Dōgen fand, der Meister bestätige ihn zu bereitwillig, doch als dieser ihm das Fallenlassen seinerseits noch einmal demonstrierte, warf er sich voller Verehrung und Dankbarkeit nieder.

«Das heißt ‹Fallenlassen› fallengelassen», sagte Nyojō.

Das folgende ist ein Auszug aus seinem Shōbōgenzō *(«Das Schatzkammer-Auge des Wahren Dharma»), und zwar aus dem berühmten Kapitel «Genjō-kōan» («Erleuchtung erscheint im Alltag»), in dem es um den Zusammenhang zwischen Übung und Erleuchtung geht. Es dürfte als poetische Darstellung der nichtdualistischen Erfahrung eines erwachten Geistes schwer zu übertreffen sein; allerdings ist es als Ausdruck eben dieser nichtdualistischen Erfahrung, für die Absolutes und Phänomenales sich gegenseitig vollkommen durchdringen, für den unerwachten, dualistischen Geist kaum zu «verstehen»; es will in eigner Erfahrung unmittelbar «begriffen» werden. (Deutsche Übersetzung nach der englischen Übertragung von Hakuyu Taizan Maezumi.)*

Wenn [für dich erst einmal] alle Erscheinungen *[dharmas]* der Buddha-Dharma sind, gibt es Erleuchtung und Verblendung, Übung, Leben und Tod, Buddhas und Geschöpfe.
Wenn die zehntausend Erscheinungen ohne Ich sind, gibt es keine Verblendung, keine Erleuchtung, keine Buddhas, keine Geschöpfe, kein Leben und keinen Tod.
Der Buddha-Weg geht über Sein und Nichtsein hinaus; deshalb gibt es Leben und Tod, Verblendung und Erleuchtung, Geschöpfe und Buddhas.
Gleichwohl:
In unserem Haften fallen Blüten, in unserem Zurückweisen sprießen Unkräuter.

Sich selbst vorantragen und die zehntausend Erscheinungen erkennen, das ist Verblendung.
Wenn die zehntausend Erscheinungen hervortreten und sich selbst erkennen, ist das Erleuchtung.
Die Buddhas sind es, die Verblendung erleuchten.
Die Geschöpfe sind es, die in der Erleuchtung verblendet sind.
Und weiter gibt es die, welche über die Erleuchtung hinaus Erleuchtung finden; es gibt die, welche in der Verblendung verblendet sind.
Wenn Buddhas wahrhaft Buddhas sind, braucht man des Buddhaseins nicht gewahr zu sein.
Man ist jedoch verwirklichter Buddha und schreitet weiter voran im Verwirklichen von Buddha.

Formen mit ganzem Körper-und-Geist sehen, Laute mit ganzem Körper-und-Geist hören – so ist man ihrer wahrhaft inne.
Doch ist es nicht wie ein Spiegel mit Spiegelbildern oder wie Wasser unter dem Mond –
Wo man eine Seite verwirklicht, da ist die Dunkelheit der anderen Seite.

Den Buddha-Weg üben heißt sich selbst ergründen.
Sich selbst ergründen heißt sich selbst vergessen.
Sich selbst vergessen heißt von den zehntausend Erscheinungen erleuchtet werden.
Von den zehntausend Erscheinungen erleuchtet werden heißt den eigenen Körper-und-Geist und den anderer befreien.

Keine Spur bleibt von der Erleuchtung, und diese Nicht-Spur der Erleuchtung führt endlos weiter.

Wenn man anfängt, den Dharma zu suchen, sieht man sich weit von seinen Gefilden entfernt.
Doch der Dharma ist bereits korrekt übermittelt; in diesem Augenblick ist man sein ursprüngliches Ich.
Wenn man, in einem Boot fahrend, die Küste betrachtet, könnte man meinen, das Land bewege sich.
Beobachtet man das Boot aber direkt, so weiß man, daß es selbst sich bewegt.
Erforscht man die zehntausend Erscheinungen mit verblendetem Körper-und-Geist, wird man annehmen, der eigene Geist und die eigene Natur seien beständig.
Übt man inniglich und kehrt zurück zu dem, was man «hier drinnen» ist, so wird sich zeigen, daß die zehntausend Erscheinungen ohne Ich sind.

Feuerholz wird zu Asche und dann nicht wieder zu Feuerholz.
Doch denke nicht, die Asche sei nachher und das Feuerholz vorher.
Wir müssen erkennen, daß Feuerholz im Zustand des Feuerholzseins weilt, der Vorher und Nachher einschließt. Indem es aber dieses Vorher und Nachher einschließt, ist es unabhängig von ihnen.
Asche weilt im Zustand des Ascheseins, der sein Vorher und Nachher einschließt.
Wie Feuerholz nicht wieder Feuerholz wird, wenn es einmal Asche ist, so kehrt man nach dem Tod nicht wieder ins Leben zurück.
Daher: Daß Leben nicht Tod wird, ist eine gültige Lehre des Buddha-Dharma; deshalb wird das Leben das Nicht-Geborene genannt.
Daß Tod nicht Leben wird, ist eine gültige Lehre des Buddha-Dharma; deshalb wird der Tod das Nicht-Ausgelöschte genannt.
Leben ist ein Abschnitt für sich.
Tod ist ein Abschnitt für sich.
Sie sind, zum Beispiel, wie Winter und Frühling.
Wir denken nicht: Winter wird Frühling; wir sagen nicht: Frühling wird Sommer.

Erleuchtung erlangen ist wie der Mond, der sich im Wasser spiegelt.
Der Mond wird nicht naß, das Wasser nicht aufgerührt.

Das Ich vergessen | 247

Der Garten des Ryōan-ji in Kyōto. Japan, fünfzehntes Jahrhundert. Foto von John C. Huntington.
In Japan wird der Zen-Steingarten Kare-sansui oder «trockene Landschaft» genannt. Der «kargste» Garten dieser Art ist der des Ryōan-ji, der nichts weiter als fünfzehn Steine in einer Fläche aus geharktem Kies enthält. Der Garten lädt den Besucher ein, sich meditativen Betrachtungen über die Leere hinzugeben – und das ist wohl überhaupt der Kern aller Zen-Künste: mit einfachen Mitteln einen Hinweis zu geben auf die große Lehre des Mahāyāna, nämlich «Form ist Leere, Leere ist Form».

Obgleich das Licht des Mondes weit und groß ist, spiegelt er sich in der kleinsten Pfütze.
Der ganze Mond und der ganze Himmel spiegeln sich in einem Tautropfen im Gras, in einem einzigen Wassertropfen.
Erleuchtung rührt den Menschen nicht auf, wie auch der Mond das Wasser nicht aufrührt.
Ein Mensch steht der Erleuchtung nicht entgegen, wie auch ein Tautropfen dem Mond am Himmel nicht entgegensteht.
Die Tiefe des Tropfens ist die Höhe des Mondes.
Was aber die Dauer der Spiegelung angeht, so solltest du die Größe oder Kleinheit des Wassers erforschen, und du solltest

die Helle oder Trübheit des Himmelsmondes unterscheiden können.

Wenn die Wahrheit Körper-und-Geist nicht füllt, meinen wir, wir hätten genug.
Wenn die Wahrheit Körper-und-Geist füllt, geht uns auf, daß etwas fehlt.
Wenn wir zum Beispiel von einem Schiff auf dem Meer, kein Land in Sicht, in die vier Himmelsrichtungen schauen, sehen wir nur einen Kreis und sonst nichts.
Keine andere Gestalt ist offenbar.
Indes, dieses Meer ist weder rund noch eckig und in seinen Eigenschaften von unerschöpflicher Vielfalt. Es ist wie ein Palast. Es ist wie ein Juwel. Es erscheint unserem Auge nur kreisförmig, soweit es eben reichen kann zu diesem Zeitpunkt.
So ist es auch mit den zehntausend Erscheinungen.
Das gewöhnliche Leben und das erleuchtete Leben nehmen vielerlei Gestalt an, doch erkennen und verstehen wir nur, was das Auge unserer Übung zu durchdringen vermag.
Um die zehntausend Erscheinungen richtig einzuschätzen, müssen wir wissen, daß Meere und Berge zwar rund oder eckig aussehen können, ihre anderen Eigenschaften aber von unerschöpflicher Vielfalt sind; überdies liegen andere Universen in allen Himmelsrichtungen.
So ist es nicht nur um uns her, sondern auch gleich unter unseren Füßen und in einem einzigen Wassertropfen.

Wenn ein Fisch im Meer schwimmt, ist das Wasser ohne Ende, wie weit er auch schwimmen mag.
Wenn ein Vogel in der Luft fliegt, ist die Luft ohne Ende, wie weit er auch fliegen mag.
Kein Fisch, kein Vogel hat je sein Element verlassen.
Wo ihr Drang groß ist, ist ihr Wirkungsfeld groß.
Wo ihr Drang klein ist, ist ihr Wirkungsfeld klein.
So bleibt keine Kreatur je hinter ihrem vollen Vermögen zurück, und wo immer sie ist, steht ihr Reich ihr vollkommen offen.
Verläßt ein Vogel die Luft, stirbt er augenblicklich.
Verläßt ein Fisch das Wasser, stirbt er augenblicklich.
Wisse daher, daß Wasser Leben ist.
Wisse, daß Luft Leben ist.

Der Vogel ist Leben und der Fisch ist Leben.
Leben muß der Vogel sein, und Leben muß der Fisch sein.
Und so ist es auch mit Übung und Erleuchtung, Sterblichkeit und Unsterblichkeit.

Wenn nun ein Vogel oder ein Fisch die Grenze seines Elements zu erreichen trachtet, ohne sich darin bewegt zu haben, wird dieser Vogel oder dieser Fisch nicht seinen Weg oder seinen Platz finden.
Hat man diesen Platz erlangt, ist das tägliche Leben die Verwirklichung der höchsten Wirklichkeit *[genjō-kōan]*. Hat man diesen Weg erlangt, ist das tägliche Leben die Verwirklichung der höchsten Wirklichkeit.
Da dieser Platz und dieser Weg weder groß noch klein sind, weder selbst noch anderes, weder früher existierend noch eben jetzt entstehend, existieren sie folglich so.
Deshalb: In der Übung-Erleuchtung des Buddha-Weges wird eine Erscheinung durchdrungen, wenn man einer Erscheinung begegnet, wird in der Übung eine Übung ganz gemeistert.

Da der Ort hier ist und der Weg überallhin führt, sind die Grenzen des Erkennbaren deswegen nicht zu erkennen, weil unser Erkennen mit der absoluten Vollkommenheit des Buddha-Dharma entsteht und wirkt.
Übe nicht in dem Gedanken, die Verwirklichung müsse Gegenstand des Erkennens und Sehens werden und begrifflich erfaßt werden.
Das Erlangen der Verwirklichung ist unmittelbar offenkundig, doch ihr innerstes Wesen wird nicht unbedingt erkannt. Manche mögen es erkennen, andere nicht.

Meister Pao-che vom Ma-ku-Berg fächelte sich. Ein Mönch trat an ihn heran und fragte: «Meister, die Natur des Windes ist unvergänglich, und es gibt keinen Ort, wohin er nicht dringt. Weshalb also müßt Ihr Euch noch fächeln?»
Der Meister antwortete: «Wenn du auch verstehst, daß die Natur des Windes unvergänglich ist, so hast du doch den Sinn seines Überallhindringens noch nicht erfaßt.»
«Was ist der Sinn seines Überallhindringens?»
Der Meister fächelte sich.
Der Mönch verneigte sich ehrerbietig.

Dies ist die erleuchtete Erfahrung des Buddha-Dharma und die lebendige Weise seiner korrekten Übermittlung. Die sagen, wir sollten keinen Fächer benutzen, da der Wind unvergänglich sei und wir daher ohne den Gebrauch eines Fächers um die Existenz des Windes wissen sollten – die wissen nichts von Unvergänglichkeit oder der Natur des Windes.

Weil die Natur des Windes ewig gegenwärtig ist, bringt der Wind aus der Familientradition des Buddha das Gold der Erde zum Vorschein und läßt die Wasser unseres Lebensflusses wie Joghurt reifen.

21. Die zehn Stierbilder

Kuo-an Shih-yüan

Von den Darstellungen der Ebenen der Erleuchtung im Zen ist keine besser bekannt als jene durch die Stierbilder*, eine Folge von zehn Illustrationen mit Anmerkungen und Lobsprüchen. Die ursprünglichen Zeichnungen und die Kommentare, die sie begleiten, werden Kuo-an Shih-yüan (jap. Kakuan Shien), einem chinesischen Zen-Meister des zwölften Jahrhunderts, zugeschrieben. Aber er war nicht der erste, der die Entwicklungsstadien der Zen-Erleuchtung durch Bilder veranschaulichte. Es gibt ältere Versionen mit fünf und acht Bildern, bei denen der Stier allmählich immer weißer wird; das letzte Bild stellt einen Kreis dar. Das besagt, daß die Erkenntnis des Eins-Seins (d. h. das Austilgen jeder Vorstellung von «Ich» und «Anderes») das höchste Ziel des Zen war. Da Kuo-an das aber für unvollständig hielt, fügte er zwei weitere Bilder nach dem Kreis hinzu, um klarzumachen, daß der Zen-Mensch von höchster geistiger Entwicklung in der irdischen Welt der Formen und Vielfalt lebt und sich mit völliger Freiheit unter die gewöhnlichen Menschen mischt, die er durch sein Erbarmen und seine Strahlkraft dazu inspiriert, den Weg des Buddha zu gehen. Diese Version hat in Japan weiteste Verbreitung gefunden. Sie hat sich all die Jahre hindurch als nie versiegender Quell der Anregung und Belehrung für Zen-Schüler erwiesen. Wir zeigen sie hier als moderne Tuschzeichnung von Gyokusei Jikihara mit den Anmerkungen und «Lobsprüchen» von Kuo-an Shih-yüan in der deutschen Übersetzung von Brigitte Koun-an D'Ortschy.

---

* In der ursprünglichen Fassung dieser Übersetzung war (wie in den meisten westlichen Übersetzungen) von «Ochsenbildern» die Rede. Die Übersetzerin, die deutsche Zen-Meisterin Kôun-an D'Ortschy, wies jedoch später darauf hin, daß es richtiger sei, von «Stierbildern» zu sprechen, denn der Ochse ist ein kastrierter, domestizierter Stier, während das Tier, das hier besungen wird, für unser Wahres Wesen in seiner ganzen (beim ungeschulten Menschen ungezügelten) Kraft und Wildheit steht. (Anm. d. Hrsg.)

1. Die Suche nach dem Stier

Der Stier ist in Wirklichkeit nie verlorengegangen; warum also ihn suchen? Da der Mensch sich aber von seinem Wahren Wesen abgewandt hat, ist der Stier ihm fremd geworden; er hat ihn im Staub [der Welt des Samsāra] aus den Augen verloren. Weit ist der Mensch von seiner Heimat abgeirrt und sieht sich nun einem Wirrsal von Wegen gegenüber. Gier nach Gewinn und Furcht vor Verlust schießen wie sengende Flammen empor; Vorstellungen von Recht und Unrecht stehen gleich Dolchen auf.

> Trostlos in endloser Weite
> bahnt er sich auf und ab den Weg
> in wucherndem Gras und sucht seinen Stier.
> Weites Wasser, ferne Berge,
> und der Weg zieht sich endlos dahin.
> Völlig erschöpft ist der Körper,
> verzweifelt ermattet das Herz;
> wo nur soll er suchen?
> Im Abendnebel hört er einzig
> Zikaden im Ahorn zirpen.

2. Erblicken der Spuren

Durch Sūtras und Lehren findet er die Spur des Stiers. Er hat genau verstanden, daß verschieden geformte (goldene) Gefäße doch alle von gleichem Gold sind und daß gleichermaßen alles und jedes eine Offenbarung des Selbst ist. Doch kann er noch nicht Gut und Böse unterscheiden, nicht Wahrheit von Trug. Noch ist er nicht wirklich durch das Tor eingetreten. Deshalb nennt man dieses Stadium «Erblicken der Spuren».

> Im Wald und am Gestade des Wassers
> finden sich unzählige Fußspuren;
> sieht er wohl das zerteilte Gras?
> Selbst die tiefsten Schluchten der höchsten Berge
> können die Nase des Stiers nicht verbergen,
> reicht sie doch bis in den Himmel.

3. Erblicken des Stiers

Wenn er nur gespannt auf die alltäglichen Laute horcht, wird er zur Erkenntnis gelangen und in eben dem Augenblick den wahren Ursprung erblicken. Die Sechs Sinne* unterscheiden sich nicht von diesem wahren Ursprung. In jedem Wirken ist der Ursprung unverhüllt gegenwärtig. Er entspricht dem Salz im Wasser, dem Leim in der Farbe des Malers. Wenn der Hirte die Augen weit aufschlägt, wird er inne, daß das Gesehene vom Ursprung nicht verschieden ist.

> Eine Nachtigall schlägt auf einem Zweig,
> warm scheint die Sonne, sanft weht der Wind,
> die Weiden grünen.
> Dort steht der Stier, wo könnt' er sich verbergen?
> Das herrliche Haupt, die stattlichen Hörner,
> kein Maler kann solches je malen.

* Die «fünf» Sinne Sehen, Hören, Riechen, Schmecken und die Tastempfindung sowie das Denken, das im Buddhismus ebenfalls den Sinnen zugerechnet wird. (Anm. d. Hrsg.)

4. Einfangen des Stiers

Heute hat er den Stier getroffen, der lange in der Wildnis umhergestreift war. Doch der Stier schwelgte so lange in dieser Wildnis, daß es nicht leicht ist, ihn von seinen alten Gewohnheiten loszureißen. Er sehnt sich noch nach dem süß duftenden Gras, noch ist er eigensinnig und wild. Will der Hirte ihn zähmen, so muß er zur Peitsche greifen.

> Fest muß der Hirt das Leitseil packen,
> darf es nicht loslassen,
> denn noch hat der Stier schlimme Neigungen und wilde Kraft.
> Bald rennt er ins Hochland hinauf,
> bald läuft er tief in Stätten voller Dunst und Nebel
> und verweilt dort.

5. Zähmen des Stiers

Erhebt sich ein Gedanke, so folgen weitere und weitere. Gedanken werden durch Erleuchtung wirklich; infolge der Verblendung werden sie unwirklich. Die Dinge erhalten ihr Dasein nicht durch die Umwelt, sondern sie erheben sich einzig im eigenen Geiste. Fest muß der Stierhirt das Leitseil packen und darf keinen Zweifel eindringen lassen.

> Der Hirte darf Peitsche und Leitseil
> keinen Augenblick aus der Hand lassen,
> sonst läuft der Stier davon in den Staub.
> Recht gezähmt jedoch, wird er sauber und sanft,
> gelöst vom Seil, folgt er willig dem Hirten.

6. Heimritt auf dem Stier

Der Kampf ist vorüber: «Gewinn» und «Verlust» haben sich in Leere aufgelöst. Der Hirt singt die ländliche Weise der Holzfäller und spielt auf der Flöte die einfachen Lieder der Dorfkinder. Er sitzt bequem auf dem Rücken des Stiers und blickt heiter zu den Wolken droben auf. Ruft man ihn an, so sieht er sich nicht um; will man ihn festhalten, so bleibt er doch nicht hier.

> Er reitet auf dem Stier heim
> in heiterer Gelassenheit.
> Den fernhinziehenden Abendnebel
> begleitet weithin der Klang seiner Flöte.
> Ein Klatschen, der Takt eines Liedes
> ist von unumschränktem Sinn.
> Wer diesen Sinn kennt,
> braucht der denn noch Worte?

7. Der Stier ist vergessen, der Mensch bleibt

Im Dharma gibt es keine Zweiheit. Der Stier ist unser urinnerstes Wesen – das hat er nun erkannt. Eine Falle ist nicht mehr erforderlich, wenn der Hase gefangen ist, ein Netz nicht mehr vonnöten, wenn der Fisch geködert wurde. Es ist, als wäre Gold von der Schlacke befreit worden; als wäre der Mond zwischen den Wolken zum Vorschein gekommen. Ein Strahl von klarstem Glanz scheint immerdar von Urbeginn an.

> Heimkehren konnte er nur auf dem Stier,
> nun gibt es den Stier nicht mehr.
> Allein sitzt der Hirte, heiter und ruhig.
> Die rote Sonne steht schon hoch am Himmel,
> doch er träumt friedlich weiter.
> Unter dem Strohdach liegen nun
> Peitsche und Leitseil nutzlos herum.

8. Stier und Mensch sind vergessen

Aller Verblendung ist er ledig, und auch alle Vorstellungen von Heiligkeit sind verschwunden. Nicht länger mehr braucht er «In-Buddha» zu verweilen, und schnell geht er durch «Nicht-Buddha» hindurch weiter. Auch die tausend Augen können an ihm, der an keinem von beiden mehr haftet, nichts bemerken.* Wollten Hunderte von Vögeln ihm nun Blumen streuen, er würde sich seiner selbst schämen.

> Peitsche und Leitseil, Stier und Hirte
> gehören gleichermaßen der Leere an.
> Der blaue Himmel ist so allumfassend weit,
> daß alles Mitteilen in ihm beinah endet.
> Über loderndem Feuer kann keine Schneeflocke bestehen.
> Ist diese Geistesverfassung erreicht,
> begegnet er endlich
> dem Geist der Patriarchen alter Zeit.

---

* Selbst die vollkommen Erleuchteten, die mit ihren «tausend Augen» den kleinsten Makel im Bewußtsein ungeläuterter Menschen erkennen, können hier nichts «Besonderes» mehr entdecken. (Anm. d. Hrsg.)

9. Zum Ursprung zurückgekehrt

Von Urbeginn an gibt es keinerlei Staub (der die ursprüngliche Reinheit befleckte). Der Hirte beobachtet das Werden und Vergehen des Lebens in der Welt und weilt in gelassener Ruhe. All das (Werden und Vergehen) ist kein Wahn. Warum sollte es notwendig sein, um irgend etwas zu ringen? Grün sind die Gewässer, blau die Berge. In sich ruhend, betrachtet er den Wandel der Dinge.

> Er ist zum Ursprung zurückgekehrt,
> doch waren seine Schritte umsonst.
> Besser ist es für ihn, wie blind und taub zu sein.*
> In seiner Hütte sitzt er, sieht von all dem da draußen nichts.**
> Die Ströme fließen, wie sie fließen,
> und rote Blumen blühen von selber rot.

* Hier ist nicht die Blindheit und Taubheit des gewöhnlichen Menschen gemeint, sondern das «Nicht-Bewußtsein» des Erleuchteten, der absichtslos jeweils völlig angemessen auf eine Situation reagiert und in dem die Welt ebensowenig Spuren hinterläßt wie die von einem Spiegel reflektierten Dinge Spuren im Spiegel hinterlassen. (Anm. d. Hrsg.)

** «Da draußen» gibt es für diesen nicht-dualistischen Geisteszustand nicht mehr.

Die zehn Stierbilder | 261

10. Betreten des Marktes mit offenen Händen

Die Tür seiner Hütte ist verschlossen, und selbst der Weiseste kann ihn nicht ausfindig machen.* Die Gefilde seines Innern sind tief verborgen. Er geht seinen Weg und folgt nicht den Schritten früherer Weiser. Er kommt mit der Kürbisflasche** auf den Markt und kehrt mit seinem Stab in die Hütte zurück. Schankwirte und Fischhändler führt er auf den Weg, ein Buddha zu werden.

> Mit entblößter Brust kommt er barfuß zum Markte.
> Schmutzbedeckt und mit Asche beschmiert,
> lacht er doch breit übers ganze Gesicht.
> Ohne Zuflucht zu mystischen Kräften
> bringt er verdorrte Bäume schnell zum Blühen.

* Er ist zur völligen Natürlichkeit zurückgekehrt, in der ihm keine Spur der «Heiligkeit» mehr anhaftet.
** Im alten China und Japan als Weinflasche verwendet. Der völlig Erleuchtete hat alle Verhaltensregeln und Gebote transzendiert und scheut sich in seinem Bodhisattva-Tun nicht, mit den Menschen auf dem «Markt» (die gewöhnliche Welt) zu trinken, wenn er ihnen auf diese Weise am besten helfen kann, selbst den Weg zum Erwachen zu finden.

22. Bewegungslose Weisheit

Takuan Sōhō

Der japanische Meister Takuan Sōhō war ein bedeutender Vertreter der Rinzai-Linie des Zen, doch er galt auch auf anderen Gebieten – Schriftkunst, Malerei, Dichtung, Gartenbau und Tee-Weg – als Meister.

Für den Text, den wir hier ausgewählt haben – ein Auszug aus der Schrift «Die geheimnisvolle Aufzeichnung von der Bewegungslosen Weisheit» –, muß man wissen, daß Takuan der Meister des berühmten Schwertfechters Yagyū Tajima no kami Munenori war. Hier erklärt er seinem Schüler, was er meint mit den Worten: «Der Geist, der nicht haltmacht, wird bewegungslose Weisheit genannt.» Indem Takuan dem Schwertmeister das «Zen in der Kunst des kampflosen Kampfes» darlegt, führt er ihn zugleich in die Kunst aller Künste, die ars vivendi, ein.

Die Plage des Verweilens in der Unwissenheit

Der Ausdruck *Unwissenheit* meint das Nichtvorhandensein der Erleuchtung, mithin Verblendung.

Ort des Verweilens meint den Ort, wo der Geist anhält.

Es heißt, in der Übung des Buddhismus gebe es zweiundfünfzig Stufen, und wo der Geist innerhalb dieser zweiundfünfzig Stufen haltmacht, da spricht man von einem Ort des Verweilens. Verweilen bedeutet anhalten, und *anhalten* besagt, daß der Geist von etwas, von irgendeiner Sache, angehalten oder festgehalten wird.

Um in den Begriffen Eurer Kampfkunst zu sprechen: Wenn Ihr in dem Augenblick, da Ihr das Schwert bemerkt, welches Euch treffen will, auch nur mit einem Gedanken daran denkt, dem Schwert da zu begegnen, wo es eben jetzt gerade ist, so wird Euer Geist bei ihm haltmachen in eben dieser Position, Eure eigenen Bewegungen werden unterbunden, und Euer Gegner wird Euch niederstrecken. Das ist mit *anhalten* gemeint.

Wenn aber in dem Augenblick, da Ihr das Schwert seht, welches Euch treffen will, Euer Geist nicht von ihm festgehalten wird und Ihr im Rhythmus des heransausenden Schwertes bleibt; wenn Ihr nicht daran denkt, Euren Gegner zu treffen, und wenn keine Gedanken und Urteile bleiben; wenn in dem Augenblick, da Ihr das heransausende Schwert seht, Euer Geist nicht im geringsten festgehalten wird und Ihr augenblicklich handelt und dem Gegner das Schwert entwindet – so wird das Schwert, das Euch niederstrecken sollte, Euer werden, und wird nun das Schwert sein, das Euren Gegner niederstreckt.

Im Zen nennt man das «den Speer packen und den Mann aufspießen, der dich aufspießen wollte». Der Speer ist eine Waffe. Hier geht es letztlich darum, daß das Schwert, welches Ihr dem Widersacher entwindet, ein Schwert wird, das ihn niederstreckt. Das ist es, was Ihr in Eurer Sprache «Nicht-Schwert» nennt.

Wenn Euer Geist – sei es durch den Streich des Feindes oder Euren eigenen Stoß, sei es durch den Mann, der den Hieb führt, oder durch das sausende Schwert, sei es durch Position oder Rhythmus – in irgendeiner Weise abgelenkt wird, so stockt Euer Handeln, und das kann bedeuten, daß Ihr erschlagen werdet.

Stellt Ihr Euch dem Feind gegenüber, so wird Euer Geist von ihm gefesselt. Ihr solltet Euren Geist nicht in Euch selbst festhalten, das tut man nur am Beginn der Schulung, wenn man noch ein Anfänger ist. Der Geist kann auch vom Schwert gefesselt werden. Wenn Ihr Euren Geist in den Rhythmus des Kampfes legt, so kann er auch davon gefesselt werden. Und wenn Ihr Euren Geist in Euer eigenes Schwert legt, so kann er von Eurem eigenen Schwert gefesselt werden. Sobald Euer Geist bei irgend etwas haltmacht, seid Ihr eine leere Schale. Ihr erinnert Euch gewiß selbst an solche Situationen. Sie sind im Buddhismus von gleicher Bedeutung.

Im Buddhismus nennen wir dieses Haltmachen des Geistes *Verblendung*. Und so sprechen wir von der «Plage des Verweilens in der Unwissenheit».

Die bewegungslose Weisheit aller Buddhas

Bewegungslos heißt nicht zu bewegen. *Weisheit* meint die Weisheit der Einsicht.

Wenn die Weisheit auch bewegungslos genannt wird, so ist damit doch kein fühlloses Ding wie Holz oder Stein gemeint. Sie bewegt sich, wie der Geist sich bewegen mag: vor oder zurück, nach links, nach rechts, in die zehn Richtungen und zu den acht Punkten; und der Geist, der nicht haltmacht, wird *bewegungslose Weisheit* genannt.

Fudō Myōō faßt ein Schwert mit der Rechten und hält ein Seil in der Linken.* Er bleckt die Zähne, und die Augen funkeln vor Zorn. Fest ist sein Stand, und so ist er bereit, die bösen Geister zu unterwerfen, die sich dem buddhistischen Gesetz entgegenstellen möchten. Er ist unverborgen überall, in jedem Land. Er hat die Gestalt eines Beschützers des Buddhismus, und er verkörpert die bewegungslose Weisheit. In ihm wird sie allen Lebewesen gezeigt.

Sieht ein gewöhnlicher Mensch diese Gestalt, so fürchtet er sich und wagt nicht einmal zu denken, ein Feind des Buddhismus zu sein. Wer der Erleuchtung nahe ist, der versteht, daß hier die bewegungslose Weisheit manifestiert ist und alle Verblendung bereinigt. Wer aber diese bewegungslose Weisheit selbst offenkundig machen kann und diesen geistigen Dharma so gut verkörpert wie Fudō Myōō, für den werden die bösen Geister sich nicht länger vermehren. Dies ist es, was Fudō Myōō uns mitzuteilen hat.

Was man Fudō Myōō nennt, das ist der eigene bewegungslose Geist und der nicht-zaudernde Körper. *Nicht-zaudernd* heißt, nicht von irgend etwas angehalten zu werden.

Etwas erblicken und den Geist nicht anhalten, das nennt man *bewegungslos*. Denn wenn der Geist bei etwas haltmacht und allerlei Urteile die Brust erfüllen, entstehen Bewegungen in ihm. Enden diese Bewegungen, so bewegt sich der angehaltene Geist und bewegt sich doch nicht.

Wenn zehn Männer mit Schwertern um sich hauend auf Euch losgehen und Ihr jedes Schwert pariert, ohne den Geist bei irgendeiner Aktion verweilen zu lassen, wenn Ihr so von einem zum nächsten geht, wird es Euch für jeden einzelnen der Zehn nicht am richtigen Handeln mangeln.

Wenn der Geist auch zehnmal gegen zehn Männer tätig werden muß – wenn er nur bei keinem von ihnen haltmacht und Ihr einem nach dem anderen begegnet, wird es Euch dann wohl am richtigen Handeln mangeln?

Macht jedoch Euer Geist halt vor einem dieser zehn Männer, so mögt

---

* Fudō Myōō («Erleuchteter König der Bewegungslosigkeit») ist eine der fünf buddh. Gottheiten der Weisheit. Im Zen betrachtet man ihn als Manifestation des Wahren Wesens, der Buddha-Natur des Menschen. (Anm. d. Hrsg.)

Bewegungslose Weisheit | 265

Miyamoto Musashi: Hotei verfolgt einen Hahnenkampf. Japan, siebzehntes Jahrhundert, Tusche auf Papier. Kunstmuseum der Stadt Fukuoka.
Eine Besonderheit der Zen-Malerei ist der kühne Schwung der Pinselführung, der sich um die Konventionen künstlerischer Gestaltung nicht schert. So porträtiert auch der große Schwertmeister Miyamoto Musashi (1582–1645) den legendären «lachenden Buddha» und Zen-Vagabunden Hotei (chin. Pu-tai), wie er ganz versunken zwei sich raufenden Hähnen zuschaut. Das Bild gemahnt an die enge Beziehung zwischen Zen und den Kampfkünsten – in beiden diese Freiheit und Kraft, die aus dem Leben im Augenblick erwachsen.

Ihr wohl seinen Streich noch parieren, doch wenn der nächste kommt, ist das richtige Handeln Euch entglitten.

Denken wir an die Tausendarmige Kannon*, die eintausend Arme an ihrem einen Körper hat: Wenn der Geist bei dem einen verweilt, der einen Bogen hält, so sind die anderen neunhundertneunundneunzig nutzlos. Nützlich sind all die Arme nur, wenn der Geist an keiner Stelle festgehalten wird.

Was aber Kannon selbst angeht – zu welchem Zweck hat sie wohl tausend Arme an dem einen Körper? Diese Gestalt soll den Menschen deutlich machen, daß sie ihre bewegungslose Weisheit nicht fahrenlassen dürfen, denn dann, mag ein Körper auch tausend Arme haben, wird nicht einer dieser Arme von Nutzen sein.

Wenn Ihr einen Baum anschaut und ein einziges seiner roten Blätter betrachtet, werdet Ihr die anderen überhaupt nicht sehen. Wenn aber das Auge sich an keines der Blätter heftet und Ihr den Baum betrachtet, ohne irgend etwas im Sinn zu haben, so sind Blätter ohne Zahl dem Auge sichtbar. Nimmt aber ein einziges Blatt das Auge gefangen, so ist es, als wären die übrigen Blätter nicht da.

Einer, der das erfaßt hat, ist nicht verschieden von der Kannon mit den tausend Armen und den tausend Augen.

Der gewöhnliche Mensch glaubt einfach an die Segenskraft ihrer tausend Arme und tausend Augen. Der Mensch von halbem Wissen denkt sich, es könne wohl kaum sein, daß jemand tausend Arme und tausend Augen hat, und nennt es eine Lüge und spricht verächtlich darüber. Versteht aber einer ein wenig besser, so wird er von achtungsvollem Glauben sein, der auf einem Verständnis des Prinzips beruht, und er wird weder den einfältigen Glauben des gewöhnlichen Menschen noch die verächtliche Rede des anderen brauchen; er wird begreifen, daß der Buddhismus sein Prinzip in dieser einen Gestalt sehr treffend darstellt.

---

* Kannon (Skrt. Avalokiteshvara) ist die Verkörperung des Erbarmens; mit ihren tausend Armen ist diese Gottheit zum Wohl aller Lebewesen tätig. (Anm. d. Hrsg.)

23. Zen-Geist – Anfänger-Geist
Shunryū Suzuki

Shunryū Suzuki (1905–1971) war ein japanischer Zen-Meister der Sōtō-Schule, der 1958 nach Amerika übersiedelte. Er gründete das Zen-Zentrum von San Francisco und das Berg-Zentrum in Tassajara, Kalifornien, das erste Sōtō-Kloster im Westen.

Suzuki Rōshi wird von denen, die ihn kannten, als ein Meister von unbestechlich klarem Blick geschildert, und jeder Leser, ob er mit dem Zen vertraut ist oder nicht, kann sich davon selbst einen Eindruck verschaffen, wenn er ihm ein wenig zuhört, während er das Wort an seine Schüler richtet. So zum Beispiel in dem folgenden Abschnitt über die rechte Weise, Zazen, das «Sitzen in Versunkenheit», zu üben. Hier geht es auf direktem Wege und ohne jede Verschwommenheit in das Herz der eigentlichen Übung – und die ist das A und O des Zen.

Anfänger-Geist

Man sagt, es sei schwierig, Zen auszuüben, doch es besteht ein Mißverständnis über das Warum. Nicht deshalb ist es schwierig, weil es mühsam ist, in der Haltung mit gekreuzten Beinen zu sitzen oder Erleuchtung zu erlangen, es ist schwierig, weil es uns schwerfällt, unseren Geist und unsere Praxis in ihrem ursprünglichen Sinne reinzuhalten. Als Zen in China eingeführt war, entwickelte es sich in sehr verschiedene Richtungen, wurde aber zur gleichen Zeit immer mehr verfälscht und unrein. Doch möchte ich nicht über chinesisches Zen sprechen und auch nicht über die Geschichte des Zen. Es geht mir darum, euch zu helfen, daß eure Praxis frei bleibt von Verfälschungen.

In Japan haben wir den Ausdruck *Shōshin*, was Anfängers Geisteshaltung bedeutet. Ziel der Praxis ist immer, uns den Anfänger-Geist zu erhalten. Nehmt an, ihr würdet das *Prajñāpāramitā-Sūtra* nur einmal aufsagen. Vielleicht wäre es sehr gut deklamiert. Doch was würde euch geschehen, wenn ihr es zwei-, drei-, viermal oder noch öfter sprechen würdet? Leicht könntet ihr eure ursprüngliche Einstellung dazu verlieren. Das gleiche geschieht aber in euren anderen Zen-Übungen. Für eine Weile werdet ihr eure Anfänger-Einstellung bewahren. Doch wenn ihr fortfahrt zu üben ein, zwei, drei oder mehr Jahre hindurch, so werdet ihr, auch wenn ihr gewisse Fortschritte macht, dem Verlust der grenzenlosen Bedeutung des ursprünglichen Geistes ausgesetzt sein.

Für Schüler des Zen ist es die wichtigste Aufgabe, daß sie nicht dualistisch sind. Unser «ursprünglicher Geist» enthält alles in sich. Er ist immer reich und sich selbst genügend. Ihr sollt diesen euren selbstgenügsamen Geisteszustand nicht verlieren. Darunter soll nicht ein eingeengtes, verschlossenes, sondern vielmehr ein leeres und aufnahmebereites Herz verstanden sein. Ist euer Herz leer, so ist es für alles bereit, ist allem offen. Des Anfängers Geist hat viele Möglichkeiten, der des Experten hat nur wenige.

Trefft ihr zu viele Unterscheidungen, so begrenzt ihr euch selbst. Verlangt ihr zu viel oder seid zu gierig, so seid ihr nicht reich und euch selbst genügend. Wenn wir unsere ursprüngliche selbstgenügende Geisteshaltung verlieren, verlieren wir alle unsere Grundsätze und Verhaltensregeln. Wird euer Bewußtsein begierig, werdet ihr erfüllt von Verlangen, so endet ihr damit, daß ihr eure eigenen Grundsätze, nicht zu lügen, nicht zu stehlen, nicht zu töten, nicht unmoralisch zu sein, verletzt. Bewahrt ihr euer ursprüngliches Herz, so werden die Grundsätze sich selbst erhalten.

Im Bewußtsein des Anfängers gibt es keinen Gedanken: «Ich habe etwas erreicht.» Alle egozentrischen Gedanken begrenzen unser umfassendes Bewußtsein. Haben wir keinen Gedanken an Erfolg und Ansehen, denken wir nicht an uns selbst, so sind wir richtige Anfänger. Dann können wir tatsächlich etwas lernen. Die Geisteshaltung des Anfängers ist die des Mitgefühls. Wenn unser Geist mitfühlend ist, dann ist er grenzenlos. Dōgen Zenji, der Begründer unserer Richtung, betonte immer, wie wichtig es ist, unseren grenzenlosen ursprünglichen Geist wiederzugewinnen. Dann sind wir immer uns selber treu, im Einvernehmen mit allen Wesen, und können tatsächlich praktizieren.

So ist also das Schwierigste für euch, immer den Anfänger-Geist zu wahren. Es ist nicht nötig, ein tiefes Verständnis von Zen zu haben. Selbst wenn ihr viel Zen-Literatur lest, müßt ihr jeden Satz mit ursprünglichem Geist lesen. Ihr sollt nicht sagen: «Ich weiß, was Zen ist» oder: «Ich habe die Erleuchtung gewonnen». Dies ist auch das eigentliche

Geheimnis der Künste: immer ein Anfänger zu sein. Beachtet diesen Punkt gut. Wenn ihr beginnt, Zazen zu praktizieren, dann lernt ihr, euren Anfänger-Geist zu schätzen. Das ist das Geheimnis der Zen-Praxis.

Haltung

Nun möchte ich über unsere Zazen-Haltung sprechen. Wenn ihr in der vollständigen Lotos-Haltung sitzt, ist euer linker Fuß auf dem rechten Oberschenkel und der rechte Fuß auf dem linken Oberschenkel. Wenn wir unsere Beine auf diese Weise kreuzen, so sind sie eines geworden, wenn wir auch ein rechtes und ein linkes Bein haben. Die Haltung bringt die Einheit der Zweiheit zum Ausdruck: nicht zwei und nicht eins. Wenn ihr annehmt, euer Körper und euer Geist seien zwei, so ist dies falsch. Wenn ihr annehmt, sie seien eins, so ist das auch falsch. Unser Körper und unser Geist sind sowohl zwei als auch eins. Normalerweise denken wir, wenn etwas nicht eins ist, ist es mehr als eins; wenn nicht Einzahl, dann Mehrzahl. Doch nach wirklicher Erfahrung ist unser Leben nicht nur Mehrzahl, sondern auch Einzahl. Jeder von uns ist abhängig und unabhängig zugleich.

In einigen Jahren werden wir sterben. Wenn wir nur denken, daß dies das Ende unseres Lebens ist, so ist das verkehrtes Verständnis. Andererseits wäre es auch falsch, wenn wir denken würden, daß wir nicht sterben werden. Wir sterben und sterben nicht. So ist es recht verstanden. Manche Leute mögen sagen, daß unser Geist oder unsere Seele für immer existiert und es nur unser physischer Körper ist, der stirbt. Doch das ist nicht ganz richtig, weil beide, Geist und Körper, ihr Ende haben. Aber zur gleichen Zeit ist es auch wahr, daß sie ewig bestehen. Und obwohl wir von Geist und Körper sprechen, so sind sie doch tatsächlich zwei Seiten einer Münze. Dies ist das rechte Verständnis. Wenn wir deshalb diese Haltung einnehmen, bringt sie symbolisch diese Wahrheit zum Ausdruck. Wenn ich den linken Fuß auf der rechten Seite meines Körpers habe und den rechten Fuß auf der linken Seite meines Körpers, weiß ich nicht, welcher welcher ist. So mag jeder von beiden der rechte oder der linke sein.

Das Wichtigste beim Einnehmen der Zazen-Haltung ist, die Wirbelsäule geradezuhalten. Eure Ohren und Schultern sollen auf einer Linie sein. Entspannt die Schultern und schiebt den Hinterkopf gegen die Decke. Das Kinn sollt ihr anziehen, denn wenn das Kinn nach oben gerichtet ist, habt ihr keine Kraft in der Haltung; wahrscheinlich träumt ihr. Desgleichen müßt ihr, um Kraft in der Haltung zu gewinnen, das Zwerchfell nach unten gegen das «Hara», den Unterleib, drücken. Das hilft euch, das physische und psychische Gleichgewicht zu bewahren. Beim Versuch, diese Haltung zu wahren, habt ihr zunächst möglicherweise Schwierigkeiten, natürlich zu atmen. Doch wenn ihr euch daran gewöhnt habt, ist es euch möglich, natürlich und tief zu atmen.

Eure Hände sollen die «kosmische Mudrā*» bilden. Wenn ihr die linke Hand auf die rechte legt, so, daß die Mittelglieder der Mittelfinger zusammen sind und die Daumen sich leicht berühren (als hieltet ihr ein Stück Papier dazwischen), werden die Hände ein schönes Oval bilden. Ihr sollt diese allumfassende Mudrā mit großer Achtsamkeit beibehalten, als hieltet ihr etwas sehr Kostbares in den Händen. Die Hände sollten am Körper anliegen, die Daumen etwa in der Höhe des Nabels. Haltet die Arme frei und leicht und ein wenig entfernt vom Körper, als hieltet ihr unter jedem Arm ein Ei, ohne es zu zerdrücken.

Ihr sollt euch nicht schräg halten, weder nach der Seite noch nach hinten oder nach vorn. Ihr sollt so gerade sitzen, als stütztet ihr den Himmel mit dem Kopf. Dies ist nicht nur einfach Haltung oder Ausatmung. Es drückt den Grundgedanken des Buddhismus aus. Es ist ein vollständiger Ausdruck eurer Buddha-Natur. Wenn ihr wirkliches Verständnis des Buddhismus sucht, dann solltet ihr auf diese Weise üben. Diese Haltungen sind nicht *Mittel,* die rechte Geisteshaltung zu bekommen. Diese Haltung einzunehmen ist selbst Zweck unserer Praxis. Wenn ihr diese Haltung habt, dann habt ihr die rechte Geisteshaltung, so daß keine Veranlassung besteht zu versuchen, einen besonderen Zustand zu erreichen. Wenn ihr versucht, etwas zu erhalten, dann beginnt euer Geist irgendwo herumzuwandern. Wenn ihr nicht versucht, irgend etwas zu erhalten, dann habt ihr Körper und Herz ganz hier. Ein Zen-Meister würde sagen: «Töte den Buddha!» Tötet den Buddha, wenn er irgendwo anderes existiert! Tötet den Buddha, weil ihr eure *eigene* Buddha-Natur gewinnen sollt!

Etwas tun heißt, seine eigene Natur zum Ausdruck bringen. Wir leben nicht um einer anderen Sache willen. Wir leben um unserer selbst willen. Dies ist die grundlegende Lehre, die in den Formen, die wir einhalten, zum Ausdruck kommt. Ebenso wie für das Sitzen haben wir

---

* Mudrā, wörtl. «Siegel» oder «Zeichen», ist eine Körperhaltung oder symbolische Geste, die Ausdruck eines bestimmten Bewußtseinszustandes ist. (Anm. d. Hrsg.)

einige Regeln für das Stehen im Zendō*. Doch ist der Zweck dieser Regeln nicht, jedermann gleichzumachen, sondern jedermann zu ermöglichen, sein eigenes Selbst möglichst frei zum Ausdruck zu bringen. Beispielsweise hat jeder von uns seine eigene Art zu stehen; die Haltung unseres Stehens hat ihren Grund in den Proportionen unseres Körpers. Wenn ihr steht, sollen die Fersen die Breite eurer Faust weit auseinander sein und die großen Zehen eine Linie bilden mit den Zentren eurer Brust. Legt wie im Zazen etwas Kraft in den Unterleib. Auch hier sollen die Hände euer eigenes Selbst zum Ausdruck bringen. Haltet die linke Hand gegen die Brust, wobei die Finger den Daumen umschließen, und legt die rechte Hand darüber. Wenn ihr den Daumen nach unten gerichtet haltet und die Vorderarme parallel zum Boden, dann fühlt ihr euch, als hieltet ihr eine runde Säule – eine große runde Tempelsäule –, so daß ihr nicht einsacken oder auf die Seite gestoßen werden könnt.

Der wichtigste Punkt ist, daß ihr euch euern Körper wirklich aneignet. Wenn ihr euch fallen laßt, verliert ihr euer Selbst. Eure Gedanken werden irgendwo anders herumwandern; ihr werdet nicht im Körper sein. Dies ist nicht der rechte Weg. Wir müssen genau hier und jetzt existieren, das ist der entscheidende Punkt. Ihr müßt euren eigenen Körper und euern eigenen Geist haben. Alles sollte am rechten Platz und in der rechten Weise existieren. Dann gibt es keine Schwierigkeiten. Wenn das Mikrophon, das ich benutze, wenn ich zu euch spreche, irgendwo anders existierte, würde es seinen Zweck nicht erfüllen. Wenn wir unseren Körper und unseren Geist in Ordnung haben, dann wird alles andere am rechten Ort, in der rechten Weise sein.

Doch üblicherweise, ohne es zu merken, versuchen wir, etwas anderes als uns selbst zu ändern, versuchen wir, die Dinge außerhalb unserer selbst zu ordnen. Doch es ist unmöglich, Dinge zu gestalten, wenn man nicht selbst in Ordnung ist. Wenn ihr Dinge auf die rechte Weise zur rechten Zeit tut, ist alles andere sinnvoll gestaltet. Ihr seid der «Chef». Wenn der Chef schläft, dann schlafen alle. Wenn der Chef etwas richtig macht, dann wird jeder alles recht machen und zur rechten Zeit. Das ist das Geheimnis des Buddhismus.

Versucht deshalb, immer die richtige Haltung zu bewahren, nicht nur, wenn ihr Zazen praktiziert, sondern auch in allen euren Tätigkeiten.

---

* Zendō = «Zen-Halle», der Raum (in Klöstern gewöhnlich eine Halle), in dem Zazen, das «Sitzen in Versunkenheit», geübt wird. (Anm. d. Hrsg.)

Nehmt die rechte Haltung ein, wenn ihr mit dem Wagen fahrt und wenn ihr lest. Wenn ihr in einer nachlässigen Haltung lest, könnt ihr nicht lange wach bleiben. Versucht es einmal. Ihr werdet entdecken, wie wichtig es ist, die rechte Haltung zu wahren. Das ist die wahre Lehre. Die Lehre, die auf Papier geschrieben ist, ist nicht die wahre Lehre. Geschriebene Lehre ist eine Art Nahrung für das Gehirn. Natürlich ist es nötig, etwas Nahrung für das Gehirn aufzunehmen, aber es ist von größerer Wichtigkeit, daß ihr ihr selbst seid, indem ihr den richtigen Lebensweg praktiziert.

Deshalb konnte Buddha die Religionen, die zu seiner Zeit bestanden, nicht akzeptieren. Er studierte viele Religionen, aber er war mit ihrer Ausübung nicht zufrieden. Er konnte weder in Askese noch in Philosophie die Antwort finden. Er war nicht interessiert an irgendeiner metaphysischen Existenz, sondern an seinem eigenen Körper und an seinem eigenen Geist, hier und jetzt. Und als er sich selbst fand, fand er, daß alles, was existiert, Buddha-Natur hat. Das war seine Erleuchtung. Erleuchtung ist nicht irgendein gutes Gefühl oder ein besonderer Geisteszustand. Der Geisteszustand, der gegeben ist, wenn ihr in der rechten Haltung sitzt, ist als solcher Erleuchtung. Wenn ihr beim Zazen nicht zufrieden seid mit euch, bedeutet dies, daß euer Geist immer noch herumwandert. Körper und Geist sollen nicht umherschwanken oder herumwandern. In der Haltung des Zazen ist es nicht notwendig, über den rechten Geisteszustand zu sprechen. Ihr habt ihn schon. Dies ist das letzte Wort des Buddhismus.

Atmung

Wenn wir Zazen praktizieren, folgt unsere Aufmerksamkeit immer unserer Atmung. Wenn wir einatmen, kommt die Luft in die innere Welt. Wenn wir ausatmen, geht die Luft hinaus zur äußeren Welt. Die innere Welt ist ohne Grenzen, und auch die äußere Welt ist ohne Grenzen. Wir sagen «innere Welt» oder «äußere Welt», doch in Wirklichkeit gibt es einfach nur eine ganze Welt. In dieser grenzenlosen Welt ist unsere Kehle wie eine Schwingtür. Die Luft geht hinein und hinaus, wie jemand, der durch eine Schwingtür geht. Wenn ihr denkt: «Ich atme», so ist das «Ich» etwas Hinzugefügtes. Es gibt kein Du, das «Ich» sagen könnte. Was wir «Ich» nennen, ist nichts als eine Schwingtür, die sich bewegt, wenn wir ein- und ausatmen. Sie bewegt sich – das ist alles. Wenn euer Geist rein und ruhig genug ist, dieser Bewegung zu folgen, ist da nichts: kein «Ich», keine Welt, weder Geist noch Körper, nur eine Schwingtür.

Demnach gibt es, wenn wir Zazen praktizieren, nur die Bewegung des Atems, aber wir sind dieser Bewegung gewahr. Ihr sollt nicht geistesabwesend sein. Aber auf die Bewegung aufmerksam sein bedeutet nicht, daß ihr euch eures kleinen Ich bewußt seid, sondern vielmehr eurer allumfassenden Natur oder Buddha-Natur. Diese Art der Aufmerksamkeit ist sehr wichtig, da wir üblicherweise so einseitig sind. Unser übliches Lebensverständnis ist dualistisch. Du und ich, dies und das, gut und böse. Aber diese Unterscheidungen treffen heißt, tatsächlich der allumfassenden Existenz gewahr zu sein. «Du» bedeutet das Universum in der Form des Du wahrnehmen, und «Ich» bedeutet, das Universum in der Form des Ich wahrnehmen. Du und Ich sind nur Schwingtüren. Derartiges Verständnis ist notwendig. Man sollte es nicht einmal als Verstehen bezeichnen; tatsächlich ist es die wahre Erfahrung des Lebens durch Zen-Praxis.

So gibt es, wenn ihr Zazen praktiziert, auch keine Vorstellung von Zeit oder Raum. Ihr könnt sagen: «Wir haben in diesem Raum um Viertel vor sechs Uhr begonnen zu sitzen» – dann habt ihr eine Vorstellung von der Zeit (Viertel vor sechs) und eine Vorstellung vom Raum (in diesem Raum). Was ihr aber tatsächlich tut, ist einfach sitzen und der allumfassenden Aktivität gewahr sein. Das ist alles. In diesem Moment öffnet sich die Schwingtür in die eine Richtung, und im nächsten Moment wird sie sich in die entgegengesetzte Richtung öffnen. Augenblick für Augenblick wiederholt jeder von uns diese Aktivität. Hier gibt es keine Vorstellung von Zeit oder Raum. Zeit und Raum sind Eines. Ihr könnt wohl sagen: «Ich muß heute nachmittag etwas tun», aber tatsächlich gibt es dieses «heute nachmittag» nicht. Wir tun Dinge, eins nach dem anderen. Das ist alles. Es gibt keine Zeit wie «heute nachmittag» oder «ein Uhr» oder «zwei Uhr». Um ein Uhr werdet ihr zu Mittag essen. Mittagessen als solches ist «ein Uhr». Du wirst irgendwo sein, aber dieser Platz kann nicht von «ein Uhr» getrennt werden. Für jemanden, der wirklich das Leben schatzt, ist dies das gleiche. Aber wenn wir unseres Lebens müde werden, sagen wir vielleicht: «Ich hätte nicht an diesen Platz kommen sollen. Es wäre viel besser gewesen, an einen anderen Platz zum Essen zu gehen. Dieser Platz ist nicht so gut.» Ihr schafft in euch die Vorstellung eines Platzes getrennt von der wirklichen Zeit.

Oder ihr könntet sagen: «Das ist schlecht, deshalb sollte ich es nicht tun.» Wenn ihr sagt: «Ich sollte das nicht tun», tut ihr in Wirklichkeit in diesem Moment Nicht-Tun. So gibt es keine Wahl für euch. Wenn ihr die

Vorstellung von Zeit und Raum trennt, kommt es euch vor, als hättet ihr eine Wahl, doch in Wirklichkeit habt ihr entweder etwas zu tun oder ihr habt nicht-zu-tun. Etwas nicht-tun ist etwas tun. Gut und Böse gibt es nur in eurem Kopf. Deshalb sollen wir nicht sagen: «Das ist gut» oder: «Das ist schlecht». Statt «schlecht» zu sagen, sollt ihr sagen «nicht-zu-tun»! Wenn ihr denkt: «Das ist schlecht», bringt es euch eine gewisse Verwirrung. Deshalb gibt es im Bereich der reinen Religion keine Verwirrung von Zeit und Raum oder von Gut und Böse. Alles, was wir tun sollen, ist, lediglich etwas tun, wie es kommt. Etwas tun! Was auch immer es sei, wir sollten es tun, selbst wenn es sein sollte, etwas nicht-zu-tun. Wir sollten in diesem Moment leben. Deshalb sammeln wir uns, wenn wir sitzen, auf unseren Atem und werden eine Schwingtür und tun etwas, was wir tun sollen, etwas, was wir tun müssen. Dies ist Zen-Praxis. In dieser Praxis ist keine Verwirrung. Wenn ihr diese Art von Leben aufnehmt, kennt ihr überhaupt keine Verwirrung.

Tōzan, ein berühmter Zen-Meister, sagte: «Der blaue Berg ist der Vater der weißen Wolke. Die weiße Wolke ist der Sohn des blauen Berges. Den ganzen Tag lang bedingen sie sich gegenseitig, ohne voneinander abhängig zu sein. Die weiße Wolke ist immer die weiße Wolke. Der blaue Berg ist immer der blaue Berg.» Dies ist eine reine, klare Interpretation des Lebens. Es wird viele Dinge geben wie die weiße Wolke und den blauen Berg: Mann und Frau, Lehrer und Schüler. Sie bedingen einander. Aber die weiße Wolke sollte sich nicht aus der Ruhe bringen lassen von dem blauen Berg. Der blaue Berg sollte sich nicht aus der Ruhe bringen lassen von der weißen Wolke. Sie sind ganz unabhängig voneinander, wenn sie sich auch gegenseitig bedingen. So leben wir, und so praktizieren wir Zazen.

Wenn wir wahrhaftig unser eigenes Selbst gewinnen, werden wir nur eine Schwingtür, werden völlig unabhängig von anderem und zu gleicher Zeit bedingt von allem anderen. Ohne Luft können wir nicht atmen. Jeder von uns ist inmitten von Myriaden von Welten. Wir sind immer im Mittelpunkt der Welt, Augenblick für Augenblick. So sind wir vollständig abhängig und unabhängig. Wenn ihr diese Art von Erfahrung habt, diese Art von Existenz, dann habt ihr die vollständige Unabhängigkeit; nichts wird euch mehr aus der Ruhe bringen. Deshalb sollt ihr, wenn ihr Zazen praktiziert, euch auf den Atem sammeln. Diese Art der Aktivität ist die grundlegende Aktivität des allumfassenden Seins. Ohne diese Erfahrung, ohne diese Übung ist es unmöglich, absolute Freiheit zu gewinnen.

Kontrolle

Im Reich der Buddha-Natur zu leben bedeutet, jeden Augenblick als kleines Wesen zu sterben. Wenn wir unser Gleichgewicht verlieren, sterben wir, aber zur gleichen Zeit entwickeln wir auch unser Wesen, wachsen wir. Alles, was wir sehen, verwandelt sich, verliert sein Gleichgewicht. Der Grund, warum alles schön aussieht, ist, weil es aus dem Gleichgewicht ist, doch sein Hintergrund ist immer in vollendeter Harmonie. Auf diese Art lebt alles im Reich der Buddha-Natur, indem es sein Gleichgewicht verliert vor einem Hintergrund vollendeten Gleichgewichts. Wenn ihr deshalb Dinge seht, ohne den Hintergrund der Buddha-Natur zu erkennen, scheint alles in der Form des Leidens zu sein. Doch wenn ihr den Hintergrund aller Existenz erkennt, begreift ihr, daß das Leiden selbst ist, wie wir leben und wie wir unser Leben ausrichten. Deshalb betonen wir im Zen manchmal das Ungleichgewicht oder die Unordnung des Lebens.

Heutzutage ist die traditionelle japanische Malerei sehr formal und leblos geworden. Aus diesem Grund hat sich die moderne Kunst entwickelt. Die alten Meister pflegten die Art, Punkte in künstlerischer Unordnung auf das Papier zu setzen. Das ist ziemlich schwierig. Selbst wenn ihr es versucht, ist das, was ihr dann macht, gewöhnlich in irgendeiner Weise geordnet. Ihr glaubt, ihr könntet es kontrollieren, doch es geht nicht; es ist euch fast unmöglich, eure Punkte außerhalb jeder Ordnung anzuordnen. Das gleiche gilt für eure Sorge für das tägliche Leben. Selbst wenn ihr versucht, Leute zu kontrollieren, ist dies nicht möglich. Ihr könnt es einfach nicht. Die beste Art, Leute zu führen, ist, sie zu ermutigen, «ungezogen zu sein». Dann werden sie in einem erweiterten Sinne geführt sein. Euren Schafen oder Kühen eine große, ausgedehnte Weide zu geben, ist der Weg, sie zu kontrollieren. So ist es auch mit den Leuten: Laß sie zuerst tun, was sie wollen, und beobachte sie. Das ist das beste Verhalten. Ihnen keine Beachtung zu schenken, ist nicht gut; das ist das schlechteste Verhalten. Das zweitschlechteste Verhalten ist zu versuchen, sie zu fuhren. Das beste ist, sie zu beobachten, sie nur zu beobachten, ohne zu versuchen, sie zu führen.

Derselbe Weg gilt gleichermaßen für euch selbst. Wenn ihr in eurem Zazen vollständige Ruhe gewinnen wollt, sollt ihr euch von den verschiedenen Bildern, die ihr in eurem Kopf findet, nicht aus der Ruhe bringen lassen. Laßt sie kommen und laßt sie wieder gehen. Dann werden sie unter Kontrolle sein. Doch dieses Verhalten ist nicht so einfach. Es klingt einfach, bedarf aber besonderer Anstrengung. Wie man diese Art von

Anstrengung macht, ist das Geheimnis der Praxis. Nehmt an, ihr würdet unter gewissen außerordentlichen Umständen sitzen. Wenn ihr euch zu beruhigen versucht, wird es euch unmöglich sein zu sitzen, und wenn ihr versucht, euch nicht gestört zu fühlen, dann wird eure Bemühung nicht die rechte Bemühung sein. Die einzige Bemühung, die euch helfen kann, ist, euren Atem zu zählen oder euch auf das Ein- und Ausatmen zu sammeln. Wir sagen sammeln, aber den Geist auf etwas zu sammeln ist nicht der wahre Zweck des Zen. Der wahre Zweck ist, die Dinge so zu sehen, wie sie sind, die Dinge zu beobachten, wie sie sind, und alles gehen zu lassen, wie es geht. Dies bedeutet im weitesten Sinne, alles unter Kontrolle zu nehmen. Zen-Praxis ist, unseren kleinen Geist zu öffnen. Deshalb ist Sammlung nur ein Mittel, das euch hilft, den «größeren Geist» oder den Geist, der überall ist, wahrzunehmen. Wenn ihr die wahre Bedeutung von Zen in eurem täglichen Leben entdecken wollt, müßt ihr begreifen, was es bedeutet, eure Aufmerksamkeit auf den Atem zu wenden und die richtige Haltung des Körpers im Zazen zu bewahren. Ihr sollt den Regeln der Praxis folgen, und eure Bemühungen sollen feiner und sorgfältiger werden. Nur auf diese Weise könnt ihr die lebendige Freiheit des Zen erfahren.

Dōgen Zenji sagte: «Die Zeit geht von der Gegenwart zur Vergangenheit.» Dies ist absurd, aber in unserer Praxis ist dies manchmal wahr. Anstatt daß die Zeit von der Vergangenheit zur Gegenwart weiterschreitet, geht sie zurück, von der Gegenwart zur Vergangenheit. Yoshitsune war ein berühmter Krieger, der im Mittelalter in Japan lebte. Wegen der damaligen Situation des Landes wurde er in die Nordprovinzen gesandt, wo er getötet wurde. Ehe er ging, nahm er Abschied von seiner Frau, und bald darauf schrieb sie in einem Gedicht: «So wie du den Faden von der Spule drehst, wünsche ich die Vergangenheit mir gegenwärtig.» Als sie dies sagte, machte sie tatsächlich die Vergangenheit zur Gegenwart. In ihrem Herzen wurde die Vergangenheit lebendig und war Gegenwart, wie Dōgen sagte: «Die Zeit geht von der Gegenwart zur Vergangenheit.» Das ist für unsern verstandesmäßigen Sinn nicht wahr, aber es liegt in der tatsächlichen Erfahrung, aus der Vergangenheit Gegenwart zu machen. Da haben wir Dichtung und da menschliches Leben.

Wenn wir diese Art von Wahrheit erfahren, heißt das, daß wir die wahre Bedeutung der Zeit gefunden haben. Die Zeit geht ständig von der Vergangenheit zur Gegenwart und von der Gegenwart zur Zukunft. Das ist richtig, aber es ist auch richtig, daß die Zeit von der Zukunft zur Gegenwart und von der Gegenwart zur Vergangenheit geht. Ein Zen-Meister sagte einmal: «Eine Meile nach Osten gehen bedeutet eine Meile nach Westen gehen.» Das ist lebendige Freiheit. Wir sollten uns diese Art von vollständiger Freiheit erwerben.

Vollkommene Freiheit wird aber nicht ohne feste Regeln gefunden. Es gibt Leute, und besonders die jungen Leute sind es, die meinen, daß Freiheit darin bestünde, gerade das zu tun, was sie wollen, und daß im Zen keine Notwendigkeit für Regeln gegeben sei. Doch ist es für uns absolut notwendig, einige Regeln zu haben. Aber das bedeutet nicht, immer unter Kontrolle zu stehen. Solange ihr Regeln habt, habt ihr eine Möglichkeit zur Freiheit. Der Versuch, Freiheit zu erhalten, ohne daß man die Vorschriften und Regeln wahrnimmt, bedeutet nichts. Um diese vollständige Freiheit zu erwerben, praktizieren wir Zazen.

Wellen im Geist

Wenn ihr Zazen praktiziert, versucht nicht, euer Denken zu unterdrücken. Laßt es von selbst aufhören. Wenn euch etwas in den Sinn kommt, laßt es hereinkommen und laßt es hinausgehen. Es wird nicht lange bleiben. Wenn ihr versucht, euer Denken zu unterdrücken, bedeutet dies, daß ihr von ihm gestört seid. Laßt euch von nichts stören. Es scheint euch, als käme etwas von außerhalb eures Geistes, aber in Wirklichkeit sind es nur die Wellen eurer Gedanken, und wenn ihr euch von den Wellen nicht stören laßt, werden sie allmählich ruhiger und ruhiger. In fünf oder höchstens zehn Minuten seid ihr vollständig still und ruhig. Dann ist eure Atmung ganz langsam geworden, während euer Puls etwas schneller schlägt.

Es wird eine recht lange Zeit brauchen, bis ihr in der Übung den ruhigen, stillen Geist findet. Viele Empfindungen kommen, viele Gedanken oder Bilder entstehen, aber es sind nur Wellen eures eigenen Geistes. Nichts kommt von außerhalb eures Geistes. Gewöhnlich meinen wir, unser Geist nehme Eindrücke und Erfahrungen von außen auf, aber dies ist nicht das wahre Verständnis unseres Geistes. Das wahre Verständnis ist, daß der Geist alles umfaßt; wenn ihr meint, etwas würde von außen kommen, bedeutet dies nur, daß es in eurem Bewußtsein erscheint. Nichts außerhalb eurer selbst kann euch Ängste verursachen. Ihr selbst macht die Wellen in eurem Geiste. Wenn ihr euren Geist laßt, wie er ist, dann wird er ruhig. Dieses wird Großer Geist genannt.

Wenn euer Geist mit etwas außerhalb seiner selbst verbunden ist, so ist dieser Geist ein kleiner, ein beschränkter Geist. Wenn euer Geist mit nichts anderem verbunden ist, dann gibt es kein dualistisches Deuten der

Aktivitäten eures Geistes. Ihr versteht Aktivität einfach als Wellen eures Geistes. Ein Großer Geist erfährt alles innerhalb seiner selbst. Begreift ihr den Unterschied zwischen den beiden Geistesarten: der Geist, der alles enthält, und der Geist, der in Beziehung zu anderem steht? Tatsächlich sind sie ein und dasselbe, doch ist das Verständnis verschieden, und eure Haltung dem Leben gegenüber wird dem Verständnis nach, das ihr habt, unterschiedlich sein.

Daß alles in eurem Geist enthalten ist, ist das innerste Wesen des Geistes. Dessen gewahr zu sein, ist die Empfindung des Religiösen. Selbst wenn Wellen entstehen, ist das Wesen eures Geistes rein: Es ist wie klares Wasser mit ein paar Wellen. In der Wirklichkeit hat Wasser immer Wellen. Wellen sind die Praxis des Wassers. Von Wellen zu sprechen ohne Wasser oder von Wasser ohne Wellen, ist eine Täuschung. Wasser und Wellen sind eins. Großer Geist und kleiner Geist sind eins. Wenn ihr euren Geist in dieser Weise versteht, habt ihr einige Sicherheit in euren Gefühlen. Da euer Geist nichts von außen erwartet, ist er immer erfüllt. Ein Geist mit Wellen in sich ist nicht ein gestörter, sondern tatsächlich ein verstärkter Geist. Was auch immer ihr erfahrt, es ist ein Ausdruck des Großen Geistes.

Die Aktivität des Großen Geistes ist es, sich selbst durch verschiedenartige Erfahrungen zu vergrößern. In einer Hinsicht sind unsere Erfahrungen, wie sie eine nach der anderen kommen, immer frisch und neu, aber in anderer Hinsicht sind sie nichts anderes als das ständige oder wiederholte Enthüllen des einen Großen Geistes. Wenn ihr zum Beispiel etwas Gutes zum Frühstück habt, werdet ihr sagen: «Das ist gut.» Gut wird benutzt als etwas, das vor langer Zeit erfahren wurde, obwohl ihr euch nicht mehr entsinnen könnt, wann. Mit Großem Geist nehmen wir jede unserer Erfahrungen so auf, wie wenn wir das Gesicht, das wir im Spiegel sehen, als unser eigenes erkennen. Für uns gibt es nicht die Angst, diesen Geist zu verlieren. Es gibt nichts, woher man kommen oder wohin man gehen könnte. Es gibt keine Angst zu sterben, kein Leiden durch Alter oder Krankheit. Weil wir uns aller Aspekte unseres Lebens erfreuen als einer Entfaltung des Großen Geistes, bemühen wir uns nicht um eine außergewöhnliche Freude. Deshalb haben wir eine unerschütterliche Gelassenheit, und mit dieser unerschütterlichen Gelassenheit des Großen Geistes praktizieren wir Zazen.

Unkraut im Geist

Wenn der Wecker früh am Morgen läutet und ihr aufsteht, fühlt ihr euch, so nehme ich an, nicht besonders gut. Es ist nicht einfach, zum Sitzen zu gehen, und sogar nach eurer Ankunft im Zendō und nach Beginn des Zazen habt ihr euch selbst zu ermutigen, gut zu sitzen. Doch sind das nur Wellen eures Geistes. Im reinen Zazen sollten gar keine Wellen mehr in euch sein. Während ihr sitzt, werden diese Wellen kleiner und kleiner, und eure Anstrengung wird sich in ein durchdringendes Verständnis wandeln.

Wir sagen: «Indem wir das Unkraut herausziehen, geben wir der Pflanze Nahrung.» Wir ziehen das Unkraut heraus und vergraben es in der Nähe der Pflanze, um ihr Nahrung zu geben. So werden, selbst wenn ihr gewisse Schwierigkeiten in der Übung habt, selbst wenn gewisse Wellen während des Sitzens auftreten, diese Wellen ihrerseits helfen. Deshalb sollt ihr euch nicht von eurem Geist beunruhigen lassen. Ihr sollt vielmehr dankbar sein für das Unkraut, denn schließlich wird es eure Übung bereichern. Wenn ihr gewisse Erfahrungen habt, in welcher Weise das Unkraut in euch sich zu geistiger Nahrung verändert, dann wird eure Praxis beachtliche Fortschritte machen. Ihr werdet den Fortschritt spüren. Ihr werdet bemerken, wie es zur Selbst-Nahrung wird. Natürlich ist es nicht so schwierig, irgendeine philosophische oder psychologische Interpretation unserer Praxis zu geben, doch das genügt nicht. Wir müssen die wirkliche Erfahrung haben, wie unser Unkraut sich in Nahrung umwandelt.

Genauer gesagt ist jede Anstrengung, die wir machen, nicht gut für unsere Praxis, weil dadurch Wellen in unserem Geist erzeugt werden. Doch ist es unmöglich, absolute Ruhe unseres Geistes zu erlangen ohne jede Anstrengung. Wir müssen eine gewisse Anstrengung auf uns nehmen, aber wir müssen uns selbst bei der Anstrengung, die wir aufwenden, vergessen.

In diesem Bereich gibt es keine Subjektivität oder Objektivität. Unser Geisteszustand ist einfach ruhig, ohne irgendeine Wahrnehmung. In diesem Nicht-Bewußtsein wird jede Anstrengung und jeder Gedanke und alles Denken verschwinden. Deshalb ist es notwendig, daß wir uns selbst ermutigen und uns anstrengen bis zum letzten Augenblick, in dem alle Anstrengungen verschwinden. Ihr sollt mit eurer Aufmerksamkeit euren Atem beobachten, bis ihr euch des Atmens nicht mehr bewußt seid.

Wir sollten versuchen, unsere Anstrengung für immer fortzusetzen, aber wir sollten nicht erwarten, daß wir einen Zustand erreichen, in welchem wir überhaupt alles vergessen. Wir sollten nur versuchen, die Aufmerksamkeit bei unserem Atmen zu haben. Das ist unsere eigentliche Übung. Diese Bemühung wird mehr und mehr verfeinert, je länger man sitzt. Zunächst ist die Anstrengung, die ihr aufwendet, recht grob und unrein, doch durch die Kraft der Übung wird die Bemühung immer reiner und reiner. Wenn eure Bemühung rein wird, werden Körper und Geist rein. Das ist der Weg, in dem wir Zen üben. Wenn ihr einmal unsere innewohnende Kraft zur Selbstreinigung und zur Reinigung unserer Umwelt versteht, könnt ihr richtig handeln, und ihr werdet von denen um euch herum lernen, ihr werdet euch mit den anderen anfreunden. Dies ist der Vorzug der Zen-Praxis. Aber der Weg der Praxis ist, einfach gesammelt zu sein auf den Atem mit der richtigen Körperhaltung und mit großem, reinem Bemühen. Auf diese Weise praktizieren wir Zen.

24. Dharma-Worte

Bassui Tokushō

Daß Zazen, das «Sitzen in Versunkenheit», über das der Sōtō-Zen-Meister Shunryū Suzuki im vorigen Kapitel sprach, das A und O des Zen ist, darüber sind sich alle Schulen des Zen einig. Im Sōtō-Zen heißt es, daß das Sitzen in der richtigen Haltung allein schon vollkommener Ausdruck der eigenen Buddha-Natur sei, nach der man nicht erst zu «streben» brauche. Diese – von einem absoluten Standpunkt betrachtet – vollkommen richtige Aussage wird von in einer relativen Weltsicht befangenen Menschen jedoch oft dahingehend mißverstanden, daß man sich im Zen nicht um die eigene Schulung bemühen müsse, da man ja von Anbeginn nichts anderes sei als Buddha.

Richtig, würden die Zen-Meister sagen ... Aber lebst du das volle Gewahrsein deiner Buddha-Natur jetzt in diesem Augenblick? Und bei den meisten von uns müßte die Antwort wohl «nein» lauten – unser Wahres Wesen ist uns durch unsere Verblendung verdunkelt. Aus diesem Grund betont die zweite der beiden großen, in Japan noch lebendigen Schulen des Zen, das Rinzai-Zen, die Notwendigkeit des Satori, der «Erleuchtungserfahrung», in der wir unmittelbar unseres Buddha-Wesens gewahr werden. Der Durchbruch zu dieser Selbst-Wesensschau (kenshō) geschieht bei manchen Menschen (vor allem in extremen Krisensituationen) spontan; die meisten Menschen müssen (wenn sie überhaupt danach streben) in ausdauernder Zen-Übung darum ringen, zu dieser alles verwandelnden Erfahrung zu gelangen.

Der große japanische Zen-Meister Bassui Tokushō hat in seinen «Dharma-Worten» eine eindrucksvolle Beschreibung des unbedingten «Willens zur Wahrheit» hinterlassen, mit dem man sich in der Zen-Übung selbst erforschen muß, damit eines Tages – plötzlich und spontan – «die Frage völlig zerbersten» kann und man «zum erstenmal die Buddhas aller Welten von Angesicht zu Angesicht» sieht. (Deutsche Übersetzung aus dem Japanischen von Brigitte Kōun-an D'Ortschy.)

Wollt ihr der Pein des «Rad-des-Lebens» *(samsāra)* entrinnen, müßt ihr unmittelbar den Weg, ein Buddha zu werden, erlernen. Diesen Weg, ein Buddha zu werden, müßt ihr im eigenen Geist durch Satori verwirklichen. Was denn ist dieser Geist? Ehedem, vor der Geburt von Vater und Mutter und also auch vor der eigenen Geburt, bestand er und besteht immerdar bis heute unwandelbar und ewig als das ursprüngliche Wesen aller Geschöpfe. Also wird er Ur-Antlitz genannt. Dieser Geist ist von Anbeginn von lauterster Reinheit. Wird dieser Leib geboren, so wird jener nicht neu erschaffen; und stirbt dieser Leib, geht er nicht zugrunde. Er trägt kein Merkmal von männlich oder weiblich, noch hat er eine Färbung von gut und böse. Da kein Gleichnis ihn erreicht, wird er Buddha-Wesen genannt. Indessen, Zehntausende von Gedanken-Vorstellungen entstehen aus diesem Selbst-Wesen gleich wie Wogen im großen Meer, gleich wie Abbilder in einem Spiegel.

Wollt ihr zur Erleuchtung gelangen, müßt ihr daher vor allem in den Urquell blicken, dem die Gedanken entspringen. Beim Schlafen und Wachen und allen Verrichtungen, im Stehen und Sitzen, fragt euch einzig zutiefst: «Was ist mein eigener Geist?», voller Verlangen, das zu begreifen. Dies nennt man «Schulung» oder «Erforschen» oder «Wille zur Wahrheit» oder «Verlangen nach Erkenntnis». Und dies Erforschen des eigenen Geistes, das eben ist Zazen! Es ist weit besser, festen Willens in den eigenen Geist zu blicken, denn tausend, zehntausend Jahre lang täglich voll Eifer tausend, zehntausend Sūtras und Dhāraṇī* zu lesen und anzustimmen. Solche Bemühungen sind doch nur Äußerlichkeiten und bringen nur auf kurze Zeit Glück und Frieden. Dann erlischt solch Glück und Frieden wieder, und abermals erleidet ihr die Pein der drei niederen Existenzbereiche [Tiere, Hungrige Geister, Höllenwesen]. Da das Erforschen des eigenen Geistes schließlich zur Erleuchtung führt, ist es Anlaß-Grund-Ursache, ein Buddha zu werden. Auch wer die zehn bösen Werke und die fünf Todsünden begangen hat, wird, wenn er sich entschlossen umkehrt und sich zur Erleuchtung bringt, in einem Nu ein Buddha. Aber es geht nicht an, Böses zu tun und sich auf (die rettende Wirkung von) Satori zu verlassen. Wer sich solchem Wahn hingibt und böse Pfade wandelt, den kann (keine Erleuchtung) kein Buddha und kein Patriarch retten.

Ein Beispiel: Ein kleines Kind liegt schlafend neben seinem Vater. Es träumt, daß es geschlagen wird oder krank wurde und Schmerzen leidet.

---

* Eine Dhāraṇī ist ein kurzes Sūtra, welches mantrische Formeln enthält (siehe «Mantra» im Glossar). (Anm. d. Hrsg.)

Wie sehr das Kind auch leiden mag, so kann doch niemand in den träumenden Sinn eines anderen blicken, auch Vater und Mutter nicht, und sie können ihm also nicht helfen. Könnte das Kind sich allein aus dem Traum aufwecken, so wären seine Leiden augenblicklich von selbst zu Ende. Das heißt: Wer durch Erleuchtung erkennt, daß der eigene Geist Buddha ist, befreit sich auf der Stelle vom Rad-des-Lebens (d. h. von den Leiden, die sich aus der Unwissenheit über das Gesetz unaufhörlicher Wandlungen in den Sechs Bereichen des Daseins ergeben). Das ist genau dasselbe. Könnte der Buddha es helfend verhindern, welches Geschöpf denn ließe er in die Hölle fahren? Doch nicht eines.*
Ohne Selbst-Wesensschau aber kann man solches nicht wirklich verstehen.

Was für ein Meister ist es, der eben jetzt mit den Augen Farben sieht, mit den Ohren Stimmen hört, der die Hände aufhebt und die Füße bewegt? Ein jeder weiß, daß es das Werk des eigenen Geistes ist, doch weiß er nicht genau, zufolge welcher Vernunft eigentlich solches geschieht. Man kann zwar behaupten, daß es solchen Geist (hinter diesen Werken) nicht gibt, werden sie willkürlich-frei vollzogen. Man kann auch behaupten, daß es doch das Werk dieses Geistes ist; indessen ist dieser unsichtbar. Wenn man das einzig für etwas ganz und gar Unausdenkbares hält, kann man sich nichts mehr ausdenken, das Nachdenken erlischt vollends, und man weiß überhaupt nicht mehr, was tun. In dieser dem Forschen günstigen Lage vertiefet immer mehr den Willen zur Wahrheit ohne Überdruß bis zum Äußersten! Wenn das tiefschürfende Fragen bis zum tiefsten Grund dringt und dieser Grund ausgeschlagen wird, dann bleibt auch nicht der kleinste Zweifel, daß der eigene Geist Buddha ist. Das Fragen verstummt. Es gibt keine Besorgnis mehr um Leben und Tod und keine Wahrheit mehr, danach man suchen müßte – nur Leere-Weite von Himmel-und-Welt, und das ist einzig der eigene Geist.

Ein Beispiel: Im Traum hat einer sich verirrt und den Weg in die Heimat verloren; er fragt einen anderen nach dem Weg, und er betet zu Gott und betet zu Buddha um Hilfe. Doch immer noch findet er nicht heim. Rüttelt er sich aber aus dem Traumzustand auf, so findet er sich auf

---

* Hierbei klingt mit, daß Buddhas keine übernatürlichen Wesen sind, die einen davor bewahren können, in die Hölle zu fahren, indem sie Erleuchtung erteilen, sondern daß Erleuchtung, durch die wir von den Leiden eines solchen Geschicks errettet werden können, einzig und allein durch unsere eigenen Anstrengungen erlangt werden kann.

der eigenen Lagerstätte und begreift, daß der einzige Weg heimzukehren der war, sich zu erwecken. Dies (geistige Erwachen) nennt man «Rückkehr zum Ursprung» oder «Wiedergeburt in der Buddha-Welt des Friedens-und-der-Freude». Bis zu diesem Erlebnis kann es ein jeder mit etwas kraftvollem Üben bringen. Ja, alle, die Zazen lieben und auch angestrengt üben, können, ob sie nun Mönche oder Laien sind, solche Wirkung erleben. Doch selbst dies (teilweise Erwachen) kann nur durch Üben von Zazen erreicht werden. Wolltet ihr dies für wahres Satori halten, ihr würdet einen schweren Irrtum begehen. Ihr wäret gleich einem, der Kupfer gefunden hat und das Verlangen nach Gold aufgibt.

Nach solcher Erkenntnis befragt euch noch eindringlicher solchermaßen: «Mein Leib ist einem Wahngebilde gleich, gleich einer Wasserblase, gleich einem Schatten. Mein Geist, der in sich selber blickt, ist formlos gleich Leerer Weite. Doch irgendwo im Innern werden Töne gehört. Wohlan denn, wer ist der Meister, der die Laute vernimmt?» Fragt ihr euch also auf tiefster Ebene in völliger Versunkenheit, ohne im geringsten in euren Anstrengungen nachzulassen, so gibt es gar nichts mehr zu wissen, das Vernunftdenken ist restlos zunichte geworden. Ihr vergeßt vollends, daß ihr einen Leib habt. Alle bisherigen Begriffe und Vorstellungen vergehen, wie wenn einem Bottich der Grund ausgeschlagen wurde und jeder Tropfen Wassers ausgelaufen ist. Wenn das fragende Forschen mächtig genug geworden ist, so wird auch die Erleuchtung mächtig sein. Es ist, als brächen an verdorrten Bäumen plötzlich Blumen auf. Wenn es also geworden ist, könnt ihr zum Freisein in der Wahrheit gelangen, zu voll erlösten Menschen werden. Doch selbst nach solchem Satori-Erlebnis werft wieder und wieder von euch, was ihr in der Erleuchtung erkannt habt. Kehrt euch abermals dem Meister, der erkennt, das heißt dem Ursprung zu, und dringt entschlossen vor. In dem Maße, wie Verblendung und Eigenwille von euch weichen, wird euer Selbst-Wesen strahlend und durchscheinend – gleich wie ein Edelstein durch wiederholtes Schleifen an Glanz gewinnt –, bis es am Ende wirklich und wahrhaftig das gesamte Weltall strahlend erleuchtet. Zweifelt nicht daran!

Wessen Wille nicht so tief reicht, um in diesem Leben solche Erleuchtung zu gewinnen, der wird doch gewißlich im nächsten Leben mit Leichtigkeit zur Selbst-Wesensschau kommen, sofern er auch noch in der Todesstunde von diesem Forschen ganz erfüllt ist – gleich wie die gestern nicht vollendete Arbeit heute leicht beendet wird.

Beim Üben von Zazen dürft ihr die Gedanken, die sich erheben, weder hassen noch lieben. Durchdringt einzig und allein forschend den eigenen

Geist, Ursprung dieser Gedanken, bis zum Äußersten. Wisset, daß alles, was in eurem Bewußtsein auftaucht, alles, was ihr mit Augen seht, ein Wahngebilde ohne jede Wirklichkeit ist. Also sollt ihr solches weder fürchten noch schätzen, weder lieben noch verabscheuen. Wenn ihr euren Geist im Zustand Leerer Weite haltet, von all solchem ungefärbt, so kann selbst in der Todesstunde kein böser Geist euch einen Schaden tun. Beim Üben von Zazen jedoch behaltet auch nicht einen dieser Ratschläge im Sinn. Ihr müßt einzig zu der Frage werden: «Was ist mein eigener Geist?» oder auch: «Was nur ist dieser Meister, der in diesem Augenblick all die Laute vernimmt?» Wenn ihr durch Erleuchtung dieses Geistes innewerdet, wißt ihr, daß er der Ursprung aller Buddhas und Geschöpfe ist. Der Bodhisattva Kannon wird, da er zur Erleuchtung gelangte, indem er der Laute der Welt um sich her inneward, eben Kanzeon genannt.*

Beim Ruhen und bei allen Verrichtungen höret nimmer auf, erkennen zu wollen, was denn da hört. Auch wenn das Forschen selbst nahezu unbewußt geworden ist, findet ihr doch auch jetzt nicht den, der da hört, und alle Anstrengungen werden zunichte. Doch auch jetzt können Laute gehört werden. Also dringt ohne Unterlaß immer mehr und mehr in die Tiefe mit Fragen. Am Ende schwindet jede Spur von Bewußtsein eurer selbst; (ihr fühlt euch) einem klaren Himmel ohne eine einzige Wolke gleich. Darin findet man nichts, das «Ich» genannt werden kann, und auch keinen Meister, der hört. Dieser *Geist* ist gleich der Leeren Weite aller Zehn Weltrichtungen; doch hat er keine Stelle, die man leer nennen kann. Dieser Zustand wird oft fälschlich für (große) Selbst-Wesensschau gehalten. Doch muß man abermals aufs eindringlichste zu ergründen suchen: «Wer denn ist es, der diese Laute hört?» Wenn ihr euch, blind für alles andere, mit unerschütterlichem Willen ausschließlich in diese Frage einbohrt, so wird selbst das Gefühl Leerer Weite zunichte, und ihr seid euch keines einzigen Dinges mehr bewußt. Vollkommene Finsternis herrscht. (Haltet hier nicht inne, sondern) fragt euch ohne Überdruß: «Wohlan denn! Was nur ist es, das diese Laute hört?» Braucht eure Kräfte bis zum Letzten! Erst wenn das Fragen mächtig genug geworden ist, wird die Frage völlig zerbersten. Ihr fühlt euch wie einer, der von den Toten auferstanden ist. Das also ist wahre Wesensschau. Zu jener Zeit

---

* Kannon ist eine Vereinfachung von Kanzeon, und das bedeutet «Hörer (oder Empfänger) der Stimmen (oder Schreie, Laute) der Welt». Kannon ist die in Japan in weiblicher Gestalt dargestellte Verkörperung des Erbarmens, der Bodhisattva Avalokiteshvara (Skrt.), in China Kuan-yin genannt. (Anm. d. Hrsg.)

werdet ihr zum ersten Mal die Buddhas aller Welten von Angesicht zu Angesicht sehen und auch die ganze Reihe der Patriarchen von einst bis jetzt. Prüft euch mit diesem Kōan:

> «Ein Mönch fragte Jōshū: ‹Was ist der Sinn von Bodhidharmas Kommen aus dem Westen?› Jōshū erwiderte: ‹Die Eiche da im Garten.›»

Solltet ihr bei diesem Kōan auch nur den geringsten Zweifel haben, so müßt ihr euch dem Fragen: «Was ist es, das hört?» wieder zuwenden.

Wenn ihr in diesem Leben nicht zur Erleuchtung gelangt, wann denn werdet ihr es? Wenn ihr einmal gestorben seid, werdet ihr einer langen Zeit der Leiden in den drei niederen Existenzbereichen nicht entrinnen können. Was denn verhindert Erleuchtung? Einzig euer lautes Verlangen nach Wahrheit. Denkt daran! Kämpft ungestüm auf Leben und Tod!

25. Engagierter Buddhismus

Thich Nhat Hanh

Thich Nhat Hanh – Dichter, Zen-Meister und während des Vietnamkriegs Leiter der Friedensdelegation vietnamesischer Buddhisten – lebt im Exil in Frankreich. In diesem Beitrag macht er deutlich, inwiefern die individuelle Meditationsübung zugleich Dienst an der Gesellschaft ist. Er geht dabei von der Kernaussage des Avatamsaka-Sūtra *(«Blumengirlanden-Sūtra») aus, daß alle Dinge miteinander verknüpft sind wie in «Indras Netz» (Indra ist der Götterkönig der indischen Mythologie). Diese Lehre des allseitigen Zusammenhängens geht direkt aus dem Bericht hervor, den der Buddha von seiner eigenen Erleuchtungserfahrung gab, und sie wurde formalisiert als die Lehre vom «bedingten Entstehen» aller Dinge oder vom «Entstehen in gegenseitiger Abhängigkeit», auf Sanskrit* Pratītya-Samutpāda.

Meditation ist nicht Absonderung von der Gesellschaft, nicht Flucht vor der Gesellschaft, sondern Vorbereitung auf den wirklichen Eintritt in die Gesellschaft. Wir nennen das «engagierter Buddhismus». Wenn wir uns zur Meditationsklausur zurückziehen, haben wir vielleicht den Eindruck, daß wir alles hinter uns lassen – Familie, Gesellschaft und all die Verwicklungen, die mit ihnen einhergehen – und als einzelne kommen, um zu üben und Frieden zu suchen. Schon das ist eine Illusion, denn im Buddhismus gibt es so etwas wie einzelne nicht.

Wie ein Stück Papier die Frucht oder Kombination vieler Elemente ist, die wir als Nichtpapier-Elemente bezeichnen können, so ist der sogenannte einzelne aus nichteinzelnen Elementen gemacht. Wenn Sie ein Dichter sind, werden Sie in diesem Blatt Papier ganz deutlich eine Wolke ziehen sehen. Ohne Wolke gibt es keinen Regen, ohne Regen können die Bäume nicht wachsen, und ohne Bäume kann man kein Papier machen. Die Wolke ist also in dieser Seite. Die Existenz dieser Seite hängt von der Existenz einer Wolke ab. Wahrhaftig, Seite und Wolke sind nah beiein-

288 | Die Lehren des Großen Fahrzeugs

ander. Denken wir an andere Dinge, zum Beispiel Sonnenschein. Sonnenschein ist sehr wichtig, denn der Wald kann ohne Sonnenschein nicht wachsen, und wir Menschen können ohne Sonnenschein nicht wachsen. Deshalb braucht der Holzfäller Sonne, um den Baum fällen zu können, und der Baum braucht Sonne, um ein Baum sein zu können. So sehen Sie also auch den Sonnenschein in diesem Blatt Papier. Und blicken Sie noch tiefer – mit den Augen eines Bodhisattva, mit den Augen derer, die erwacht sind –, so sehen Sie nicht nur die Wolke und die Sonne in dieser Seite, sondern alles: den Weizen, der das Brot des Holzfällers wurde, den Vater des Holzfällers – alles ist in diesem Blatt Papier.

Wie das *Avatamsaka-Sūtra* sagt, läßt sich nicht ein einziges Ding finden, das nicht in Beziehung zu diesem Blatt Papier stünde. Wir sagen also: Ein Blatt Papier ist aus Nichtpapier-Elementen gemacht. Eine Wolke ist ein Nichtpapier-Element. Der Wald ist ein Nichtpapier-Element. Sonnenschein ist ein Nichtpapier-Element. Wenn aber das Papier aus allen Nichtpapier-Elementen gemacht ist, was dann, wenn wir alle Nichtpapier-Elemente auf ihren Ursprung zurückführen – die Wolke auf den Himmel, den Sonnenschein auf die Sonne, den Holzfäller auf seinen Vater? Dann ist das Papier leer. Leer wovon? Leer von gesonderter Ich-Wesenheit. Es ist aus all den nicht-ichwesenhaften Elementen, Nichtpapier-Elementen gemacht, und wenn wir alle diese Nichtpapier-Elemente abziehen, ist es wahrhaft leer, ohne unabhängige, eigenständige Ich-Wesenheit. Leer in diesem Sinne bedeutet aber, daß das Papier von allem erfüllt ist, vom gesamten Kosmos. Das Vorhandensein dieses kleinen Blattes Papier beweist das Vorhandensein des ganzen Kosmos.

Ebenso ist der einzelne aus nichteinzelnen Elementen gemacht. Wie willst du da wohl alles hinter dir lassen, wenn du dich in Meditationsklausur begibst? Eben das Leid, das du in deinem Herzen mit dir trägst, *ist* die Gesellschaft. Du bringst das mit, du bringst die Gesellschaft mit.

◁ *Ito Jakuchu: Gemüse-Parinirvāna. Japan, spätes achtzehntes Jahrhundert, Tusche auf Papier. Nationalmuseum, Kyōto.*
Ito Jakuchu (1716–1800) war ein Vogel-und-Blüte-Maler und ein Zen-Laie. Der große Rettich in der Mitte vertritt hier den Buddha Shākyamuni auf seinem Sterbelager, während der Kreis aufgelöst wirkender Früchte und Gemüse für die Trauernden steht. Das Gemüse-Parinirvāna spielt zwar mit einem geheiligten Thema buddhistischer Kunst, doch dieses Augenzwinkern verbindet sich mit einer durchaus frommen Absicht. Jakuchu entstammte einer Familie reicher Obst- und Gemüsehändler in Kyōto, und das Bild ist vermutlich ein Geschenk, das Jakuchu zum Tod eines nahen Verwandten machte.

Du bringst uns alle mit. Wenn du meditierst, geschieht das nicht einfach für dich selbst, sondern für die ganze Gesellschaft. Du suchst die Lösungen deiner Probleme nicht nur für dich selbst, sondern für uns alle.

Blätter betrachten wir für gewöhnlich als die Kinder des Baums. Ja, sie sind Kinder des Baums, vom Baum geboren, aber sie sind auch seine Mütter. Die Blätter bereiten aus den Mineralstofflösungen oder Rohsäften mit Hilfe des Sonnenlichts und der Luftgase eine Vielzahl von Nährsäften, von denen der Baum lebt. In diesem Sinne ist das Laub die Mutter des Baums. Wir alle sind Kinder der Gesellschaft, doch wir sind auch Mütter. Wir müssen die Gesellschaft «ernähren». Wenn wir nicht in der Gesellschaft wurzeln, können wir sie nicht so verwandeln, daß es sich für uns selbst und unsere Kinder besser in ihr leben läßt. Die Blätter sind durch ihren Stiel mit dem Baum verbunden. Der Stiel ist sehr wichtig.

Seit vielen Jahren betätige ich mich in unserer Gemeinschaft auch gärtnerisch, und ich weiß, daß es manchmal schwierig ist, Stecklinge zur Bewurzelung zu bringen. Manche Pflanzen tun sich dabei schwer, und so verwenden wir eine Art Pflanzenhormon, das ihnen das Austreiben neuer Wurzeln erleichtert. Ich frage mich, ob nicht für entwurzelte Menschen die Meditation dieses «Wuchspulver» sein kann, das ihnen hilft, wieder Wurzeln zu schlagen in der Gesellschaft. Meditation ist nicht die Flucht vor der Gesellschaft. Meditieren heißt, sich selbst zur Reintegration in die Gesellschaft zu befähigen, damit das Blatt den Baum ernähren kann.

# VIERTER TEIL

Die tantrischen Lehren

Einleitung

In seiner Gesamtheit betrachtet gliedert sich der Buddhismus in Hīnayāna, Mahāyāna und Vajrayāna. Das dritte «Fahrzeug», das Vajrayāna, wird auch Tantra genannt, weil in ihm eine Klasse von Schriften, die man Tantras nennt, eine besondere Rolle spielt. (Es besteht keine unmittelbare Beziehung zu dem, was im Hinduismus als Tantra bezeichnet wird.) Die Tantras werden wie die Sūtras als die authentischen Worte des Buddha Shākyamuni angesehen, allerdings sagt die Überlieferung, daß er zu ihrer Verkündigung eine andere Gestalt als die des historischen Buddha angenommen habe.

Wie wir gesehen haben, ist im Hīnayāna der Arhat das spirituelle Ideal, während man im Mahāyāna nach der Bodhisattvaschaft strebt. Im Vajrayāna nimmt diesen Platz nun der Siddha ein, ein Meister von so tiefer spiritueller Verwirklichung, daß er Macht über die Welt der Phänomene erlangt und beispielsweise zu fliegen oder die Sonne anzuhalten vermag. Viele dieser Siddhas waren außerdem dafür bekannt, daß sie alle Konventionen sprengten und sich insbesondere über die konventionelle Moral hinwegsetzten. Der Überlieferung zufolge gab es in Indien zur Zeit der ersten großen Blüte der tantrischen Lehre (achtes bis zwölftes Jahrhundert) vierundachtzig Mahāsiddhas oder «Große Siddhas».

Natürlich baut das Vajrayāna auf den Lehren des Hīnayāna und Mahāyāna auf, und vor allem kommt es hier sehr darauf an, daß man sich in den Meditationsformen des Hīnayāna und Mahāyāna wirklich gründlich geschult hat. Dann jedoch läßt das Vajrayana einige Mahayana-Positionen hinter sich. So akzeptiert es zwar einerseits ohne Abstriche die Shūnyatā-Lehre des Mahāyāna, erkennt jedoch zugleich, daß diese Ausrichtung auf die «Leere» eine zu vordergründige Haltung der «Weltüberwindung» mit sich bringen kann, als sei die wahre Wirklichkeit nur irgendwo außerhalb dieser Welt der Phänomene zu finden. Für das Tantra ist die absolute Wahrheit in ihrem ganzen Umfang, ihrer ganzen Tiefe und Kraft vollständig in der phänomenalen Welt, der Welt der

Sinne, manifest. Es spricht von der Einheit der absoluten und relativen Wahrheit. Deshalb spricht es auch von der Einheit der Leere und der «Lichtheit», welche den lebendigen, präzisen und energiegeladenen Aspekt des grandiosen Schauspiels der Erscheinungen darstellt.

Das Vajrayāna ist das Fahrzeug oder der Weg des «Unzerstörbaren» (das Sanskritwort *vajra* bedeutet wörtlich «Diamant»). Unzerstörbar ist die grundlegende Natur der Dinge, wie sie sind. Nichts kann die grundlegende Natur der Dinge zerstören, denn nichts entfernt sich je von ihr. Und weil diese Vajra-Natur niemals etwas anderes werden kann, nennt man sie ungeboren. Aus dem gleichen Grund ist sie Tantra, was soviel wie «Kontinuum» bedeutet.

Die wichtigste Meditationspraxis des Vajrayāna ist die der «heiligen Weltsicht». Heilige Weltsicht bedeutet, alle Erfahrung als rein zu betrachten, alle Phänomene nackt in ihrer Vajra-Natur zu sehen. Die Methode, mit der diese Art des Sehens entwickelt wird, besteht grundsätzlich darin, sich mit Gottheiten, die für die Vajra-Natur stehen, zu identifizieren, ihre heiligen Äußerungen, die Mantras, zu sprechen und ihre heiligen Gesten, die Mudrās, auszuführen. Diese Gottheiten werden nicht als im buchstäblichen Sinne existierend angesehen, sondern als Ausdruck der Natur dessen, was ist.

26. Der Tantra-Schüler

Chögyam Trungpa

Trungpa Rinpoche war die elfte Inkarnation der Trungpa-Linie tibetischer Meister und vor dem Exil Oberhaupt einer Gruppe von Klöstern in Osttibet. Im Westen studierte er zunächst vergleichende Religionswissenschaft (Oxford) und gründete später an vielen Orten in Nordamerika und Europa Meditationszentren.

Stets hat er die Kontinuität von Hīnayāna, Mahāyāna und Vajrayāna betont, und hier stellt er nun die Frage, was in der Erfahrung des Praktizierenden der Ausgangspunkt für das Tantra sein könnte. Die überraschende Antwort lautet: Verwirrung, Zweifel und Ungewißheit sind dieser Ausgangspunkt, die «Keimsilbe». Eine Keimsilbe ist nun im Vajrayāna eigentlich eine – häufig von einem einzigen Buchstaben repräsentierte – Sanskrit-Silbe, die für die Essenz einer bestimmten Gottheit steht und diese Gottheit letztlich sogar hervorbringt. Dann wäre also ausgerechnet die Verwirrung – genau das, was wir durch spirituelle Praxis eigentlich loszuwerden gedachten – der keimkräftige Same des Erwachens?

Die tantrischen Lehren des Buddhismus sind überaus heilig und in gewissem Sinne sehr schwer zugänglich. Die Tantra-Schüler der Vergangenheit haben all ihre Kraft und Einsatzbereitschaft gegeben, um das Tantra zu ergründen. Jetzt bringen wir das Tantra in den Westen, und das ist ein Meilenstein in der Geschichte des Buddhismus.

Vor vielen Jahrhunderten fand in Indien eine tantrische Revolution statt. Das Wissen dieser Tradition ist durch die Mahāsiddhas, die tantrischen Meister, von Generation zu Generation mündlich weitergegeben worden. Deshalb wird das Tantra auch die «ohrgeflüsterte» oder geheime Linie genannt. «Geheim» bedeutet hier aber nicht, daß Tantra so etwas wie eine unverständliche Fremdsprache wäre, ähnlich etwa dem

Fall, daß unsere Eltern zwei Sprachen sprechen, uns aber nur eine beibringen, damit sie die andere noch benutzen können, wenn sie etwas besprechen wollen, was wir nicht verstehen sollen. Nein, das Tantra führt uns vielmehr ein in die Tatsächlichkeit dieser Welt der Phänomene. Es stellt eine außerordentlich hochentwickelte und präzise, eine sehr ungewöhnliche Wahrnehmungs- und Sichtweise dar – ungewöhnlich bis zur Exzentrik, machtvoll, magisch, ja unerhört, aber auch unglaublich einfach.

Um das Phänomen des Tantra oder des tantrischen Bewußtseins verstehen zu können, müssen wir uns ganz klar machen, daß wir hier nicht über irgendein vages spirituelles Geschehen sprechen. Das Tantra – der Vajrayāna-Buddhismus – ist außergewöhnlich präzise und von ganz eigener Art. Es geht nicht an, das Vajrayāna zu einem spirituellen oder philosophischen Ragout zu verkochen. Erörtern wir das Tantra also – ganz exakt – unter technischen, spirituellen und persönlichen Gesichtspunkten; fragen wir uns, was die Tantra-Tradition in ihrer Einzigartigkeit den Menschen zu bieten hat.

Die Zukunft des Buddhismus kann nur darin bestehen, daß wir das, was der Buddha erfuhr, weiterhin für uns selbst entdecken und anderen vermitteln. Wir müssen uns also persönlich mit der Tantra-Erfahrung identifizieren, anstatt es als einen spirituellen Trip unter anderen zu betrachten.

Zunächst einmal erwächst das Vajrayāna aus der vollständigen Durchdringung von Hīnayāna und Mahāyāna. Die Entwicklung der drei Yānas – Hīnayāna, Mahāyāna und Vajrayāna – ist ein kontinuierlicher Prozeß. Das Wort «Tantra», auf Tibetisch *Gyü*, bedeutet ja sogar «Kontinuum». Ein kontinuierlicher Faden zieht sich durch den buddhistischen Pfad in seiner Gesamtheit, und er ist nichts anderes als unsere unmittelbare persönliche Erfahrung und unsere tiefe Bindung an die Lehren des Buddhismus. Bei «Faden» denken wir meist an etwas, das irgendwo anfängt. Nach den buddhistischen Lehren hat der Faden aber keinen Anfang, und dadurch gibt es Kontinuität. Eigentlich existiert solch ein Faden nicht, aber er ist kontinuierlich.

Im Augenblick sind wir noch gar nicht in der Lage zu erörtern, was Tantra ist. Da die Kontinuität des Tantra auf persönlicher Erfahrung beruht, müssen wir erst einmal die Person verstehen, die die Erfahrung macht. Wir müssen also wissen, wer sich im Tantra schult: Wer ist es oder was ist es? Um anfangen zu können, müssen wir an den Anfang zurückgehen, um zu sehen, wer eigentlich der Tantra-Schüler ist, der Tantrika.

Manche Menschen, könnte man sagen, sind von ihrer ganzen Anlage her tantrisch. Ihr Leben hat etwas Begeistertes, Beseeltes, sie spüren, daß etwas im tiefsten Sinne Wirkliches sich tut und daß die Erfahrung von Energie für sie von Bedeutung ist. Sie mögen sich von der Energie bedroht fühlen oder einen Mangel an Energie empfinden, jedenfalls aber nehmen sie ganz persönlich Anteil an der Welt – der sichtbaren Welt, der hörbaren Welt, überhaupt der Welt der Sinne. Es interessiert sie, wie die Dinge funktionieren und wie sie wahrgenommen werden. Dieses große Interesse, Interesse an der Wahrnehmung, ist seiner Natur nach tantrisch. Bei den begeisterten künftigen Tantrikas besteht eine Schwierigkeit jedoch darin, daß sie von der Welt der Sinne häufig zu sehr fasziniert sind. Etwas fehlt da noch. Sie sind begeistert und haben trotzdem noch keine echte Beziehung zur Welt der Sinne geknüpft; dadurch fällt es ihnen schwer, das Tantra wahrhaft zu verstehen. Man kann sie aber doch als tantrische Embryos betrachten, als potentielle Mitglieder der tantrischen Familie.

Wenn wir fragen, was ein Tantrika eigentlich sei, führt uns dieses Fragen immer weiter zurück und schließlich zum Fundament buddhistischer Praxis, nämlich der Hīnayāna-Lehre. Unter diesem Gesichtspunkt *ist* das Hīnayāna Tantra. Eine der inspirierenden Entdeckungen des Hīnayāna-Schülers ist das Nichtvorhandensein eines Ich und damit auch das Nichtvorhandensein Gottes. Wenn wir erkennen, daß da letztlich keine individuelle Wesenheit ist, die äußere Wesenheiten wahrnimmt, ist die Situation plötzlich offen. Wir müssen uns jetzt keine Begriffe von irgendeinem göttlichen Wesen – traditionell Gott genannt – mehr machen, und damit entfällt der Zwang, die Dinge einzugrenzen. Wir untersuchen einfach nur noch, was wir selbst sind. Und dabei finden wir, im Hīnayāna wie im Tantra, daß wir niemand sind. «Wie denn das?» wird man da fragen. «Schließlich habe ich einen Namen. Ich habe einen Körper. Ich esse. Ich schlafe. Ich führe mein Leben. Ich trage Kleidung.» Und eben damit mißverstehen wir uns selbst. Weil wir essen, schlafen, leben und einen Namen haben, nehmen wir an, da müsse *jemand* sein, der all das tut oder hat. Dieses universale Mißverständnis ist uralt, und wir erneuern es unaufhörlich jeden Augenblick. Wenn wir einen Namen haben, bedeutet das nicht, daß wir auch ein Ich haben. Wie können wir uns das klarmachen? Wenn wir Bezugspunkte wie unseren Namen und unsere Kleidung einmal weglassen, wenn wir nicht sagen: «Ich esse, ich schlafe, ich tue das und das», dann bleibt von uns nichts als eine Leerstelle.

Ebenso kann man anhand relativer Bezugspunkte seine eigene Nichtexistenz nachzuweisen versuchen. Wir geben irgend etwas anderes als Grund dafür an, daß wir *nicht* existieren, zum Beispiel mit dem Satz: «Ich bin mittellos und deshalb ein Niemand.» Irgend etwas stimmt mit dieser Logik nicht, denn von diesem Niemand meine ich ja immer noch, er sei ich. Relative Bezugspunkte können also weder beweisen, daß es ein Ich gibt, noch können wir mit dem Abschaffen relativer Bezugspunkte zur Nichtexistenz des Ich kommen. Das erkennen wir an einem etwas extremen Beispiel aus den sechziger Jahren, als manche Leute geradezu krampfhaft versuchten, nicht zu existieren. Sie verbrannten alle Identitätszeugnisse wie Einberufungsbescheide und Geburtsurkunden und wollten sich damit unsichtbar machen. Doch in dieser Einberufungsbescheidlosigkeit bekundete sich ja nach wie vor eine absichtgeleitete Individualität, und damit blieb die Frage von Existenz oder Nichtexistenz völlig ungelöst.

Im Buddhismus hat die Entdeckung der Nichtexistenz oder Ichlosigkeit nichts mit dem Ausschalten relativer Bezugspunkte zu tun. Ob wir an Bezugspunkten festhalten oder sie abschaffen, ändert an unserem Problem überhaupt nichts. Deshalb macht der buddhistische Ansatz erst gar keinen Gebrauch von Bezugspunkten. Wir fragen nicht mehr, ob wir existieren oder nicht, sondern betrachten uns einfach ganz direkt, ohne jeden Bezugspunkt – ohne auch nur hinzusehen, könnte man sagen. Das mag sehr schwierig erscheinen, aber lassen wir es ruhig schwierig sein. Gehen wir der Sache wirklich auf den Grund.

Wenn wir uns selbst ohne Bezugspunkte zu sehen versuchen, werden wir uns wohl schnell in der Lage finden, daß wir nicht wissen, was zu tun ist. Wir fühlen uns ziemlich aufgeschmissen, und die Sache kommt uns auch recht verstiegen vor: «Ich weiß nicht einmal, wo anfangen. Wie kann ich da überhaupt was tun?» Immerhin ahnen wir jetzt vielleicht, was es heißt, am Anfang anzufangen. Uns auf diese Bestürzung einzulassen, daß wir ohne sekundäre Bezugspunkte keinen Bezug zu uns selbst haben, das bringt uns der Wahrheit näher. Aber die Wurzel des Wirklichen, falls es sie gibt, haben wir noch nicht gefunden.

Wir können den Anfang des tantrischen Fadens erst finden, wenn wir zu dem Schluß gekommen sind, daß wir nicht existieren. Wir können versuchen, unsere eigene Nichtexistenz logisch zu erschließen. Der Schluß, daß wir nicht existieren, muß jedoch aus der Erfahrung kommen, und er darf nicht von unserer Beschränktheit und Verwirrung geprägt sein. Unsere Verwirrung besteht hier zunächst darin, daß wir nicht wissen, wie wir anfangen sollen. Von dort aus bekommen wir vielleicht eine Ahnung von der Anfanglosigkeit des Fadens – und von

Tibetische Mönche fertigen ein Kalachakra-Sand-Mandala an. (Standfoto aus «Little Buddha»)

Ein Mandala ist ein Diagramm der gesamten Wirklichkeit und spielt im Vajrayāna für die Praxis und in rituellen Zusammenhängen eine Rolle. Diese Mönche stellen zur Vorbereitung einer Ermächtigung für den Kalachakra-Lehrzyklus in langwieriger, höchstes Feingefühl erfordernder Arbeit ein Sand-Mandala her. Wenn die Schüler in die Welt des Mandala eingeführt worden sind, wird man den Sand dem Fluß übergeben. In der lebendigen Tradition des tibetischen Buddhismus wird man immer wieder sehen können, wie aus so vergänglichen und unfesten Materialien wie Butter, Teig oder Sand Kunst entsteht.

seiner Endelosigkeit. Es tut sich also etwas, aber wahrscheinlich fühlen wir uns doch noch ziemlich dumpf: Das Ganze hat so gar nichts von Entdeckung und wirkt eher fad.

Nach der tantrischen Tradition besteht unser einziger Ausweg – oder Einweg – hier darin, daß wir unsere Lage mit Humor betrachten. Wir versuchen uns selbst zu finden, aber es gelingt uns nicht, und wir fühlen uns so schrecklich dumpf und schwerfällig und im Weg. Irgend etwas plagt uns da, aber wir können nicht den Finger darauflegen. Trotzdem, irgend etwas, irgendwo, plagt uns. Oder? Wenn wir die Sache mit Humor betrachten, sehen wir, daß sogar die Fadheit, der Mangel an Begeisterung, dieses Kompakte, Lastende und sogar die Verwirrung unaufhörlich tanzen. Und dieses Gefühl von Gepacktsein, von Tanz, brauchen wir viel mehr als den Wunsch, uns besser zu fühlen. Wenn wir mit unserem Humor zu tanzen beginnen, lichtet sich die Dumpfheit ein wenig. Allerdings wissen wir dann noch nicht, ob wir nicht bei dieser humorvollen Betrachtung unserer selbst womöglich nur immer dumpfer werden, oder ob wir wirklich imstande sein werden, uns zu heilen. Da ist immer noch dieses Ungewisse, Wirre und sehr Unklare.

An dem Punkt können wir endlich anfangen, uns auf die Unklarheit einzulassen. In der Tantra-Tradition nennt man die Entdeckung dieser Unklarheit «das Auffinden der Keimsilbe». Unklarheit wird «Keimsilbe» genannt, wenn sie nicht einfach nur Probleme schafft, sondern ein Ausgangspunkt wird. Wenn wir die Ungewißheit als Arbeitsbasis akzeptieren, tun wir den ersten Schritt zu der Einsicht, daß wir nicht existieren. Wir können die Unklarheit erfahren und willkommen heißen – als Quelle der Verwirrung ebenso wie als Quelle des Humors. Die Nichtexistenz entdecken, das hat zur Voraussetzung, daß wir sowohl die Energie des Humors als auch diese schwere «Dingheit» oder Form der Verwirrung erfahren. Doch die Form oder Dingheit beweist nicht die Existenz der Energie, und die Energie beweist nicht die Existenz der Form. Also keine Bestätigung, nur Unklarheit. Deswegen sind wir eigentlich immer noch ratlos. Aber diese Ratlosigkeit hat jetzt eher etwas von Freiheit als von Verwirrung.

Diese Erfahrung der Unklarheit ist sehr persönlicher Art, auf keinen Fall auf analytischem Wege gewonnen. Allmählich realisieren wir, daß wir tatsächlich nicht existieren. Wir existieren aufgrund unserer Existenz nicht – das ist der Knalleffekt in dieser ganzen Unklarheit. Und die Welt existiert aufgrund unserer Nichtexistenz. Wir existieren nicht; daher existiert die Welt. Ein gewaltiger Witz steckt hinter dem Ganzen. Man möchte fragen: «Wer spielt uns bloß einen solchen Streich?» Schwer zu sagen. Wir wissen einfach nicht, wer das ist. Unsere Ungewißheit ist derart, daß wir kaum auch nur ein Fragezeichen für das Ende unserer Sätze haben. Dennoch, eben darum geht es für uns bei der Tantra-Schulung: Wer stellt die Frage, wer ist überhaupt ihr Urheber, falls es einen gibt?

Für den Anfänger kommt es darauf an, der Nichtexistenz gewahr zu werden, die Nichtexistenz zu verstehen und die Nichtexistenz zu erfahren. Es ist für uns sehr wichtig, zu erkennen, daß Sehen und Riechen, Farben, Emotionen, Formlosigkeit und Form allesamt Ausdruck von Nichtanfang, Nichtexistenz, Nicht-Ich sind. Und diese Nichtexistenz müssen wir persönlich erfahren; es gibt keinen analytischen oder philosophischen Zugang zu ihr. Diese persönliche Erfahrung ist ungeheuer wichtig. Um den richtigen Zugang zum Tantra zu bekommen und gute Tantra-Schüler zu werden, müssen wir diese Erfahrung der Nichtexistenz machen, wie frustrierend, verwirrend und irritierend sie auch sein mag. Sonst ist das, was wir tun, vollkommen nutzlos.

27. Die Versucherin und der Mönch

Reginald A. Ray

Die Verkörperung des spirituellen Ideals – im Hīnayāna der Arhat und im Mahāyāna der Bodhisattva – ist im Vajrayāna der Siddha. Das besondere Kennzeichen eines Siddha ist der Besitz «höchster und gewöhnlicher Siddhis» oder spiritueller Kräfte. Das höchste Siddhi ist die Erleuchtung, und unter gewöhnlichen Siddhis versteht man die verschiedensten Zauberkräfte als Ausdruck der Herrschaft über die Welt der Phänomene. Unter den in der Überlieferung genannten vierundachtzig Mahāsiddhas Indiens befanden sich Männer und Frauen aller Gesellschaftsschichten, wilde Gestalten, die sich von der erhabenen Höhe ihrer Verwirklichung aus über alles blinde Festhalten am Althergebrachten lustig machten, vor allem über die ebenso bemühte wie in Schablonen erstarrte Spiritualität des etablierten Monastizismus. Die Essenz ihrer Botschaft, von ihnen selbst beispielhaft gelebt, lautet: Die höchste spirituelle Wahrheit ist unabhängig von allen Umständen und Bedingungen und kann jederzeit augenblicklich erkannt und bekundet werden.

Reginald Ray, Professor für buddhistische Studien am Naropa Institute in Boulder, Colorado, erzählt uns hier die Geschichte eines zaudernden Siddha-Lehrlings, der schließlich von der unverhüllten Natur der höchsten Wirklichkeit selbst, hier als die Weisheitsgöttin Vajrayoginī personifiziert, aus dem Nest des Althergebrachten geworfen werden muß.

Einem indischen Buddhisten boten sich drei Möglichkeiten, sein Leben einzurichten: Er konnte ein Laie bleiben, sich einer Gemeinschaft von Mönchen (beziehungsweise Nonnen) anschließen oder als meditierender Yogi allein leben und praktizieren. Im tantrischen Buddhismus oder Vajrayāna-Buddhismus stand ursprünglich – und in geringerem Maße auch im weiteren Verlauf seiner Geschichte – die dritte Möglichkeit im Vordergrund: Er war von seiner Anlage her eine nichtmonastische esoterische Tradition, von den Meditierenden in einsamer Zurückgezogenheit praktiziert. In den Texten begegnen wir den tantrischen Yogis, wie sie in einsamen Höhlen, auf unzugänglichen Berggipfeln und in entlegenen Tälern meditieren. Aber auch an anderen «zivilisationsfernen» Orten treffen wir sie an, auf dem Verbrennungsplatz, wo aasfressende Tiere, feindselige Geister und lebende Tote ihr Unwesen treiben – Ort des Schreckens für die übrige Bevölkerung, aber Lieblingsort der Yogis.

Es gibt kaum Zeugnisse für die Existenz des Vajrayāna, bis es im siebten Jahrhundert die Bühne der indischen Geschichte betritt. In dieser Zeit nämlich vollzieht sich eine Wandlung von der streng geheimen und esoterischen Tradition der in der Wildnis lebenden Yogis zu einer sowohl unter Mönchen und Nonnen als auch unter den Laien um sich greifenden Bewegung. Niemand weiß, wann das Vajrayāna entstanden ist, aber der tibetische Historiker Lama Tāranātha (17. Jahrhundert) spricht die in Tibet verbreitete Anschauung aus, daß das Vajrayāna auf den Buddha selbst zurückgeht und seine esoterische, höchste und heiligste Belehrung darstellt.

In einer Hinsicht ist das Vajrayāna nicht verschieden von den anderen kontemplativen Traditionen des indischen Buddhismus – von den Waldtraditionen des Theravāda, dem frühen Mahāyāna und der Dhyāna-Schule (aus der sich Ch'an und Zen entwickelten) –, denn auch hier liegt die Betonung auf der intensiven Meditation, der engen Beziehung zum Guru und dem Bestreben, in diesem gegenwärtigen Leben Erleuchtung zu finden. Durch seine Methoden ist das Vajrayāna jedoch in mancher Hinsicht einzigartig. Die Meditation wird in einen liturgischen Rahmen gestellt. Man erhält seine Meditationsanweisungen und die Erlaubnis, sie zu praktizieren, vom Guru in der Form von Einweihungs- oder Ermächtigungszeremonien *(abhisheka)*. Die Buddhaschaft ist in etlichen männlichen und weiblichen Buddhas verkörpert, mit denen man sich zu identifizieren trachtet. Frauen, die weibliche Symbolik und vor allem die als Buddhas oder Yidams aufgefaßten weiblichen Gottheiten wie Vajrayoginī genießen als Verkörperung der Weisheit besondere Achtung. Als ein besonders großer Segen gilt es, wenn eine Gottheit sich als Person manifestiert, und vor allem die großen tantrischen Heiligen, die Siddhas, sollen auf diese Weise Belehrungen erhalten haben. Und Männer und Frauen praktizieren gemeinsam, insbesondere bei Ganachakras oder «tantrischen Festen», bei denen die Verwirklichung durch Meditation, Gesang und Tanz gelebt und gefeiert wird. Unter den buddhistischen Traditionen zeichnet sich das Vajrayāna mitunter als besonders unkonventionell aus, und seine Heiligen zögern nicht, die in konventioneller Moral und Religiosität so häufig anzutreffende Haltung von Ichbezogenheit und Eigennutz mehr oder weniger drastisch aufzuzeigen. Das Vajrayāna, wie es in seinen Heiligen verkörpert ist, hat etwas Unerhörtes, ja manchmal Schockierendes, und seine Anhänger sagen, darin spiegele sich das Unerhörte der Erleuchtung selbst, der unglaubliche Schimpf, den sie dem Ego antut.

Im achten Jahrhundert lag die Macht im nordischen Indien in den Händen von Königen der Pāla-Dynastie. Die Pālas scheinen Anhänger des Vajrayāna gewesen zu sein; sie sorgten für die Verbreitung des Tantra und erbauten Klöster. Jetzt gewann das Vajrayāna einen zunehmend monastischen Charakter und erfuhr dadurch zwangsläufig manche Veränderung. Vor allem wurde es, zumindest in den Klöstern, mehr und mehr eine Sache von Gelehrsamkeit und Kommentaren und verlor einiges von seinem Wald-Charakter. Mönchsgelehrte sammelten tantrische Texte, und das wachsende Korpus tantrischer Schriften wurde katalogisiert und kategorisiert. Jetzt wurden die Texte auf die traditionelle scholastische Weise studiert und erörtert und mit Kommentaren und Kommentarkommentaren versehen. Leider war das in vielen Fällen schon alles, und es gab offenbar viele Mönche, die gar nicht daran dachten, die tantrischen Lehren in die Tat umzusetzen.

Auch Abhayākaragupta, ein hochgelehrter und berühmter Mönch aus Nordindien, der im elften Jahrhundert lebte, war einer von denen, die das Vajrayāna studierten, aber nicht praktizierten. Die folgende Geschichte, von Tāranātha erzählt (und von mir an einigen Stellen gerafft), verdeutlicht uns sehr plastisch den Niedergang der Vajrayāna-Spiritualität im monastischen Umfeld, aber auch die Kraft der Tradition, ihre Schüler zu echter Übung und Verwirklichung zurückzuführen.

Abhayākaragupta stammte aus Südindien. Sein Vater war ein Kshatriya (Angehöriger der Kriegerkaste), seine Mutter eine Brahmanin (Angehörige der Priesterkaste). Schon früh zeigte er ungewöhnliche Anlagen zur Gelehrsamkeit und widmete sich mit größtem Eifer dem Studium der Texte, vor allem der Vedas, der sonstigen vedischen Literatur, der Logik, Grammatik und Philologie. Er wurde ein Meister dieser Textüberlieferungen sowie der Tantras der nichtbuddhistischen Schulen. Er scheint einen untadeligen Lebenswandel geführt zu haben, wie es von einem Brahmanen auch erwartet wurde. Insbesondere hielt er sich an die Regel, Menschen und Situationen zu meiden, an denen er sich verunreinigen würde; mit Menschen niederer Kasten Umgang zu pflegen oder Kuhfleisch und Alkohol zu sich zu nehmen – dergleichen war völlig undenkbar.

Einmal hatte er sich eingeschlossen, um Mantras zu rezitieren, als eine schöne junge Frau vor ihm erschien. Sie sagte: «Ich bin eine Chandala (Kastenlose) und möchte mit dir gemeinsam rezitieren. Doch Abhayākaragupta, penibler Brahmane wie immer, erwiderte: «Das geht nicht. Ich bin von hoher Kaste und würde mich selbst entehren.»

Da verschwand sie wieder, und Abhayākaragupta, als er die Tür untersuchte, mußte feststellen, daß sie nach wie vor von innen verriegelt war. Nun meldeten sich doch leise Zweifel, und er fragte sich, ob er da nicht doch eine sehr ungewöhnliche Begegnung gehabt habe. Unsicher geworden, trug er die Sache einem buddhistischen Yogi vor, den er kannte.

Der Yogi sagte: «Es ist höchst bedauerlich, daß du ihre Aufforderung ablehntest. Das war nämlich Vajrayoginī, der weibliche Buddha.»

Vajrayoginī hatte dem jungen Brahmanen die Möglichkeit geboten, seinen Kastendünkel zu überwinden und dafür das Erwachen des Geistes zu verwirklichen.

Der Yogi-Freund fuhr fort: «Es ist aber ganz deutlich, daß du eine innere Beziehung zu den Buddhisten hast; wende dich nach Osten und werde Buddhist.»

Abhayākaragupta wanderte nach Bengalen und tat, was der Yogi ihm geraten hatte. Anstatt aber dem Beispiel seines Freundes folgend den Pfad der Meditation einzuschlagen, nahm er den Weg der Studien, nachdem er zum buddhistischen Mönch (Bhiksu) ordiniert worden war. Bald war er mit den Sūtras und Tantras bestens vertraut und erwarb sich den Ruf eines außerordentlich gelehrten Bhiksu. Darüber hinaus erhielt er zahlreiche tantrische Ermächtigungen von vielen verschiedenen Lehrern. Doch er praktizierte nichts von dem, wozu er ermächtigt wurde.

Einmal befand er sich in einem Tempelhof, als ein Mädchen sich ihm mit einem bluttriefenden Stück Kuhfleisch in den Händen näherte. Sie wollte es ihm aufdrängen und sagte: «Ich bin ein Chandala-Mädchen. Ich habe dies für dich geschlachtet. Iß es.»

Diese Einladung war eine schreckliche Kränkung, und diesmal nicht mehr nur für den untadeligen Brahmanen, sondern auch für den gebotsgetreuen Mönch: Eine Kuh zu töten ist für den Brahmanen ein scheußliches Verbrechen und der Verzehr ihres Fleisches die denkbar schlimmste Besudelung; und dem buddhistischen Mönch verboten die Regeln, das Fleisch eines eigens für ihn geschlachteten Tieres zu verzehren. Folglich antwortete er: «Ich bin ein Bhikshu aus einer reinen Kaste. Wie kann ich das Fleisch einer für mich getöteten Kuh essen?»

Da verschwand das Mädchen. Wieder hatte Abhayākaragupta die Einladung Vajrayoginīs und damit die Möglichkeit der Verwirklichung abgelehnt, um seinen erhabenen gesellschaftlichen Stand als Brahmane und als Mönch mit voller Ordination zu wahren.

Nun war Abhayākaragupta zwar ein großer Gelehrter, doch im Herzen immer noch nicht zufrieden, weil er die inneren Lehren der Verwirklichung noch nicht erhalten hatte. Da machte er sich auf und durchwanderte kreuz und quer das Land, um allenthalben die Meister um mündliche Belehrungen über die Meditation zu bitten. Dabei kam er schließlich in die Klosteruniversität von Nālandā. Hier eignete er sich die monastische Literatur der bedeutendsten buddhistischen Schulen, die scholastischen Schriften und die tantrischen Texte an. Er wurde auch Meister in den sechs Wissensbereichen, darunter Mathematik, Metaphysik und Logik. Schließlich suchte er einen tantrischen Meister auf und erhielt von ihm die Lehren des Vajrayāna. Er wählte ihn zu seinem Hauptguru und erhielt Meditationsanleitungen von ihm.

Danach zog Abhayākaragupta sich ins Kloster seines Meisters zurück und übte sich nach den Anweisungen, die er erhalten hatte, in der Meditation. Eines Nachts, am achten Tag des Monats, als er gerade meditierte, erschien in seiner Meditationszelle eine junge Frau, die aussah wie die Dienerin, die für seinen Meister Wasser zu holen pflegte. Aus einem kleinen Korb holte sie etliche Dinge hervor, die zu einer tantrischen Zeremonie gebraucht werden.

Sie sagte: «Dein Lehrer hat mich gesandt. Ich soll mit dir ein Ganachakra ausführen.»

Er erwiderte: «Ich habe das noch nie zuvor getan.»

Sie sagte: «Schön, dann tun wir es jetzt.»

Doch der Gelehrte konnte von seinen vorgefaßten Anschauungen und Bedenken nicht lassen und weigerte sich, an diesem tantrischen Ritual teilzunehmen.

Das Mädchen sagte: «Du kennst dreihundert Tantras und hast die allerbesten mündlichen Unterweisungen über sie erhalten – wie kannst du da über die tatsächliche Übung im Zweifel sein?»

Dann nahm sie ihre Sachen und ging fort. Ganz plötzlich wurde es dunkler, und als Abhayākaragupta nach der Tür sah, die er zuvor selbst verriegelt hatte, da war sie immer noch fest verriegelt.

Am nächsten Morgen fragte er seinen Guru, ob er am Vorabend seine

Aufwärterin geschickt habe mit dem Auftrag, ein tantrisches Ritual auszuführen.

Der Meister erwiderte: «Du bist so voller Zweifel und Vorstellungen. Es fiele mir nicht ein, derartiges zu tun. Was hast du denn gesehen?» Abhayākaragupta erzählte ihm die ganze Geschichte. Der Guru sagte: «Vajrayoginī bot dir das Erlangen der Verwirklichung, doch du nahmst es nicht an.»

Da war Abhayākaragupta tief betrübt. Sieben Tage lang nahm er keine Nahrung zu sich und wandte sich mit demütigen Bitten an Vajrayoginī. In der siebten Nacht sah er im Traum eine alte Frau. Er wußte, daß es Vajrayoginī war und gestand sein Versäumnis und wiederholte seine Bitten.

Da wurde sie wieder Vajrayoginī und sprach zu ihm: «Durch viele Leben hast du mein Mantra rezitiert und mir geopfert. In diesem Leben habe ich dir dreimal die Verwirklichung geboten, doch du warst nicht bereit, sie anzunehmen. Dafür wirst du nun in diesem Leben nicht zur höchsten Verwirklichung gelangen.»

Dann trug sie ihm auf, Texte zu verfassen und andere zu unterweisen, und sie sagte voraus, er werde nach dem Tod die Verwirklichung erlangen. Von da an führte er das Leben eines Yogi und meditierte meist auf Verbrennungsplätzen, später dann in einer Einsiedelei, die ihm die Gattin eines der Pāla-Könige geschenkt hatte. Einmal soll er dort volle sechs Monate im Samādhi geblieben sein. Durch dieses beharrliche Meditieren wuchsen ihm übernatürliche Kräfte zu, mit denen er anderen helfen konnte; er konnte Tote auferwecken, Naturkatastrophen aufhalten und Mißgeschick von den Menschen abwenden, alles in Übereinstimmung mit den Lehren des Tantra. Wenn er Schriften abfaßte, so heißt es, sprach nicht mehr er selbst, sondern er war von Vajrayoginī erfüllt, die durch ihn lehrte. So wunderbar war sein Lehren, daß es manchmal Blüten vom Himmel regnete, wenn er sprach.

Diese Geschichte zeigt uns deutlich den unkonventionellen und yogischen Charakter des Vajrayāna-Buddhismus. Abhayākaragupta erkennt schließlich, daß Vajrayāna keine Sache des schicklichen Verhaltens und des angehäuften Wissens ist. Oberster Wert ist hier vielmehr die unmittelbare persönliche Verwirklichungserfahrung, und das ist etwas, woran jedes Statusdenken und jedes Haften am Herkömmlichen sich die Zähne ausbeißt. Und das Vajrayāna läßt nicht locker: Selbst als Nichtbuddhist kann Abhayākaragupta der Göttin nicht entgehen. In seiner Anmaßung und Unwissenheit möchte er in sicherer Entfernung von der spirituellen

Tradition bleiben und sie als Gegenstand studieren, und trotzdem tut sie ihr Werk an ihm. Und endlich muß er sich der Tragödie seiner Ich-Besessenheit stellen: Um Kaste, Mönchsstand und sein Bild von sich selbst zu wahren, hat er weggeworfen, wonach sich sein Herz am meisten sehnt. Die Wahrheit sickert doch durch seine Bollwerke, und als er die schreckliche Wahrheit endlich akzeptieren kann, wird er ein Gefäß der Weisheit, der Barmherzigkeit und der Kraft. All das zeugte von der im tibetischen Buddhismus verbreiteten Überzeugung, daß das Vajrayāna gerade für die geeignet ist, bei denen Verblendung und Ich-Verhaftung besonders stark sind. Die größten Siddhas und Heiligen sind häufig diejenigen, die einst in größter moralischer Verkommenheit begannen.

28. Die Vereinigung von Freude und Glück
Tilopa

Tilopa (989–1069) war einer der berühmtesten der vierundachtzig indischen Mahāsiddhas. Als Junge war er ein Kuhhirte, doch mit der Hilfe eines spirituellen Meisters, der sich seiner annahm, vollbrachte er ein Wunder, durch das eine feindliche Streitmacht besiegt wurde, und so kam er als König auf den Thron des kleinen Reiches, in dem er lebte. Nach einiger Zeit war er jedoch des weltlichen Lebens überdrüssig, überließ seinem Sohn den Thron und wurde ein Mönch. Einmal, beim Studium der Prajñāpāramitā-Lehren (siehe Kapitel 13), hatte er eine Vision, in der ihm eine Frau mit Lippenbart erschien und sagte, er müsse das Mönchsdasein aufgeben und die Wahrheit dessen suchen, was er da studiere. Sie gab ihm bestimmte Einweihungen und Anleitungen, denen er folgte. Von da an und über Jahre hin diente er etlichen Gurus als Aufwärter und machte große spirituelle Fortschritte. Zu großer Erleuchtung kam er schließlich nach zwölf Jahren, in denen er seinen Lebensunterhalt tagsüber durch die Herstellung von Sesamöl und nachts als Zuhälter verdiente. Nach seiner Erleuchtung tat er sich durch höchst exzentrisches und für seine Umwelt häufig schockierendes Verhalten sowie durch zahlreiche Wunder hervor. Mit seinen äußerst verblüffenden Aktionen – und er schreckte auch vor dem Anstößigen und Abstoßenden nicht zurück – konnte er viele vom rechten Weg Abgewichene aufwecken, so daß sie die Torheit oder Schädlichkeit ihres Handelns einsahen und sich eines Besseren besannen. Nicht selten kurierte er ihre spirituelle Blindheit dabei so gründlich, daß er sie zur Erleuchtung führen konnte. Eine der vielen Geschichten über ihn schildert, wie er einmal, hoch in der Luft schwebend und Lieder der Einsicht singend, die Menschen eines ganzen Landstrichs zu spiritueller Läuterung führte. Er gilt als der erste menschliche Vertreter der Mahāmudrā-Linie, und die Lehre soll ihm von Vajrayoginī, einer halbrasenden weiblichen Gottheit, übermittelt worden sein, zu deren Himmelspalast er sich auf recht ungehobelte Weise Zugang verschaffte.

Die folgenden Verse stellen die mündliche Unterweisung über die Mahāmudrā dar, die Tilopa seinem Schüler Naropa (1016–1100) am Ufer des Ganges gab. Hier hatte Tilopa jahrelang von dem gelebt, was die Fischer nach dem Ausnehmen ihres Fangs zurückließen. Ikonographisch wird er deshalb in der Meditationshaltung, nur mit einem Lendentuch bekleidet und einen Fisch in der Hand haltend, dargestellt.
  Mahāmudrā, das «Große Siegel», ist eine der höchsten Meditationslehren des Vajrayāna. Sie wird in den tibetischen Vajrayāna-Linien bewahrt und weitergeführt, vor allem von der Kagyü-Schule, als deren Begründer Tilopa gilt. In diesem Kapitel sehen wir den inneren Zusammenhang der Mahāmudrā mit dem Mahāyāna sehr deutlich. Manches von dem, was hier gesagt wird, könnte auch von Hui-neng (Kapitel 19) stammen. Doch da ist auch noch anderes. Tilopa spricht von der Leere, doch wenn er ganz zum Kern der Sache kommt, ist von der lichten Natur des Geistes die Rede, und hierin können wir so etwas wie die positive Seite der Leere erkennen. Tilopa spricht von Meditation als Nicht-Meditation, denn wenn die Leere und die Lichtheit in ihrem Einssein die Natur des Geistes bilden, ist dieses Einssein ganz von selbst in jeder Erfahrung gegenwärtig und muß nicht eigens gesucht werden. Dies ist das Große Siegel, dessen Abdruck alle Phänomene tragen.

Mahāmudrā-Upadesha

Mündliche Unterweisungen in der Mahāmudrā, die Naropa von Shrī Tilopa an den Ufern des Ganges erteilt wurden. (Aus dem Sanskrit ins Tibetische übersetzt von Chokyi-Lodro, Marpa dem Übersetzer.)

Verehrung der ursprünglich in Erscheinung tretenden Weisheit!

Mahāmudrā kann nicht aufgezeigt werden.
Du aber, der du Hingabe gegenüber dem Guru übst, der du die
  Übungen der Askese gemeistert hast
und voller Geduld Leiden erträgst, einsichtiger Naropa,
nimm dies in dein Herz auf, mein vom Glück begünstigter Schüler.
Höre zu!

Betrachte die Natur der Welt,
die vergänglich wie eine Wolke oder ein Traum ist;
selbst die Wolke oder der Traum hat keine Existenz.

Entwickle deshalb Entsagung und nimm Abschied von allen weltlichen Tätigkeiten.

Verzichte auf Diener und Familie, die Ursachen von Verlangen und Aggression.
Meditiere allein im Wald, an Orten der Zurückgezogenheit, an einsamen Plätzen.
Verweile im Zustand der Nicht-Meditation.
Wenn du erreicht hast, nichts mehr erreichen zu wollen, dann hast du die Mahāmudrā erreicht.

Der Dharma von Samsāra*, der Verlangen und Aggression verursacht, ist bedeutungslos.
Die Dinge, die wir erschaffen haben, sind ohne Substanz; suche deshalb nach dem Wesen des Höchsten.
Der Dharma des Geistes kann die Bedeutung des transzendenten Geistes nicht erkennen.
Der Dharma des Tuns kann den Sinn des Nicht-Tuns nicht entdecken.

Wenn du die Verwirklichung des transzendenten Geistes und des Nicht-Tuns erreichen möchtest,
dann durchschneide die Wurzel des Denkens und laß das Bewußtsein unverhüllt bleiben.
Laß die verschmutzten Gewässer der geistigen Betriebsamkeit klar werden.
Versuche nicht die Projektionen anzuhalten, sondern laß sie zur Ruhe in sich selbst kommen.
Wenn es kein Ablehnen oder Annehmen mehr gibt, dann bist du in der Mahāmudrā frei geworden.

Wenn Blätter und Zweige an Bäumen wachsen
und du die Wurzeln durchschneidest, verdorren die vielen Blätter und Zweige.
Ebenso werden, wenn du die Wurzel des Denkens durchtrennst, die zahlreichen geistigen Tätigkeiten nachlassen.

Die Dunkelheit, die sich in Tausenden von Weltzeitaltern angesammelt hat,
wird eine Fackel vertreiben.

---

* Dharma wird hier im Sinn von «Weg, Verhaltensweise, Muster» benutzt. (Anm. d. Hrsg.)

Ebenso wird die Erfahrung des durchstrahlenden Geistes in einem
  einzigen Augenblick
den Schleier karmischer Unreinheiten auflösen.

Menschen mit geringerer Intelligenz, die ihr dies nicht erfassen könnt,
richtet eure Sammlung auf eure Bewußtheit und auf den Atem.
Diszipliniert euren Geist durch verschiedene Augenstellungen und
  Konzentrationstechniken,
bis er im Zustand natürlicher Ruhe verbleibt.

Wenn du den offenen Raum wahrnimmst,
lösen sich die festen Vorstellungen von einem Mittelpunkt und einer
  festen Begrenzung auf.
Ebenso wird, wenn der Geist den Geist wahrnimmt,
alle geistige Betriebsamkeit aufhören; du wirst in einem Zustand des
  Nicht-Denkens verweilen
und das höchste Bodhichitta verwirklichen.

Dunst, der sich von der Erde abhebt, wird zu Wolken und verliert sich
  dann im Himmel.
Wir wissen nicht, wohin die Wolken gehen, wenn sie sich aufgelöst
  haben.
Ebenso lösen sich die Wogen der Gedanken auf, die aus dem Denken
  entstehen,
wenn der Geist den Geist wahrnimmt.

Der Raum hat weder Farbe noch Form;
er ist nicht dem Wandel unterworfen, er wird nicht von Schwarz oder
  Weiß gefärbt.
Ebenso hat der durchstrahlende Geist weder Farbe noch Form;
er wird nicht von Schwarz oder Weiß, von Tugend oder Untugend
  gefärbt.

Das reine und leuchtende Wesen der Sonne
kann nicht durch die Dunkelheit getrübt werden, die tausend Weltzeitalter andauert.
Ebenso kann das durchstrahlende Wesen des Geistes
nicht durch die lang andauernden Weltzeitalter von Samsāra getrübt
  werden.

Wenn man auch sagen kann, daß der Raum leer ist,
kann der Raum doch nicht beschrieben werden.
Wenn man auch sagen kann, daß der Geist durchstrahlend ist,
wird mit diesem Benennen ebenso nicht bewiesen, daß er existiert.
Der Raum kennt keinerlei örtliche Festlegung.
Ebenso haftet der Geist der Mahāmudrā nirgendwo an.

Ruhe ganz locker in diesem ursprünglichen Zustand, ohne dich zu verändern;
es gibt keinen Zweifel daran, daß sich deine Fesseln lösen werden.
Das Wesen des Geistes ist wie der Raum;
deshalb gibt es nichts, was er nicht einschließt.

Laß die Bewegungen des Körpers sich zur Natürlichkeit entspannen.
Beende dein müßiges Plappern, laß deine Rede zu einem Echo werden.
Denke nicht, sondern erkenne den Dharma, den großen Sprung zu wagen.

Der Körper hat keine Substanz, so wie ein hohles Bambusrohr.
Der Geist ist wie das Wesen des Raumes und hat keinen Platz für Gedanken.
Laß dein Denken los; halte es weder fest noch gestehe ihm zu, umherzuschweifen.
Wenn der Geist absichtslos ist, dann ist er Mahāmudrā.
Dies auszubilden bedeutet, die höchste Erleuchtung zu erlangen.

Hat der Geist keinen Gegenstand der Wahrnehmung, so ist sein Wesen durchstrahlend.
Du wirst den Weg des Buddha erkennen, wenn es keinen Weg der Meditation mehr gibt.
Wenn du über das Nicht-Meditieren meditierst, wirst du die allerhöchste Erleuchtung erlangen.

Dies ist die königlichste der Sichtweisen – sie übersteigt das Anhalten und Festhalten.
Dies ist die königlichste der Meditationen – ohne umherwandernden Geist.
Dies ist die königlichste der Handlungsweisen – ohne ehrgeiziges Streben.
Wenn es keine Hoffnung und keine Angst gibt, hast du das Ziel verwirklicht.

Das nicht-erschaffene *Alaya** hat keine Angewohnheiten und Schleier.
Laß den Geist im nicht-erschaffenen Sein ruhen; mache keine Unterscheidungen zwischen Meditation und dem Zustand nach der Meditation.
Wenn Projektionen den Dharma des Geistes erschöpft haben, wird die königlichste der Sichtweisen erreicht, die frei von allen Begrenzungen ist.

Grenzenlos und tief ist die allerköniglichste der Meditationen.
In sich selbst ruhendes Sein ohne Anstrengung ist die allerköniglichste der Handlungsweisen.
In sich selbst ruhendes Sein ohne Hoffnung ist die allerköniglichste Erfüllung.

Am Anfang ist der Geist wie ein wildbewegter Fluß.
In der Mitte ist er wie der Strom des Ganges, der langsam dahinfließt.
Am Ende ist er wie der Zusammenfluß aller Ströme, wie die Begegnung zwischen Sohn und Mutter.

Die Anhänger des Tantra, der *Prajñāpāramitā*,
des Vinaya, der Sūtras und anderer Religionen –
diese alle werden mit ihren Texten und philosophischen Lehrsätzen
die durchstrahlende Mahāmudrā nicht erkennen.

Nicht zu denken, wunschlos zu sein,
in sich selbst ruhend, aus sich selbst heraus existierend,
ist wie eine Welle im Wasser zu sein.
Der durchstrahlende Glanz wird nur durch das Aufkommen von Verlangen verschleiert.

Das eigentliche Samaya-Gelübde** wird gebrochen, wenn du in Form von Vorschriften denkst.
Wenn du weder anhaftest, zu begreifen suchst noch vom Höchsten abweichst,
dann bist du der heilige Praktizierende, die Fackel, welche die Dunkelheit erhellt.

---

* Der ursprüngliche Zustand jenseits von Sein und Nichtsein. (Anm. d. Hrsg.)
** Gelübde für einen disziplinierten Lebenswandel. (Anm. d. Hrsg.)

Wenn du ohne Verlangen bist, wenn du nicht an Extremen festhältst,
dann wirst du die Dharmas aller Lehren erkennen.

Wenn du dich um dieses Bestreben bemühst, dann wirst du dich selbst
aus samsarischer Gefangenschaft befreien.
Wenn du auf diese Art und Weise meditierst, wirst du den Schleier
karmischer Unreinheiten abbrennen.
Deshalb bist du als «Die Fackel der Lehre» bekannt.

Selbst unwissende Menschen, die sich nicht voll dieser Lehre hingeben,
könnten von dir vor dem beständigen Ertrinken im Flusse des Samsāra
gerettet werden.

Es ist ein Jammer, daß die Wesen in den niederen Daseinsbereichen
derartige Leiden ertragen.
Jene, die sich selbst gern vom Leiden befreien möchten, sollten nach
einem weisen Guru suchen.
Von Segen erfüllt, wird der Geist befreit werden.

Wenn du nach einer Karma-Mudrā* suchst, dann wird die Weisheit
der Vereinigung von Freude und Leere aufsteigen.
Die Einheit zwischen den geeigneten Mitteln und dem Wissen bringt
Segen.
Lenke sie herab und laß das Mandala entstehen.
Übertrage es auf die Plätze und verteile es im Körper.

Wenn kein Verlangen mehr darin enthalten ist, dann wird die Vereini-
gung von Freude und Leere aufsteigen.
Gewinne ein langes Leben ohne weiße Haare, und du wirst wie der
Mond zunehmen.
Werde ausstrahlend, und deine Kraft wird vollkommen sein.
Nachdem die gewöhnlichen *Siddhis*** rasch erreicht worden sind,
sollten die außergewöhnlichen Siddhis gesucht werden.
Möge diese genaue Unterweisung in der Mahāmudrā in den Herzen
vom Glücke begünstigter Wesen bleiben.

---

* Gefährtin bei der Praxis der dritten tantrischen Initiation. (Anm. d. Hrsg.)
** Siddhis sind paranormale Kräfte, die sich im Verlauf der Meditationspraxis
einstellen können. Im tantrischen Buddhismus wird die Erleuchtung als die
höchste Siddhi bezeichnet. (Anm. d. Hrsg.)

29. Die Gesänge eines Yogi

Milarepa

Milarepa (1052–1135) ist vielleicht der bekannteste aller großen tibetischen Yogis. Schon seine Jugend war voller Nöte und Schicksalsschläge, aber das war noch gar nichts im Vergleich zu den wirklich harten Zeiten seiner Schulung unter seinem Guru Marpa (1012–1097). Als seine Schulung abgeschlossen war, meditierte er jahrelang ganz für sich allein in Höhlen hoch oben in den schneebedeckten Bergen. Seiner großen Standhaftigkeit und seiner Meisterschaft im Yoga der inneren Hitze (tib. tumo) ist zuzuschreiben, daß er selbst bei größter Kälte nur ein weißes Baumwolltuch trug. Daher auch sein Name Milarepa, der «Baumwollgewandete». Die Kunde von seiner tiefen Verwirklichung verbreitete sich, und manch ein Schüler (wie der u. a. in den Gesängen angesprochene Rechungpa) nahm es auf sich, ihn in der fernen Bergeinsamkeit zu finden. Er brachte seine Erleuchtung in spontanen Gesängen zum Ausdruck, von denen es hunderttausend geben soll. Hier einige davon (nach der englischen Übersetzung von Karma Tsultrim).

Die höchste Sicht, Meditation, Lebensführung und Frucht

Die Sicht ist das Wissen um die Leere.
Meditation ist Lichtheit ohne Festhalten.
Die Lebensführung ist beständig und ohne Verhaftung.
Die Frucht ist makellos und nackt.

Die Sicht, das Wissen um die Leere,
ist in Gefahr fehlzugehen, wenn sie nur Worte-Anschauung ist.
Wo nicht Gewißheit über den Sinn sich bildet,
können Worte allein dich nicht vom Haften am Ich befreien.
Daher ist starke Gewißheit so wichtig.

Meditation, die Lichtheit, ohne Festhalten,
ist in Gefahr fehlzugehen, wenn es nur Ruhen ist.
Wenn nicht von innen Weisheit heranwächst,
ist gesammeltes Ruhen allein noch nicht befreiend.
Weisheit wächst nicht in Stumpfheit oder Erregung.
Deshalb ist unabgelenkte Achtsamkeit so wichtig.

Die Lebensführung, beständig und ohne Verhaftung,
ist in Gefahr fehlzugehen, wenn sie nur Schein ist.
Wo sie nicht zur Unterstützung von Sicht und Meditation sich bildet,
wird die yogische Lebensführung eine Stütze der acht weltlichen
    Werte.
Deshalb ist es so wichtig, keine Verhaftungen und Verdunkelungen zu
    haben.

Die Frucht, makellos und nackt,
ist in Gefahr, das Gewand begrifflicher Züge zu tragen.
Wo Verblendung nicht von innen her vernichtet wird,
ist das Meditieren mit bloß gedanklichem Bestreben ohne großen
    Nutzen.
Deshalb ist es so wichtig, die Verblendung zu vernichten.

Wie man die Vier Handlungen auf dem Pfad übt

Rechungpa, mein Sohn, hör zu und gib acht.
Ich, dein Vater, Milarepa,
meditiere manchmal, während ich schlafe und schlafe.
Wenn ich meditiere, während ich schlafe und schlafe,
habe ich die mündliche Unterweisung für das Erstehen der Unwissen-
    heit als Lichtheit gegenwärtig.
Ich habe sie; andere nicht.
Hätten alle sie; wäre ich glücklich.

Ich, dein Vater, Milarepa,
meditiere manchmal, während ich esse und esse.
Wenn ich meditiere, während ich esse und esse,
habe ich die mündliche Unterweisung für das Betrachten von Speisen
    und Getränken als Ganachakra gegenwärtig.
Ich habe sie; alle haben sie nicht.
Hätten alle sie, wäre ich glücklich.

Kloster Taktsang. Bhutan. Foto von Steven Powers.
Das Kloster Taktsang, dessen Name «Tigernest» bedeutet, schmiegt sich an eine Bergwand über dem Paro-Tal in Bhutan. Den Ort, der als sehr heilig und ehrwürdig angesehen wird, erreichen Pilger über einen steilen Anstieg vom Tal aus. Besonders heilig ist Guru Padmasambhavas Meditationshöhle, die in den unteren Teil des Gebäudes integriert wurde. Jahrhundertelang haben große Meditationsmeister die Schulungslinien des Buddhismus an Rückzugsorten wie diesem lebendig erhalten.

Ich, dein Vater, Milarepa,
meditiere manchmal, während ich gehe und gehe.
Wenn ich meditiere, während ich gehe und gehe,
habe ich die mündliche Unterweisung für das Betrachten von Gehen
   und Sitzen als andächtige Umschreibung eines Heiligtums gegenwärtig.
Ich habe sie; andere nicht.
Hätten alle sie, wäre ich glücklich.

Ich, dein Vater, Milarepa,
meditiere manchmal, während ich allerlei tue und tue.
Wenn ich meditiere, während ich tue und tue,
habe ich die mündliche Unterweisung für das Befreien allen Handelns
   zur Dharmatā gegenwärtig.
Ich habe sie; alle haben sie nicht.
Hätten alle sie, wäre ich glücklich.

Rechungpa, mein Sohn, so übe dich.
Megom, wach auf und koche die Suppe.

Fünf Arten des natürlichen Ruhens

Ruhe auf natürliche Weise wie ein kleines Kind.
Ruhe wie ein Meer ohne Wellen.
Ruhe in der Klarheit wie eine Kerzenflamme.
Ruhe ohne Sorge um das Deinige wie ein Leichnam.
Ruhe unbewegt wie ein Berg.

Die Sicht, Meditation, Lebensführung und Frucht, die den Verstand
   übersteigen:

Sicht ist, der Wirklichkeit ansichtig zu sein, das übersteigt den Ver-
   stand.
Meditation ist, in einem Zustand der Nicht-Abgelenktheit zu ruhen.
Lebensführung ist, sich ohne Unterlaß dem zu leihen, was sich von
   selbst einstellt.
Die Frucht ist, daß Hoffnungen, Befürchtungen und konventionelle
   Denkweisen aufgegeben werden.

Die Acht Arten des wunderbaren Glücks

Zu den Füßen des Jetsün Nirmānakāya, der wie ein wunscherfüllendes Juwel ist,
ein kostbarer Chakravartin,
die erhabene Leuchte, die das Dunkel des Nichtwissens vertreibt –
vor Marpa dem Übersetzer verneige ich mich.

Die hohe rote Himmelsfelsenburg
ist der Versammlungsort von vier Klassen von Dākinīs.
An diesem Ort, der diesen Alten hier so begeistert hat,
singe ich das Lied meiner freudigen Erfahrungen.
Wer von euch hier versammelten Schülern
mit Intelligenz, Weisheit und Beharrlichkeit in der Meditation begabt ist, der höre.

Diese Bergeinsamkeit, ein Ort, der dem Mögen und Nichtmögen keine Nahrung bietet,
gibt Anleitung zur Wahrung des Samādhi-Zustands.
Ist hier jemand im Besitz dieses Pfades?
Wer seinen eigenen Körper als das Kloster erkennt, ist glücklich.
Daß der eingeborene Geist rein ist, wie der Raum, ist wunderbar.
E MA HO.

Stetiger, unwandelbarer Glaube
führt den Weg zum Ablassen von Samsāra.
Ist hier jemand im Besitz dieses Pfades?
Wer Samsāra und Nirvāna an ihrem eigenen Ort befreit hat, ist glücklich.
Daß die vier Kāyas im Geist vollständig da sind, ist wunderbar.
E MA HO.

Sich einzulassen auf das, was sich den sechs Arten von Sinnesbewußtsein zeigt,
führt den Weg zum Auffassen widriger Umstände als der Pfad.
Ist hier jemand im Besitz dieses Pfades?
Wer die Begierden dahin gebracht hat, daß sie erschöpft sind, ist glücklich.

Die Verbindung zum Wahrgenommenen und zum Wahrnehmenden
zu durchtrennen ist wunderbar.
E MA HO.

Der echte Lama der Linie
führt den Weg zum Vertreiben der Dunkelheit des Nichtwissens.
Ist hier jemand im Besitz dieses Pfades?
Wer auf den Lama als den Buddha baut, ist glücklich.
Die Essenz des eingeborenen Geistes erkennen ist wunderbar.
E MA HO.

Baumwolltuch, das nie zu kalt und nie zu warm ist,
führt den Weg zum Wandern in den Bergen.
Ist hier jemand im Besitz dieses Pfades?
Wer weder Hitze noch Kälte fürchtet, ist glücklich.
Nackt im Schnee zu schlafen ist wunderbar.
E MA HO.

Die Anweisungen für das Mischen, verbunden mit denen für Powa,
führen den Weg zur Überwindung der Furcht vor dem Bardo.
Ist hier jemand im Besitz dieses Pfades?
Wer nicht zwischen diesem Leben und dem nächsten unterscheidet, ist
 glücklich.
In die Weite der Dharmatā zu gelangen ist wunderbar.
E MA HO.

Der tiefgründige Pfad der geschickten Mittel der Linie des Hörens
führt den Weg zum Ablösen der Unreinheiten von der reinen Essenz
 des Geistes.
Ist hier jemand im Besitz dieses Pfades?
Wessen Seligkeit des Körpers und des Geistes sich weitet, der ist
 glücklich.
Die Lebenskraft in die Avadhūti* einfließen zu lassen, ist wunderbar.
E MA HO.

---

* Avadhūti ist nach den tibetischen tantrischen Lehren der zentrale Energiekanal im psychophysischen System. Ist die Lebensenergie in diesen Kanal gesammelt, erfährt man Frieden und Seligkeit.

Der Yogi, der weit gelangt ist in Barmherzigkeit und Leerheit,
führt den Weg zum Abschneiden von Konventionen und Ausgestaltungen.
Ist hier jemand im Besitz dieses Pfades?
Wer ein Gefolge von Verwirklichten um sich hat, ist glücklich.
Nirmāṇakāyas als Gefolge zu gewinnen ist wunderbar.
E MA HO.

Dieses kleine Lied der Erfahrung, über die Acht Arten des Glücks,
welche die Wonne dieses Alten sind,
wurde aus der Freude eines Yogi gesungen,
um eure Praxis zu fördern, die ihr hier versammelt seid.
Vergeßt es nicht; behaltet es in der Mitte eures Herzens.

Die Sechs Arten der Gewißheit und des Glücks

An einem abgeschiedenen Ort, wo gern die Ḍākinīs zusammenkommen, ist mir wohl, so ganz allein und in Betrachtung des Dharma versunken.
Vor dem Krieger, der das Ich ausgelöscht hat, verneige ich mich.
Dem Zustand der Ungeborenheit des Geistes entspringt Nicht-Tod;
die Idee von Geburt und Tod wird an ihrem eigenen Ort befreit.
Da ich Gewißheit über die Sicht habe, ist mein Geist froh;
Wenn dieses Frohsein dir als Glück erscheint, Padampa, so tue ein gleiches.

Dem Nicht-Meditation-Zustand der Meditation entspringt Nicht-Abgelenktheit;
die Idee von Meditation und Nach-Meditation wird an ihrem eigenen Ort befreit.
Da ich Gewißheit über die Meditation habe, ist mein Geist froh;
Wenn dieses Frohsein dir als Glück erscheint, Padampa, so tue ein gleiches.

Dem Zustand der von selbst sich einstellenden rechten Lebensführung entspringt das Nicht-Aufhören;
die Idee willentlich herbeigeführter rechter Lebensführung wird an ihrem eigenen Ort befreit.

Da ich Gewißheit über die Lebensführung habe, ist mein Geist froh;
wenn dieses Frohsein dir als Glück erscheint, Padampa, so tue ein gleiches.

Dem Zustand des Nicht-Erteiltseins der Ermächtigung entspringt Nicht-Erlangen;
die Idee der Form der Gottheiten wird an ihrem eigenen Ort befreit.
Da ich Gewißheit über Ermächtigungen habe, ist mein Geist froh;
wenn dieses Frohsein dir als Glück erscheint, Padampa, so tue ein gleiches.

Dem Nicht-Bewahren des Samaya entspringt Nicht-Behinderung;
die Idee der Gelübde und ihrer Bewahrung wird an ihrem eigenen Ort befreit.
Da ich Gewißheit über Samaya habe, ist mein Geist froh;
wenn dieses Frohsein dir als Glück erscheint, Padampa, so tue ein gleiches.

Dem Nicht-Hoffen auf die Frucht entspringt Nicht-Furcht;
die Idee der Hoffnungen und Befürchtungen wird an ihrem eigenen Ort befreit.
Da ich Gewißheit über die Frucht habe, ist mein Geist froh;
wenn dieses Frohsein dir als Glück erscheint, Padampa, so tue ein gleiches.

Was Glück und Leiden unterscheidet

Der Yogi, der die Essenz seines eigenen Geistes erkennt und die wahre Natur verwirklicht, ist immer glücklich.
Der Übende, der der Verblendung folgt und sein Elend vermehrt, leidet immer.

Der Yogi, der im nicht-hergestellten Zustand ruht und die unwandelbare Natur verwirklicht, rein an ihrem eigenen Ort, ist immer glücklich.
Der Übende, der Gefühlen und Gedanken nachhängt und Verhaftungen und Aversionen sich einfach häufen läßt, leidet immer.

Der Yogi, der erkennt, daß alle Erscheinungen der Dharmakāya sind, und Hoffnungen, Befürchtungen und Zweifel abschneidet, ist immer glücklich.
Der Übende, der sich in Vortäuschungen und achtlosem Handeln ergeht und die acht weltlichen Werte nicht bezwingt, leidet immer.

Der Yogi, der erkennt, daß alles Geist ist, und alle Erscheinungen als eine Hilfe nimmt, ist immer glücklich.
Der Übende, der sein Leben in der Abgelenktheit zugebracht hat und beim Sterben Reue empfindet, leidet immer.

Der Yogi, der innerlich voll verwirklicht ist und stets in der wahren Natur bleibt, an ihrem eigenen Ort, ist immer glücklich.
Der Übende, der innerlich an seinen Begierden festhält, der begehrt und begehrt und sein Äußeres aufputzt, leidet immer.

Der Yogi, der die Gedankenprozesse an ihrem eigenen Ort befreit hat und in der beständigen Meditationserfahrung lebt, ist immer glücklich.
Der Übende, der auf Worte und Begriffe aus ist, anstatt sich Klarheit über die Natur seines Geistes zu verschaffen, leidet immer.

Der Yogi, der alles weltliche Tun aufgegeben hat und ohne Selbstsucht und persönliche Absichten ist, ist immer glücklich.
Der Übende, der immer auf Vorratshaltung bedacht und mit Familie und Verwandten beschäftigt ist, leidet immer.

Der Yogi, der sich innerlich von Verhaftungen abgewandt hat und erkennt, daß alles Blendwerk ist, ist immer glücklich.
Der Übende, der auf dem Pfad der Ablenkung bleibt und Körper und Rede zu Gehilfen macht, leidet immer.

Der Yogi, der das Pferd des eifrigen Bemühens reitet und über die Pfade und Bodhisattva-Stufen zur Befreiung aufsteigt, ist immer glücklich.
Der Übende, der in Trägheit und tief in Samsāra verankert ist, leidet immer.

Der Yogi, der durch Zuhören und Betrachtung die falschen Behauptungen abschneidet und in der Betrachtung seines eigenen Geistes Genügen findet, ist immer glücklich.
Der Übende, der den Dharma zu üben vorgibt, aber sich auf negatives Handeln einläßt, leidet immer.

Der Yogi, der Hoffnungen, Befürchtungen und Zweifel abgeschnitten hat und beständig im ursprünglichen Zustand weilt, ist immer glücklich.
Der Übende, der seine Selbständigkeit an andere abgegeben hat und schmeichelnd um deren Gunst buhlt, leidet immer.

Der Yogi, der alle Wünsche hinter sich gelassen hat und unablässig den göttlichen Dharma übt, ist immer glücklich.

Erkennen, daß hörbare Laute wie ein Echo sind

Ich werfe mich nieder zu den Füßen Marpas des Übersetzers.
Indem ich erkenne, daß hörbare Laute wie ein Echo sind,
ist meine yogische Lebensweise ohne Ende.
Ich habe allem schönen Schein abgeschworen –
Ruhm, tu, was du willst.

In der Gewißheit, daß Nahrung und Reichtum Illusionen sind,
habe ich verteilt, was ich an Nahrung und Reichtum empfing.
Selbst wenn ich nichts bekomme, habe ich keine Wünsche –
Verdienst, tu, was du willst.

In dem Wissen, daß Gefolge und Diener wie durch Zauberkraft erzeugte Erscheinungen sind,
schmeichle und hofiere ich nicht,
wenn die ehrenwerten Gelehrten von überallher kommen –
Mönche, tut, was ihr wollt.

Alles ist die Natur der Gleichheit,
doch da ich sehe, daß Verhaftung und Zurückweisung die Ursachen des Leidens sind,
habe ich die Bande der Sehnsucht durchtrennt –
Verwandte, tut, was ihr wollt.

Die Dharmatā selbst ist ohne Verwicklungen,
doch die Verwicklungen des Festhaltens sind unser selbsterzeugtes Leiden.
Ich bin sie losgeworden, die Fessel des Wahrgenommenen und Wahrnehmenden –
Begehren, tu, was du willst.

Im natürlichen Leuchten des eingeborenen Geistes
sehe ich keine Makel des Denkens.
Ich habe das begriffliche Analysieren aufgegeben –
herkömmliche Begriffe, tut, was ihr wollt.

Mahāmudrā – als Antwort auf die Fragen dreier Gelehrter gesungen

Wenn ich die Mahāmudrā meditiere,
ruhe ich ohne jedes Bemühen in der Wirklichkeit, dem Grund-Zustand,
ruhe ich entspannt im Zustand der Nicht-Abgelenktheit,
ruhe ich in Klarheit im Zustand der Leere,
ruhe ich mit Gewahrsein im Zustand der Seligkeit,
ruhe ich unbewegt im Zustand der Nicht-Begrifflichkeit,
ruhe ich gelassen im Zustand der Vielfalt des Manifestierten.

Wo der Geist so ruht,
bildet sich unablässig vielerlei Gewißheit.
Da der Geist selbst-leuchtend ist, geschieht sein Wirken ohne Mühe.
Da der Geist nicht mehr nach der Frucht trachtet, ist er glücklich.
Frei von Hoffnungen, Befürchtungen und dualistischen Wahrnehmungen, bin ich voller Freude.
Und da Verblendung als Weisheit sich kundtut, bin ich klar und heiter.

30. Ati – die Innerste Essenz

Jigme Lingpa

Ati gilt den tibetischen Buddhisten zusammen mit den Mahāmudrā-Lehren als die Kulmination des spirituellen Pfades. Dieses «alles überragende Fahrzeug», im Tibetischen Dzogchen oder «große Vollendung» genannt, wurde im achten Jahrhundert von zwei großen indischen Meistern, dem Siddha Padmasambhava und dem Pandit Vimalamitra, nach Tibet gebracht. Im vierzehnten Jahrhundert faßte Longchen Rabjam (Longchenpa), dessen Verwirklichung der des Buddha gleichgekommen sein soll, die vielen Aspekte und Ebenen der Ati-Lehre zu einem einheitlichen System zusammen. Nach ihm war der große Vidyādhara («Halter des Wissens») Jigme Lingpa (1730–1798) die wichtigste Gestalt der Ati-Linie. Er hatte drei Visionen, in denen er die Übermittlung der Ati-Lehre direkt von Longchen Rabjam selbst erhielt. Danach schrieb er zahlreiche Kommentare zu den Hauptschriften Longchen Rabjams, in denen er die Ati-Überlieferung verdichtete und neu systematisierte und in die Form brachte, die sie heute noch hat.

Für die Ati-Sichtweise ist alles, wie es gerade ist, vollkommen. Was auch immer sich zeigt oder geschieht, ist Ausdruck des ursprünglichen Weisheitsgeistes und entfernt sich nie von dieser Natur. Dieses anfanglose Gewahrsein ist der Grund, aus dem Verblendung und Erleuchtung hervorgehen und in den sie sich wieder auflösen. Er ist vollkommene, strahlende Leere, noch grundlegender als die Buddhaschaft, da hier noch nicht einmal der Erleuchtung der Vorzug gegeben wird. Der Anti-Weg wird auch als das «mühelose Fahrzeug» bezeichnet, weil der Geist, solange er sich nicht auf Abwege bringen läßt, ganz von selbst in diesem Ati-Zustand verweilt, der nichts anderes ist als der Zustand der Erleuchtung. Daraus darf man allerdings nicht schließen, daß der spirituelle Pfad mit all seinem disziplinierten Bemühen überflüssig wäre und wir die Füße auf den Tisch legen können, weil wir ja ohnehin erleuchtet sind. Die Mühelosigkeit des Ati ist eine Schulung in Einfachheit, die uns alles abverlangt, denn es geht ja um nicht weniger, als in den Verwicklungen des Bewußtseins stets die strahlende und grenzenlose Essenz des reinen Gewahrseins gegenwärtig zu haben.

Im folgenden gibt uns Jigme Lingpa einen Eindruck vom Wesen des Ati, hier Mahā-Ati oder «Großes Ati» genannt, und weist uns auf einige der vielen Fallgruben auf diesem Weg hin.

Dies ist das Löwengebrüll, das die wuchernden Verwirrungen und Mißverständnisse jener Meditierender überwindet, die das Haften an allen äußeren Dingen aufgegeben haben, um über die Innerste Essenz zu meditieren.

Die Essenz der transzendenten Einsicht, jenseits aller Begriffe und sowohl das Festhalten als auch das Loslassen transzendierend, ist Mahā-Ati. Dies ist der unwandelbare Zustand der Nicht-Meditation, worin es nur noch Gewahrsein, aber kein Anhaften mehr gibt. Da ich dies weiß, bringe ich dem Mahā-Ati von großer Einfachheit unaufhörlich meine Verehrung dar.

> Hier ist die Essenz des Mahā-Ati-Tantra,
> innerster Kern der Lehren Padmakaras
> und Lebenskraft der Ḍākinīs.
> Es ist die höchste Lehre aller neun Fahrzeuge.*

> Es kann nur von einem Guru der Gedanken-Linie
> und nicht durch Worte allein übermittelt werden.
> Dennoch habe ich dies geschrieben
> zum Nutzen großer Meditierender,
> die sich der höchsten Lehre verschreiben.
> Diese Lehre ist direkt dem Schatzhaus des Dharmadhātu entnommen
> und nicht aufgrund des Haftens
> an Theorien und philosophischen Abstraktionen entstanden.

Zuerst muß der Schüler einen weit fortgeschrittenen Guru finden, zu dem er eine gute karmische Verbindung hat. Der Meister muß ein Linienhalter der Gedanken-Übermittlung-Linie sein. Die Ergebenheit

---

* Die neun Fahrzeuge sind: Shrāvakayāna, Pratyekabuddhayāna, Mahāyāna, Kriyayāna, Upayāna, Yogayāna, Mahāyogayāna, Anuyāna und Atiyāna.

und das Vertrauen des Schülers müssen völlig ungebrochen sein, denn dadurch erst wird es möglich, daß der Meister sein Begreifen übermittelt.

Mahā-Ati ist überaus einfach. Es ist das, was ist. Es kann nicht durch Vergleich aufgezeigt werden; nichts steht ihm im Wege. Es ist ohne Begrenzung und transzendiert alle Extreme. Es ist kristallklare Jetztheit, die niemals ihre Gestalt oder Farbe ändern kann. Wenn du einsgeworden bist mit diesem Zustand, löst sich sogar das Verlangen zu meditieren auf; du bist befreit von der Fessel der Meditation und Philosophie, und das Überzeugtsein wird in dir geboren. Der Denker hat sich abgesetzt. Es ist nichts mehr zu erringen durch «gute» Gedanken, und kein Schaden geschieht mehr durch «schlechte» Gedanken. Neutrale Gedanken können nicht mehr täuschen. Du wirst eins mit der transzendenten Einsicht und dem grenzenlosen Raum. Dann wirst du Zeichen des Voranschreitens auf dem Pfad entdecken. Nichts mehr von wuchernden Verwirrungen und Mißverständnissen.

Diese Lehre ist zwar der König der Yānas, dennoch aber unterscheiden wir Menschen, die sehr empfänglich sind, Menschen, die weniger empfänglich sind und Menschen, die gar nicht empfänglich sind für diese Lehre. Die ganz besonders empfänglichen Schüler sind schwer zu finden, und es kommt mitunter vor, daß Lehrer und Schüler keinen Punkt finden, an dem sie sich wahrhaft begegnen können. In diesem Fall wird man nichts erreichen, und es können falsche Vorstellungen über die Natur des Mahā-Ati aufkommen.

Die weniger Empfänglichen beginnen mit dem Studium der Theorie und gelangen nach und nach zum wahren Verständnis. Heutzutage glauben viele, die Theorie sei schon die Meditation. Ihre Meditation mag klar und gedankenfrei, entspannend und angenehm sein, doch das ist nur eine vorübergehende Glückserfahrung. Sie glauben, das sei Meditation und niemand wisse es besser als sie selbst. Sie denken: «Ich bin zu diesem Verständnis gelangt», und sind stolz auf sich. Wenn dann kein wirklich fähiger Meister da ist, bleibt ihre Erfahrung bloß theoretisch. So heißt es in den Mahā-Ati-Schriften: «Theorie ist wie ein Flicken auf dem Mantel – eines Tages reißt er wieder ab.»

Die Menschen versuchen vielfach, zwischen «guten» und «schlechten» Gedanken zu unterscheiden – das ist, als versuchte man die Milch vom Wasser zu sondern. Es ist recht leicht, die negativen Erfahrungen des Lebens hinzunehmen, aber viel schwerer, auch die positiven Erfahrungen als zum Weg gehörig zu erkennen. Selbst jene, die den höchsten Stand der Verwirklichung erreicht zu haben vorgeben, sind ganz auf weltliche Dinge und Ruhm ausgerichtet. Sie lassen sich von Devaputra* locken. Das bedeutet, daß sie die Selbstbefreiung der sechs Sinne noch nicht verwirklicht haben. Solche Leute streben nach dem Ruf des Außerordentlichen und Wunderbaren. Ebensogut könnte man einen Raben für weiß erklären.

Die aber, die sich ganz der Dharma-Praxis ergeben, ohne sich um weltlichen Ruhm zu kümmern, sollten sich auf ihre höher entwickelte Meditation nicht allzu viel einbilden. Durch alle vier Abschnitte des Tages sollen sie den Guru-Yoga üben, um der Segenskraft des Guru teilhaftig zu werden, ihren Geist mit seinem zu vereinigen und das Auge der Einsicht zu öffnen. Ist diese Erfahrung einmal erlangt, darf man nicht mehr davon ablassen. Gerade dann muß sich der Yogi in unablässiger Beharrlichkeit darin üben. Dann wird seine Erfahrung der Leere friedvoller werden, oder er gelangt zu größerer Klarheit und Einsicht. Es mag auch sein, daß er die Schwächen des diskursiven Denkens erkennt und dadurch zur klar unterscheidenden Weisheit kommt.

Für manche werden Gedanken ebenso Meditation sein wie das Fehlen von Gedanken, doch wo noch ein Bemerken von Denken und Nicht-Denken ist, da hat noch das Ich die Oberhand. Sei auf der Hut vor dem subtilen Hemmnis, deine Erfahrungen analysieren zu wollen. Das ist eine große Gefahr. Es ist noch zu früh zu sagen, alle Gedanken seien der Dharmakāya. Das Heilmittel ist hier die Weisheit der Jetztheit, unablässig und ohne Schwanken durchgehalten. Ist der Meditierende erst frei von philosophischen Spekulationen, so bildet sich in seiner Übung das klarblickende Gewahrsein. Analysiert er jedoch seine Meditation und seine Erfahrungen nach der Meditation, so wird er irregehen und viele Fehler machen. Er muß seine Schwächen genau erkennen, sonst wird er nie die frei fließende Einsicht des Jetzt gewinnen, die jenseits aller Begriffe ist. Er wird nur eine begriffliche und nihilistische Sicht der Leere haben, wie sie für die geringeren Yānas kennzeichnend ist.

Es ist auch falsch, die Leere als eine Art Trugbild aufzufassen, als wäre sie so etwas wie das Zusammenwirken von lebhaften Wahrnehmungen und Nichtsheit. Dies ist die Erfahrung der niederen Tantras, wie man sie etwa durch die Praxis des Svabhāva-Mantra herbeiführen kann. Ein Fehler ist es auch, nach der Ruhigstellung des diskursiven Denkens die Klarheit nicht zu erfassen und den Geist einfach als leer zu betrachten. Wahre Einsicht besteht im gleichzeitigen Gewahrsein der Stille und des

---

* Devaputra ist die personifizierte Kraft des Bösen, Ursache für das Angezogensein von Sinnesobjekten. (Anm. d. Hrsg.)

Ati – die Innerste Essenz | 331

Der Potala in Lhasa. Tibet, siebzehntes Jahrhundert. Foto mit freundlicher Genehmigung des Newark Museum. Foto von Ovshe Norzumov, einem russischen Kalmücken, der um 1900 Lhasa besuchte.
Im rauhen Klima des Himālaya nahmen buddhistische Bauwerke einen festungsartigen Charakter an. Der Potala in Lhasa ist der traditionelle Sitz der Dalai Lamas. Die grandiose Ergänzung von Bauwerk und Landschaft wird auf diesem fast hundert Jahre alten Foto sehr deutlich. Tibetische Klöster dieses gewaltigen Ausmaßes beherbergten einst Zehntausende von Mönchen und waren Hochburgen buddhistischer Gelehrsamkeit.

aktiven Denkens. Nach der Mahā-Ati-Lehre besteht Meditation darin, einfach alles zu gewahren, was sich im Geist bildet, und dabei im Zustand der Jetztheit zu bleiben. Wenn man nach der Meditation in diesem Zustand bleibt, so nennt man das «Nach-Meditation-Erfahrung».

Es ist falsch, sich auf die Leere *konzentrieren* zu wollen und nach der Meditation alles vom Verstand her als ein Trugbild anzusehen. Die ursprüngliche Einsicht ist ein Zustand, auf den das Gestrüpp des Denkens keinerlei Einfluß hat. Es ist ein Fehler, den schweifenden Geist unter Aufsicht stellen zu wollen oder ihn in die asketische Praxis der Gedankenunterdrückung einzusperren.

Manche werden vielleicht den Ausdruck «Jetztheit» mißverstehen und meinen, er stehe für das, was ihnen jeweils gerade an Gedanken in den

Sinn kommt. Unter Jetztheit ist aber die ursprüngliche Einsicht zu verstehen, von der schon die Rede war.

Der Zustand der Nicht-Meditation wird im Herzen geboren, wenn man nicht mehr zwischen Meditieren und Nichtmeditieren unterscheidet und man nicht mehr der Versuchung unterliegt, den Meditationszustand zu ändern oder zu verlängern. Da ist nur noch Freude, frei von allen Zweifeln – und das ist eine andere Freude als sinnliches Vergnügen oder bloßes Glücklichsein.

Wenn wir von «Klarheit» sprechen, meinen wir eine von aller Schwerfälligkeit und Dumpfheit freie Verfassung. Diese Klarheit ist nicht zu unterscheiden von reiner Energie und leuchtet völlig ungehindert. Falsch wäre es, diese Klarheit mit dem Gewahrsein der Gedanken und den Farben und Formen äußerer Phänomene gleichzusetzen.

Wenn das Denken schweigt, sinkt der Meditierende ganz und gar in den Raum des Nicht-Denkens ein. Das Fehlen von Gedanken bedeutet aber nicht Unbewußtheit oder Schlaf oder Rückzug von den Sinnen; es bedeutet einfach, daß man von keinerlei Widerstreit mehr bewegt ist. Die drei Zeichen der Meditation – Klarheit, Freude und das Nichtvorhandensein von Gedanken – können sich beim Meditieren ganz von selbst einstellen, doch mit dem Bemühen, sie zu erzeugen, heftet man sich selbst an den Kreislauf des Samsāra.

Es gibt vier verfehlte Anschauungen der Leere. Falsch ist es, die Leere einfach für völlig leer zu halten und nicht den prallvollen Raum der Jetztheit zu sehen. Ein Fehler ist es, die Buddha-Natur im Äußeren zu suchen und nicht zu erkennen, daß die Jetztheit weder Pfad noch Ziel kennt. Falsch ist es, dem Denken ein Heilmittel schaffen zu wollen, ohne zu erkennen, daß die Gedanken von Natur aus leer sind und man sich selbst befreien kann wie eine Schlange, die sich aufrollt. Ein Fehler ist es auch, an der nihilistischen Anschauung festzuhalten, es gebe nichts als die Leere – weder Ursache und Wirkung des Karma noch einen Meditierenden oder Meditation; hier erfährt man die Leere nicht, wie sie jenseits aller Begriffe und Vorstellungen ist. Wer flüchtige Einblicke in die Verwirklichung gewonnen hat, muß diese Gefahren kennen und sich genau vergegenwärtigen. Es ist leicht, über die Leere zu theoretisieren und viele schöne Worte um sie zu machen, doch wird der Meditierende dann immer noch mit vielen Situationen nicht fertig werden. Deshalb heißt es in einem Mahā-Ati-Text: «Eine vorübergehende Erfahrung von Verwirklichung ist wie ein Nebel, der gewiß wieder verschwinden wird.» Wer sich diese Gefahren nicht eingehend vergegenwärtigt hat, wird nie einen Nutzen haben von strenger Zurückgezogenheit, von gewaltsamer Beherrschung des Geistes, vom Visualisieren, von der Mantra-Rezitation oder von der Hatha-Yoga-Übung.

So heißt es im *Phagpa-Düdpa-Sūtra:*

Wenn ein Bodhisattva den wahren Sinn des Alleinseins nicht kennt,
mag er viele Jahre in einem abgelegenen Tal voller Giftschlangen meditieren,
fünfhundert Meilen von der nächsten Siedlung entfernt,
und wird doch über die Maßen selbstgefällig sein.

Vermag der Meditierende aber alles, was ihm im Leben begegnet, als den Pfad zu nehmen, so wird sein Körper ihm die Klause. Er hat nicht das Bedürfnis, die Jahre seiner Meditation zusammenzuzählen und gerät nicht außer Fassung, wenn sich «schockierende» Gedanken einstellen. Sein Gewahrsein bleibt ungebrochen wie das eines alten Mannes, der einem Kind beim Spielen zuschaut. Wie es in einem Mahā-Ati-Text heißt: «Vollkommene Verwirklichung ist wie der unwandelbare Raum.»

Der Yogi des Mahā-Ati mag wie ein ganz gewöhnlicher Mensch wirken, doch sein Gewahrsein geht vollkommen in der Jetztheit auf. Er bedarf keiner Bücher, denn er sieht alle Erscheinungen und die Gesamtheit des Existierenden als das Mandala des Guru. Spekulationen über die Stufen des Pfades gibt es für ihn nicht. Sein Handeln ist spontan und gereicht deshalb allen Lebewesen zum Nutzen. Wenn er seinen Körper verläßt, wird sein Bewußtsein eins mit dem Dharmakāya, wie die Luft in einem Gefäß in den umgebenden Raum aufgeht, wenn das Gefäß zerbricht.

31. Jage sie fort!

Patrul Rinpoche

Patrul Rinpoche (1808–1887), einer der angesehensten Meister der Nyingma-Linie des tibetischen Buddhismus, war ein sehr typischer Vertreter jener Spezies von Ati-Meistern, die aus allen Konventionen ausgebrochen waren. Er bezeichnete sich selbst gern als «abgerissenen alten Kerl» oder als «alten Hund». In diesem Gedicht, offenbar geschrieben, als er wirklich ein alter Mann war, blickt er zurück auf sein Leben und seine Entwicklung und «sagt es, wie es ist». Kein Zweifel, in solch einem Geist gehören tiefer Humor und vollkommene Nüchternheit untrennbar zusammen.

Diesen alten Hund, als er in Zurückgezogenheit lebte
und nachdem er die Worte des verläßlichen Welt-Beschützers
   gehört hatte,
verlangte es, gleichfalls zu sprechen.

Als ich erstmals meinem allerhöchsten Lehrer begegnete,
war mir, als hätte ich gefunden, was ich mir wünschte,
wie ein Kaufherr, der die goldene Insel erreicht.
Das heißt: sich auf die vielen Gegenstände und ihre
   Erkundung einzulassen.
Als ich später meinem allerhöchsten Lehrer begegnete,
war mir, als drohte mir Gefahr
wie einem Verbrecher, der vor dem Richter steht.
Das heißt: tüchtig gescholten werden.
Wenn ich jetzt meinem allerhöchsten Lehrer begegne,
ist mir, als begegnete ich einem Gleichgesinnten,
wie Tauben, die im Tempel schlafen.
Das heißt: seinen Abstand wahren.

Als ich erstmals Belehrungen hörte,
hatte ich das Gefühl,
sie sogleich in Handlungen umsetzen zu wollen
wie ein Hungriger, der sich auf das Essen stürzt.
Das heißt: eine Erfahrung daraus machen.
Als ich später Belehrungen hörte,
hatte ich ein Gefühl großer Unsicherheit
wie von Worten, die in der Ferne gesprochen werden.
Das heißt: Vorstellungen noch nicht abgeschüttelt haben.
Wenn ich jetzt Belehrungen höre,
habe ich ein Gefühl von Ekel
wie einer, den man sein eigenes Erbrochenes essen läßt.
Das heißt: nicht den Wunsch haben, Fragen zu stellen.

Als ich erstmals in die Zurückgezogenheit ging,
hatte ich ein Gefühl von Seelenruhe
wie ein Reisender, der wieder nach Hause kommt.
Das ist: das Verweilen genießen.
Als ich später in die Zurückgezogenheit ging,
hatte ich das Gefühl, nicht bleiben zu können,
wie ein schönes Mädchen allein.
Das heißt: häufig kommen und gehen.
Wenn ich jetzt in die Zurückgezogenheit gehe,
habe ich das Gefühl, daß es schön ist, hier zu verweilen,
wie ein alter Hund, der irgendwo unterkriecht, um zu sterben.
Das heißt: einen Leichnam binden, um ihn zu beseitigen.

Als mein Geist erstmals die klare Schau erfuhr,
empfand ich überschäumende Freude,
je hochfliegender sie wurde,
wie ein wildlebender Vogel auf dem Weg zu seinem Nest.
Das heißt: guten Rat geben.
Als mein Geist später die klare Schau erfuhr,
empfand ich, daß ich nicht weiter wußte,
wie jemand, der an eine Wegkreuzung kommt.
Das heißt: stumm bleiben.
Wenn mein Geist jetzt die klare Scheu erfährt,
empfinde ich, daß mir's im Kopf sich dreht
wie einem alten Mann, der Kindern Geschichten erzählt.
Das heißt: nichts davon glauben.

Als mein Geist erstmals die Meditation erfuhr,
hatte ich das Gefühl des Entzücktseins von der Freude und dem
    Glück, das sie mit sich bringt,
wie wenn ein Mann und eine Frau von ähnlichem Temperament
    sich begegnen.
Das heißt: die Essenz der Meditation schmecken.
Als mein Geist später die Meditation erfuhr,
hatte ich das Gefühl, erschöpft und müde zu sein
wie ein schwacher Mensch, der unter einer schweren Last ächzt.
Das heißt: kurzatmige Meditation.
Wenn mein Geist jetzt die Meditation erfährt,
habe ich das Gefühl, daß sie ohne Dauer ist
wie das Stehen einer Nadel auf Stein.
Das heißt: kein Verlangen nach Meditation haben.

Als ich erstmals über die rechte Lebensweise nachdachte,
hatte ich das Gefühl, von Zwängen eingeengt zu sein
wie ein Wildpferd, dem der Zaum angelegt wird.
Das heißt: sich großtun.
Als ich später über die rechte Lebensweise nachdachte,
hatte ich das Gefühl, tun zu können, was ich wollte,
wie ein alter Hund, der angebunden war und sich losgerissen hat.
Das heißt: die Zwänge lassen nach.
Wenn ich jetzt über die rechte Lebensweise nachdenke,
habe ich das Gefühl, sie sei nicht wichtig,
gleich einer alten Hure ohne Scham.
Das heißt: da ist weder Glück noch Unglück.

Als ich erstmals an das Ziel dachte,
hatte ich das Gefühl, sein Erlangen müsse von Wert sein,
einem Schieber gleich, der seine Waren anpreist.
Das heißt: große Erwartungen und Wünsche haben.
Als ich später an das Ziel dachte,
hatte ich das Gefühl, es sei weit entfernt
wie etwas jenseits des Meeres.
Das heißt: wenig hingebungsvolles Beharren haben.
Wenn ich jetzt an das Ziel denke,
habe ich das Gefühl, daß mir die Mittel fehlen
wie einem Dieb, wenn die Nacht vorüber ist.
Das heißt: alle Erwartungen abschneiden müssen.

Als ich erstmals eine Belehrung gab,
hatte ich das Gefühl, klug und bedeutend zu sein,
ähnlich einem schönen Mädchen, das über den Markt stolziert.
Das heißt: gern Belehrungen geben wollen.
Als ich später Belehrungen gab,
hatte ich das Gefühl, mit jedem Thema bestens vertraut zu sein
wie ein alter Mann, der sattsam bekannte Geschichten immer
    wieder erzählt.
Das heißt: geschwätzig sein.
Wenn ich jetzt eine Belehrung gebe,
habe ich das Gefühl, meine Grenzen zu überschreiten
wie ein von Bannsprüchen geplagter böser Geist.
Das heißt: in großer Verlegenheit sein.

Als ich erstmals an Disputen teilnahm,
hatte ich das Gefühl, mir einen Ruf zu machen
wie jemand, der Klage führt gegen Anstoß erregende Wider-
    sacher.
Das heißt: selbstgerechte Entrüstung austoben.
Als ich später an Disputen teilnahm,
hatte ich das Gefühl, nach dem eigentlichen Sinn zu suchen
wie ein redlicher Richter, der einen glaubwürdigen Zeugen sucht.
Das heißt: seine Befähigung sammeln.
Wenn ich jetzt an Disputen teilnehme,
habe ich das Gefühl, daß ich reden kann, was ich will,
wie einer, der schwadronierend durch die Lande zieht.
Das heißt: alles ist genau recht.

Als ich erstmals Abhandlungen schrieb,
hatte ich das Gefühl, daß die Worte mir zuflogen
wie einem Siddha, der Dohās verfaßt.
Das heißt: Natürlichkeit.
Als ich später Abhandlungen schrieb,
hatte ich das Gefühl, die Worte zusammenzuschmieden
wie ein geschickter Poet seine Gedichte.
Das heißt: die Dinge schön ausdrücken.
Wenn ich jetzt Abhandlungen schreibe,
habe ich ein Gefühl von Müßigkeit,
wie wenn ein Unerfahrener eine Wegkarte zeichnen soll.
Das heißt: nicht Tinte und Papier verschwenden.

Dampa Sangye. Zentraltibet, zweite Hälfte vierzehntes Jahrhundert, Bronze, mit Kupfer und Silber eingelegt. Los Angeles Country Museum of Art.
Dampa (oder Padampa) Sangye war ein indischer Meister des elften Jahrhunderts, der die Lehren des Chöd, einer yogischen Praxis des Buddhismus, nach Tibet brachte. Diese kleine Plastik zeigt ihn in einer ungewöhnlichen kauernden Haltung, die an eine Yoga-Stellung denken läßt. Auch der Blick und die fein gezeichneten Züge unterstreichen seine Meisterschaft über die Kräfte des Körpers. Der Reichtum an porträtierenden bildhauerischen Kunstwerken, dem wir in der tibetischen Kunst begegnen, zeugt von dem hohen Stellenwert, der im Vajrayāna der Linie von Meistern, die die Lehre weitergeben, beigemessen wird.

Als ich erstmals mit guten Freunden zusammenkam,
hatte ich ein Gefühl von Wetteifer
wie bei jungen Männern, die sich im Bogenschießen messen.
Das heißt: lieben und hassen.
Als ich später mit guten Freunden zusammenkam,
hatte ich das Gefühl, mit allen eines Sinnes zu sein
wie Huren, die zum Markt kommen.
Das heißt: viele Freunde haben.
Wenn ich jetzt mit guten Freunden zusammenkomme,
habe ich das Gefühl, nicht in die Menschenherde zu passen
wie ein Aussätziger, der sich unters Volk wagt.
Das heißt: für sich bleiben.

Als ich erstmals Reichtum sah,
hatte ich für kurze Zeit ein Gefühl der Freude
wie ein Kind, das Blumen pflückt.
Das heißt: nicht Besitz und Reichtümer horten.
Als ich später Reichtum sah,
hatte ich das Gefühl, daß seiner nie genug ist,
als gösse man Wasser in einen Topf ohne Boden.
Das heißt: wenig unternehmen, um etwas zu gewinnen.
Wenn ich jetzt Reichtum sehe,
habe ich das Gefühl, daß er eine schwere Bürde ist
wie einem alten Bettler seine vielen Kinder.
Das heißt: mit Freuden nichts haben.

Als ich erstmals Aufwärter und Diener einstellte,
hatte ich das Gefühl, ihnen ständig Arbeit geben zu müssen
wie Tagelöhnern, die in einer Reihe anstehen.
Das heißt: gute Absichten haben.
Als ich später Aufwärter und Diener einstellte,
hatte ich das Gefühl, meine Unabhängigkeit zu verlieren
wie Mönchsknaben, die die Älteren bedienen müssen.
Das heißt: alle Bande durchtrennen.
Wenn ich jetzt Aufwärter und Diener einstelle,
habe ich das Gefühl, daß alles verlorengeht, was ich habe,
als hätte man einen diebischen Hund ins Haus gelassen.
Das heißt: seine Sachen lieber ganz allein machen.

Als erstmals Schüler kamen,
hatte ich das Gefühl, sehr wichtig zu sein,
wie ein Diener sich fühlt, wenn er den Sitzplatz seines Herrn einnimmt.
Das heißt: seine Sache gut machen wollen.
Als später Schüler kamen,
hatte ich das Gefühl, daß mein Geist und mein Denken einiges Gewicht besäßen
wie bei einem Gast, dem man den Ehrenplatz einräumt.
Das heißt: tun, was förderlich ist.
Wenn jetzt Schüler kommen,
habe ich das Gefühl, ich müsse ihnen mit finsterer Miene begegnen
wie Dämonen, die aus der Wildnis aufsteigen.
Das heißt: sie mit Steinen fortjagen.

32. Die Quintessenz der mündlichen Unterweisungen

Padmasambhava

Padmasambhava lebte im achten Jahrhundert, und die Tibeter sehen in ihm einen zweiten Buddha, ja sogar die gleichzeitige Inkarnation des historischen Buddha Shākyamuni und des transzendenten Buddha Amitābha. Tibetische Buddhisten nennen ihn verehrungsvoll mit dem Namen Guru Rinpoche – «Kostbarer Guru». Er war die treibende Kraft für die erste Ausbreitung des Buddha-Dharma in Tibet. König Trisong Detsen (755–797) hatte den indischen Pandit Shāntirakshita nach Tibet gebeten, um dort den Buddha-Dharma zu lehren, doch Shāntirakshita stieß hier auf derart massiven Widerstand der örtlichen Kräfte, darunter Gottheiten und Dämonen, die in den Seen und Bergen Tibets wohnten, daß man Hilfe brauchte.

So rief man Padmasambhava nach Tibet, um den Widerstand zu beschwichtigen. Er konnte alle Gottheiten und Dämonen bekehren und zu Dharma-Beschützern machen und versammelte viele Schüler um sich. Unter seinen fünfundzwanzig Hauptschülern nahm die tibetische Prinzessin Yeshe Tsogyel (757–817) eine besondere Stellung ein. Wie unser Text erzählt, begleitete sie den großen Meister (hier, mit einem anderen seiner vielen Namen, Orgyen Padmākara genannt) von ihrem achten Jahr an wie ein Schatten.

Die Darlegung, die Yeshe Tsogyel hier von Padmasambhava erhält, setzt ein (bei tibetischen Buddhisten selbstverständliches) Grundwissen über die Geschehnisse beim Sterben voraus. Alle entstandenen Dinge, also auch alle Lebewesen, bestehen aus den fünf Elementen Erde, Wasser, Feuer, Luft und Raum. Beim Sterben lösen sich diese Elemente stufenweise und mit dem dichtesten, dem Erd-Element, beginnend ineinander auf. Nach einigen weiteren Schritten verläßt das Bewußtsein des Sterbenden den grobstofflichen Körper und geht in einen feinstofflichen Körper in den Zwischenzustand, den Bardo, ein. Dieser Bardo-Körper vermag feste Hindernisse zu durchdringen und erreicht in Gedankenschnelle jeden Ort. Im Bardo erwarten das Bewußtsein außerordentlich lebhafte Erfahrungen von teils zutiefst erschreckendem, teils friedvollem Charakter. Nach einiger Zeit, die Tradition spricht von neunundvierzig Tagen, kommt es zur Wiedergeburt.

Der Bardo ist nach tibetischer Auffassung eine Art Prüfung und ein Scheideweg: Wenn es dem Bewußtsein hier gelingt, die klare Schau und einen Zustand tiefer Sammlung zu wahren, kann es Erleuchtung finden, während es im anderen Fall in dumpfe Nichtbewußtheit zurücksinkt oder irgendwo dazwischen bleibt. Entsprechend wird die Wiedergeburt sein.

Verehrung dem Meister!

Yeshe Tsogyel, die Prinzessin von Kharchen, diente dem Nirmānakāya Orgyen Padmākara von ihrem achten Lebensjahr an. Sie folgte ihm überall hin, so wie der Schatten dem Körper folgt.

Als der Meister sich aufmachte, Tibet zu verlassen, um sich in das Land der Rākṣa zu begeben, brachte ich, Yeshe Tsogyel aus Kharchen, ein Mandala aus Gold und Türkisen und ein Ganachakra dar und flehte ihn an: Erhabener Meister, Ihr geht, um die Rākṣas zu bezwingen, und laßt mich hier in Tibet zurück. Meister, obwohl ich Euch so lange gedient habe, wird diese alte Frau angesichts des Todes von Unsicherheit befallen. Ich bitte Euch deshalb inständig, mir eine Unterweisung zu geben, die alle Lehren in sich vereint, die kurz ist und einfach zu praktizieren.

Der erhabene Meister erwiderte: Du, die du voll hingebender Verehrung bist und einen vertrauensvollen und tugendhaften Geist hast, höre mir zu.

Obwohl es viele tiefsinnige Schlüsselunterweisungen für den Körper gibt: Bleibe einfach frei, entspannt und gelassen, so, wie du dich wohlfühlst. Darin ist alles enthalten.

Obwohl es viele Schlüsselunterweisungen für die Rede gibt, wie die Kontrolle des Atems und das Rezitieren von Mantras: Schweige einfach, sei still und stumm wie jemand, der die Sprache verloren hat. Darin ist alles enthalten.

Obwohl es viele Schlüsselunterweisungen für den Geist gibt, wie Konzentration, Loslassen, Ausstrahlen, Auflösen, Sich-nach-innen-

Wenden, alles ist darin enthalten, ihn einfach in seinem natürlichen Zustand zu lassen, ungekünstelt, offen und entspannt.

In diesem Zustand ist der Geist nicht nur in Ruhe. Fragt man sich: «Ist er nichts?», so schimmert er und blitzt auf wie Dunstschleier im Sonnenlicht. Fragt man sich aber: «Ist er etwas?», so hat er keine erkennbare Farbe oder Form, ist nichts als gänzlich leer und vollständig gewahr – das ist die wahre Natur deines Geistes.

Nachdem man dies erkannt hat – sich dessen vollkommen gewiß zu sein, dies ist die Sicht. Unabgelenkt in diesem Zustand der Stille zu verweilen, ohne etwas ändern zu wollen oder an etwas festzuhalten, dies ist die Meditation. Gegenüber den Erfahrungen der sechs Sinneskräfte frei von Festhaltenwollen und Verhaftetsein, Annehmen oder Ablehnen, Hoffnung oder Angst zu sein, dies ist das Verhalten.

Wenn immer Zweifel auftaucht oder ein Zögern entsteht, bete zu deinem Meister. Halte dich nicht unter gewöhnlichen, weltlichen Menschen auf, praktiziere in Zurückgezogenheit. Gib das Hängen auf an dem, was dir am teuersten ist, sowie an demjenigen Wesen, zu dem du in diesem Leben die stärkste Verbindung fühlst, und praktiziere. Auf diese Weise wird dein Geist, wiewohl dein Körper seine menschliche Form behält, dem der Buddhas gleichen.

Angesichts des Todes praktizierst du, wie nun folgt:

Durch das Sichauflösen des Erdelements im Wasserelement wird der Körper schwer und kann sich nicht mehr aufrechthalten. Durch das Sichauflösen des Wasserelements im Element Feuer trocknen Mund und Nase aus. Wenn das Feuerelement sich im Element Wasser auflöst, schwindet die Körperwärme. Der Wind, der sich in Bewußtsein auflöst, bewirkt, daß man nur noch mit einem Rasseln ausatmen und mit einem Keuchen einatmen kann.

Du hast das Gefühl, von einem riesigen Berg erdrückt zu werden, von Dunkelheit eingeschlossen zu sein oder in die Weiten des Alls zu fallen. All diese Erfahrungen werden von donnernden und schallenden Tönen begleitet. Der Himmel wird von einem strahlenden Glanz sein, wie auseinandergefalteter Brokat.

Dann werden die natürlichen Manifestationen deines Geistes, die friedvollen, rasenden und halbrasenden Gottheiten und jene mit verschiedenen Häuptern, unter einer Kuppel von regenbogenfarbigen Lichtern den Himmel erfüllen. Waffenschwingend werden sie «Schlage! Schlage!», «Töte, Töte!», «Hung! Hung!», «Phat! Phat!» rufen und andere wilde Laute ausstoßen. Dazu wird ein Licht erscheinen, so stark wie hunderttausend Sonnen.

In diesem Augenblick wird deine innere Gottheit dich daran erinnern, die Bewußtheit zu wahren, indem sie dir sagt: «Laß dich nicht ablenken! Laß dich nicht ablenken!» Dein innerer Dämon wird versuchen, all die Erfahrungen, die du erlangt hast, zusammenbrechen zu lassen. Er wird scharfe und wilde Laute ausstoßen und dich verwirren.

Hier nun mußt du wissen: Das Gefühl, von einem Berg erdrückt zu werden, rührt von deinen eigenen Elementen her, die sich auflösen. Hab keine Angst davor. Das Gefühl, von Dunkelheit eingeschlossen zu werden, rührt her von dem Sichauflösen deiner fünf Sinne. Das Gefühl, in die Weite des Alls zu fallen, entsteht dadurch, daß dein Geist, da er sich von deinem Körper getrennt hat, nun ohne Stütze ist und deine Atmung aufgehört hat.

Alle Erfahrungen von regenbogenfarbenen Lichtern sind die natürlichen Manifestationen deines eigenen Geistes. All die friedvollen und rasenden Gottheiten sind die natürlichen Ausstrahlungen deines eigenen Geistes. Alle Laute sind deine eigenen Laute. Alle Lichter sind deine eigenen Lichter. Zweifle nicht daran! Sowie du Zweifel fühlst, wirst du in Samsāra fallen. Wenn du – nachdem du dies alles als die Selbstentfaltung deines Geistes erkannt hast – fähig bist, hellwach in leuchtender Leerheit zu verweilen, wirst du allein dadurch die drei Kāyas und die Erleuchtung erlangen. Selbst wenn du in Samsāra geworfen würdest, wirst du ihm entgehen.

Die innere Gottheit ist dein gegenwärtiges Halten des Geistes in unzerstreuter Achtsamkeit. Von jetzt an ist es von entscheidender Bedeutung, ohne Hoffnung und ohne Furcht gegenüber den Objekten deiner sechs Sinneskräfte und gegenüber freudvollen und leidvollen Erfahrungen zu sein, dich nicht an sie zu klammern und an ihnen festzuhalten. Wenn du hierin jetzt Festigkeit erlangst, wirst du im Bardo deinen natürlichen Zustand einnehmen und Erleuchtung finden. Aus diesem Grund mußt du unbedingt von nun an ohne jede Ablenkung praktizieren.

Der innere Dämon ist deine gegenwärtige Neigung zu Unwissenheit, dein Zweifeln und Zögern. Laß dich, wenn du stirbst, von den verschiedenen furchterregenden Phänomenen wie Klängen, Farben und Lichtern nicht faszinieren. Zweifle nicht, hab keine Angst. Wenn du auch nur einen Augenblick lang zweifelst, wirst du in die samsarischen Bereiche fallen. Du mußt also unerschütterliche Festigkeit entwickeln.

Zu diesem Zeitpunkt werden die Eingänge in den Mutterschoß wie himmlische Paläste erscheinen. Widerstehe ihrer Anziehungskraft, sei standhaft, ohne Hoffnung, ohne Angst! Ich gebe dir meinen Eid darauf, daß du auf diese Weise, ohne durch weitere Wiedergeburten gehen zu müssen, Erleuchtung erlangen wirst.

Es ist nicht so, daß einem ein Buddha hilft, wenn man stirbt – deine eigene Bewußtheit ist von Anfang an erleuchtet. Und es ist nicht so, daß du in den Höllenbereichen Schaden nimmst – wenn das Haften an den Dingen sich ganz natürlich löst, wird die Angst vor Samsāra und die Hoffnung auf Nirvāna von der Wurzel her durchschnitten.

Erleuchtung zu erlangen kann verglichen werden mit Wasser, das sich von Trübstoffen klärt, Gold, das von Unreinheiten gereinigt wird, oder mit einem wolkenverhangenen Himmel, der sich erhellt.

Nachdem du den dem offenen Raum gleichenden Dharmakāya zu deinem eigenen Nutzen und Wohl erlangt hast, wirst du das Wohl der Lebewesen, soweit der offene Raum reicht, erfüllen. Nachdem du den Sambhogakāya und Nirmānakāya zum Wohl der anderen erlangt hast, wirst du den Lebewesen von Nutzen sein, soweit dein Geist die Phänomene durchdringt.

Selbst ein großer Sünder wie jemand, der Vater und Mutter getötet hat, wird nicht wieder in Samsāra fallen, wenn ihm diese Unterweisungen dreimal gegeben werden. Es gibt keinen Zweifel daran, daß er zur Erleuchtung gelangen wird.

Auch wenn du manch andere tiefgründige Lehren empfangen hast – ohne eine Unterweisung wie diese bleibst du weit vom Ziel entfernt. Praktiziere sie unermüdlich, denn du kannst nicht wissen, in welchem Daseinsbereich du dich wiederfinden wirst.

Gib diese Kernunterweisungen an Menschen weiter, die großes Vertrauen in die Lehre haben, ebenso wie Eifer und Intelligenz, die sich immer ihres Meisters entsinnen und von der Wahrheit der Kernunterweisungen überzeugt sind, die Anstrengungen in ihrer Praxis unternehmen, geistige Festigkeit haben und die Belange dieser Welt aufgeben können. Gib sie ihnen mit dem Siegel des Anvertrauens des Meisters, mit dem Siegel des Geheimnis' des Yidam und dem Siegel des Anvertrauens der Dākinī.

Obwohl ich, Padmākara, dreitausendsechshundert Jahre lang vielen Meistern gefolgt bin, Unterweisungen von ihnen erbeten und Lehren von ihnen empfangen habe, studiert und gelehrt, meditiert und praktiziert habe, habe ich niemals eine Unterweisung gefunden, die tiefgründiger gewesen wäre als diese.

Ich gehe nun, um die Rāksha zu bezwingen. Praktiziere auf diese Weise und du, Mutter, wirst Erleuchtung in den Buddha Gefilden finden. Übe also mit Ausdauer und Beharrlichkeit.

Die tantrischen Lehren

Nachdem er so gesprochen hatte, begab sich Padmākara auf den Strahlen der Sonne reitend zum Land der Rākshas. Seinen Anweisungen folgend, erlangte Yeshe Tsogyel von Kharchen die Befreiung. Sie schrieb diese Belehrungen nieder und verbarg sie als tiefgründigen Schatztext mit dem Wunschgebet, daß er in einer zukünftigen Zeit Dorje Lingpa gegeben würde und so vielen Wesen zugute kommen könne.

Damit ist die Geheiligte Quintessenz der Unterweisungen, die Antwort auf Fragen über die eigene Befreiung im Augenblick des Todes und im Bardo, vollständig.

> Samaya.
> Siegel des Schatzes.
> Siegel der Verborgenheit.
> Siegel des Anvertrauens.

◁ *Vajrasattva und Gefährtin. Tibet, achtzehntes Jahrhundert, Bronze. Mit freundlicher Genehmigung des Board of Trustees of the Victoria and Albert Museum, London.*
Diese Skulptur ist ein Beispiel der Yab-Yum- oder «Vater-Mutter»-Symbolik, die Meditationsgottheiten des Vajrayāna in der Umarmung mit ihren Gefährtinnen darstellt. Die männliche Gestalt steht hier für Erbarmen, die weibliche für Weisheit. Durch die Vereinigung wird die untrennbare Einheit dieser Züge im erleuchteten Bewußtsein versinnbildlicht. Mit bestimmten Lehren und Bildern wird man im Vajrayāna nur dann vertraut gemacht, wenn man sich intensiv darauf vorbereitet hat, ihren wahren Sinn zu erfassen.

33. Wiedergeburt in der buddhistischen Tradition

Reginald A. Ray

Reginald Ray hat sich – unter manch anderem – auf die buddhistische Reinkarnationslehre spezialisiert. Er nähert sich diesem Thema jedoch nicht als reiner Akademiker, sondern als einer, der den tibetischen Buddhismus selbst schon lange praktiziert. Hier entfaltet er uns in klaren Worten die buddhistische Sicht von Tod und Wiedergeburt, insbesondere aber das Phänomen des Tulku oder «reinkarnierten Lama», der bewußt die Reise durch Tod und Wiedergeburt macht, um zum Nutzen anderer wiedergeboren zu werden.

Keine andere Weltreligion widmet wohl dem Verständnis von Geburt und Tod und der Frage nach weiteren Existenzen – oder den Phänomenen, die man zusammenfassend als Reinkarnation *(punarbhāva)* bezeichnet – soviel Aufmerksamkeit wie der Buddhismus. Die meisten Westler sehen in der Reinkarnationslehre einen asiatischen Volksglauben, dem zufolge die Menschen gemäß dem Karma-Gesetz immer wieder geboren werden. Das ist zwar grundsätzlich zutreffend, doch es fehlen hier zwei wichtige Dimensionen der Lehre: Erstens wirken die Reinkarnationskräfte nicht nur zwischen den Leben, sondern auch innerhalb einer Inkarnation; zweitens verläuft die Reinkarnation für gewöhnliche Menschen anders als für Heilige. Hier wollen wir die buddhistische Reinkarnationslehre in allen drei Hauptdimensionen erörtern: Als gewöhnliche Reinkarnation zwischen aufeinanderfolgenden Existenzen und innerhalb einer Existenz sowie als außergewöhnliche Reinkarnation bei den Heiligen.

Bekanntermaßen sucht der Buddhismus zu allen religiösen Fragen einen eher praktischen Zugang, und das trifft auch im Falle der Reinkarnation zu. Der Buddhismus theoretisiert über solche Dinge nicht nur, sondern sucht sie vor allem durch direkte Erfahrungen aufzuklären. Das geschieht mit Hilfe einer Vielzahl von Meditationstechniken, die den Geist empfänglicher machen für Bewußtseinsalternativen, die uns ohne diese Mittel normalerweise verschlossen bleiben. So haben Meditierende der buddhistischen Tradition manches über Tod und Wiedergeburt herausgefunden, was nicht wissenschaftlich erfaßbar und mit standardisierten Methoden verifizierbar ist. Im folgenden wollen wir das so gewonnene Erfahrungswissen anhand der überlieferten Berichte über buddhistische Heilige der Vergangenheit und Gegenwart betrachten.

Das Interesse an Tod und Wiedergeburt besteht im Buddhismus wie in anderen Religionen nicht nur um der Sterbenden und Toten willen, sondern soll natürlich auch den Lebenden zugute kommen. Die buddhistischen Lehren über Tod und Wiedergeburt werden seit jeher dazu benutzt, Sterbenden Beistand zu leisten, den Hinterbliebenen zum Verstehen und Annehmen zu verhelfen und schließlich dem Toten Anleitung zu geben für seinen weiteren Weg. Diese Lehren enthalten auch Anweisungen für Meditationen, mit denen man sich auf den eigenen Tod vorbereiten kann und gleichzeitig erkundet, was der Geist im Grunde ist. So gibt es in einer der höchsten Praxisformen des tibetischen Buddhismus eine Meditation, bei der man den psychischen Auflösungsprozeß, der mit dem Sterben einhergeht, sehr wirklichkeitsgetreu nachvollzieht. Der Meditierende durchmißt auf bewußte Weise dieses unbekannte und bestürzende Territorium, vermag dadurch das konditionierte Bewußtsein außer Kraft zu setzen und gelangt so zu einer Erfahrung dessen, was der Geist im Grunde ist – durch nichts bedingte, strahlende, offene Weite.

Gewöhnliche Reinkarnation:
Tod und Wiedergeburt in aufeinanderfolgenden Leben

Wenn der Körper stirbt, so lehrt der Buddhismus, trennt sich der Geist – oder besser gesagt das Bewußtsein in subtiler Form – von ihm. Im Leben ist das Bewußtsein von den in zahllosen Existenzen angesammelten karmischen Tendenzen geformt und geprägt. Beim Tod nimmt das subtile Bewußtsein diese karmischen Tendenzen mit sich auf den Weg zu einer neuen Geburt. Wenn beim Sterben die Sinne nacheinander erlöschen, zieht sich das Bewußtsein an seinen Ruheplatz im Herz-Zentrum zurück. Bei einem gewöhnlichen Menschen nimmt der Grad der Bewußtheit allmählich ab, und im Augenblick des Todes stellt sich ein tiefschlafähnlicher bewußtseinsloser Zustand ein. Nach einer gewissen Zeit «wacht man auf», ohne zunächst zu bemerken, daß der Tod eingetreten ist. Dann jedoch, so sagen die Texte, wird einem an gewissen Zeichen klar, was geschehen ist. Man möchte etwa mit den Angehörigen oder Freunden sprechen, doch sie zeigen keinerlei Reaktion. Oder man steht in der Sonne, kann aber keinen Schatten sehen. Oder man geht durch Sand, hinterläßt aber keine Fußspuren. Dann schließlich wird einem klar, daß man gestorben ist.

Jetzt folgt ein mehr oder weniger langer Nachtod-Zustand; nach der tibetischen Tradition ist es für gewöhnlich ein Zeitraum von neunundvierzig Tagen, während denen man im sogenannten Bardo, dem Zustand zwischen Tod und Wiedergeburt, existiert. Das ist eine fast rein geistige Daseinsform; das Bewußtsein besitzt hier nur noch einen höchst subtilen Körper, an dem nichts Substanzhaftes mehr ist. Man macht jedoch weiterhin Erfahrungen, und da sie nicht mehr an die stoffliche Körperlichkeit gebunden sind, können sie außerordentlich lebendig und bizarr und daher – wenn der Gestorbene ein gewöhnlicher, das heißt nicht spirituell geschulter Mensch war – sehr erschreckend sein. In dieser Zeit ringt das gewöhnliche Bewußtsein verzweifelt um Wiederanknüpfung an stoffliche Körperlichkeit, um sich seiner Existenz zu versichern. Es sucht mit anderen Worten das Vertraute, die Art von Situation, in der es sich bis zum Tod des Körpers befunden hatte. In buddhistischer Ausdrucksweise: Es sucht nach Umständen, die ein Abbild seiner eigenen karmischen Verfassung beim Eintritt des Todes sind.

In dieser Sehnsucht nach einem vertrauten Körper und vertrauten Umständen fühlt sich das Bewußtsein zu einem Mann und einer Frau hingezogen, aus deren Vereinigung eben jener Embryo hervorgehen kann, der die ersehnte karmische Kontinuität zu schaffen vermag. Nach buddhistischer Auffassung ist für den Eintritt einer Schwangerschaft nicht allein der Zeitpunkt der Empfängnisfähigkeit der Frau maßgebend; es muß vielmehr ein Bewußtsein zur Stelle sein, das eben jene karmische Situation sucht, die durch ihre Schwangerschaft geschaffen würde. Sind diese beiden Bedingungen erfüllt, so kommt es zur Befruchtung und Schwangerschaft, und das suchende Bewußtsein hat ein neues Zuhause gefunden.

Nicht jedes Bewußtsein wird in Menschengestalt wiedergeboren. Manchmal führt das angesammelte Karma dazu, daß es zu anderen Daseinsbereichen hingezogen wird. Der Buddhismus kennt sechs solche

Bereiche, die alle karmisch bedingt und alle samsarischer Natur sind, sich aber nach dem Grad des in ihnen herrschenden Leidens oder Glücks unterscheiden. Man unterstellt sie in die drei niederen Bereiche (der Höllenwesen, Hungrigen Geister und Tiere) und die drei höheren Bereiche (der Menschen, Halbgötter und Götter).

Den untersten der drei niederen Bereiche bilden die heißen und kalten Höllen *(naraka)*, deren Bewohner schrecklichen Torturen und Leiden ausgesetzt sind. Ein Bewußtsein, das die karmische Last unbeherrschten Zorns und großer Bosheit gegenüber anderen trägt, wird im Höllenbereich, der ein Abbild dieser Geistesverfassung darstellt, wiedergeboren. Darüber liegt der Bereich der Hungrigen Geister *(preta)*, in dem große körperliche und seelische Verarmung herrschen und die Wesen von unstillbarem Hunger und heftigen Begierden gepeinigt werden. Das Karma eines von Wünschen und Habgier beherrschten Lebens, in dem man andere Menschen nur als Mittel zur Befriedigung der eigenen Bedürfnisse sah, führt zur Wiedergeburt in diesem Bereich. Hier wird auch das Bewußtsein von Menschen wiedergeboren, deren Leben ein vorzeitiges Ende nahm, so daß sie ihre Verhaftungen nicht mehr lösen konnten. Solche Geister wandeln auch unter den Lebenden, manchmal für Jahre oder sogar Jahrhunderte; sie suchen die Orte auf, die sie einst kannten, und bemühen sich um Kontakt zu den Lebenden, um ihr unabgeschlossenes Schicksal zu vollenden.

Der höchste der drei niederen Bereiche ist das Tierreich, dessen Kennzeichen Unwissenheit und starr festgelegte Verhaltensweisen sind. Hier wird ein Bewußtsein wiedergeboren, das in stumpfsinniger, unbelehrbarer Beschränktheit existiert hat, das durch nichts aus seinen ausgefahrenen Geleisen zu bewegen war und dadurch anderen direkt schadete oder zumindest nicht auf deren Bedürfnisse einzugehen bereit war.

In den drei niederen Bereichen ist das Bild vom Leiden beherrscht, in den drei höheren nimmt das Leiden ab und das Glück zu.

Im Bereich der Menschen *(manusya)*, gleich über dem der Tiere, sind Leiden und Glück relativ ausgeglichen. Dadurch ist die Geburt als Mensch eine besonders günstige Inkarnation, und nur in ihr kann man Erleuchtung finden und ein Buddha werden. In den höheren Bereichen herrscht soviel Glück, daß ihre Bewohner sich nicht getrieben fühlen, nach Erleuchtung zu streben, während in den niederen Bereichen das Leiden so groß ist, daß die Wesen nicht genügend Abstand davon gewinnen können, um zu lernen und sich zu ändern. Nur im Bereich des Menschen ist das Leiden gerade so groß, daß es zu einer Antriebskraft werden kann und den Menschen nicht erdrückt.

Borobudur, Luftbild. Indonesien, neuntes Jahrhundert, Stein. Foto von Luca Invernizzi Tettoni.

Das größte buddhistische Monument in Asien ist Borobudur in Zentral-Java. Die Symbolik dieses Bauwerks ist komplex und geheimnisvoll. Den großen Stūpa in der Mitte, der von zweiundsiebzig kleinen Stūpas umgeben ist, erreicht man über einen Wandelweg, der das Monument auf vier Ebenen umrundet. Borobudur scheint jedoch auch ein gigantisches Vajrayāna-Mandala zu sein, das dem Besucher erlaubt, buchstäblich einzutreten und über den zehnstufigen Bodhisattva-Weg zur Mitte aufzusteigen.

Im Bereich der Götter *(deva)* und Halbgötter *(asura)* über dem Menschenbereich herrscht also Glück, und die hier Wiedergeborenen erfreuen sich eines sehr langen Lebens. Güte und Großzügigkeit in früheren Leben führen zur Wiedergeburt in diesen beiden höheren Bereichen. Auch diese höheren Welten gehören jedoch noch zum Samsāra, und die hier lebenden Wesen erzeugen durch das Haften an ihrem erfreulichen Dasein karmische Samen, die schließlich zu ihrem Rückfall in tiefere Bereiche führen.

Gewöhnliche Reinkarnation:
Von Augenblick zu Augenblick innerhalb eines Lebens

Mit der bisher dargestellten Auffassung von Reinkarnation verbunden ist eine etwas subtilere Sicht, der zufolge unser Geist selbst nach dem Reinkarnationsprinzip funktioniert.

Der Buddhismus lehrt, daß unserer Vorstellung von einem beständigen Ich in der Wirklichkeit nichts entspricht. Es ist vielmehr eine bloße Idee, die wir über unsere tatsächliche Erfahrung breiten, und diese Erfahrung ist von grundsätzlich unbeständiger und diskontinuierlicher Natur. Wir sind so zutiefst überzeugt von dieser Idee, weil wir uns unseres Seins, unserer Existenz, vor allem aber unseres Fortbestands und unserer Kontinuität versichern möchten – wir möchten immer mehr sein und alles beherrschen und unter Kontrolle haben, wir möchten nicht enden, nicht sterben. Aus diesem Widerspruch zwischen unserem Beharren auf einem beständigen Ich und der Tatsache, daß es solch ein Ich nicht gibt, entsteht das für das Menschsein typische Leiden. Wenn die Wirklichkeit einfach nicht so sein will, wie wir sie haben und machen wollen, leiden wir. Je mehr wir zu leugnen versuchen, was wir tatsächlich erfahren, desto tiefer wird unser Leiden und desto verbissener verteidigen wir unseren Wahn und werden immer egozentrischer, neurotischer, eigennütziger, ja niederträchtiger.

Alle Menschen erfahren, und sei es noch so vage, die Realität der Vergänglichkeit und Diskontinuität, und darin bekundet sich, als Widerschein, eine Intelligenz von außerordentlicher Klarheit. Es ist die Intelligenz, die allen Wesen innewohnt und die Dinge so wahrnimmt, wie sie sind *(yathā-bhūtam)*. Diese Wahrnehmung oder Intelligenz ist natürlich grundlegender als die Ich-Vorstellung; sie ist das, was man «Buddha-Natur» *(buddha-gotra)* nennt. Buddha-Natur ist das, was dem Menschsein zugrunde liegt. Der Ich-Glaube ist eine eher nebensächliche, eher oberflächliche Hinzufügung. Dieser Glaube kann zwar die Buddha-Natur mehr oder weniger verdecken und verdunkeln, aber er wird sie niemals zerstören oder beschädigen oder auch nur auf sie abfärben. Wir mögen die Wahrheit – daß es kein Ich gibt – noch so heftig leugnen, es wird uns doch nie gelingen, der Unwahrheit – daß es ein Ich gibt – zum Sieg zu verhelfen. Und nicht nur das: Je neurotischer und verbissener wir an unserem Wahn festhalten, desto mehr schaden wir uns selbst und anderen.

Die landläufige Todesvorstellung, darauf weist uns der Buddhismus hin, ist untrennbar mit dem Ich-Gedanken verschränkt, denn sie setzt ja den Glauben an ein jetzt wahrhaft existierendes Ich voraus, das dann irgendwann nicht mehr existieren wird. Tod ist für uns also das Aufhören des Ich, für das wir uns jetzt halten. Tatsächlich ereignet sich dieses Aufhören des Ich jedoch unaufhörlich, in jedem Augenblick des Lebens. Der Ich-Gedanke – und das Ich ist nicht mehr als ein Gedanke – gleicht jedem anderen unserer Gedanken insofern, als er entsteht, kurz verweilt und dann wieder vergeht. Dann ist also der Tod des Ich, den wir so fürchten, in jedem Augenblick inniger Bestandteil unserer Erfahrung. Doch wir geben es nicht zu, und dahinter stehen Furcht vor Nichtexistenz, bewußtes Nichtsehenwollen und die Wucht der in zahllosen Leben aufgebauten, also karmischen Abwehrstrategien. Aber wie gesagt, wir haben alle ein zumindest subliminales Gewahrsein von diesem Ich-Tod in jedem Augenblick, und eben das ist der Grund, weshalb wir den Tod so sehr fürchten.

In jedem Augenblick unseres Lebens stirbt also unser geliebtes Ich, aber jedem dieser Tode folgt – aufgrund von Unwissenheit und karmischen Formkräften – eine Wiedergeburt, gleichsam eine neue «Inkarnation» der Ich-Vorstellung. Und nach buddhistischer Auffassung besteht kein grundsätzlicher Unterschied zwischen diesem Sterben und Wiedergeborenwerden im Augenblick und dem Vorgang des physischen Todes und der Wiederverkörperung. Bei Tod und Wiedergeburt im Augenblick nehmen wir lediglich immer wieder denselben Körper als Träger unserer Ich-Vorstellung; wenn wir körperlich sterben, müssen wir uns dagegen wieder einen neuen physischen Träger suchen, einen neuen Körper.

Hier schließt sich eine naheliegende Frage an, die mit dem bisher Gesagten allerdings auch schon fast beantwortet ist: Wenn es kein beständiges, kontinuierliches Ich gibt, woher kommt dann die Kontinuität von einem Augenblick zum nächsten, von einem Leben zum nächsten? Denn irgendeine Kontinuität gibt es ja ganz offensichtlich; niemand wird von Augenblick zu Augenblick ein völlig anderer, und der Buddhismus lehrt die karmische Kontinuität von Leben zu Leben. Ganz schlicht gesagt, wird da nicht mehr als eine Idee – die Idee des Ich – immer und immer wieder neu geboren. Es ist die von jedem einzelnen ingrimmig, das heißt unter Verdrängung der Fakten gehegte Überzeugung, er existiere als substantielle und kontinuierliche Wesenheit. Dieses Verdrängen oder Ignorieren stützt sich auf bestimmte Abwehrmuster, die sich von einem Augenblick auf den nächsten, von einem Leben auf das nächste übertragen. Übertragen und somit fortgesetzt wird hier also eine Illusion und nicht etwa eine Wirklichkeit. Wir lassen jeden Augenblick der Illusion den nächsten Augenblick prägen und damit hervorbringen, so daß auch dieser wieder ein Augenblick der Illusion von gleicher Struktur wird. Wie der Ausdruck «übertragen» jedoch schon sagt, bilden die Augenblicke im Grunde eine diskontinuierliche Folge, das heißt, es bestehen Lücken zwischen ihnen, die wir nur unentwegt schnellstens überbrücken, damit unsere Ich-Illusion nicht durchfällt und unwiederbringlich abstürzt. Diese diskontinuierliche, aber karmisch verkettete Folge von Ich-Gedanken bezeichnet man als «Lebensstrom» (Skrt. *samtana*, tib. *rgyud*). Der Lebensstrom enthält alle Wirkungen früherer Handlungen, und diese verknüpfen sich aufgrund der Unwissenheit zu einer Folge von Wiedergeburten. Jeder Bewußtseins-Augenblick ist durch den vorangehenden bedingt und bedingt seinerseits den nächsten.

Wird jedoch die Unwissenheit durch die Erleuchtung schließlich aufgehoben, so verliert der Lebensstrom seinen Zusammenhalt. Natürlich leben auch Erleuchtete noch weiter, bis der karmische Bewegungsimpuls ihrer körperlichen Existenz sich erschöpft hat. Doch wenn sie dann sterben, werden sie nicht wiedergeboren. Die von Unwissenheit getragene Idee des Ich löst sich mit der Erleuchtung auf, und ohne diese Idee wird es keine Wiedergeburt geben. Sogar die Reinkarnation von Augenblick zu Augenblick läuft bei diesen Erleuchteten, solange sie nicht inkarniert sind, anders ab als bei gewöhnlichen Menschen. Das wird besonders deutlich an den Biographien erleuchteter Meister. Hier begegnen uns immer wieder Menschen, die für andere völlig unberechenbar sind und unserer Vorstellung von Kontinuität der Persönlichkeit – für die meisten von uns das Kennzeichen der Individualität – einfach nicht entsprechen.

Außergewöhnliche Reinkarnation: Tulkus oder inkarnierte Lamas

Normalerweise ist also die Wiedergeburt in einem der sechs Daseinsbereiche das Werk blinder karmischer Kräfte. Bei manchen Menschen kann diese Wiedergeburt jedoch eine ganz andere Art von Antrieb haben. Es sind Menschen, die durch spirituelle Schulung zu einem hohen Grad der Verwirklichung gelangt sind. Der karmische Impuls zur Wiedergeburt im Samsāra ist bei ihnen weitgehend oder ganz erschöpft, und so würden sie sich nicht abermals inkarnieren – es sei denn aufgrund eines ganz anderen Impulses.

Der Buddhismus lehrt, daß durch Einsicht in die wahre Wirklichkeit Güte und Mitgefühl entstehen. Und je mehr uns von dieser Schau und damit an Weisheit zuteil wird, desto tiefer wird unsere Güte und ein Gefühl des Erbarmens für alle Wesen. Dieses wachsende Mitgefühl möchte irgendwann tätiges Mitgefühl werden; es entsteht der Wunsch, den anderen Lebewesen zu helfen, die noch im Kreislauf von Geburt und Tod gefangen sind. Wer in der Tradition des Mahāyāna steht, folgt dieser Regung mit dem Bodhisattva-Gelübde, immer wieder im Samsāra geboren zu werden, bis alle Wesen Erleuchtung erlangt haben. Die Bodhisattvas höherer Stufen werden aufgrund dieses Gelöbnisses tatsächlich immer wieder in den sechs Daseinsbereichen geboren, auch wenn der vom Ich-Wahn abhängige Zwang zur Wiedergeburt längst erloschen ist. Das Haften an der Ich-Vorstellung ist überwunden, und so muß jetzt etwas anderes für die Kontinuität im Lebensstrom des Bodhisattva sorgen. Dieses andere, das ihm immer weitere Inkarnationen ermöglicht, ist nun das Bestreben, dem er in seinem Gelübde Ausdruck gegeben hat.

Der historische Buddha Shākyamuni war solch ein Bodhisattva der höchsten Entwicklungsstufe, und seit dem Buddha hat es zahllose andere Erleuchtete gegeben, die ebenfalls aus Barmherzigkeit weitere Geburten auf sich nahmen. Manche von ihnen waren und sind Buddhisten, andere nicht. Im Buddhismus sind solche wiedergeborenen Bodhisattvas häufig identifiziert worden, und in manchen Fällen wurden und werden sie als Reinkarnationen ganz bestimmter Gestalten formell anerkannt. In Indien wurden die großen tantrischen Heiligen häufig als Reinkarnationen dieser Art angesehen. Hier gab es auch erstmals Linien, die von aufeinanderfolgenden Inkarnationen ein und desselben Meisters gebildet wurden, eine Tradition, die dann in Tibet besondere Bedeutung gewann, wo diese reinkarnierten Meister oder Lamas als Tulkus bezeichnet werden. Als ein besonders ausgeprägtes Beispiel für die buddhistische Sicht der Reinkarnation bei den Heiligen wollen wir die Tulku-Tradition etwas näher betrachten.

Im tibetischen Buddhismus gibt es eine sehr alte Tradition, der zufolge ein Heiliger nach seinem Tod aufgrund seines Bodhisattva-Gelübdes in Tibet (oder seiner Umgebung) wiedergeboren wird, um weiterhin zum Segen aller Lebewesen zu wirken. Eine bestimmte Zeit war nach seinem Tod abzuwarten, dann konnte man sich auf die Suche nach seiner Wiederverkörperung machen. War das Kind dann – manchmal schon in einem Alter von weniger als zwei Jahren – gefunden, so wurde nach genau festgelegten Verfahren seine Echtheit geprüft, und dann folgte die offizielle Anerkennung als Tulku. In vielen Fällen war die frühere Inkarnation Abt eines Klosters oder mehrerer Klöster gewesen, und so wurde der junge Tulku jetzt wieder in seine alte Position eingesetzt und ausgebildet, so daß er beim Erreichen der Mündigkeit die Pflichten und Verantwortungen seiner früheren Inkarnation sofort voll übernehmen konnte.

Das tibetische Wort «Tulku» entspricht dem Sanskritbegriff «Nirmāṇakāya». *Ku*, ebenso wie *kāya*, bedeutet «Körper», aber es ist nicht der gewöhnliche Körper gemeint, sondern ein reiner Körper – ohne Verblendung, ohne Neurose. *Tul* bezeichnet etwas Erschaffenes oder Gemachtes. «Tulku» verweist ebenso wie «Nirmāṇakāya» auf ein verkörpertes Wesen, das vollkommen erleuchtet ist. Streng genommen bezeichnet das Wort also einen als Mensch verkörperten Buddha.

In der tibetischen Tradition hat der Begriff «Tulku» nicht unbedingt diesen ganz strengen Sinn. Zunächst einmal werden alle Tulkus als Bodhisattvas betrachtet, die zwar einen sehr hohen Grad der Verwirklichung erreicht haben mögen, aber immer noch unterwegs sind zur vollen Erleuchtung eines Buddha. Außerdem kennt man hier etliche Entwicklungsstufen der Tulkuschaft. Nur Tulkus der höchsten Stufe gelten als erleuchtet (und auch sie haben die universale Erleuchtung eines Buddha noch nicht erreicht).

Das erste Kapitel im Leben eines hoch verwirklichten Tulku beginnt eigentlich mit Tod und Nachtod-Existenz seiner vorangegangenen Inkarnation. Wenn ein hoher Bodhisattva stirbt, verliert er im Unterschied zu gewöhnlichen Menschen nicht alles Bewußtsein, sondern bleibt in einem Zustand der Luzidität und des Friedens. In dieser Verfassung erfährt er das Geschehen im Bardo nicht als bedrohlich, sondern einfach als das, was die Energie des Seins manifestiert. Da er nicht aus Furcht oder Begierde zur Wiedergeburt drängt, sondern sie allein aus Barmherzigkeit auf sich nimmt, kann er selber die Umstände seiner Geburt so wählen, daß er eine gute Ausgangsposition für sein weiteres Wirken zum Wohl aller Wesen hat.

Das Auffinden einer Inkarnation ist im tibetischen Buddhismus von so großer Bedeutung, weil die Tulkus eine sehr wichtige Rolle für die Organisation und das spirituelle Leben der monastischen Gemeinschaft und für die Beziehung zur Laienwelt spielen. Der entscheidende Faktor beim Auffinden eines wiederverkörperten Tulku ist die Intuition eines großen Guru, eines Meisters von unbeschränkter Wahrnehmungskraft, der vielleicht die vorige Inkarnation kannte und auf einen Blick sagen kann, ob das Kind die echte Inkarnation ist. Die Intuition kann aber auch in Gestalt von Visionen oder Träumen kommen. Manchmal suchen diejenigen, denen die Aufgabe des Erkennens von Tulkus zufällt, bestimmte heilige Orte auf, um dort Visionen zu empfangen. Einer dieser Orte, an denen man Visionen und spirituelle Anleitung erhalten konnte, war der Lamoi Lhato, ein See in der Gegend von Lhasa. Als es beispielsweise um die Auffindung des Vierten Dalai Lama ging, suchte der Regent diesen See auf und empfing hier eine Vision, die ihm sehr deutlich sagte, wo man suchen müsse.

Die Einsichten, Träume und Visionen hochentwickelter Gurus sind zwar das wichtigste Element beim Auffinden und Erkennen von Inkarnationen, doch es gibt noch andere Faktoren, die als Wegweiser und Bestätigung dienen können. Manchmal geben schon die Umstände beim Tod der vorigen Inkarnation Hinweise auf die Gegend, in der man nach der neuen Inkarnation suchen muß. Manchmal geben die Worte, die ein Meister vor seinem Tod spricht, Hinweise für die Identifikation von Tulkus. So besteht bei den Karmapa-Inkarnationen, den Oberhäuptern einer der großen Schulen des tibetischen Buddhismus, die Tradition, daß der scheidende Meister einen Brief hinterläßt, der mitunter recht genaue Angaben über die Identität der nächsten Inkarnation macht und auch sagt, wo das Kind aufzufinden sein wird.

Wichtige Hinweise können auch von den Eltern der Inkarnation kommen. Wenn das Bewußtsein eines Tulku in den Schoß seiner künftigen Mutter eingeht, so sagt man, sind damit immer ungewöhnliche Phänomene verbunden. Deshalb fragt man die Mutter eines als Tulku angesehenen Kindes, ob sie in der Zeit der Empfängnis irgend etwas Ungewöhnliches bemerkt habe. Typisch ist etwa der Bericht einer armen Schäferin in Osttibet, die erzählte, zur Zeit der Empfängnis habe sie geträumt, wie ein Wesen in einem Blitzstrahl in ihren Körper einging.

Auch bei der Geburt eines Tulku sollen sich ungewöhnliche Dinge ereignen, und so wird alles, was Eltern, Verwandte oder Dorfbewohner in dieser Zeit an ungewöhnlichen Dingen bemerkt haben, genau notiert. Berichtet wird etwa von Pflanzen, die zu ganz ungewöhnlichen Zeiten blühen, von Regenbögen, von Wasser, das zu Milch wird, von ungewöhnlichen Träumen.

In den ersten Lebensjahren zeigt ein Tulku häufig Verhaltensweisen, die man bei anderen Kindern nicht findet: Er erkennt zum Beispiel gute Freunde oder Schüler seiner vorigen Inkarnation und zeigt tiefe Zuneigung zu ihnen; er kennt sich mit Bräuchen oder rituellen Handlungen aus, ohne daß jemand sie ihm gezeigt hätte; und manchmal sitzt er für längere Zeitabschnitte ganz still da. Wer sich von der Echtheit eines

Tulku überzeugen möchte, wird sehr genau auf Phänomene dieser Art achten. Sobald man sich einigermaßen sicher ist, einen Tulku aufgefunden zu haben, folgen Prüfungen, bei denen es darum geht, ob er Gegenstände identifizieren kann, die seiner letzten Inkarnation gehört haben. Chögyam Trungpa Rinpoche etwa berichtet, wie er im Alter von achtzehn Monaten auf diese Weise geprüft wurde.

Man legte paarweise verschiedene Gegenstände vor mich hin, und jedesmal nahm ich den, welcher dem Zehnten Trungpa-Tulku gehört hatte; unter anderem waren das zwei Spazierstöcke und zwei Mālās. Man schrieb auch Namen auf kleine Zettel, und als ich gefragt wurde, welcher dieser Zettel seinen Namen trug, wählte ich den richtigen.

Ganz ähnlich ging es zu, als der mutmaßliche Vierzehnte Dalai Lama geprüft wurde. Er erhielt zwei schwarze Mālās, zwei gelbe Mālās, zwei Ritualtrommeln und zwei Spazierstöcke zur Auswahl, von denen jeweils eines dem vorigen Dalai Lama gehört hatte. In jedem Fall wählte das Kind den richtigen Gegenstand.

Nach seiner Anerkennung als Tulku wird der Junge normalerweise in sein Kloster gebracht, von seiner Mutter begleitet, wenn er noch sehr jung ist. Hier unterzieht er sich nun einer umfassenden Schulung und Ausbildung. Bei besonders hohen Tulkus, so sagt man, ist die gesamte Ausbildung manchmal eher eine Sache des Erinnerns als des Neulernens. Der Dalai Lama erzählt, er habe die Mālā und die Ritualtrommel seiner vorherigen Inkarnation nicht nur an sich genommen, sondern sich die Mālā gleich um den Hals gelegt und die Trommel zu schlagen begonnen, beides auf die vorgeschriebene Weise. Und manchmal, sagt er, können junge Tulkus Texte rezitieren, die sie in diesem Leben noch nicht gelernt haben. Als für Trungpa Rinpoche die Zeit kam, das tibetische Alphabet zu erlernen, da brauchte er dazu nur eine einzige Lektion.

Im Buddhismus betrachtet man solche Phänomene einfach als natürliche Manifestation des klaren Gewahrseins, mit dem die Tulkus durch die Erfahrung von Tod, Zwischenzustand und Wiedergeburt gehen. Im Prinzip könnte auch ein gewöhnlicher Mensch auf ähnliche Weise mit seinen früheren Leben in Verbindung bleiben, nur erfährt er Tod und Zwischenzustand als erschreckend und traumatisch und löscht damit bei seiner Wiedergeburt alle Erinnerungen.

Dank

Die Herausgeber möchten den folgenden Personen danken, deren Arbeit und Unterstützung die Veröffentlichung dieses Buches ermöglichten: den Schöpfern des Films *Little Buddha* – Bernardo Bertolucci als Regisseur, Jeremy Thomas als Produzent und Rudy Wurlitzer als Drehbuchautor –, die für das Werden des Buches so etwas wie Katalysatoren waren; Laura Kaufman, die für das Illustrationsmaterial recherchierte und die Bildtexte verfaßte; Debra Kelvin, die sich um die Rechte für Bild- und Textmaterial kümmerte; Hiromitsu Washizuka von der Agency for Cultural Affairs in Tōkyō, der die Abbildungserlaubnis für verschiedene Kunstwerke aus japanischen Museumssammlungen in die Wege leitete; Anne MacQuarrie, die bei der Durchsicht einiger Kapitel ihren «Anfängergeist» einbrachte; Larry Marmelstein und Peter Turner von Shambhala Publications für ihre Anregungen und Kontakte; Kendra Crossen und Emily Hilburn Sell, die Anregungen gaben und das Manuskript publikationsreif machten.

Glossar

(Innerhalb der einzelnen Artikel vorkommende buddhistische Begriffe haben in der Regel einen eigenen Eintrag.)

Abhidharma (Skrt., Pāli: *Abhidhamma*), «besondere Lehre». Der drittel Teil des buddhistischen Kanons (siehe *Tripitaka*). Der *Abhidharma* stellt die früheste Zusammenstellung buddhistischer Philosophie und Psychologie dar. Hier wird auf systematische Weise dargestellt, was in den Lehrreden des Buddha und seiner Hauptschüler an Lehren und analytischen Aussagen über spirituelle Phänomene zu finden ist. Der Abhidharma bildet die dogmatische Basis des *Hīnayāna* und *Mahāyāna*.

Abhisheka (Skrt.), «Salbung», «Weihe». Die besonders im *Vajrayāna* bedeutsame vom Meister gegebene Ermächtigung eines Schülers zu einer bestimmten Meditationspraxis. Im allgemeinen ist mit dem *Abhisheka* die Lesung des zugehörigen *Sādhana* verbunden, wodurch der Schüler die Berechtigung erhält, den entsprechenden Text zu lesen und ihm gemäß zu üben; und der Meister gibt mündliche Erläuterungen, die sicherstellen sollen, daß der Schüler auf die richtige Weise übt.

Achtfacher Pfad (Skrt.: *Ashtangika-Mārga*, Pāli: *Atthangika-Magga*). Der Pfad, der zur Erlösung vom Leiden führt. Seine acht Glieder sind 1. rechte Anschauung auf der Grundlage der Einsicht in die Vier Edlen Wahrheiten und die Nicht-Ichhaftigkeit *(Anātman)* des Daseins; 2. rechter Entschluß, nämlich zum Weltverzicht, zum Wohlwollen und zur Unterlassung von allem, was für andere Wesen schädlich ist; 3. rechte Rede, und zwar durch Unterlassung von Lüge, übler Nachrede und leerem Gerede; 4. rechtes Handeln, und zwar durch das Meiden aller Handlungen, die gegen die Sittlichkeit verstoßen; 5. rechter Lebenserwerb durch das Meiden von Berufen, die für andere Lebewesen Unheil mit sich bringen, etwa Metzger, Jäger oder Waffen- und Drogenhändler; 6. rechtes Bemühen, nämlich durch das Üben des karmisch Zuträglichen und das Meiden des karmisch Abträglichen; 7. rechte Achtsamkeit als das stetig durchgehaltene Achthaben auf Körper, Gefühle, Denken und Denkobjekte; 8. rechte Sammlung, die ihren Höhepunkt in der meditativen Versunkenheit findet.

Ālaya-Vijnāna (Skrt.), «Speicherbewußtsein». Ein Zentralbegriff der *Yogāchāra*-Schule des *Mahāyāna*, die darin das Grund-Bewußtsein alles Existierenden sieht – die Essenz der Welt, aus der alles Seiende hervorgeht. Es enthält die Erfahrungen individueller Leben und die Keime zu jedem seelisch-geistigen Phänomen.

Anātman (Skrt., Pāli: *Anatta*), Nicht-Ich, Nicht-Wesenhaftigkeit; eines der drei Kennzeichen von allem Existierenden. Die Anātman-Doktrin ist eine der zentralen Lehren des Buddhismus. Sie besagt, daß es kein Ich im Sinne einer beständigen, ewigen, einheitlichen und eigenständigen Substanz gibt. So ist insbesondere die Vorstellung eines personalen Ich – das Ego – nicht mehr als ein vorübergehendes und wandelbares und daher dem Leiden unterworfenes Gefüge aus den fünf «Anhäufungen» *(Skandha)*.

Anitya (Skrt., Pāli: *Anicca*), «Unbeständigkeit». Vergänglichkeit oder Unbeständigkeit ist eines der drei Kennzeichen des Daseins. Sie ist die Grund-Eigenschaft von allem Bedingten – was entsteht, dauert eine Weile und vergeht. Von der Unbeständigkeit leiten sich die beiden anderen Kennzeichen des Daseins ab, Leidhaftigkeit *(Duhkha)* und Ichlosigkeit oder Nicht-Wesenhaftigkeit *(Anātman)*.

Arhat (Skrt., Pāli: *Arahat*, chin. *Lohan*, jap. *Rakan*). Der «Würdige», der die höchste Stufe des *Hīnayāna*, die Stufe des «Nichtmehr-Lernens» auf dem überweltlichen Pfad, erreicht hat und die Gewißheit besitzt, daß alle Unreinheiten und Leidenschaften ausgelöscht sind und nie wieder auftreten werden. Die Frucht der Arhatschaft ist das *Nirvāna* mit einem Rest von Bedingtheit. Der *Arhat* erlangt unmittelbar nach diesem Leben das vollkommene Erlöschen.

Asura (Skrt.), Dämon, böser Geist, niedere Gottheit oder «Titan». Eine der sechs Arten des Daseins, manchmal den höheren, manchmal den niederen zugerechnet. Eine höhere Daseinsform ist gemeint, wenn man die Asuras als niedere Gottheiten betrachtet, die an den Hängen und auf dem Gipfel des Weltberges *Sumeru* oder in Luftpalästen wohnen; als niedere Existenzform sind sie die Feinde der Götter und gehören dem Reich der sinnlichen Begierde an.

Ati (Skrt.), auf Tibetisch *Dzogchen*, «Große Vollendung». Die Hauptlehre der *Nyingma*-Schule des tibetischen Buddhismus. Diese Lehre wird von ihren Anhängern als die endgültige und geheimste Lehre des Buddha Shākyamuni angesehen. Sie wird «groß» genannt, weil es nichts Erhabeneres gibt; sie wird «Vollendung» genannt, weil keine weiteren Mittel erforderlich sind. Nach der Erfahrung der großen Vollendung ist die Reinheit des Geistes ständig präsent und braucht nur erkannt zu werden. Die *Ati*-Tradition wurde im achten Jahrhundert von Padmasambhava und Vimalamitra nach Tibet gebracht; Longchenpa faßte sie im vierzehnten Jahrhundert zu einem einheitlichen System zusammen. Jigme Lingpa (1730 – 1798) schließlich verdichtete das System noch einmal, und in dieser Form stellt es bis heute die endgültige Tradition der Großen Vollendung dar.

Ātman (Skrt.). Nach hinduistischem Verständnis das wahre unsterbliche Selbst des Menschen. Im Buddhismus wird, der großen Entdeckung des Buddha folgend, entschieden bestritten, daß es so etwas wie einen Ātman gibt: Weder innerhalb noch außerhalb physischer oder psychischer Erscheinungen gibt es etwas, das als unabhängige, unvergängliche Essenz bezeichnet werden könnte. (Siehe auch *Anātman*; *Skandha*.)

Avadhūti (Skrt.). Der Zentralkanal der Energie im Illusionskörper oder feinstofflichen Körper. Wenn die Lebenskraft in diesen Kanal eintritt, ist die Auflösung der Dualität verwirklicht.

Avidyā (Skrt.), «Nichtwissen», «Unwissenheit» oder «Verblendung». Avidyā ist das erste Glied in der Kette des bedingten Entstehens (*Pratītya-Samutpāda*) und führt zu Verstrickungen in die Welt des *Samsāra* und zu den «drei Giften» leidenschaftliches Verlangen, leidenschaftliche Ablehnung und Unwissenheit.
Avidyā gilt als die Wurzel alles Schädlichen in der Welt und wird als das Nichtwissen um den leidvollen Charakter des Daseins definiert. Sie ist jener Geisteszustand, der nicht der Wirklichkeit entspricht, der illusorische Phänomene für wirklich hält und so das Leiden herbeiführt. Unwissenheit führt zu Begierde *(Trishnā)* und ist dadurch der wesentliche Faktor, der die Lebewesen an den Kreislauf der Wiedergeburt

fesselt. Nach der Mahāyāna-Auffassung bedeutet *Avidyā* im Hinblick auf die Leerheit *(Shūnyatā)* des Erscheinenden, daß ein Nicht-Erleuchteter die phänomenale Welt als die einzige Wirklichkeit betrachtet und sich damit selbst die essentielle Wirklichkeit unsichtbar macht.

Bardo (tib.), «Zwischenzustand». Der Zustand zwischen Tod und Wiedergeburt.

Bhāvanā (Skrt. und Pāli), «Geistesentfaltung», meist als «Meditation» übersetzt. Aussagekräftiger ist die wörtliche Übertragung, nämlich «Insdaseinrufen» oder «Erzeugen»; gemeint ist das Erzeugen der verschiedenen Versenkungsarten durch meditative Übung.

Bhikshu (Skrt., Pāli: *Bhikkhu*), Bettler, Mönch, Angehöriger des buddhistischen *Sangha* (siehe dort), der in die Hauslosigkeit eingetreten ist und die volle Ordination erhalten hat. In der Anfangszeit bildeten die *Bhikshus* den Kern des *Sangha*, denn nach frühbuddhistischer Auffassung kann nur jemand, der der Welt entsagt hat, das letzte Ziel erreichen, *Nirvāna*. Die Haupttätigkeiten eines *Bhikshu* sind das Meditieren und die Darlegung des Dharma. Arbeit ist ihnen nicht erlaubt. Buddhistische Mönche leisten Verzicht auf die Annehmlichkeiten der Welt und führen ein Wanderleben. Die Grundprinzipien des mönchischen Lebens sind Armut, Ehelosigkeit und Friedfertigkeit. Ihre Lebensführung unterliegt den im *Vinaya* niedergelegten Regeln.

Bhikshunī (Skrt., Pāli: *Bhikkhunī*), Nonne, voll ordinierte weibliche Angehörige des buddhistischen *Sangha*. Das Leben der Nonnen unterliegt ähnlichen, nur wesentlich strengeren Regeln als das der Mönche. Dem *Sangha* gehören wesentlich weniger Nonnen als Mönche an.

Bhūmi (Skrt.), die zehn Entwicklungsstufen, die ein *Bodhisattva* durchlaufen muß, um Buddhaschaft zu erlangen.

Bodhi (Skrt. und Pāli), Erleuchtung, wörtlich «Erwachen». Im *Hīnayāna* ist *Bodhi* gleichbedeutend mit der vollkommenen Einsicht in die Vier Edlen Wahrheiten (siehe dort); diese sind damit zugleich vollkommen realisiert, und das ist gleichbedeutend mit der Beendigung des Leidens. Im *Mahāyāna* dagegen wird *Bodhi* vor allem als Weisheit aufgrund von Einsicht aufgefaßt – Einsicht in das Einssein von *Nirvāna* und *Samsāra*, aber auch von Subjekt und Objekt. Bodhi wird hier beschrieben als die Verwirklichung der *Prajñā*, als Erwachen zum eigenen Buddha-Wissen, als Einsicht in die wesenhafte Leerheit *(Shūnyatā)* der Welt oder als All-Erkenntnis und das Innewerden der Soheit *(Tathatā)*.

Bodhichitta (Skrt.), «Erleuchtungs-Geist». Relatives *Bodhichitta* ist das von grenzenlosem Erbarmen genährte Bestreben, Erleuchtung zu erlangen, um anderen helfen zu können. Absolutes *Bodhichitta* ist das direkte Wahrnehmen der wahren Natur aller Phänomene, also der Leere *(Shūnyatā)*.

Bodhisattva (Skrt.), «Erleuchtungswesen». Im *Mahāyāna* ist ein *Bodhisattva* ein Mensch, der durch systematische Übung der «transzendenten Tugenden» oder «Vollkommenheiten» *(Pāramitā)* nach Buddhaschaft strebt, sich aber das endgültige Eingehen ins *Nirvāna* versagt, bis alle Wesen erlöst sind. Der kennzeichnende Zug seines Handelns ist das Erbarmen *(Karunā)*, getragen von höchster Einsicht und Weisheit *(Prajñā)*. Ein Bodhisattva leistet aktive Hilfe, ist bereit, das Leiden aller anderen Lebewesen auf sich zu nehmen und sein eigenes karmisches Verdienst anderen zugute kommen zu lassen. Der Weg eines Bodhisattva beginnt mit dem Erwecken des Erleuchtungsbewußtseins *(Bodhichitta)* und dem Ablegen des Bodhisattva-Gelübdes. Sein Werdegang bis zur höchsten Vollendung läßt zehn Stufen *(Bhūmi)* erkennen. Das *Bodhisattva*-Ideal trat im *Mahāyāna* an die Stelle des *Hīnayāna*-Ideals des *Arhat*, dessen ganzes Bemühen der eigenen Befreiung gilt; dies wurde im *Mahāyāna* als eine zu enge, zu selbstbezogene Ausrichtung angesehen.

Buddha (Skrt. und Pāli), «Erwachter». Wir können drei Hauptbedeutungen der Bezeichnung «Buddha» unterscheiden:
1. Ein Mensch, der vollkommene Erleuchtung gefunden hat und dadurch vom Kreislauf des Daseins *(Samsāra)* entbunden ist und vollkommene Befreiung *(Nirvāna)* erlangt hat. Er lehrt aufgrund seiner Erleuchtungserfahrung die Vier Edlen Wahrheiten (siehe dort). Ein Buddha hat alle Begierden *(Trishnā)* überwunden; auch er kennt zwar noch angenehme und unangenehme Empfindungen, doch er wird nicht von ihnen beherrscht und bleibt im Innern unberührt. Nach seinem Tod wird er nicht wiedergeboren. Der Buddha unseres Zeitalters ist Shākyamuni, doch er ist nicht der erste und nicht der einzige Buddha: Die Texte erwähnen sechs Buddhas früherer Weltzeitalter und vierzehn künftige Buddhas.

2. Der historische Buddha, der um das Jahr 563 v. Chr. als Sohn eines Shākya-Herrschers geboren wurde, dessen kleines Reich in den Vorbergen des Himālaya (im heutigen Nepal) lag. Sein Vorname war Siddhārtha, sein Familienname Gautama. Deshalb wird er auch Gautama Buddha genannt. In seiner Zeit als wandernder Asket erhielt er den Beinamen Shākyamuni, «Der schweigende Weise aus dem Geschlecht der Shākyas». Um ihn von den transzendenten Buddhas (siehe unter 3.) zu unterscheiden, wird er im allgemeinen als der Buddha Shākyamuni bezeichnet.

3. Das «Buddha-Prinzip», das sich auf vielfältige Weise bekundet. Während es für das Hīnayāna nur einen Buddha in jedem Zeitalter gibt, sind im Mahāyāna zahllose transzendente Buddhas bekannt. Nach der Trikāya-Lehre des Mahāyāna manifestiert sich das Buddha-Prinzip auf drei grundlegende Weisen, nämlich als die sogenannten drei Körper *(Trikāya)*. In diesem Sinne stellen die transzendenten Buddhas Verkörperungen verschiedener Aspekte des Buddha-Prinzips dar.

Chakra (Skrt.), «Rad», «Kreis». Die Zentren feinstofflicher Energie im Illusions-Körper. Sie konzentrieren, transformieren und verteilen die Energie, die sie durchströmt. Die Chakras sind zwar bestimmten Körperregionen zugeteilt (zum Beispiel Kopf, Kehle, Herz, Nabel), aber sie sind nicht identisch mit ihrem körperlichen Sitz, sondern gehören einer anderen Ebene der phänomenalen Wirklichkeit an.

Ch'an (chin.) siehe *Zen*.

Dākinī (Skrt., tib. *Khadroma*). Weibliche Gottheit, ikonographisch meist in rasender oder halbrasender Form dargestellt; steht für Erbarmen, Leere und Erkenntnis.

Deva (Skrt. und Pāli), wörtlich «Leuchtender». Himmelswesen oder Gottheit; gemeint sind die Bewohner der glücklichen Himmelsregionen, die aber noch dem Kreislauf der Wiedergeburt unterworfen sind wie alle anderen Wesen. Ihnen ist als Lohn für gute Taten ein langes glückliches Leben beschieden, doch gerade dieses Glück ist für sie das Haupthindernis auf ihrem Weg zur Befreiung, weil es sie die Wahrheit vom Leiden (siehe «Vier Edle Wahrheiten») nicht sehen läßt.

Dharma (Skrt., Pāli: *Dhamma*). Zentralbegriff des Buddhismus, der in verschiedenen Bedeutungen gebraucht wird:

1. Das kosmische Gesetz oder die «Große Ordnung», die der Welt zugrunde liegt; vor allem das Gesetz der karmisch bedingten Wiedergeburt.
2. Die Lehre des Buddha, der dieses «Gesetz» erkannte und formulierte; also die Lehre, in der die universale Wahrheit zum Ausdruck kommt. Der so definierte *Dharma* existiert schon vor der Geburt des historischen Buddha, welcher daher nicht mehr als eine Manifestation dieses *Dharma* ist. Dies ist der *Dharma*, zu dem Buddhisten Zuflucht nehmen.
3. Verhaltensnormen und ethische Regeln (siehe *Shīla; Vinaya*).
4. Manifestation der Wirklichkeit, allgemeiner Sachverhalt, Ding, Phänomen.
5. Inhalt des Geistes, Gegenstand des Denkens, Idee – die Spiegelbilder der Dinge im menschlichen Geist.
6. Bezeichnung für die sogenannten Daseinsfaktoren, die im *Hīnayāna* als Bausteine der empirischen Persönlichkeit und ihrer Welt angesehen werden.

Dharmakāya (Skrt.) siehe *Trikāya*.

Dharmatā (Skrt.). Die Natur der Dharmas; die allem zugrundeliegende Essenz. Philosophischer Begriff des *Mahāyāna*. Wird gleichbedeutend mit den Begriffen «Soheit» und «Buddha-Natur» verwendet.

Dhyāna (Skrt., Pāli: *Jhāna*, chin. *Ch'an-na* oder *Ch'an*, jap. *Zenna* oder *Zen*), wörtlich «Vertiefung». Im allgemeinen Bezeichnung für Zustände meditativer Versunkenheit, die durch Sammlung *(Samādhi)* herbeigeführt werden. Solch ein Zustand wird dadurch erreicht, daß die gesamte Aufmerksamkeit ununterbrochen bei einem äußeren oder inneren Meditationsobjekt verweilt; so durchläuft der Geist verschiedene Stufen der Versunkenheit, und dabei versiegen allmählich die Strömungen der Leidenschaften.

Dohā (Skrt.). Vers oder Lied, von *Vajrayāna*-Praktizierenden spontan als Ausdruck ihrer Erleuchtungserfahrung verfaßt.

Duhkha (Skrt., Pāli: *Dukka*), «Leiden», «Unzulänglichkeit», «Übel». Hauptbegriff des Buddhismus, der den Vier Edlen Wahrheiten (siehe dort) zugrunde liegt. *Duhkha* bezeichnet nicht nur Leiden im Sinne unangenehmer Empfindungen, sondern bezieht sich auch auf alles Materielle und Geistige, das bedingt ist, entsteht und vergeht, aus den fünf

Skandhas besteht und sich nicht im Zustand des Befreitseins befindet. Deshalb ist auch alles Angenehme letztlich Leiden, da es dem Vergehen unterliegt. *Duhkha* entsteht durch Wünschen und Begehren und kann durch Überwindung des Begehrens beendet werden. Die Mittel, die zur Beendigung des Leidens führen, sind in der Lehre vom Achtfachen Pfad (siehe dort) aufgezeigt.

Dzogchen siehe *Ati*.

Ganachakra (Skrt.). Eine als Opfer dargebrachte Feier. Eine Praktik des *Vajrayāna*, bei der auch Begierden und Sinneswahrnehmungen zu Bestandteilen des Pfades gemacht werden. Indem die Praktizierenden die phänomenale Welt feiern, bekunden sie gemeinsam, daß es nichts Nicht-Heiliges gibt, und das bedeutet zugleich ein Preisgeben des Ego, das immer gern zwischen heilig und nichtheilig unterscheiden möchte.

Guru (Skrt.). Lehrer, insbesondere ein spiritueller Meister.

Hīnayāna (Skrt.), «Kleines Fahrzeug». Auf dem Weg des *Hīnayāna* konzentriert man sich auf die grundlegenden Meditationspraktiken und auf das Verständnis der grundlegenden buddhistischen Lehren, etwa die der Vier Edlen Wahrheiten (siehe dort). Siehe auch *Theravāda*.

Jetsun (tib.), Titel, der für einen besonders verehrungswürdigen Lehrer gebraucht wird.

Kannon (jap., auch *Kanzeon* oder *Kwannon*), der Bodhisattva Avalokiteshvara. Einer der bedeutendsten Bodhisattvas des Mahāyāna, der Bodhisattva des Erbarmens. In Japan (und China) überwiegend in weiblicher Gestalt dargestellt.

Karma (Skrt., Pāli: *Kamma*), «Tat», «Wirken». Nach der Lehre von Ursache und Wirkung ist unsere gegenwärtige Erfahrung das Produkt früheren Handelns und Wollens, und unsere künftigen Lebensumstände hängen von dem ab, was wir jetzt wollen und tun. Es werden drei Arten von Handlungen unterschieden: förderliche Taten, die eine Tendenz zu höheren *Samsāra*-Bereichen oder – wenn der Erleuchtungsgeist geweckt wurde – zur Befreiung haben; schädliche Taten, die eher zur Fortsetzung von Verblendung und Leiden führen; und neutrale Taten.
Seinen Ursprung hat das karmische Wirken im irrtümlichen Glauben an

die Existenz eines Ich, der eine endlose Kettenreaktion der Beschützung und Absicherung dieses Ich in Gang setzt. Untadeliges Handeln kann die Lage zwar verbessern, aber wirklich unterbrechen läßt sich diese Kettenreaktion nur, wenn man sie aufgrund von spiritueller Schulung und Einsicht transzendiert.

Kāya (Skrt.) siehe *Trikāya*.

Klesha (Skrt., Pāli: *Kilesa*), «Plage», «Befleckung», «Leidenschaft». Die den Geist trübenden Leidenschaften, die zur Grundlage des schädlichen Handelns werden und den Menschen so an den Kreislauf der Wiedergeburt *(Samsāra)* binden. Das Erlangen der Arhatschaft (siehe *Arhat*) bedeutet die Auslöschung aller *Kleshas*.

Kōan (jap., chin.: *kung-an*), wörtlich: «öffentlicher Aushang», ein Mittel der Zen-Schulung vor allem im *Rinzai*-Zen. Nach Richard DeMartino ist ein *Kōan* «eine Zen-Darstellung in Form einer Zen-Herausforderung». Die meist kurzen Zen-Anekdoten, die als Kōan dienen, enthalten als Kernpunkte «paradoxe», d. h. das Denken überschreitende Aussagen, die sich nur durch einen Sprung aus dem Normalbewußtsein auf eine nichtdualistische Erfahrungsebene begreifen lassen. An der Weise, wie ein Zen-Übender auf diese «Herausforderung» antwortet, erkennt der Zen-Meister, ob und in welcher Tiefe er *Satori*, das «Erwachen» erfahren hat.

Lama (tib.), «Höherstehender». Im tibetischen Buddhismus ein religiöser Meister, der von seinen Schülern als authentische Verkörperung der buddhistischen Lehren verehrt wird. Der Titel «Lama» wird für *Guru* im traditionellen indischen Sinne gebraucht, hat aber noch weitere Bedeutungen. Für das *Vajrayāna* ist der *Lama* deshalb besonders wichtig, weil er die Rituale nicht nur lehrt, sondern auch befugt ist, sie auszuführen. Als spirituelle Autorität kann er Oberhaupt mehrerer Klöster sein und politischen Einfluß besitzen. Der spirituelle «Wert» des *Lama* ist an dem Ehrentitel *Rinpoche* («Außerordentlich Kostbarer») zu erkennen, den man besonders qualifizierten Meistern verleiht. Heute wird *Lama* jedoch häufig als höfliche Anredeform für jeden tibetischen Mönch verwendet, ungeachtet der Höhe seiner spirituellen Entwicklung.

Lojong (tib.), «Geist-Schulung». Insbesondere die Methode der Erweckung des Erleuchtungsgeistes *(Bodhichitta)*, die von Atīsha (etwa

980–1055), dem Begründer der *Kadam*-Schule des tibetischen Buddhismus, in Tibet eingeführt und systematisiert wurde.

Loka (Skrt.), «Welt». Ein Begriff, der im Zusammenhang mit der traditionellen Einteilung des Universums in verschiedene Welten gebraucht wird. Das ist im allgemeinen eine Dreiteilung in Himmel, Erde und Hölle, die wiederum in insgesamt sechs Bereiche unterteilt sind. Der Himmel umfaßt den Bereich der Götter und der «eifersüchtigen Götter» *(Asura)*, die Erde den Bereich der Menschen und den der Tiere, die Hölle den Bereich der Hungrigen Geister *(Preta)* und den der Höllenwesen. Den sechs Bereichen entsprechen sechs Arten der inneren Verfassung: Glückseligkeit; Eifersucht und Hang zu Lustbarkeiten; Leidenschaft und Begierde; Unwissenheit; Armut und Besitzgier; und Feindseligkeit und Haß.

Madhyamaka (Skrt.), «Mittlerer Weg». Eine von dem großen indischen Lehrer und Gelehrten Nāgārjuna begründete *Mahāyāna*-Schule, die die *Shūnyatā*-Lehre in den Mittelpunkt stellt.

Mahāsiddha (Skrt.), etwa «Großer Meister der vollkommenen Fähigkeiten». Im *Vajrayāna* ein Asket, der die Lehren der Tantras gemeistert hat. Er besitzt gewisse magische Kräfte *(Siddhis)*, die sichtbare Zeichen seiner Erleuchtung darstellen. Am bekanntesten ist die Gruppe der vierundachtzig *Mahāsiddhas*, der Männer und Frauen aller Gesellschaftsschichten angehörten. Sie gaben ein Vorbild hoher individueller Verwirklichung, das den tibetischen Buddhismus besonders stark beeinflußte.

Mahāyāna (Skrt.), «Großes Fahrzeug». Eine der beiden großen Schulen des Buddhismus; die andere ist das *Hīnayāna*, das «Kleine Fahrzeug». Das Hauptaugenmerk liegt im Mahāyāna auf der Leere *(Shūnyatā)*, der Haltung der Barmherzigkeit und der allen Wesen innewohnenden Buddha-Natur. Die Idealgestalt des *Mahāyāna* ist der *Bodhisattva*, weshalb es häufig auch «der Weg des Bodhisattva» genannt wird.

Mandala (Skrt.), «Kreis», «Bogen» oder «Abschnitt». Eine symbolische Darstellung der kosmischen Kräfte in zwei- oder dreidimensionaler Form. Von Bedeutung vor allem für den tantrischen Buddhismus Tibets (siehe *Tantra*).

Mañjushrī (Skrt., jap.: *Monju*), wörtlich «Der edel und sanft ist». Der *Bodhisattva* der Weisheit, eine der bedeutendsten Gestalten des buddhistischen Pantheon.

Mantra (Skrt.). Eine mit Kraft aufgeladene Silbe oder Folge von Silben, in der bestimmte kosmische Kräfte oder Aspekte der Buddhas zum Ausdruck kommen; manchmal auch der Name eines Buddha. Das ständige Wiederholen von *Mantras* wird in vielen Schulen des Buddhismus als eine Form der Meditation praktiziert; auch im *Vajrayāna* spielt es eine bedeutende Rolle. Hier ist *Mantra* als ein Mittel zur Beschützung des Geistes definiert. In der durch spirituelle Praxis bewirkten Umwandlung von «Körper, Rede und Geist» steht *Mantra* für den Aspekt der Rede. *Mantra*-Rezitation ist immer verbunden mit detaillierten Visualisationen und bestimmten Körperhaltungen.

Mudrā (Skrt.), «Siegel», «Zeichen». Eine Körperhaltung oder symbolische Geste. In der buddhistischen Ikonographie wird jeder Buddha mit einer charakteristischen Handhaltung dargestellt, die natürlichen Gesten (etwa des Lehrens oder des Beschützens), aber auch bestimmten Aspekten der buddhistischen Lehre oder des jeweils abgebildeten Buddha entspricht. Im *Vajrayāna* begleiten *Mudrās* die Ausführung kultischer Handlungen und die *Mantra*-Rezitation. Sie unterstützen auch das Hervorrufen bestimmter innerer Zustände, indem sie deren körperlichen Ausdruck vorwegnehmen; damit tragen sie dazu bei, eine Verbindung zwischen dem Übenden und dem in seiner Meditationsübung *(Sādhana)* visualisierten Buddha herzustellen.

Nāga (Skrt.), «Schlange». Der «Drache», ein wohlwollendes halbgöttliches Wesen, das im Frühjahr in den Himmel aufsteigt und im Winter tief in der Erde lebt. *Nāga* oder *Mahānāga* («Großer Drache») wird häufig als Bezeichnung für den Buddha gebraucht oder für Weise von sehr hoher Entwicklung, die nicht wiedergeboren werden. *Nāgarājas* («Drachenkönig/-in») sind Wassergottheiten, die Quellen, Flüsse, Seen und Meere regieren. In vielen buddhistischen Traditionen sind *Nāgas* Wassergottheiten, die in Meerespalästen die ihnen anvertrauten buddhistischen Schriften solange verwahren, wie die Menschheit noch nicht reif ist, sie zu empfangen.

Nicht-Ich siehe *Anātman*.

Nidāna (Skrt. und Pāli) siehe *Pratītya-Samutpāda*.

Nirmānakāya siehe *Trikāya*.

Nirvāna (Skrt., Pāli: *Nibbāna*), «Erlöschen». Das Ziel der spirituellen Praxis in allen Zweigen des Buddhismus. Nach der Auffassung des frühen Buddhismus ist *Nirvāna* das Ausscheiden aus dem Kreislauf der Wiedergeburten *(Samsāra)*, bedeutet aber nicht absolute Vernichtung, sondern das Eintreten in eine ganz andere Daseinsweise. Es erfordert die vollständige Überwindung der «schädlichen Wurzeln» – Gier, Haß und Verblendung – und das Aufhören aller Willensregungen. Es bedeutet Befreiung von der determinierenden Wirkung des *Karma*. *Nirvāna* ist nicht-bedingt; sein Kennzeichen ist das Fehlen von Entstehen, Bestehen, Wandel und Vergehen. Es wird auch beschrieben als das Verweilen in der Erfahrung des Absoluten, als Glückseligkeit in dem Wissen um die eigene Identität mit dem Absoluten und als das Freisein vom Haften an Illusionen, Affekten und Begierden.

Pāramitā (Skrt.), «Das, was das andere Ufer erreicht (hat)». Die *Pāramitās*, meist als «Vollkommenheiten» übersetzt, sind die Tugenden, die ein Bodhisattva im Laufe seiner Entwicklung vervollkommnet. Es gibt sechs dieser das andere Ufer erreichenden oder transzendenten Tugenden: *Dāna-Pāramitā* (Gebefreudigkeit), *Shīla-Pāramitā* (Sittlichkeit), *Kshānti-Pāramitā* (Geduld), *Vīrya-Pāramitā* (Energie oder entschlossenes Bemühen), *Dhyāna-Pāramitā* (Meditation) und *Prajñā-Pāramitā* (Weisheit).

Parinirvāna (Skrt., Pāli: *Parinibbāna*), «Völliges Erlöschen». Synonym für *Nirvāna*. *Parinirvāna* wird häufig dem nachtodlichen *Nirvāna* gleichgesetzt, kann aber auch für das *Nirvāna* vor dem Tod gebraucht werden. Manchmal ist mit *Parinirvāna* nur der Tod eines Mönchs oder einer Nonne gemeint.

Pitaka (Skrt. und Pāli) siehe *Tripitaka*.

Powa (tib.). Das Herausschleudern des Bewußtseins im Augenblick des Todes.

Prajñā (Skrt., Pāli: *Penna*), «Weisheit». Ein zentraler Begriff des *Mahāyāna*, der sich auf ein unmittelbar erfahrenes und nicht begrifflich-intellektuell zu vermittelndes intuitives Wissen bezieht. Der kennzeichnende Zug dieser Weisheit ist die Einsicht in die Leere *(Shūnyatā)*, das heißt in die wahre Natur der Wirklichkeit. Das Erlangen der *Prajñā* wird häufig der Erleuchtung gleichgesetzt und ist eines der Wesensmerkmale der Buddhaschaft. *Prajñā* ist auch eine der Vollkommenheiten *(Pāramitā)*, die der Bodhisattva im Laufe seiner Entwicklung verwirklicht.

Pratītya-Samutpāda (Skrt., Pāli: *Patichcha-Samuppāda*), «bedingtes Entstehen» oder «Entstehen in Abhängigkeit». Die Lehre vom bedingten Entstehen besagt, daß alle geistigen und körperlichen Phänomene, die das individuelle Dasein bilden, voneinander abhängen und einander bedingen. Zugleich ist damit beschrieben, was die Lebewesen in das *Samsāra* verstrickt.

Die Lehre vom Bedingungszusammenhang alles Entstehenden bildet zusammen mit der *Anātman*-Doktrin den Grundbestand der Lehren aller buddhistischen Schulen. Das Erlangen der Erleuchtung und damit die Verwirklichung der Buddhaschaft hängt vom Begreifen dieser Lehre ab.

Die Kette des bedingten Entstehens fügt sich aus zwölf Gliedern *(Nidāna)*: Durch (1) Unwissenheit sind die (2) geistigen Formkräfte oder Tatabsichten bedingt, die dem Handeln vorausgehen. Sie können gut, schlecht oder neutral sein und beziehen sich auf körperliches, sprachliches und geistiges Handeln. Sie wiederum bedingen das (3) Bewußtsein im nächsten Leben des Individuums. Dieses Bewußtsein tritt nach dem Tod des noch nicht Befreiten erneut in einen Mutterschoß ein und führt so zum Entstehen von (4) «Name-und-Form», von Körperlichem und Geistigem, das heißt zur Entstehung eines neuen aus den fünf *Skandhas* gebildeten Wesens. Welchen Mutterschoß das Bewußtsein wählt, hängt von seinen Eigenschaften ab, die wiederum durch die geistigen Formkräfte oder Impulse bestimmt sind. Bedingt durch Name-und-Form entstehen die (5) Sechs Grundlagen. Das sind die sechs Sinnesbereiche, die sich dem Wesen nach seiner Geburt darbieten, und durch sie bedingt kommt es zur (6) Berührung mit der Umwelt. Diese Berührung weckt (7) Empfindungen, aus denen sich für einen, der im buddhistischen Sinne unwissend ist, (8) Begierde entwickelt. Unwissenheit und Begierde führen nach dem Tod des Individuums zum (9) Haften an einem Mutterschoß, wo ein neuer (10) Werdeprozeß in Gang gesetzt wird. Dem folgt (11) die Wiedergeburt und ein Leben, das abermals mit (12) Alter und Tod endet. Der gesamte Bedingungszusammenhang umfaßt demnach drei Existenzen: 1 und 2 beziehen sich auf die vorige Existenz, 3 bis 7 auf die Bedingungen des gegenwärtigen Lebens, 8 bis 10 auf die Früchte des gegenwärtigen Lebens und 11 und 12 auf das künftige Leben.

Pratyeka-Buddha (Skrt., Pāli: *Pachcheka-Buddha*), «Einsam Erwachter». Bezeichnung für einen Erwachten (Buddha), der die Erleuchtung ganz aus sich selbst und nur für sich allein verwirklicht hat. Ihm fehlen aber die besonderen Vorzüge eines vollständig Erleuchteten, etwa die All-Erkenntnis und die Zehn Kräfte. Er steht, was seinen spirituellen Entwicklungsstand angeht, zwischen dem Arhat und dem vollkommen erleuchteten Buddha.

Preta (Skrt., Pāli: *Peta*), wörtlich «Abgeschiedene», die sogenannten Hungrigen Geister. Sie stehen für eine der drei schlechten Daseinsweisen. *Pretas* sind Wesen, deren *Karma* für eine Wiedergeburt in der Hölle zu gut und für eine Wiedergeburt als *Asura* zu schlecht ist. Gier, Neid und Eifersucht können nach traditioneller Anschauung zu einer Wiedergeburt als *Preta* führen. *Pretas* leiden qualvollen Hunger, weil sie gewaltige Bäuche haben, ihr Mund aber winzig wie ein Nadelöhr ist. Sie sind auch allen möglichen anderen Torturen ausgesetzt.

Rāksha (Skrt.), mehr oder weniger böse Geister. Es werden drei Arten unterschieden: harmlose Wesen; Titanen oder Feinde der Götter; und Dämonen und Teufel, die an Bestattungsorten ihr Unwesen treiben und die Menschen belästigen.

Rinpoche (tib.) siehe *Lama*.

Rinzai (jap., chin.: *Lin-chi*). Nach einem der großen chinesischen Meister benannte bedeutende Schule des *Ch'an (Zen)* und eine der beiden Schulen des *Zen*, die heute noch in Japan lebendig sind. In der *Rinzai*-Schule wird das *Kanna-Zen* (das «Zen der Betrachtung der Worte»), also die *Kōan*-Schulung, als der Weg angesehen, der am schnellsten zur Verwirklichung der Erleuchtung führt. (Siehe auch *Sōtō*.)

Rōshi (jap.), «alter (verehrungswürdiger) Meister». Titel eines Zen-Meisters. Die traditionelle Zen-Schulung findet unter einem *Rōshi* statt, der Mönch oder Laie, Mann oder Frau sein kann. Aufgabe des *Rōshi* ist es, seine Schüler auf dem Weg zur Erleuchtung anzuleiten und zu inspirieren. Es versteht sich von selbst, daß er dazu selbst tiefe Erleuchtung erfahren haben muß.

Sādhana (Skrt.). Abgeleitet von *sādh*, «zum Ziel gelangen», bedeutet daher soviel wie «Mittel zur Vollendung». Im *Vajrayāna*-Buddhismus bezeichnet «Sādhana» eine bestimmte Art von Ritualtexten und die Meditationsanweisungen, die darin gegeben werden. Solche Texte beschreiben sowohl in allen Einzelheiten die Gottheiten, die als spirituelle Wirklichkeit erfahren werden sollen, als auch den gesamten Übungsprozeß von ihrer Visualisierung bis zu ihrer Auflösung in der formlosen Meditation. Für diese Art von religiöser Übung, von zentraler Bedeutung im tibetischen Buddhismus, bedarf es der Ermächtigung und Einweihung durch einen Meister. Dabei wird auch das mit der Gottheit verbundene *Mantra* übermittelt.

Samādhi (Skrt. und Pāli), wörtlich «Fixieren», «Festmachen». Sammlung des Geistes auf einen einzigen Gegenstand durch (allmähliches) Zur-Ruhe-Bringen der Geistestätigkeit. *Samādhi* ist ein nichtdualistischer Bewußtseinszustand, in dem das Bewußtsein des erfahrenen «Subjekts» eins wird mit dem erfahrenen «Objekt». Dieser Zustand wird häufig als «Einspitzigkeit des Geistes» bezeichnet, doch dieser Ausdruck ist irreführend, weil er an «Konzentration» auf einen Punkt denken läßt, auf den der Geist «gerichtet» ist. Im *Samādhi* müht sich der Geist weder um Konzentration auf einen Punkt, noch ist er von hier (Subjekt) nach da (Objekt) gerichtet, denn das wäre eine dualistische Erfahrungsweise.

Samaya (Skrt.), «Zusammenkommen». Das *Vajrayāna*-Prinzip der Verpflichtung und Bindung, durch welche die gesamte Erfahrung des Schülers an den Pfad gebunden wird.

Samsāra (Skrt.), «Wanderung». Der Kreislauf der Existenzen, eine Folge von Wiedergeburten, die ein Lebewesen in den verschiedenen Daseinsbereichen durchläuft, bis es Befreiung erlangt. Das Gefangensein im *Samsāra* ist durch die «drei schädlichen Wurzeln» Gier, Haß und Verblendung bedingt. Von welcher Art die Wiedergeburt im *Samsāra* ist, hängt vom *Karma* eines Lebewesens ab. Im *Mahāyāna* bezeichnet «Samsāra» die phänomenale Welt und wird als wesenhaft mit dem *Nirvāna* angesehen.

Samskāra (Skrt., Pāli: *Sankhara*), «Eindruck», «Nachwirken». Im allgemeinen als «Gestaltungen», «psychische Formkräfte» oder «Tatabsichten» übersetzt. *Samskāra* ist der vierte der fünf *Skandhas* und das zweite Glied in der Kette des bedingten Entstehens *(Pratītya-Samutpāda)*. Zu den Gestaltungen oder Formkräften gehören alle Willensimpulse oder Absichten, die einer Tat vorausgehen. Da Handlungen körperlicher, sprachlicher oder geistiger Art sein können, werden körperliche, sprachliche und geistige Tatabsichten unterschieden. Ihr Vorhandensein ist die Voraussetzung einer weiteren Wiedergeburt. Wo sie fehlen, wird kein *Karma* erzeugt, und es kommt zu keiner weiteren Geburt. Außerdem bestimmen sie auch die Art der Wiedergeburt, denn nach der Lehre des bedingten Entstehens prägen sie das Bewußtsein, das nach dem Tod eines Lebewesens einen neuen Mutterschoß sucht und das Werden einer neuen empirischen Person bedingt.

Sangha (Skrt.), «Menge», «Schar». Die buddhistische Gemeinschaft. Im engeren Sinne besteht der Sangha aus Mönchen und Nonnen. Im weiteren Sinne zählen auch die Laienanhänger zum *Sangha*.

Satori (jap.), Zen-Terminus für die Erfahrung des «Erwachens» (siehe *Bodhi*).

Sechs Bereiche siehe *Loka*.

Shākyamuni (Skrt.), «der Weise aus dem Geschlecht der Shākyas». Beiname von Siddhārtha Gautama, dem Begründer des Buddhismus und historischen Buddha, der dem Stamm der Shākyas angehörte. Siddhārtha erhielt diesen Beinamen, nachdem er sich von seinen Lehrern getrennt hatte und den Weg zur Erleuchtung allein zu finden beschloß.

Shamatha (Skrt.), «ruhiges Verweilen». Eine grundlegende Meditationspraxis der meisten buddhistischen Schulen; ihr Ziel ist es, durch unablässiges Zurückkehren zur meditativen Übung den Geist zu zähmen und zu schärfen. *Shamatha* wird als Ausgangsbasis für die Einsicht (*Vipashyanā*) geübt, ein Sehen, das die Erfahrungen nicht verfestigt und verdinglicht, sondern als transparent wahrnimmt.

Shāstra (Skrt.), «Belehrung», «Lehrbuch». Eine Gattung buddhistischer Schriften, meist ein Kommentar oder eine philosophische Abhandlung.

Shikantaza (jap.), «nichts als *(shikan)* treffend *(ta)* sitzen *(za)*». Eine Form des *Zazen*-Übens, bei der es keine Hilfsmittel mehr gibt wie das von Anfängern geübte Zählen der Atemzüge oder ein *Kōan*.

Shīla (Skrt., Pāli: *Sīla*), «Verpflichtungen», «Gebote». Die ethischen Richtlinien, die im Buddhismus das Verhalten von Mönchen, Nonnen und Laien festlegen und deren Befolgen die Vorbedingung jedes Fortschritts auf dem Pfad zum Erwachen (*Bodhi*) ist. Die zehn *Shīlas* für Mönche, Nonnen und Novizen sind: 1. nicht töten, 2. nicht nehmen, was nicht gegeben wird, 3. sich unerlaubter sexueller Betätigung enthalten, 4. unrechte Reden meiden, 5. berauschende Getränke meiden, 6. nach der Mittagsstunde keine feste Nahrung mehr zu sich nehmen, 7. Musik, Tanz, Schauspiel und andere Vergnügungen meiden, 8. sich des Gebrauchs von Duftessenzen und Schmuck enthalten, 9. nicht in hohen, weichen Betten schlafen, 10. die Berührung mit Geld und anderen Wertgegenständen vermeiden. Die ersten fünf *Shīlas* gelten auch für buddhistische Laien generell, und an bestimmten Tagen beachten sie die ersten acht Gebote.

Shrāvaka (Skrt.), «Hörer». Ursprünglich wurden so die persönlichen Schüler des Buddha oder Schüler ganz allgemein bezeichnet. Im Mahāyāna sind damit Schüler gemeint, die nur für sich selbst Erleuchtung suchen, dies aber im Unterschied zu *Pratyeka-Buddhas* und *Bodhisattvas* nur dadurch erreichen können, daß sie die Lehre hören und dadurch Einsicht in die Vier Edlen Wahrheiten (siehe dort) und die Unwirklichkeit der Phänomene gewinnen.

Shūnyatā (Skrt., Pāli: *Sunnatā*), «Leere», «Leerheit». Zentralbegriff des Buddhismus. Der alte Buddhismus erkannte, daß alle zusammengesetzten Dinge leer, vergänglich, ohne Selbst-Wesen und leidbehaftet sind. Während diese Leerheit im *Hīnayāna* jedoch auf die Person bezogen wird, gelten im *Mahāyāna* alle Dinge als leer. *Shūnyatā* bedeutet nicht, daß die Dinge nicht existieren, sondern daß sie nichts über die Erscheinung hinaus sind. Im *Vajrayāna* enspricht der Leere das weibliche Prinzip – ungeboren, unsterblich, wie der Raum.

Siddha (Skrt.), «vollkommen», «vollendet». Ein erleuchteter Meister der tantrischen Tradition, der nicht nur die absolute Schau der wahren Wirklichkeit gewonnen hat, sondern dieses Absolute auch in allen Dingen der phänomenalen Welt zu erkennen vermag.

Siddhi (Skrt.), etwa «vollkommene Fähigkeit». Im Zusammenhang des buddhistischen Yoga, wie er vor allem im *Vajrayana* geübt wird, ist mit *Siddhis* die vollkommene Beherrschung der Kräfte des Körpers und der

Natur angesprochen. Im *Vajrayāna* kennt man acht «gewöhnliche» *Siddhis*: 1. das Schwert, das unbesiegbar macht, 2. das Elixier für die Augen, das Götter sichtbar macht, 3. Schnelligkeit beim Laufen, 4. Unsichtbarkeit, 5. die Lebensessenz, welche die Jugend bewahrt, 6. die Fähigkeit zu fliegen, 7. die Fähigkeit, bestimmte Pillen herzustellen, 8. Macht über die Welt der Geister und Dämonen. Von diesen wird als die einzige «außerordentliche» oder höchste *Siddhi* die Erleuchtung unterschieden. In den Biographien der vierundachtzig *Mahāsiddhas* ist das Erlangen dieser Fähigkeiten im einzelnen beschrieben.

Skandha (Skrt., Pāli: *Khanda*), «Gruppe», «Anhäufung». Ausdruck für die fünf Anhäufungen, aus denen all das gebildet ist, was man als «Persönlichkeit» bezeichnet. Die *Skandhas* sind 1. Form, 2. Empfinden/Gefühl, 3. Wahrnehmung (Wahrnehmung-Impuls), 4. geistige Formkräfte, 5. Bewußtsein. Diese Anhäufungen werden häufig auch als «Gruppen des Anhaftens» bezeichnet, da sich – außer im Falle der Arhats und Buddhas – die Begierde an sie heftet und sie an sich zieht, womit sie zu Gegenständen des Anhaftens werden und Leiden erzeugen.

Sōtō (jap., chin.: *Ts'ao-tung*). Eine der beiden bedeutendsten Schulen des *Zen* in China und Japan. Die Bezeichnung «Sōtō» ist aus den Anfangssilben der Namen zweier bedeutender chinesischer Meister gebildet. Die *Sōtō*-Schule stellt das *Mokushō*-Zen («das Zen der schweigenden Erleuchtung») und damit die *Shikantaza*-Praxis in den Vordergrund. Die andere der beiden Hauptschulen ist das *Rinzai*-Zen (siehe dort).

Sūtra (Skrt., Pāli: *Sutta*), «(Leit-)Faden». Lehrrede des Buddha. Die *Sūtras* sind im zweiten Teil des buddhistischen Kanons (siehe *Tripitaka*), im *Sūtra-Pitaka* oder «Korb der Lehrreden», zusammengefaßt. Die *Sūtras* sind uns in Pāli- und/oder Sanskrit-Fassungen, vielfach auch in chinesischen und tibetischen Übersetzungen, manchmal auch nur noch in der Form von Übersetzungen überliefert.

Tantra (Skrt.), «Gewebe», «Zusammenhang», «Kontinuum»; die Bedeutung ist der von *Sūtra*, «(Leit-)Faden», analog, nur daß hier eher etwas Ausgearbeitetes oder «Gewebtes» gemeint ist. Im tibetischen Buddhismus können *Tantras* ganz verschiedenartige Texte sein, von logischen oder medizinischen bis hin zu philosophischen, astrologischen oder mathematischen Abhandlungen. Vor allem bezeichnet man mit

Tantra jedoch die spirituellen Grundwerke des *Vajrayāna* und die darin beschriebenen Meditationssysteme. Vielfach wird *Tantra* auch als Synonym für *Vajrayāna* verwendet.

Tathāgata (Skrt. und Pāli), «Der so Dahingelangte» oder «so Gekommene». Ein Vollendeter, der auf dem Weg der Wahrheit zur vollkommenen Erleuchtung gelangt ist. Einer der zehn Titel des Buddha, den er selbst gebrauchte, wenn er von sich oder von anderen Buddhas sprach.

Theravāda (Pāli), «Lehre der Ordensältesten». Die *Hīnayāna*-Schule (auch Pāli-Schule genannt), die sich infolge des sogenannten dritten Konzils bildete und um 250 v. Chr. nach Ceylon gelangte. Heute ist der *Theravāda* vor allem in den Ländern Südostasiens verbreitet und betrachtet sich als die Schule, die der ursprünglichen Form des Buddhismus am nächsten ist. Die Betonung liegt im *Theravāda* auf der Befreiung des einzelnen durch eigenes Bemühen in der Meditation, unterstützt durch das Einhalten der sittlichen Gebote und ein mönchisches Leben.

Trikāya (Skrt.), «Drei Körper». Bezieht sich auf die drei Körper, die ein Buddha nach Auffassung des *Mahāyāna* besitzt. Grundlage dieser Lehre ist die Überzeugung, daß ein Buddha eins ist mit dem Absoluten, sich aber in der relativen Welt manifestiert, um zum Wohl aller Wesen wirken zu können. Die drei Körper sind: 1. *Dharmakāya* («Körper der Großen Ordnung»), die wahre Natur des Buddha, die mit der transzendenten Wirklichkeit, der Essenz des Universums, identisch ist. Der *Dharmakāya* ist das Einssein des Buddha mit allem Existierenden. Er steht aber auch für den *Dharma*, die Lehre, die der Buddha darlegt. 2. *Sambhogakāya* («Körper des Entzückens»), der Körper von Buddhas, die sich in einem sogenannten Buddha-Paradies der von ihnen verkörperten Wahrheit erfreuen. 3. *Nirmāṇakāya* («Körper der Verwandlung»), der irdische Körper, in dem der Buddha den Menschen erscheint und seinen Entschluß verwirklicht, alle Wesen zur Befreiung zu führen.

Tripiṭaka (Skrt., Pāli: *Tipiṭaka*), «Dreikorb». Der aus drei Teilen – *Vinaya-Piṭaka*, *Sūtra-Piṭaka* und *Abhidharma-Piṭaka* – bestehende Kanon buddhistischer Schriften. Der erste «Korb» enthält Berichte von den Ursprüngen des buddhistischen *Sangha*, aber auch die Disziplinregeln für das Zusammenleben der Mönche beziehungsweise Nonnen. Der zweite enthält Lehrreden, die der Überlieferung nach unmittelbar aus dem Mund des Buddha oder eines seiner unmittelbaren Schüler stammen. Der dritte «Korb» stellt ein Kompendium buddhistischer Psychologie und Philosophie dar.

Trishnā (Skrt., Pāli: *Tanha*), «Durst», «Gier», «Verlangen», «Begehren». Ein zentraler Begriff des Buddhismus. *Trishnā* ist das Begehren, daß durch die Berührung eines Sinnesorgans mit einem entsprechenden Gegenstand entsteht. Dieses Begehren ist die Ursache des Anhaftens und daher des Leidens *(Duhkha)* und bindet die Lebewesen an den Daseinskreislauf *(Samsāra)*.

Tulku (tib.), «Körper der Verwandlung». Im tibetischen Buddhismus die Bezeichnung für eine Person, die nach bestimmten Prüfungen als Wiederverkörperung einer verstorbenen Person anerkannt wird.

Upāsaka (Skrt. und Pāli, weibl. Form *Upāsikā*), «Dabeisitzende(r)». Buddhistische Laienanhänger, die Zuflucht zum *Buddha*, zum *Dharma* und zum *Sangha* nehmen und die fünf *Shīlas* zu halten geloben.

Upāya (Skrt.), Geschicklichkeit in Mitteln und Methode. 1. Die Fähigkeit eines *Bodhisattva*, andere Wesen durch «geschickte Mittel» zur Befreiung zu führen. Das können je nach den Umständen alle nur möglichen Methoden oder auch Listen sein, von einer einfachen Predigt bis hin zu aufsehenerregenden Wundern. 2. Geschicklichkeit in der Darlegung der Lehre.

Vajra (Skrt., tib.: *Dorje*), «Diamant», Symbol des Unzerstörbaren. Im allgemeinen steht der Ausdruck *Vajra* für das, was weder entsteht noch vergeht und daher unzerstörbar ist, also für die Wahre Wirklichkeit, die Leere *(Shūnyatā)*, die Wesen oder Essenz alles Seienden ist. In der *Vajrayāna*-Praxis ist der *Dorje* («Herr der Steine») einer der wichtigsten Ritualgegenstände.

Vajrayāna (Skrt.), «Diamantfahrzeug». Eine Schule des Buddhismus, die sich um die Mitte des ersten Jahrtausends vor allem im Nordosten und Nordwesten Indiens bildete. Sie entwickelte sich aus den Lehren des *Mahāyāna* und gelangte zusammen mit dem *Mahāyāna* von Zentralasien und Indien aus nach China, Tibet und Japan. Sie entstand aus dem Bedürfnis, die Weltsicht des Buddhismus auch auf alte «magische» Praktiken auszudehnen. Ihr charakteristischer Zug ist ein ausgeprägtes Ritualwesen, das als psychologische Methode zu verstehen ist.

Vidyā (Skrt.), «Wissen», «Erkenntnis»; Gegenbegriff zu *Avidyā*. Es gibt zwei Arten von *Vidyā*: 1. niedere Erkenntnis oder intellektuell erworbenes Wissen; 2. höhere Erkenntnis, das heißt intuitive, spirituelle Erfahrung, die bis zur Erleuchtung und Befreiung und zum Erfassen der letzten Wirklichkeit führt.

Vier Edle Wahrheiten (Skrt.: *Ārya-Satya*, Pāli: *Ariya-Satta*). Die Grundlage der buddhistischen Lehre. Die Vier Edlen Wahrheiten sind: 1. die Wahrheit vom Leiden, 2. die Wahrheit von der Entstehung des Leidens, 3. die Wahrheit vom Aufhören des Leidens und 4. die Wahrheit vom Weg, der zum Aufhören des Leidens führt.
Die erste Wahrheit besagt, daß alles Dasein leidvoll und unbefriedigend ist. Alles ist Leiden: Geburt, Krankheit, Tod; Zusammensein mit dem, was man nicht liebt; Getrenntsein von dem, was man liebt; nicht bekommen, was man sich wünscht; und die fünf Gruppen des Anhaftens *(Skandha)*, die die Persönlichkeit bilden.
Die zweite Wahrheit benennt als Ursache des Leidens das Begehren oder Verlangen, den Durst *(Trishnā)* nach sinnlicher Lust, nach Werden und Vergehen. Dieses Begehren bindet die Lebewesen an den Kreislauf der Existenzen *(Samsāra)*.
Der dritten Wahrheit zufolge kann das Leiden durch Aufhebung des Begehrens beendet werden.
Die vierte Wahrheit benennt als das Mittel zur Beendigung des Leidens den *Achtfachen Pfad* (siehe dort).

Vinaya (Skrt. und Pāli), «Disziplin», siehe *Tripitaka*.

Vipashyanā (Skrt., Pāli: *Vipassanā*). Einsicht oder Hellblick. Das intuitive Erkennen der drei Merkmale des Daseins: Vergänglichkeit, Leidhaftigkeit und Nicht-Ichhaftigkeit *(Anātman)* aller körperlichen und geistigen Phänomene. Im *Mahāyāna* ist *Vipashyanā* ein analytisches Erforschen der Natur der Dinge, das zur Einsicht in das wahre Wesen der Welt führt, nämlich Leere *(Shūnyatā)*. Diese Einsicht verhindert das Entstehen neuer Leidenschaften. *Vipashyanā* ist einer der beiden Faktoren, die für das Erlangen der Erleuchtung wesentlich sind; der andere ist *Shamatha* (Beruhigung des Geistes).

Vīryā (Skrt., Pāli: *Viriya*), «Mannhaftigkeit». Energie oder Willenskraft, identisch mit dem sechsten Glied des *Achtfachen Pfades* (siehe dort) und der vierten *Pāramitā*. Grundlage des beharrlichen Bemühens,

Zuträgliches zu schaffen und Abträgliches zu meiden und Unreines in Reines zu verwandeln.

Yidam (tib.), «fester Geist». Im *Vajrayāna*-Buddhismus ein als Gottheit personalisierter Aspekt des Absoluten, der der seelisch-geistigen Veranlagung des Meditierenden entspricht und ihm deshalb als Meditationsgottheit zugeordnet wird. *Yidams* werden als Manifestationen des *Sambhogakāya* (siehe *Trikāya*) angesehen und bei der Meditationsübung visualisiert. Sie können in friedvoller oder rasender Gestalt erscheinen.

Yoga (Skrt.), «Joch». Ursprünglich im Sinne von «Anschirren» an Gott, Suche nach Vereinigung mit ihm. Im weitesten Sinne jeder spirituelle Weg des Strebens nach der fundamentalen Einheitserfahrung. Insbesondere eine allgemeine Bezeichnung für die tantrischen Praktiken des tibetischen Buddhismus.

Yogāchāra (Skrt.), «das Ausüben des Yoga». Eine Schule des indischen *Mahāyāna*-Buddhismus, begründet von Maitreyanātha, Asanga und Vasubandhu.

Yogi (auch Yogin), weibliche Form Yoginī (Skrt.). Ausübende(r) eines *Yoga*. Im Buddhismus wird diese Bezeichnung hauptsächlich für die tantrischen Praktiker des *Vajrayāna* verwendet.

Zazen (jap., chin.: *Tso-ch'an*), «Sitzen in Versunkenheit». Form der meditativen Übung, wie sie im *Zen* als der direkteste Weg zur Erleuchtung angesehen wird.

Zen (jap., chin.: *Ch'an*). Japanische beziehungsweise chinesische Form des Sanskritwortes *Dhyāna*, das als meditative Sammlung oder Versunkenheit übersetzt werden kann. Das *Ch'an* oder *Zen* ist eine Schule des *Mahāyāna*-Buddhismus, die sich – nach der Übermittlung des *Dhyāna*-Prinzips durch den indischen Mönch Bodhidharma – im sechsten und siebten Jahrhundert in China entwickelte. Mehr als jede andere Schule betont das Zen die überragende Bedeutung der Erleuchtungserfahrung und die Bedeutungslosigkeit ritueller religiöser Praktiken und der intellektuellen Analyse der Lehre für das Erlangen der Erleuchtung. Zen lehrt die Übung des *Zazen* – des «Sitzens in Versunkenheit» – als den kürzesten, aber auch steilsten Weg zum Erwachen.

Für dieses Glossar wurden folgende Werke zu Rate gezogen: Lexikon der östlichen Weisheitslehren, *Bern/München/Wien (O. W. Barth) 1986.*
The Rain of Wisdom, *übers. v. Nālandā Translation Committee unter Leitung von Chögyam Trungpa, Boston und London (Shambhala) 1980.*
Yeshe Tsogyal: The Lotus-Born: The Life Story of Padmasambhava, *übers. v. Erik Pema Künsang, Boston und London (Shambhala) 1993.*

Quellenverzeichnis

Die speziell für dieses Buch verfaßten Teile stammen von den Herausgebern Samuel Bercholz, Sherab Chödzin Kohn und (für die deutsche Ausgabe) Stephan Schuhmacher; Übersetzung aus dem Englischen von Jochen Eggert.

Die folgenden Texte wurden mit freundlicher Genehmigung der jeweiligen Verlage verwendet:

1. **Kapitel: «Das Leben des Buddha»** Auszug aus: *The Awakened One: A Life of the Buddha*, Boston (Shambhala) 1994; dt. von Jochen Eggert.
3. **Kapitel: «Die Lehre des Buddha»** Aus dem Vorwort zu: *Vision of Dhamma: The Buddhist Writings of Nyanaponika Thera*, hrsgg. v. Bhikku Bodhi, York Beach (S. Weiser) 1987; dt. von Sylvia Wetzel.
4. **Kapitel: «Worte des Buddha aus dem *Dhammapada*»** Auszug aus: *Dhammapada. Des Buddhas Weg zur Weisheit*, übers. v. Nyanatiloka Mahathera, Uttenbühl (Jnana) 1992.
5. **Kapitel: «Die Entwicklung des Ich»** Aus: Chögyam Trungpa: *Spirituellen Materialismus durchschneiden*, Zürich/München (Theseus) 1993; dt. von Sylvia Luetjohann.
6. **Kapitel: «Die Dinge sehen, wie sie sind»** Aus: Nyānaponika: *Im Lichte des Dhamma. Buddhistische Texte*, Konstanz (Christiani) 1989.
7. **Kapitel: «Unser wahres Heim»** Aus: *Lotusblätter*, Zeitschrift der Deutschen Buddhistischen Union (DBU), Heft 4, 1991; dt. von Manfred Wiesberger.
8. **Kapitel: «Moralische Lebensführung, Sammlung und Weisheit»** Auszüge aus: *The Art of Living: Vipassana Meditation as Taught by S. N. Goenka*, hrsgg. v. William Hart, San Francisco (Harper S. F.) 1987; dt. von Jochen Eggert.
9. **Kapitel: «Karma und seine Frucht»** Aus: Nyānaponika: *Im*

Licht des Dhamma. Buddhistische Texte, Konstanz (Christiani) 1989.

10. Kapitel: «Die Praxis der Achtsamkeit» Aus: Bhikku Mangalo: *The Practice of Recollection: A Guide to Buddhist Meditation*, Boulder, Colorado, (Shambhala/Prajna) 1978; dt. von Sylvia Wetzel.
11. Kapitel: «Grenzenlose Freundlichkeit: Das *Metta-Sutta*» Aus: *Sutta-Nipāta*. Frühbuddhistische Lehrdichtungen aus dem Pali-Kanon, übers. v. Nyanaponika, Konstanz (Christiani) 1977.
12. Kapitel: «Vom Glauben an den Geist» Aus: Seng-ts'an: *Die Meisselschrift vom Glauben an den Geist. Das geistige Vermächtnis des dritten Patriarchen des Zen in China*, mit Erläuterungen von Soko Morinaga Rōshi, aus dem Chinesischen und Japanischen von Ursula Jarand, Bern u. a. (O. W. Barth) 1991.
13. Kapitel: «Das *Herz-Sūtra*» Deutsche Übersetzung nach: *The Heart Sutra*, übers. v. Nālandā Translation Committee (mit freundlicher Genehmigung); dt. von Jochen Eggert.
14. Kapitel: «Geben und Nehmen» Aus: Glenn H. Mullin (Übers.): «Exchanging Oneself for Others», Library of Tibetan Works and Archives, Dharamsala 1979; dt. von Jochen Eggert.
15. Kapitel: «Liebende Güte» Aus: Pema Chödrön: *Dharma als Lehre, Dharma als Erfahrung*, Braunschweig (Aurum) 1991; dt. von Katherine Cofer.
16. Kapitel: «Der Bodhisattva-Pfad» Aus: Chögyam Trungpa: *Spirituellen Materialismus durchschneiden*, Zürich/München (Theseus) 1993; dt. von Sylvia Luetjohann.
17. Kapitel: «Das Sūtra ‹Makellose Reinheit› – Ein Dialog mit der Laienanhängerin Gangottarā» Aus: Garma C. C. Chang (Hrsg.): *A Treasury of Mahayana Sutras*, University Park (Pennsylvania State U. P.) 1983; dt. von Jochen Eggert.
18. Kapitel: «Vom Umgang mit den Lebewesen – Aus dem *Vimalakīrti-Nirdesha-Sūtra*» Aus : Charles Luk (Hrsg.): *The Vimalakirti Nirdesa Sutra*, Boston (Shambhala) 1990; dt. von Jochen Eggert.
19. Kapitel: «Autobiographie eines Zen-Meisters» Aus: Hui-neng: *Das Sutra des Sechsten Patriarchen. Das Leben und die Zen-Lehre des chinesischen Meisters Hui-neng (638–713)*, mit Erläuterungen von Soko Morinaga Rōshi, aus dem Chinesischen und Japanischen von Ursula Jarand, Bern u. a. (O. W. Barth) 1989.
20. Kapitel: «Das Ich vergessen» Aus: Hakuyu Taizan Maezumi (Hrsg.): *The Way of Everyday Life: Zen Master Dogen's Genjokoan*, Los Angeles (Center Publications) 1978; dt. von Jochen Eggert.

21. **Kapitel: «Die zehn Stierbilder»** Aus: Philip Kapleau (Hrsg.): *Die drei Pfeiler des Zen. Lehre – Übung – Erleuchtung*, Bern u. a. (O. W. Barth) ⁹1992; aus dem Japanischen von Brigitte Kōun-an D'Ortschy.
22. **Kapitel: «Bewegungslose Weisheit»** Aus: Meister Takuan: *Zen in der Kunst des kampflosen Kampfes*, Bern u. a. (O. W. Barth) 1993; dt. von Jochen Eggert.
23. **Kapitel: «Zen-Geist – Anfänger-Geist»** Aus: Shunryu Suzuki: *Zen-Geist, Anfänger-Geist*, Zürich (Theseus) ⁶1993; dt. von Silvius Dornier und Pirmin Ragg.
24. **Kapitel: «Dharma-Worte»** Aus: Philip Kapleau (Hrsg.): *Die drei Pfeiler des Zen. Lehre – Übung – Erleuchtung*, Bern. u. a. (O. W. Barth) ⁹1992; aus dem Japanischen von Brigitte Kōun-an D'Ortschy.
25. **Kapitel: «Engagierter Buddhismus»** Aus: Thich Nhat Hanh: *Being Peace*, Berkeley (Paralax) 1987; dt. von Jochen Eggert.
26. **Kapitel: «Der Tantra-Schüler»** Aus: Chögyam Trungpa: *Journey Without Goal: The Tantric Wisdom of the Buddha*, Boulder, Colorado (Shambhala) 1981; dt. von Jochen Eggert.
27. **Kapitel: «Die Versucherin und der Mönch»** Copyright (c) Shambhala Publications, Boston, 1994; dt. von Jochen Eggert.
28. **Kapitel: «Die Vereinigung von Freude und Glück»** Aus: Chögyam Trungpa: *Der Mythos Freiheit* und der Weg der Meditation, Küßnacht (Theseus) 1989; dt. von Sylvia Luetjohann.
29. **Kapitel: «Die Gesänge eines Yogi»** Aus: Karma Tsultrim Palmo (Übers.): *Songs of Milarepa*, Copyright (c) Elizabeth Callahan; dt. von Jochen Eggert.
30. **Kapitel: «Ati – die Innerste Essenz»** Aus: Chögyam Trungpa (Hrsg.): *Mudra*, Berkeley (Shambhala) 1972; dt. von Jochen Eggert.
31. **Kapitel: «Jage sie fort!»** Aus: *Wind Horse*, übers. v. Herbert V. Guenther, hrsgg. v. R. Davidson, Berkeley (Asian Humanities) o. J.; dt. von Jochen Eggert.
32. **Kapitel «Die Quintessenz der mündlichen Unterweisungen»** Aus: Padmasambhava: *Unterweisungen für eine Dākinī* (Arbeitstitel), Bern u. a. (O. W. Barth), in Vorbereitung; dt. von Padmakara Übersetzungen.
33. **Kapitel: «Wiedergeburt in der buddhistischen Tradition»** Copyright (c) Shambhala Publications, Boston, 1994; dt. von Jochen Eggert.

Weiterführende Literatur

Erster Teil «Das Leben des Buddha und die Ausbreitung des Buddhismus»

Bechert, Heinz, und Gombrich, Richard: *Buddhismus, Geschichte und Gegenwart*, München (Beck) 1989.

Conze, Edward: *Buddhistisches Denken*, Frankfurt a.M. (Suhrkamp) 1990.

Govinda, Lama Anagarika: *Buddhistische Reflexionen*. Die Bedeutung von Lehre und Methoden des Buddhismus für westliche Menschen, Bern u.a. (O. W. Barth) 1993.

Lingwood, Dennis: *Das Buddha-Wort*. Das Schatzhaus der «heiligen Schriften» des Buddhismus – eine Einführung in die buddhistische Literatur, Bern u.a. (O. W. Barth) 1992.

Mitchell, Robert Allen: *Buddha*. Prinz, Asket, Erleuchteter, München (Kösel) 1992.

Schumann, Hans Wolfgang: *Der historische Buddha*. Leben und Lehre des Gotama, München (Diederichs) 1990.

Thich Nhat Hanh: *Alter Pfad, weiße Wolken*. Leben und Werk des Gautama Buddha, Zürich/München (Theseus) 1992.

Zweiter Teil: «Die grundlegenden Lehren»

Allemen, Fred von: *Die Freiheit entdecken*. Vipassana-Meditation im Westen, Zürich (Theseus) o.J.

Ayya Khema: *Morgenröte im Abendland*. Buddhistische Meditationspraxis für westliche Menschen – Achtsamkeit und Einsicht als Schlüssel zur inneren Freiheit des Menschen, Bern u.a. (O. W. Barth) 1991.

Buddhas Reden. Majjhimanikaya – Die Sammlung der mittleren Texte des buddhistischen Pali-Kanons, übers. v. Kurt Schmidt, Berlin (Kristkeitz) 1978.

Goldstein, Jack, und Kornfield, Jack: *Einsicht durch Meditation*. Die Achtsamkeit des Herzens – Buddhistische Einsichtsmeditation für westliche Menschen, Bern u. a. (O. W. Barth) 1989.

Kennedy, Alex: *Was ist Buddhismus?* Lehre und Weltsicht einer großen geistigen Tradition des Ostens – eine Einführung für westliche Menschen, Bern u. a. (O. W. Barth) 1987.

Nyanaponika (Übers.): *Die Lehrreden des Buddha aus der angereihten Sammlung*, Freiburg i. Br. (Aurum) 1985.

Nyanaponika: *Im Lichte des Dhamma. Buddhistische Texte*, Konstanz (Christiani) 1989.

Nyanatiloka (Übers.): *Das Wort des Buddha*. Eine systematische Übersicht der Lehre des Buddha in seinen eigenen Worten, Konstanz (Christiani) 1978.

Nyanatiloka Mahathera (Übers.): *Dhammapada. Des Buddhas Weg zur Weisheit*, Uttenbühl (Jnana) 1992.

Sutta-Nipata. Frühbuddhistische Lehrdichtungen aus dem Pali-Kanon, übers. v. Nyanaponika, Konstanz (Christiani) 1977.

Weisheit des alten Indien. Band 2: Buddhistische Texte, hrsgg. v. Johannes Mehlig, München (C. H. Beck) 1987.

Dritter Teil: «Die Lehren des Großen Fahrzeugs»

Mahāyāna

Chang, Garma C. C.: *Die buddhistische Lehre von der Ganzheit des Seins*. Das holistische Weltbild der buddhistischen Philosophie, Bern u. a. (O. W. Barth) 1989.

Chödrön, Pema: *Dharma als Lehre – Dharma als Erfahrung*, Braunschweig (Aurum) 1991.

Dalai Lama (Tenzin Gyatso, XVI. Dalai Lama): *Der Friede beginnt in dir*. Zur Überwindung der geistig-moralischen Krise in der heutigen Weltgemeinschaft, Bern u. a. (O. W. Barth) 1994.

Muralt, Raoul von: *Meditations-Sutras des Mahayana-Buddhismus*, Band 1, Obernhain (Iris) 1973; Band 2, Zürich (Origo) 1973.

Schumann, Hans Wolfgang: *Mahayana-Buddhismus. Die zweite Drehung des Rades*, München (Diederichs) 1990.

Shāntideva: *Eintritt in das Leben zur Erleuchtung*. Poesie und Lehre des Mahayana-Buddhismus, Düsseldorf/Köln (Diederichs) 1981.

Thich Nhat Hanh: *Ich pflanze ein Lächeln*, München (Goldmann) 1992.

–: *Innerer Friede – Äußerer Friede*, Zürich (Theseus) 1988.
–: *Mit dem Herzen verstehen*. Kommentare zum Prajnaparamita Herz-Sutra, Zürich (Theseus) 1989.
–: *Das Wunder der Achtsamkeit*. Einführung in die Meditation, Zürich (Theseus) 1988.

Zen

Bankei, Meister: *Die Zen-Lehre vom Ungeborenen*. Leben und Zen-Lehre des großen japanischen Zen-Meisters Bankei Eitaku (1622–1693), Bern u.a. (O. W. Barth) 1988.

Cleary, Thomas, (Hrsg.): *Der Mond scheint auf alle Türen*. Zen-Aphorismen großer Meister über das Leben aus innerer Freiheit, Bern u.a. (O. W. Barth) 1992.

Cleary, Thomas, (Übers.): *Zen in der Kunst der Menschenführung*. Zeitlose Ratschläge der Meister des Zen zum Umgang mit der Autorität, Bern u.a. (O. W. Barth) 1990.

Huang-po: *Der Geist des Zen*. Die Zen-Lehre des chinesischen Meisters Huang-po, Bern u.a. (O. W. Barth) 1983.

Hui-neng: *Das Sutra des Sechsten Patriarchen*. Das Leben und die Zen-Lehre des chinesischen Meisters Hui-neng (638–713), Bern u.a. (O. W. Barth) 1989.

Kapleau, Philip, (Hrsg.): *Die drei Pfeiler des Zen – Lehre. Übung. Erleuchtung*, Bern u.a. (O. W. Barth), 9. Aufl. 1992.

Seng-ts'an: *Die Meißelschrift vom Glauben an den Geist*. Das geistige Vermächtnis des dritten Patriarchen des Zen in China, Bern u.a. (O. W. Barth) 1991.

Shibayama, Zenkei: *Eine Blume lehrt ohne Worte*. Zen in Gleichnis und Bild, Bern u.a. (O. W. Barth) 1989.

Suzuki, Daisetz T.: *Die große Befreiung*. Einführung in den Zen-Buddhismus, Bern u.a. (O. Barth), 15. Auflage, 1993.

–: «Essays in Zen Buddhism», Sechsbändige deutsche Ausgabe unter den Titeln: *Satori, Zazen, Koan, Karuna, Prajna, Shunyata*, Bern u.a. (O. W. Barth) 1987 bis 1991.

Suzuki, Shunryu: *Zen-Geist – Anfänger-Geist*, Zürich (Theseus), 6. Aufl. 1993.

Takuan, Meister: *Zen in der Kunst des kampflosen Kampfes*, Bern u.a. (O. W. Barth) 1993.

Vierter Teil: «Die tantrischen Lehren»

Dargyay, Eva K. (Hrsg.): *Das tibetische Buch der Toten.* Die erste Originalübertragung aus dem Tibetischen, Bern u. a. (O. W. Barth) 7. Aufl. 1994.

Dowman, Keith, (Übers.): *Der heilige Narr.* Das liederliche Leben und die lästerlichen Gesänge des tantrischen Meisters Drugpa Künleg, Bern u. a. (O. W. Barth) 1982.

–: *Die Meister der Mahamudra.* Leben, Legenden und Lieder der vierundachtzig Erleuchteten, München (Diederichs) 1991.

Evans-Wentz, W. Y.: *Milarepa. Tibets großer Yogi,* Bern u. a. (O. W. Barth) 4. Auflage, 1993.

Gampopa: *Juwelenschmuck der geistigen Befreiung,* München (Diederichs) 1989.

Gendün Rinpoche: *Wir haben vergessen, daß wir Buddhas sind,* Mechernich (Kagyü-Dharma) 1991.

Kalu Rinpoche: *Den Pfad des Buddha gehen.* Eine Einführung in die meditative Praxis des tibetischen Buddhismus von den vorbereitenden Übungen bis zur höchsten Stufe der Meditation, Bern u. a. (O. W. Barth) 1991.

Karmapa Wangtschug Dordsche: *Mahamudra – Ozean des wahren Sinnes,* 1. Teil: Mahamudra Vorbereitungen, Zürich/München (Theseus) 1990; 2. Band: Die Hauptpraxis, Zürich/München (Theseus) 1990.

Sogyal Rinpoche: *Das tibetische Buch vom Leben und vom Sterben.* Ein Schlüssel zum tieferen Verständnis von Leben und Tod, Bern u. a. (O. W. Barth), 5. Aufl. 1994.

Trungpa, Chögyam: *Das Buch vom meditativen Leben.* Die Shambhala-Lehren vom «Pfad des Kriegers» zur Selbstverwirklichung, Bern u. a. (O. W. Barth) 1986.

–: *Das Herz des Buddha.* Buddhistische Lebenspraxis im modernen Alltagsleben, Bern u. a. (O. W. Barth) 1993.

–: *Der Mythos Freiheit* und der Weg der Meditation, Küßnacht (Theseus) 1989.

–: *Spirituellen Materialismus durchschneiden,* Zürich/München (Theseus) 1989.

Yamasaki, Taiko: *Shingon – Der esoterische Buddhismus in Japan,* Zürich/München (Theseus) 1990.

Adressen buddhistischer Zentren im deutschen Sprachraum

Es gibt mittlerweile Hunderte von Studien- und Meditationszentren der verschiedenen buddhistischen Schulen im deutschen Sprachraum. Da die Zahl ständig wächst, ist es nicht möglich, hier eine vollständige Liste zu präsentieren. Außerdem wurzelt nicht alles, was sich in diesem Bereich an «Meistern» und Methoden anbietet, in einer authentischen buddhistischen Tradition. Wer deshalb eine authentische Schulung auf einem der buddhistischen Meditationswege sucht, tut gut daran – wie bereits der Buddha seinen Schülern empfahl –, nicht einfach aufgrund von Titeln, äußerer Erscheinung und hehren Ansprüchen an das zu «glauben», was ihm angeboten wird, sondern Lehre und Lehrmeister kritisch zu prüfen und auf die Probe zu stellen.

Als Anknüpfungspunkte für Menschen, die sich der buddhistischen Lehre und Praxis annähern wollen, sind hier nur jene buddhistischen Zentren angeführt, die zum Erscheinungstermin dieses Buches in den jeweiligen Dachverbänden in Deutschland, Österreich und der deutschsprachigen Schweiz zusammengeschlossen sind. Über diese Dachverbände (unter den einzelnen Ländern jeweils an erster Stelle angeführt) kann jeder Interessierte weitere Informationen über Möglichkeiten buddhistischer Praxis einholen.

Deutschland

Deutsche Buddhistische Union (BDU)
Geschäftsstelle:
Dachauer Straße 107
80335 München
Tel. (089) 523 12 12
Fax (089) 52 23 48
Dachverband buddhistischer Gemeinschaften aller Traditionen in Deutschland. Herausgeberin der *Lotusblätter*, Zeitschrift für Buddhismus (kostenloses Probeexemplar). Telefonische Auskunft zu allen Fragen des Buddhismus Mo. bis Do. 10.00 bis 13.00 Uhr, Dienstag auch 18.00 bis 19.00 Uhr.

Buddhistische Gesellschaft Berlin e.V.
Wulffstraße 6
12165 Berlin
Tel. (030) 792 85 50
Stadtzentrum für alle Traditionen des Buddhismus. Regelmäßiges Meditations- und Vortragsprogramm.

Kwan Um Zen Schule
c/o R. Wöhrle Chon
Turiner Straße 5
13347 Berlin
Tel. (030) 456 72 75
Die Kwan Um Zen Schule wurde von dem koreanischen Zen-Meister Seung Sahn gegründet. Das Zen-Zentrum Berlin steht allen offen; neben der regelmäßigen Meditationspraxis veranstaltet es öffentliche Vorträge und Meditationskurse. Weitere Gruppen der Kwan Um Zen Schule in Deutschland gibt es derzeit in *Hamburg, Köln* und *Frankfurt*. Adressen und Programm anfordern.

Adressen buddhistischer Zentren

RIGPA e.V.
Geschäftsstelle:
Hasenheide 9
10967 Berlin
Tel. (030) 694 64 33
Gemeinschaft der Nyingma-Tradition des tibetischen Buddhismus; spirituelle Leitung: Sogyal Rinpoche, Autor des Buches *Das tibetische Buch vom Leben und vom Sterben* (O.W. Barth Verlag). Seminare und Vorträge sowie Meditationsklausuren mit Sogyal Rinpoche und anderen Lehrern. Kurse zur Sterbebegleitung, Praxis- und Studiengruppen, Einführungen in Buddhismus und Meditation in *Berlin* (s.o.) und *München* [Nibelungenstr. 11, 80639 München, Tel. (089) 13 21 20]. Veranstaltungsprogramm bei der Geschäftsstelle anfordern.

Buddhistische Gesellschaft Hamburg e.V.
Beißerstraße 23
22337 Hamburg
Tel. (040) 631 36 96
Stadtzentrum; vorwiegend Theravāda und Zen, aber auch andere Richtungen. Regelmäßige Vorträge und Meditationen. Mitteilungsblatt *Buddhistische Monatsblätter* (Artikel über die Buddha-Lehre und ihre Verwirklichung, zeitgemäße Themen aus buddh. Sicht, Buchbesprechungen, Veranstaltungsprogramm) auf Anfrage.

Tibetisches Zentrum e.V.
Buddhistisches Meditations- und Studienzentrum
Hermann-Balk-Straße 106
22147 Hamburg
Tel. (040) 644 35 85
Stadtzentrum der Gelugpa-Tradition des tibetischen Buddhismus unter Leitung des tibetischen Lama Geshe Thubten Ngawang. Umfangreiche Bibliothek, Versand von buddhistischer Literatur und Praxisartikeln, Führung durch das Zentrum (auch für Schulklassen und Gruppen) auf Anfrage, persönliche Beratung. Veranstaltungen: Geführte Meditationen, tägliche Rezitationen, Ausbildung in buddhistischer Philosophie, Klassen in tibetischer Sprache. Programm (Zeitschrift) auf Anforderung.

Haus der Stille e.V.
Mühlenweg 20
21514 Roseburg
Tel. (04158) 2 14

Buddhistisches Landzentrum für alle Schulen, große Bibliothek, regelmäßiges Programm.

Zen Kreis Bremen e.V.
c/o Doris Bock
Kölner Straße 13
28327 Bremen
Zen-Gemeinschaft der Rinzai-Tradition um Oi Saidan Rōshi, Japan, und Rei Shin Sensei (W.-D. Nolting), Bremen. Regelmäßige Wochenend- und 7-Tage-Meditationsklausuren in Steyerberg, Roseburg und Bremen.

Buddhistischer Bund Hannover e.V.
Drostestraße 8
30161 Hannover
Tel. (0511) 40 66 88
Stadtzentrum, offen für alle Schulen des Buddhismus, Hauptbetonung Zen (Sōtō) und Theravāda.

Vajradhatu Europa
Zwetschenweg 23
35037 Marburg
Tel. (06421) 3 42 44
Deutsche Zentrale von Vajradhatu, einer von Chögyam Trungpa gegründeten, tibetisch-buddhistischen Organisation. Hier auch Information über Schwesterzentren, die es über ganz Deutschland verteilt gibt.

Dharma Sah
Alleestraße 13a
46282 Dorsten
Tel. (02362) 4 41 19
Gemeinschaft um die koreanische Zen-Meisterin Ji Kwang Dae Poep Sa Nim. Tägliche Meditationspraxis sowie mehrtägige Kurse.

Tibetisch-Buddh. Religionsgem. Karma Kagyü e.V.
Schloß Wachendorf
53894 Mechernich
Tel. (02256) 8 50
Fax (02256) 17 57
Verein der Karma-Kagyü-Schule des tibetischen Buddhismus, von S. E. Shamar Rinpoche gegründet, mit Kamalashila Institut für buddh. Studien, einem Seminarhaus unter spiritueller Leitung von zwei tibetischen Residenzlamas, dem Retreatzentrum Halscheid unter Leitung von Lama Yeshe

sowie Zentren in weiteren Städten in Deutschland. Regelmäßige Praxis und Studium in den Stadtzentren. Adressen und Aktivitäten dieser Schwesterzentren sowie des Retreatzentrums Halscheid bei der Geschäftsstelle erfragen. Veranstaltungen im Mahamudra Retreat-Zentrum, 51570 Halscheid, Tel. (02292) 74 38.

Buddhismus im Westen e.V.
Waldhaus am Laacher See
Heimschule 1
56645 Nickenich
Tel. (02636) 33 44
Seminarhaus für buddhistische Veranstaltungen aller Schulen (Betonung auf Vipassanā und Zen nach der Tradition von Thich Nhat Hanh), Landzentrum mit Unterkunft und Verpflegung.

Drikung Ngadän Chöling
Auf'm Rain 13
59964 Medelon
Tel. (02982) 16 67
Landzentrum der Drikung-Kagyü-Tradition des tibetischen Buddhismus.

Dharma Sangha Europe
c/o Ruth Becker
Nicolaistraße 2
65193 Wiesbaden
«Dharma Sangha Europe – Verein für Zen-Buddhismus e.V.» wurde von Schülern des Zen-Meisters Richard Baker Rōshi ins Leben gerufen. Der Verein hat sich zum Ziel gesetzt, den Buddhismus und insbesondere den Zen-Buddhismus zu fördern. Zu diesem Zweck werden Meditationsklausuren, Seminare und Vorträge zu verschiedenen Aspekten der Lehre, insbesondere der praktischen Umsetzung des Buddhismus in den Alltag, veranstaltet.

Yogacara Buddhistisches Zentrum
für geistige Entfaltung und Meditation
Hindenburgstraße 54
74924 Neckarbischofsheim
Tel. (07263) 67 04
Seminarhaus für Buddhismus aller Schulen, Landzentrum, Unterkunft und Verpflegung im Haus möglich. Einzel-Klausuren und therapeutische Arbeit mit M. Pema Dorje nach Vereinbarung. Jeden Mittwoch Meditations- und Übungsabend (systematisch aufbauender Jahreskurs).

Buddhistischer Kreis Stuttgart e.V.
Geschäftsstelle:
Glockenblumenstraße 9
70563 Stuttgart
Tel. (0711) 73 42 56
Offen für alle Traditionen des Buddhismus. Regelmäßige Abendveranstaltungen und Tagesseminare.

Buddhistische Gemeinschaft in der DBU
Dachauer Straße 107
80335 München
Tel. (089) 523 12 12
Gemeinschaft der Einzelmitglieder in der Deutschen Buddhistischen Union (DBU).

Hakuin Zen Gemeinschaft
Werneckstraße 29
80802 München
Tel. (089) 34 81 78
Rinzai-Zen-Kreis unter den Patronat von Hozumi Gensho Rōshi, Japan, geleitet von Dorin Genpo Osho (H. R. Döring). Regelmäßige Zazen-Praxis in eigener Übungshalle. Neueröffneter Zen-Tempel bei Augsburg (Bodaisan Shoboji) bietet mehrere Meditationsklausuren monatlich und nach vorheriger Absprache die Möglichkeit, einige Zeit am Tempelleben teilzunehmen.
Tel. (08292) 31 16.

Buddhistische Gesellschaft München e.V.
c/o Christa Bentenrieder
Sudetenstraße 122
85567 Grafing
Tel. (08092) 3 18 86 (abends)
Gruppe für alle Schulen des Buddhismus.

Orden Arya Maitreya Mandala
c/o Rose Kasper
Weißdornweg 4
72076 Tübingen
Tel. (07071) 6 32 80
Von Lama Anagarika Govinda gegründeter Orden; spirituelle Leitung: Ven. Advayavajra, Mandalacarya. Die Lehr- und Übungstradition basiert auf dem Studium aller drei in Indien entwickelten «Fahrzeuge» und deren Integration in der Praxis des Vajrayāna. Vorträge, Seminare und Meditationswochen wie auch individuelle Anleitung zu meditativen Übungen. Herausgabe der Zeitschrift *Der Kreis*. Probeexemplar und Seminarprogramme auf Anforderung.

Adressen buddhistischer Zentren

Aryatara Institut e.V.
Buddhistisches Haus
Holzhamer Straße 5
94424 Arnstorf
Tel. (08723) 23 96
Seminarhaus, Landzentrum der Stiftung zur Erhaltung der Mahāyāna-Tradition (Gelugpa-Tradition), gegründet von Lama Thubten Yeshe und Lama Thubten Sopa Rinpoche. Tibetischer Lehrer (Geshe Losang Khedup) im Hause ansässig. Regelmäßiges Studienprogramm, biologischer Garten, Bibliothek, meditative Ferien. Stadtzentrum in *München* mit regelmäßigem Programm, Meditation, Studium, Vorträge, Seminare. Information (Tonbandansage) unter Tel. (089) 470 18 53.

Chödzong
Buddhistisches Zentrum
Hauptstraße 19
91474 Langenfeld
Tel. (09164) 3 20
Seminarhaus der Gelugpa-Tradition des tibetischen Buddhismus unter der Leitung von S. E. Dagyab Kyabgön Rinpoche. Ruhig gelegenes Zentrum mit Unterkunft und Verpflegung, regelmäßige Unterweisung durch tibetische Lamas, überwiegend in deutscher Sprache, ergänzt durch Übungsseminare und Meditationsklausuren. Nähere Informationen in der halbjährlich erscheinenden Programmzeitschrift *Chödzong*.

Altbuddhistische Gemeinde e.V.
Zur Ludwigshöhe 30
86919 Utting/Ammersee
Gemeinschaft für Buddhismus auf der Grundlage der alten Pāli-Texte, gegründet von Georg Grimm.

Karma Kagyü Dachverband, KKD
Geschäftsstelle: Hinterschwarzenberg 8
87466 Oy-Mittelberg
Tel. (08366) 8 97
Zusammenschluß sechs gemeinnütziger Regionalvereine mit insgesamt 30 Stadt- und Landzentren der Karma-Kagyü-Tradition in Deutschland. Die Mitgliedsvereine halten Häuser und Wohnungen bereit, in denen die buddhistische Lehre und die damit zusammenhängende Kultur studiert und praktiziert werden kann. Informationen über Adressen und Veranstaltungen bei der Geschäftsstelle.

Buddha Haus
Uttenbühl 5
87466 Oy-Mittelberg
Tel. (08376) 502
Buddhistisches Landzentrum mit besonderer Betonung der Theravāda-Tradition. Die spirituelle Leiterin, Ehrw. Ayya Khema, ist mehrere Monate im Jahr im Haus anwesend. Möglichkeit für Meditationsklausuren und Studium, allein oder Gruppe, mit und ohne Anleitung.

Österreich

Österreichische Buddhistische Religionsgesellschaft
Fleischmarkt 16
A-1010 Wien
Tel. (0222) 512 37 19
Dachverband der buddh. Gemeinschaften Österreichs; nähere Auskünfte über die unten angeführten Zentren und andere buddhistische Aktivitäten in Österreich.

Bodhidharma Zendo Wien
Fleischmarkt 16, 1. Stock
A-1010 Wien
Tel. (0222) 513 38 80
Von Genro Seiun Osho gegründetes Zentrum der Rinzai-Zen-Tradition. Täglich: Zazen, Kinhin, Rezitation. Monatlich ein Zazen-Wochenende. Fünfmal jährlich Meditationsklausuren im Landzentrum «Buddhistisches Zentrum Scheibbs».

Drikung Kagyü Orden
c/o Buddhistisches Zentrum
Fleischmarkt 16
A-1010 Wien
Tel. (0222) 512 30 37
Österr. Zweig der Drikung-Kagyü-Schule des tibetischen Buddhismus, die sich besonders der Übermittlung des Powa (Bewußtseinsübertragung im Moment des Todes) widmet.

Karma Kagyü Österreich. Buddhismus im Westen
Buddhistisches Zentrum
Fleischmarkt 16
Postfach 4 62
A-1010 Wien
Geschäftsstelle:
Tel. (0222) 876 54 34 (+ Fax)
Karma Kagyü Wien: Tel. (0222) 513 98 36
Zentren der Karma-Kagyü-Tradition des tibetischen Buddhismus. Veranstaltungen: Regelmäßige Meditationen, Einführungskurse, Vorträge, weiterführende Lehrveranstaltungen und Meditationsseminare. Neben der Geschäftsstelle in Wien gibt es noch Zentren in *Graz, Linz* und *Salzburg*. Adressen und Veranstaltungsprogramm auf Anforderung bei der Geschäftsstelle.

Sanghamitta. Buddhismus im Westen
c/o Dr. Claudia Rom
Biberstraße 9/2
A-1010 Wien
Tel. (0222) 512 27 74
Eine auf der Satipatthana-Lehre basierende, in Wien entstandene Richtung des Buddhismus im Westen. Wöchentliche Übungen, Vorträge, Meditationen, Studium, Gespräche.

Theravada Schule Wien
Fleischmarkt 16, 1. Stock
A-1010 Wien

Nyanaponika Studienzentrum
mit Bibliothek
Wattmangasse 15
A-1130 Wien
Praxis der Theravāda-Schule des Buddhismus: Anfänger- und weiterführende Kurse in Vipassanā-Meditation, Quellenstudium, Pāli-Unterricht, Dhamma-Vorträge und Unterricht für Kinder. Regelmäßige Veranstaltungen wie Vollmondfest, Pujas u.a. Zeremonien. Spirituelle Leitung: Ehrw. Bhikku Seelawansa Thero.

Dharmadhatu
Westbahnstraße 32–34/II/22
A-1070 Wien
Tel. (0222) 93 32 59 (abends)
 (0222) 93 82 26 (Kontakt)
Stadtzentrum im Verband von «Vajradhatu», einer von Chögyam Trungpa Rinpoche gegründeten, weltweiten Organisation von buddh. Meditations- und Studienzentren. Veranstaltungen: Studium der buddh. Psychologie und Philosophie; Einführungs- und weiterführende Meditationskurse; intensive Wochenendseminare.

Österreichische Dzogchengesellschaft
c/o Isabella Ernst
Brunnengasse 34/12
A-1160 Wien
Zweig der «Dzogchen-Community», einer von Namkhai Norbu Rinpoche gegründeten weltweiten Organisation von Studien- und Meditationszentren in der Nyingma-Tradition des tibetischen Buddhismus.

Buddhistisches Zentrum Scheibbs
Ginselberg 12
A-3270 Scheibbs/Neustift
Tel. (07482) 4 24 12
Ein allen Traditionen des Buddhismus offenstehendes Landzentrum. Tägliche Praxis der Hausgemeinschaft mit Besuchern. Veranstaltung von Seminaren, Möglichkeit von Einzelklausuren.

Buddhistische Gemeinschaft Jodo Shin
c/o Friedrich Fenzel
Merianstraße 29/4/52
A-5020 Salzburg
Tel. (0662) 87 99 51

c/o Harald Dohr
Quellenstraße 97/7
A-1100 Wien
Tel. (0222) 620 51 14
Gemeinschaft der Jodo-Shin-Shu, einer japanischen Schule des «Reines-Land-Buddhismus». Im Mittelpunkt steht die Verehrung des Buddha Amida zur Erlangung einer Wiedergeburt im Reinen Land des Amitābha.

Theravada Schule Salzburg
Schloßstraße 38
A-5020 Salzburg
Tel. (0662) 21 83 85
 (0662) 64 68 47

Zendo Innsbruck
c/o Dokuro R. Jäckel
Richard-Wagner-Straße 7
A-6020 Innsbruck
Tel. (0512) 57 49 46

Tashi Rabten, Feldkirch
Gut Letzehof
A-6800 Feldkirch
Tel. (05522) 7 41 92

Zentrum der Gelugpa-Tradition des tibetischen Buddhismus unter der spirituellen Leitung von Gonsar Rinpoche. Das Zentrum bietet die Möglichkeit zu Klausuren und veranstaltet Wochenendseminare und Intensivkurse.

IMC Austria
Gurk Nr. 6
A-9064 St. Michael
Tel. (04224) 2 98 20
Zentrum der Theravāda-Tradition nach Sayagyi U Ba Khin. Regelmäßige Meditationsseminare mit theoretischer und praktischer Schulung in Vipassanā-Meditation.

Schweiz

(Die Schweizerische Buddhistische Union ist gerade erst im Aufbau begriffen; von den buddhistischen Zentren und Gruppen in der deutschsprachigen Schweiz stand deshalb nur ein unkommentiertes Adressenverzeichnis zur Verfügung.)

Schweizerische Buddhistische Union (SBU)
Dachverband
c/o Dr. Rolf Hafner
Wiedingstraße 18
CH-8055 Zürich
Tel. (01) 461 15 24

Buddhistisches Kloster Dhammapala
Am Waldrand
CH-3718 Kandersteg
Tel. (033) 75 21 00
Theravāda / Ajahn Tiradhamo

Klösterliches Tibet Institut
Wildbergstraße
CH-8486 Rikon
Tel. (052) 35 17 29
Loten Dahortsang / Peter Grieder

Wat Srinagarindravararam
Buddhistisches Zentrum
Im Grund 7
CH-5014 Gretzenbach
Tel. (064) 41 70 60
Theravāda / Vereinigung Wat Thai

Vietnamesische Pagode Tri-Thu
c/o Bikkhu Thich Quan Hien
Reiterstraße 2
CH-3013 Bern
Tel. (031) 333 16 22

Kambodschanisches Khmer Kulturzentrum
Meinradstraße 1
CH-8006 Zürich
Tel. (01) 363 59 00
Theravāda / Präsident Hr. Sinh Tra

Haus der Besinnung, Dicken/SG
c/o Kurt Onken
Gut Hochstrass
CH-8280 Kreuzlingen
Tel. (072) 72 44 47
Theravāda / Nyanaponika Mahatera

Chua Phat to Thich Ca
Moosstraße 15
CH-6003 Luzern
Tel. (041) 23 42 04
Vietnames. Indochina-Buddhistenverein

Verein Dhamma Gruppe
Postfach 59 09
CH-3001 Bern
Tel. (031) 921 68 05
Theravāda / Vipassanā-Meditationsgruppe und -Retreats

Dhamma Gruppe Zürich
c/o Kurt Gehrig
Tischenlooweg 10
CH-8800 Thalwil
Tel. (01) 720 80 10
Theravāda / Vipassanā-Meditationsgruppe

**Dharma Studien-Gruppe
und Shambhala-Training, Vajradhatu**
Funkstraße 116
Regula Imhof
CH-3084 Wabern
Tel. (031) 301 81 71

c/o Adrian Kobelt
Gemsenstraße 7
CH-8006 Zürich
Tel. (01) 363 23 95
Tibetisches Karma Kagyü / Chögyam Trungpa Rinpoche

Karma Dorje Ling
Neuarlesheimer Str. 15
CH-4143 Dornach
Tel. (061) 701 85 31
Karma Kagyü / Lama Mönlam

Karma Kagyü Bern
c/o Benjamin Wenger
Kramgasse 74
CH-3011 Bern
Tel. (031) 311 14 51
Tibet. Karma Kagyü

Karma Kagyü
c/o Madelaine Hunziker
Schaffhauser Straße 5
CH-8400 Winterthur
Tel. (052) 23 10 40

c/o Ruth Amsler
Trichtenhauserstraße 40
CH-8125 Zollikerberg
Tel. (01) 391 74 35

Rigpa Schweiz
Postfach 2 53
CH-8059 Zürich
Tel. (01) 463 15 47
Nyingma, Dzogchen/Sogyal Rinpoche,
Seraina Manfredini

Rinzai Zen Gesellschaft Schweiz
Shōgen Dōjo
Dorfstraße 61
CH-8802 Kilchberg
Tel. (01) 715 08 30
Eido Shimano Roshi, Henry B. Platov

Sakya Tsechen Ling
c/o R. Feher-Benazzi
Hegibachstraße 110
CH-8032 Zürich
Tel. (01) 381 82 28
Tibet. Sakyapa / Lama Sherab Gyaltsen
Amipa

Sayagyi U Ba Khin Gesellschaft
Greyerzerstraße 35
CH-3013 Bern
Tel. (031) 331 52 33
Burmes. Theravāda / Mother Sayama;
W. Klingler; J. + M. Shanon

Sitzgruppe Berlin (Thich Nhat Hanh)
c/o Loriana Pauli
Melchtalstraße 5
CH-3014 Bern
Tel. (031) 332 75 71

Theravada Meditationsgruppen
c/o S. Laeng und S. Barraud
Grenzstraße 4
CH-9000 St. Gallen
Tel. (071) 28 63 78

c/o Jürg Eichenberger
Davidsbodenstraße 41
CH-4056 Basel
Tel. (061) 321 10 30

c/o Barbara Zimmermann-Rüegsegger
Chrüzweg 69d
CH-5413 Birmenstorf
Tel. (056) 85 16 54

c/o Paul Martignoli
Austraße 104
CH-3176 Neuenegg
Tel. (031) 741 35 82

c/o A. und U. Gayet
Chesa Lardelli
CH-7504 Pontresina
Tel. (082) 6 76 05

c/o Tino Petoud
Guetrütistraße 6
CH-6010 Kriens
Tel. (041) 42 19 92

Thubten Chöling
c/o Alice Kiene
Lebernstraße 4
CH-8207 Schaffhausen
Tel. (053) 33 11 40

Vajradhara Zentrum
Isengrund 20
CH-8134 Adliswil
Tel. (01) 710 64 19
Tibet. Vajradhara

**Vietnames. Buddhistische Gruppe
Bern/Lausanne**
c/o Fr. Doan-Trang Chappuis
Sulgenbachstraße 37
CH-3007 Bern
Tel. (031) 371 30 79

Vipassanā Meditation S. N. Goenka
c/o C. Hug und E. Knöpfl
Chrüz
CH-7428 Oberschappina
Burmesisches Theravāda / S.N. Goenka
und U Ba Khin

Vereinigung Wat Thai
c/o Fr. Juthamas Levoni
Jacob-Burkhardt-Straße 75
CH-4052 Basel
Tel. (061) 313 48 69
Theravāda Thailand

Yiga Tschözin
c/o Martin und Sabine Kalff
Hinter Zünen
CH-8702 Zollikon
Tel. (01) 391 81 66
Gelugpa / Lama Lodrö

Zen Dojo Mokushinzan
Tannerstraße 35
CH-4053 Basel
Tel. (061) 321 92 19

Zen Dojo Zürich
Rindermarkt 26
CH-8001 Zürich
Tel. (01) 261 81 59
Michel Bovay

Zen Dojo Luzern
c/o Vanja Palmers
Reckenbühlstraße 13
CH-6005 Luzern
Tel. (041) 22 54 38

Zen Dojo St. Gallen
c/o Hanspeter Egloff
Felsenstraße 18
CH-9000 St. Gallen
Tel. (071) 22 45 29

Zen Dojo Schaffhausen
c/o Jean Schelker
Prinzenhof 12
CH-8222 Beringen
Tel. (053) 35 22 37

Zentrum für Zen Buddhismus
Friedheimstraße 24
CH-8057 Zürich
Tel. (01) 312 10 62

GOLDMANN

Die großen Weisheitslehren

Das Lexikon des Buddhismus   12661

Das Lexikon des Hinduismus   12663

Das Lexikon des Taoismus   12664

Das Lexikon des Zen   12666

Goldmann · Der Taschenbuch-Verlag

GOLDMANN TASCHENBÜCHER

Das Goldmann Gesamtverzeichnis erhalten Sie im Buchhandel oder direkt beim Verlag.

Literatur · Unterhaltung · Thriller · Frauen heute
Lesetip · FrauenLeben · Filmbücher · Horror
Pop-Biographien · Lesebücher · Krimi · True Life
Piccolo Young Collection · Schicksale · Fantasy
Science-Fiction · Abenteuer · Spielebücher
Bestseller in Großschrift · Cartoon · Werkausgaben
Klassiker mit Erläuterungen

* * * * * * * * * *

Sachbücher und Ratgeber:
Gesellschaft / Politik / Zeitgeschichte
Natur, Wissenschaft und Umwelt
Kirche und Gesellschaft · Psychologie und Lebenshilfe
Recht / Beruf / Geld · Hobby / Freizeit
Gesundheit / Schönheit / Ernährung
Brigitte bei Goldmann · Sexualität und Partnerschaft
Ganzheitlich Heilen · Spiritualität · Esoterik

* * * * * * * * * *

Ein SIEDLER-BUCH bei Goldmann
Magisch Reisen
ErlebnisReisen
Handbücher und Nachschlagewerke

Goldmann Verlag · Neumarkter Str. 18 · 81664 München

Bitte senden Sie mir das neue kostenlose Gesamtverzeichnis

Name: _____

Straße: _____

PLZ / Ort: _____